Edition Akzente
Herausgegeben von
Michael Krüger

Adam Zagajewski

Die kleine Ewigkeit der Kunst

Tagebuch ohne Datum

Aus dem Polnischen von
Bernhard Hartmann und
Renate Schmidgall

Carl Hanser Verlag

Die polnische Originalausgabe erschien 2011
unter dem Titel *Lekka przesada* bei Wydawnictwo a5 in Krakau.

DIESE PUBLIKATION WURDE GEFÖRDERT VOM POLNISCHEN BUCHINSTITUT
THE ©POLAND TRANSLATION PROGRAM
INSTYTUT KSIĄŻKI
©POLAND

2. Auflage 2019

ISBN 978-3-446-26475-5

Vilshofener Straße 10 | 81679 München | info@hanser.de

Umschlag: Peter-Andreas Hassiepen, München
Satz im Verlag
Printed in Germany

Alles werde ich sowieso nicht erzählen. Schließlich komme ich aus der osteuropäischen Schule der Diskretion; wir sprechen nicht über Scheidungen und behalten unsere Depressionen für uns. Es passiert ja auch nichts. Das Leben fließt ruhig dahin, ringsum draußen ein grauer, ungewöhnlich warmer Dezember. Ein paar Konzerte. Im Anwaltsklub gastierte eine talentierte junge Sängerin. Gestern dann ein sehr schönes Konzert mit Musik von Schostakowitsch (und dem ihm gewidmeten Streichquartett seines Biographen Krzysztof Meyer, *Au-delà d'une absence*) – darunter die *Sieben Romanzen nach Worten von A. Blok für Sopran, Violine, Violoncello und Klavier* op. 127, die ich noch nicht kannte. Es spielten Studenten der Musikakademie, voller Enthusiasmus und technisch brillant. Das letzte Werk, eben diese Suite, hat M. und mich ungeheuer beeindruckt. Weil es ein Konzert zum hundertsten Geburtstag von Schostakowitsch war, herrschte eine besondere Atmosphäre. Die Studenten hatten auf der Bühne Kerzen angezündet und nur wenige Spots eingeschaltet. Zudem spielten sie offensichtlich außergewöhnlich konzentriert. Das erlebt man oft bei sehr jungen, noch nicht durch Routine und Karriere verdorbenen Musikern, die begeistert, mit Leib und Seele bei der Sache sind.

Ein Gefühl der Freude fast jedes Mal, wenn ich auf dem Krakauer Markt stehe. Zu welcher Jahres- oder Tageszeit auch immer, ich bewundere das Majestätische dieses Ortes, die seltsame kubistische Anordnung der Gebäude, das Miteinander von Symmetrie und Asymmetrie, wie sich die italienische Leichtigkeit der Tuchhallen mit dem gotischen Ernst der Marienkirche verbindet, als seien es gigantische Bauklötze.

In »Poetry« lese ich Michael Hofmann über Gottfried Benn. Zur gleichen Zeit bringt die Warschauer »Literatura na Świecie« eine umfangreiche Auswahl aus Benns Gedichten, Briefen und Skizzen – in einer dicken, ihm und Brecht gewidmeten Nummer. Beide starben 1956, und das eherne Gesetz der Jubiläen vereint sie fünfzig Jahre nach ihrem Tod – zwei Dichter, die davon abgesehen nichts miteinander verband. Benn spottete schon früh über die Übertragung der marxistischen Theorie auf die Literatur; mit dieser Haltung stand er im linken literarischen Berlin der Jahre vor Hitlers Machtergreifung allein auf weiter Flur, ein unbeugsamer Ästhet unter dogmatischen Menschheitsverbesserern … Hin und wieder greife ich zu Benns Gedichten, und fast immer elektrisieren sie mich (»›Jena vor uns im lieblichen Tale‹ …«), genauso wie manche Passagen aus seinen Arbeitsheften und fast alle Briefe an den Bremer Kaufmann Oelze. Diese Briefe sind nonchalant, mitunter etwas zynisch, manchmal blitzt ein Moment reiner Poesie auf. Benn, ein Kleinbürger durch und durch, der bescheiden wie ein Handwerker lebte (obgleich er Arzt war, Dermatologe, aber kein Modearzt, auch verdiente er nie viel), schätzte Oelze – den er idealisierte, verklärte und dessen gesellschaftliche Stellung er sicherlich überbewertete – als Adressaten seiner Gedanken, Provokationen, Beobachtungen und Projekte.

Ich lese Karl Corinos dicke Musil-Biographie. Robert Musil, der Autor der *Verwirrungen des Zöglings Törleß* und des *Mannes ohne Eigenschaften*, hielt zum Tode Rilkes eine wunderbare Rede – er war einer der ersten, die seine Größe erkannten. Corino schildert Musils tragikomischen Auftritt auf dem Pariser Kongress zur Verteidigung der Kultur im Juni 1935. Er wusste nicht, dass es eine kommunistische Veranstaltung war und deshalb dort nur das Hitler-Regime, nicht aber die Sowjetunion kritisiert werden durfte. Musil verteidigte den Individualismus des Künstlers und warnte vor dem in einigen europäischen Ländern aufkommenden Kollektivismus. Er betonte auch, dass Kultur und Politik getrennte Bereiche seien; die Kultur sei ihrem Wesen nach hochsensibel, unstet und unvorhersehbar, und selbst ein anständiges politisches System bringe nicht automatisch große Kunst hervor. Er wurde von jenen Teilnehmern ausgepfiffen, die keine durchdachte, ausgewogene Argumentation, sondern Propaganda erwartet hatten. Corino schreibt auch ausführlich über die Armut, in der Musil lebte, und dass er in den dreißiger Jahren, als er für sich und seine Frau keine wirtschaftliche Perspektive sah, sogar an Selbstmord dachte. Musil wurde von Nazis und Kommunisten gleichermaßen attackiert – schon der Titel seines großen Romans, *Der Mann ohne Eigenschaften,* musste sie gegen ihn aufbringen. Beide wollten schließlich einen neuen Menschentyp mit genau bestimmten Eigenschaften erschaffen. Für die einen wie für die anderen war er ein Repräsentant der »untergehenden bürgerlichen Epoche«. (Man bedenke, dass diese Epoche keineswegs untergegangen ist – oder vielleicht untergegangen und wiederauferstanden.) Seine letzten Jahre verbrachte Musil im Schweizer Exil, wo er noch bescheidener lebte als zuvor, in Armut und Isolation. Eine wichtige Figur war für ihn Thomas Mann, für den er eine, um es mit einem sehr deutschen Wort zu sagen, Hassliebe empfand. Mann hatte immer Erfolg, selbst das Exil war für ihn kein Unglück. Bekannte Musils berichten, dass er, sobald im Gespräch der Name »Mann« fiel, nervös zu zittern begann. Musil hat den *Zauberberg* perfekt charakterisiert: ein »Haifischmagen«. Damit meinte er, dass dieser große Roman unverdaute Stücke europäischer Denksysteme, Anschauungen etc. enthalte. Sein *Mann ohne Eigenschaften* basiert auf einem ganz anderen Prinzip: Hier sind alle Bezüge auf die politische und philosophische Realität mittelbar und mystisch, sie erscheinen als Anspielungen. Musil interessierte der »Möglichkeitssinn«, also das, was sich nur im Konjunktiv ereignet. Die Frage ist aber, ob Thomas Mann in diesem Punkt nicht doch Recht hatte, indem er in den *Zauberberg* große Bruchstücke der geistigen Wirklichkeit Europas hineinrührte.

Weihnachten ist in Polen das Familienfest schlechthin. Man feiert es zu Hause. Am wichtigsten ist die Feier des Heiligabends. Häuser und Wohnungen werden zu Festungen des

Familienegoismus oder, wenn man so will, der Familienliebe. Alleinstehende leiden an diesem Abend Qualen, es sei denn, sie sind bei einer Familie eingeladen … Auf Restaurants darf man nicht hoffen, sie sind geschlossen. Dieses Jahr fiel der Heiligabend auf einen Sonntag; schon morgens leerten sich die Straßen. Am Donnerstag und Freitag sah ich Scharen von Studenten mit Rucksäcken und Koffern in Richtung Bahnhof ziehen, Krakau entvölkerte sich. Heiligabend, gegen sieben Uhr abends: Die Stadt war wie leergefegt. Der Markt, sonst sogar nachts voller Menschen, eine dunkle Einöde. Auf einmal eine Atmosphäre wie im Krieg. M. und ich spazierten über den Markt, wir konnten von der Stille, der Dunkelheit und der Leere nicht genug bekommen. Die zahllosen Restaurants ringsum waren – allesamt! – geschlossen und dunkel. Ein einziger Geschäftstüchtiger hatte daran gedacht, dass hier vielleicht doch hungrige und durstige Menschen unterwegs sein könnten. Unter einem provisorischen Holzdach grillten drei Leute Würstchen und Steaks und machten Kraut und Kartoffeln warm. Dieser einzige helle und warme Punkt zog die Touristen an, die sicher nicht verstanden, warum die sonst so gastlichen Restaurants geschlossen waren. Warum die Kirchen zu waren (und erst zur Christmette wieder geöffnet wurden). Sie wussten nicht, dass auch die Priester jetzt speisten, ein Mahl mit mindestens zwölf Gängen, das auf den Tischen der Barszcz dampfte. Japaner, Italiener, Franzosen und Amerikaner standen nach Würstchen und Kraut an. Ringsum Dunkel. Hinter den Fenstern feiernde polnische Familien, gleichgültig gegen das Schicksal der Außenwelt. Wir setzten uns kurz an einen der provisorischen Tische, es fror nicht. Honigfarbene Senfkleckse auf weißen Plastiktellern. Dieser erleuchtete Ort unter dem kleinen Holzdach war eine Oase, eine Karikatur Bethlehems. Ich sagte zu M., man könnte ein Theaterstück schreiben und versuchen, etwas von diesem Moment festzuhalten. Die schweigende Stadt und die gedämpften Gespräche der Touristen. Dann schreib's doch. Aber ich kann nicht.

Ich kann in diesen Wochen auch keine Gedichte schreiben. Es ist nicht das erste Mal. Und man soll nicht zu viel darüber reden. Was soll man auch sagen? Karol Berger fand einst – er erzählte mir davon in Paris bei einem Spaziergang im sechzehnten Arrondissement – bei Victor Hugo eine Antwort auf die Frage, ob Gedichte schreiben leicht sei: »Wenn man's kann, ist es kinderleicht, wenn man's nicht kann – unmöglich.«

Oft ging ich in diesem Herbst, der lang, warm und heiter war, an der kurzen ulica Bogusławskiego vorbei. Sie zweigt von der ulica Świętego Sebastiana ab, dem günstigsten Weg nach Kazimierz, einer schmalen Furt zwischen der katholischen Innenstadt und dem jüdischen Kazimierz; irgendwann passiert man eine Mauer, hinter der sich ein riesiger Klostergarten verbirgt. Dann muss man die ulica Józefa Dietla überqueren, die dort verläuft, wo einst, wie ein Graben, ein Weichselarm die Stadt Kazimierz von der Stadt Krakau trennte, und schon ist man in einer anderen Welt. Fast jedes Mal mache ich einen Abstecher zu dem gelbroten Altbau, in dem Czesław Miłosz einige Jahre lebte. Eine Gedenktafel erinnert daran. Die gab es früher nicht, dafür gab es Herrn Czesław, einen der wichtigsten Menschen in dieser Stadt. Und Carol, seine Frau, die das Blumenbeet im Hof pflegte. Im ersten Stock, in einer Wohnung, die zuerst durch die angrenzenden Räume vergrößert und nach Miłoszs Tod aus Erbschaftsgründen wieder geteilt wurde. Die Bogusławskiego ist jetzt leer. Früher lebte hier ein außergewöhnlicher Mensch, ein außergewöhnlicher Geist, einer, der entgegen den Moden der Zeit (wer sagt denn, dass man Moden mitmachen muss?) die Gesamtheit der Ideen und der Ereignisse seiner Zeit zu erfassen versuchte. Er war der einzige ernstzunehmende Intellektuelle, den ich kenne, der sogar Harry Potter las. Warum? Er wollte wissen, was die Kinder lesen, was die Jüngsten fasziniert, was das über den Gang der Welt sagt. Großmütig akzeptierte er Harry Potter, daran ist nichts

Schlechtes, sagte er mit seinem Bariton. Thomas Mann stand ihm näher als Robert Musil; er interessierte sich nicht für den »Möglichkeitssinn«, sondern für das, was wirklich existiert. In der Lyrik hatte er durchaus mystische Neigungen, aber seine Mystik war fest in der Wirklichkeit verwurzelt. Er war ein Hai in seinen Poemen. Und ein Hai in der Lektüre, er verschlang Theologie und Philosophie, Dichtung und Geschichte. Ich denke manchmal an ihn, wenn ich, beiderseits des Atlantiks, jungen Dichtern begegne. Sie scheinen sich oft nur für die neueste Nummer der gerade angesagten Lyrikzeitschrift zu interessieren. Als wäre Dichtung – abgesehen von allem anderen – nicht auch eine Antwort auf den Zustand der Welt, der sich in tausend Formen ausdrückt, im Kummer des Arbeitslosen, der an einem heiteren Apriltag auf einer Parkbank sitzt, ebenso wie in einem philosophischen Traktat oder einer Symphonie.

Im November ein Lyrikabend zu Stanisław Barańczak im japanischen Zentrum Manggha. Eine Menge Zuhörer, viele Studenten; eine der Veranstaltungen, wo man ein halbe Stunde früher da sein muss, um noch einen Platz zu bekommen. Organisiert wurde sie vom Verlag a5; Ryszard Krynicki hat Krakauer Dichter eingeladen, Texte aus Barańczaks eben erschienenen *Gesammelten Gedichten* zu lesen. Darunter Wisława Szymborska, der die Ehre zuteil wird, eines seiner schönsten Gedichte vorzutragen, *Nachts weinte sie.* Ich habe Texte aus dem Band *Winterreise* ausgesucht, Variationen auf die Gedichte Wilhelm Müllers, zu denen Franz Schubert den gleichnamigen Liederzyklus komponierte. Müller ist ein zweitrangiger romantischer Dichter, dessen Werk wohl längst vergessen wäre, hätte Schubert es nicht durch seine herrliche Musik verewigt, eine Musik voller Eile und Ungeduld, die vorwärtsdrängt wie das Schicksal. Ihre energischen, fast militärischen Rhythmen kontrastieren mit der Verlangsamung, die der Winter in Nordeuropa bewirkt. Schnee, Frost und Nebel verlangsamen gemeinhin den

Rhythmus des Lebens; im Kamin lodert Feuer, Rauch steigt langsam und schwankend in den bedeckten Himmel. Barańczak hat ganz eigene Versionen geschaffen, die aber metrisch perfekt zur Musik passen. Für sich gelesen sind die Gedichte weniger beeindruckend als etwa *Nachts weinte sie*, aber insgesamt sind sie, aufgrund ihrer halluzinatorischen Melancholie, der eingestreuten modernen Themen und Motive (Flugzeuge, Großstadtstraßen) und aufgrund ihrer vieldeutigen Metaphorik, unvergesslich. Stanisław, der schon lange schwer krank ist, konnte nicht aus Boston kommen, wo er seit fünfundzwanzig Jahren lebt.

Heute in der Morgenpost ein Geschenk von Faber & Faber, ein Band von Ted Hughes, *Selected Translations*, herausgegeben von Daniel Weissbort (Daniel brachte mich einmal in seinem Wagen zum Flughafen, vor vielen Jahren in Iowa, zu Frühlingsanfang). Ich beginne den Tag mit Gedichten von Yehuda Amichai in Hughes' Übersetzung. Amichais Gedichte bersten vor Bedeutung; jeder einzelne Vers will etwas sagen. Wenn es in der Lyrik zwei extreme Arten der »Verdichtung« gibt, den Text als Gewebe (wo, wie bei Saint-John Perse, die Sprache immer den gleichen Abstand zum gut versteckten Kern des Gedichts wahrt) und den Text als Aussage, dann ist Amichai ein königlicher Vertreter der zweiten Richtung und darin Zbigniew Herbert ähnlich. Die beiden 1924 geborenen großen Dichter haben so viel zu sagen, dass sie, anders als der Diplomat Saint-John Perse, keine endlosen rhetorischen Poeme verfassen konnten. Sie ähneln sich auf gewisse Weise, beider Imagination richtete sich auf Krieg und Liebe (mehr Liebe gab es bei Amichai) und war von den Klassikern geprägt, die sie lasen und an die sie glaubten. Amichai las die hebräische Bibel, Herbert seine Griechen. Sie waren sich ihrer Verwandtschaft vermutlich bewusst, denn sie mochten und schätzten einander. Ich bin Amichai nur einmal begegnet, beim Lyrikfestival in Rotterdam, 1983, glaube ich; beim Frühstück im Hotel sagte er mir, ihn interessierten vor allem Dichter und Künstler des Jahrgangs 24. Damals dachte ich, ich sei zu spät zur Welt gekommen. (Heute sehe ich das anders.)

Beim Ordnen der Papiere (etwas, das ich viel öfter tun sollte), fand ich einen Ausschnitt aus einer Lokalzeitung, eine Rezension zu einem meiner Bücher, geschrieben von einem sehr jungen Menschen. Der Titel lautet: *Alte Welle*. Ein typisches Beispiel grund- und gedankenloser Gehässigkeit. Dabei sterben wir irgendwann doch alle, selbst junge Rezensenten.

Ich lese Gershom Scholems Skizzen, seine Polemiken und Porträts (das von Rosenzweig, die Polemik gegen Buber etc.). Wie immer bei der Lektüre eines klugen Autors, der mit Leidenschaft über das *sacrum* schreibt, erwacht in mir eine religiöse Sehnsucht.

Cioran wirft Proust vor, dass die Musik, ein Hauptthema in seinem großen Roman, sich zwar mit den Peripetien der Protagonisten verbinde und verflechte und mit konkreten historischen Ereignissen assoziiert werde – sich jedoch nicht auf etwas »ganz Anderes« hin öffne. Eine überaus interessante Beobachtung. Wer aber sagt das? Cioran, der uns in den meisten seiner geistreichen Aphorismen überzeugen wollte, dass es jenes »ganz Andere« gar nicht gibt. Und der nur, wenn er eine Bach'sche Kantate oder Passion gehört hatte, für kurze Zeit seine Meinung änderte.

Ein Gedicht ist wie das Gesicht eines Menschen – ein Objekt, das man ausmessen, beschreiben und katalogisieren kann, und zugleich ein Appell. Einen Appell kann man befolgen oder ignorieren, man kann sich aber kaum damit begnügen, ihn mit dem Zollstock zu vermessen. Die Höhe einer Flamme lässt sich schwerlich mit einem Lineal messen.

In den Gedichten des Schweden Gunnar Sonnevi – ich las sie in der Übersetzung Rika Lessers mit Studenten in Houston, das Manuskript eines hervorragenden Bandes, der damals keinen Verlag fand –, in diesen wirklich vollkommenen, meditativen Gedichten, die zutiefst Persönliches mit Aussagen über die physische und biologische Welt verbinden, wird die Musik (die klassische) fast zu Gott. Ähnliches sagt mein Berliner Freund, der deutsche Prosaiker Hartmut Lange, über Musik, zumal über Mahlers *Lied von der Erde*: Es ist für ihn Gott. Ich stritt mit ihm, ich, der ich ständig Musik höre und das *Lied von der Erde* für eines der außergewöhnlichsten Werke halte; ich stritt mit ihm, weil ich nicht akzeptieren kann, dass man die Musik mit Gott gleichsetzt … Dichter, die eher Popmusik hören, und das werden immer mehr, haben offenbar keine derartigen mystischen Neigungen. Auch der Jazz verleitet wohl nicht zur Idolatrie.

Neben den Theologen bin ich anscheinend einer der letzten Autoren, der gelegentlich vom »geistigen Leben« spricht. In unseren Zeiten redet man, bestenfalls, von Imagination. Ein schönes Wort, das vieles sagt, aber nicht alles. Manche begegnen mir deshalb mit Misstrauen, sie halten mich für stockkonservativ, wenn nicht für reaktionär. Ich laufe Gefahr, dass man sich über mich lustig macht. Fortschrittliche Kreise lehnen mich ab oder sehen mich zumindest schief an. Und auch in konservativen Kreisen versteht man nicht, worum es mir geht. Die Dichter der nächsten Generation bleiben mir fern. Nur ein junger Spanier sagte mir in Barcelona, in meinem Schreiben fänden sich Signale dafür, dass die ironische Postmoderne vielleicht eines Tages überwunden würde. Doch was ist Geist, geistiges Leben? Ach, könnte ich nur Definitionen aus dem Ärmel schütteln! Musil sagt, Geist sei die Synthese von Intellekt und Emotion. Eine gute, wenngleich minimalistische Arbeitsdefinition. Viel leichter ist es zu sagen – da kennen sich die Theologen aus –, was Geist nicht ist, in der Lyrik, in der Literatur. Er ist nichts Psychoanalytisches, nichts Behavioristisches, nichts Soziologisches und auch nichts Politisches, sondern – etwas Ganzheitliches, in dem sich, wie im Helm eines Astronauten, Erde, Sterne und das Gesicht des Menschen spiegeln.

Anfang Januar einige Tage in Paris. Ein seltsamer Eindruck: Nachdem ich, bis 2002, zwanzig Jahre hier lebte, kommt mir bei jeder Rückkehr schon nach einer halben Stunde alles so bekannt vor, so selbstverständlich, als hätte ich diese Metropole nie verlassen. Wir fahren von Orly mit dem Bus, vor uns die Wand der modernen, hässlichen Wohnsilos und die mickrigen Häuschen der Vorstädte, gleich darauf die Porte d'Orléans, ein leeres Stadion, die Avenue du Général Leclerc, dann die Avenue du Maine, vorbei an der Place de Barcelone, einem Werk des spanischen Architekten Bofil, der, bewusst oder unbewusst, an den sozialistischen Realismus anknüpfte, und schließlich die Place des Invalides. Der Bus hält am Quai d'Orsay, also am Außenministerium – die Passanten sehen nur das riesige Gebäude an der Seine. Eine bedeutende Figur war hier als Ministerialdirektor in den dreißiger Jahren Alexis Léger, Lyrikfreunden bekannt als Saint-John Perse, Autor der *Anabasis*. Man weiß kaum etwas darüber, aber Léger war damals wohl der einzige Dichter auf der Welt, der Einfluss auf die Politik hatte, auf Ereignisse der realen Welt – Mao Tse-Tung, der ein Monster war, oder, in einer anderen Kategorie, Léopold Senghor, später Präsident des Senegal, zähle ich nicht mit. Es gibt zwar etliche Dichter im Botschafterrang, diese Liste wäre lang, doch haben Botschafter keine wirkliche Macht. Bei Léger war das anders: Er saß an den Hebeln der Macht, er war der höchste beamtete Diplomat. Es könnte so aussehen, als habe sich hier der alte Traum erfüllt, dass Dichter die Welt regieren: Einer von uns vermochte den Lauf der Ereignisse zu beeinflussen. Und was ist dabei herausgekommen? Léger (man muss hier klar zwischen seinem Politiker- und seinem Dichternamen unterscheiden), der während des Kriegs im Exil in Washington lebte, hat bei den Historikern, die sich mit der französischen Diplomatie befassen, keinen guten Ruf. Sie rechnen ihn zu den Politikern, die für eine weiche Linie gegenüber Hitlerdeutschland eintraten, zu denen, die 1938 das feige Münchner Abkommen ermöglichten, und damit zu denen, die das Wesen der Gefahr nicht erkannten. Anscheinend hat unser Abgesandter im Reich der Wirklichkeit also versagt … Sollte man weitere Versuche in dieser Richtung unternehmen? Nachfolger entsenden? Vielleicht besser nicht.

Immer noch in Paris; ein warmer, feuchter Januar. In der Metro lesen viele Leute dicke Romane, selbst in der Stoßzeit, wenn sich über ihren Köpfen diejenigen drängen, die keinen Sitzplatz ergattern konnten. Paris ist die Hauptstadt des Romans. Das Schreiben und Lesen von Romanen ist hier eine ernste Angelegenheit. Allein die Nutzer der Metro und des dichten Nahverkehrsnetzes benötigen jeden Monat Unmengen an Lesefutter. Bitte sehr, die Verlage wissen das und produzieren ununterbrochen neue Schmöker. Die großen Buchhandlungen, etwa die berühmte FNAC, errichten dann Altäre für einzelne Romanciers, in der Mitte ein Foto des Autors und ringsum Bücherstapel … Wie in Prousts Beschreibung der Pariser Buchläden nach Bergottes Tod, in denen seine aufgeschlagenen Bücher aussahen wie Engel, die ihre Flügel über seine Seele ausbreiten. Bei Proust handelt es sich allerdings um ein außergewöhnliches, schönes Ereignis, in den FNAC-Läden um ein alltägliches, rein kommerzielles. Und die für die Fahrgäste der Metro und des Schienennahverkehrs produzierten Romane sind bald wieder vergessen. Neue erscheinen. Kaum jemand liest ein Buch zweimal. Bei den Straßenhändlern am Seineufer sieht man Tausende vergilbter Umschläge, Romane von vor fünfzig oder achtzig Jahren, die kurzzeitig berühmt waren, jetzt aber – ähnlich wie die Clochards – Nässe und Kälte ausgesetzt sind. Lyrikbände, von den Dichtern ganz zu schweigen, haben es in Paris schwer. Zwar sieht man in den Metro-Waggons oft Plakate mit einem kurzen Gedicht (so wie in der New Yorker Subway), doch glaube ich nicht, dass jemand sie beachtet; die in ihre Wälzer vertieften Passagiere sehen sie nicht und wollen sie nicht sehen. (Als ich einmal in Deutschland meine These vom schnellen Vergessen der Romane äußerte, zischte meine Tischnachbarin ärgerlich: »Das ist Kulturpessimismus!«)

Hauptanlass unserer Parisreise ist der fünfzigste Geburtstag von Miquel Barceló, dem Maler, der auf Mallorca, direkt am Meer, geboren wurde. Er war erst mit Barcelona und später, nach den ersten großen Erfolgen, mit Paris verbunden, aber auch mit Afrika, wo er sich, in Mali, viel aufhält – malend, zeichnend, bildhauernd. Barceló ist ein Künstler, der nicht nicht arbeiten könnte, wobei man bei ihm Arbeit und Vergnügen – am Gestalten, Ausschneiden, Zeichnen oder Modellieren – ohnehin kaum unterscheiden kann. Er hat sich der Darstellung der Welt verschrieben – seine Gemälde und Aquarelle verraten eine kindliche Freude, dass es Formen gibt. Er ist ein unendlich sinnlicher Künstler. Einige seiner Arbeiten, vielleicht gerade die einfachsten, die Tiere oder Pflanzen zeigen oder auch die reiche Unterwasserwelt des Mittelmeers (Miquel ist ein erfahrener Taucher), haben eine unglaubliche Frische, als betrachte jemand zum ersten Mal – mit verliebten Augen – eine Akazie, einen Hund, einen Affen, einen Kraken, eine Dorade. Man könnte glauben, der Zeitgeist (wenn es ihn denn gibt) habe sich Miquel Barcelós bedient – nicht nur seiner, natürlich –, um die Monotonie einer bestimmten Art von nichtgegenständlicher Malerei aufzubrechen, deren Abstraktheit nicht länger zu ertragen ist. Eines seiner Meisterwerke befindet sich in der von ihm gestalteten Kapelle des Allerheiligsten im Dom von Palma de Mallorca: eine üppige, barocke Keramikgruppe, die das Wunder der Brotvermehrung darstellt. Ein grandioses Fest des Seins, eine Feier des Lebens, das die Fülle seiner Formen erlangte, eine Überfülle sogar, da die Fische, die

Brotlaibe und alle Geschöpfe fast zu bersten scheinen – sie haben die Grenze zwischen Reife und Überreife erreicht. Miquel ist ein unersättlicher Leser von Lyrik – so haben wir uns kennengelernt, er hatte meine Gedichte in Maja Wodeckas französischer Übersetzung gelesen, und Rafał Jabłonka, der in Köln eine Galerie betreibt, brachte uns zusammen.

Ich lese Miłoszs *Letzte Gedichte*, die der Verlag Znak zwei Jahre nach seinem Tod veröffentlichte. Miłoszs Gegner – und davon gibt es nicht wenige in diesem streitsüchtigen und oft kleinlichen Land, auch ziehen sein Rang und Ruhm das für die Demokratie typische Ressentiment gegen jede Art von Größe auf sich – behaupten, er habe in den letzten Jahren die dichterische Kraft verloren. Man muss aber nur einige Verse des Poems *Orpheus und Eurydike* lesen, um zu sehen, dass dies nicht stimmt:

> Er sang von der Helle des Morgens, von Flüssen im Grün.
> Von dampfendem Wasser des rosenroten Morgens.
> Von den Farben: Zinnober, Karmin,
> Gebranntes Siena und vom Blau des Himmels,
> Von der Wonne, im Meer zu schwimmen, bei den Felsen
>   aus Marmor.
> […]
> Davon, wie er Worte gegen den Tod gesetzt
> Und mit keinem einzigen Vers das Nichts gepriesen
>   hatte.

Miłoszs polnische Gegner lassen sich in verschiedene Kategorien einteilen. Es gibt Leute, die sich nicht für Lyrik interessieren, aber dem Autor des *Verführten Denkens* Verrat vorwerfen, denn er war einige Jahre im diplomatischen Dienst der Kommunisten (ohne jedoch das Nichts zu preisen: Er schrieb kein einziges Gedicht, das sich für eine stalinistische Lyrikanthologie geeignet hätte). Oder sie ertragen nicht die – absolut berechtigte, wie ich sagen muss – Abneigung des Dichters gegen den polnischen Nationalismus. Unmittelbar vor Miłoszs Begräbnis wurden Stimmen laut, er sei kein guter Katholik gewesen und verdiene nicht, in der Ehrengruft beigesetzt zu werden. Jene wiederum, die Gedichte lesen, attackieren Miłosz mitunter wegen seines hohen, hymnischen Tons. Heute muss man ironisch und eindimensional schreiben und auf bessere Zeiten warten.

Bei der Lektüre des Verses »Von der Wonne, im Meer zu schwimmen, bei den Felsen aus Marmor« erinnere ich mich an ein Gespräch mit Miłosz; es war nach einem Urlaub, den M. und ich zusammen mit C.K. Williams in Italien, in der Nähe von Lucca in der Toskana verbracht hatten. Von dort waren wir manchmal zum Baden nach Bocca di Magra gefahren, einem kleinen Ort schon in Ligurien (von der Autobahn aus sieht man die Reklame des Hotels »Shelley« – nicht weit davon ertrank der Dichter). »Magra« ist der Name des Flusses, der hier ins Meer mündet. Als Miłosz das hörte, geriet er ins Träumen, Erinnerungen wurden wach. In Bocca di Magra hatte er mit Mary McCarthy, Nicola Chiaromonte und anderen Freunden mehrmals Urlaub gemacht. Auch er war dort im Meer geschwommen und hatte nie den Anblick der weißen Marmorfelsen vergessen, die man auf den ersten Blick für schneebedeckte Berghänge halten konnte – mitten im Sommer! Aber es ist kein Schnee, sondern Marmor, Carrara, das bei Bildhauern berühmte Städtchen am Fuße der weißen Marmorberge. Und das Meer ist dort tiefblau, warm, salzig und sanft gekräuselt. Auf der samtigen Oberfläche bilden sich Linien und unregelmäßige geometrische Figuren, die sich nicht lange halten – die Papillarlinien des Meeres. Möwen kreisen über den Fischerbooten. Das Ufer ist felsig, so, wie es am Mittelmeer sein muss, denn ebene Sandstrände, bedeckt mit den Badetüchern sonnenverbrannter deutscher Touristen, nehmen ihm sein Kobaltblau und machen es der fahlen und kalten Ostsee ähnlich.

Miłosz ist von uns gegangen, fast bis zum Schluss hat er gedacht, gearbeitet, Gedichte geschrieben. Es ist, als sei er ins Meer hinausgeschwommen, in Richtung Carrara, zum blauen Nebel und zu den weißen Bergen.

Paul Claudel sagt an einer Stelle: »Celui qui admire, n'a jamais tort.« (»Wer bewundert, hat immer recht.«). Ich sinniere gern über diesen Satz, der so wenig zeitgemäß ist und den man natürlich in Frage stellen kann. Er sagt aber auf ganz grundsätzliche Weise, dass im geistigen Sinne Bewunderung und Enthusiasmus etwas viel Höheres sind als Kritik, Sarkasmus oder eine rein ironische Haltung, das, was im Englischen *debunking* heißt, was wir manchmal »vom Sockel holen« nennen und was heute die Luft ist, die unsere Zeitungen und die meisten Bücher atmen.

Im Juni 2007 war ich mit einer Gruppe von Freunden (darunter C.K.Williams mit seiner Frau, George und Michael und Agnès mit ihrem Fotoapparat) in Lemberg. Nur ganz kurz, aber lange genug, um wieder den ergreifenden Schauer des Geheimnisvollen zu spüren, den ich schon zuvor, bei früheren Besuchen erlebt hatte. Und wieder war es Juni – milde, lange, langsam erlöschende Abende, die so viel versprechen, dass, was man auch tut, immer das Gefühl von Niederlage, von verschwendeter Zeit bleibt. Man weiß nicht, wie man sie am besten verbringen soll. Spazieren gehen oder doch zu Hause bleiben und am weit geöffneten Fenster sitzen, damit die warme, von den Klängen des Sommers erfüllte Luft ins Zimmer strömen und sich mit Büchern, Ideen, Metaphern und unserem Atem vermischen kann. Aber nein, das geht auch nicht, das ist nicht möglich. Man kann ihnen – diesen schier endlosen Abenden – nur nachtrauern, wenn sie vorüber sind, wenn die Tage wieder kürzer werden. Sie lassen sich nicht festhalten. Vielleicht sind Wehmut, Erinnerung und Nostalgie tatsächlich die einzig passenden Wahrnehmungsmodi für lange Juniabende. Man kann sie nie ganz auskosten, man möchte hinaus und im Park spazieren, aber auch auf der Terrasse sitzen und den verklingenden Stimmen der Stadt lauschen, dem Gesang der letzten Amseln ... Aber auch das ist vergebens, denn der Gesang der Vögel hat keine Form, hier gibt es kein Adagio oder Allegro – ein Philosoph schreibt in einer ausführlichen Abhandlung über die Musik: »Nachtigallen hören nicht den Gesang der Nachtigallen«, nur leicht exaltierte Menschen, und die einzige Möglichkeit, von ihm loszukommen, besteht letztlich darin, dass man sich müde hört (um die Wahrheit zu sagen). Wohingegen das musikalische Werk, der Disziplin der Form unterworfen, unserer Ermüdung zuvorkommt – außer es handelt sich um eine der wunderbaren, aber etwas zu lang geratenen Opern aus Wagners *Ring*.

Das Empfinden, an ein Geheimnis zu rühren: Hier lebten meine Verwandten. Hier träumten sie, hier machten sie Pläne, hier trauerten sie, hier verliebten sie sich, bauten Häuser, starben, gingen auf Friedhöfe. Hier dachten sie, die Welt sei Lemberg, nur Lemberg. Von jeder Reise kehrten sie hierher zurück, und deshalb war diese Stadt auf den Hügeln ihr geometrisches Rom. Hier lebten sie, in Sorge oder unbekümmert, und rollten das große Rad der Zukunft vor sich her – durch die Jahreszeiten, durch kurze Januartage, in denen es im Schnee stecken blieb, und endlose Juniabende, bis es brach, sich in Luft auflöste und starb. Und als es starb, wurde ich geboren. Im Juni, bei Tagesanbruch, kommt dieses alte, nicht mehr existente Leben – es sei denn auf alten Postkarten, wo es aber verkleinert ist und karikaturhafte Züge annimmt, auf Ansichtskarten, von denen uns absurd wirkende Herren mit allzu stattlichen Schnurrbärten und Damen mit irrwitzigen, gleichsam von den Gärten der Semiramis bewachsenen Hüten anblicken, mit denen wir uns keinesfalls identifizieren können – auf höchst diskrete Weise noch einmal zum Vorschein. Wenn man nur aufmerksamer hinhörte, aufmerksamer hinsähe ... Eines Tages wird etwas geschehen, wird sich die innere Wirklichkeit offenbaren. Doch zugleich weiß ich, dass das Gefühl, in diesen Straßen und Parks wohne ein Geheimnis, ein Mysterium, überaus flüchtig und nur schwer zu erklären ist – würde jemand ironisch fragen: »Was für ein Geheimnis meinen Sie eigentlich?«, ich wüsste keine Antwort. Ich weiß auch, dass es Leute gibt, mitunter sehr intelligente, die um keinen Preis der Welt zugeben würden, dass es in einer Stadt ein Geheimnis gibt, sei es in einem Park oder in einer kleinen Straße bei Tagesanbruch. Nein, sagen sie, hier lässt sich alles überprüfen, messen, im Park nisten so und so viele Vogelarten, zwei Spechtarten, zwölf Eichhörnchen, vielleicht vier Marder und fünf Penner. Eine Polizeistreife kann leicht den Park durchkämmen und einen Bericht abfassen, aus dem hervorgeht, dass keine Geheimnisse entdeckt wurden.

Wir stiegen im Hotel George ab, dessen Namen in Polen jedes Kind kennt, weil es ein Symbol Lembergs ist; inzwischen könnte es aber eine Renovierung vertragen. Wenn man den Flur entlang läuft, spürt man unter dem Teppich die zerbröckelten Fußbodenfliesen – der Teppich soll sie vor dem Blick der Gäste verbergen, was ihm auch gelingt, aber die Füße, deren Sensibilität bekannt ist, vermag er nicht zu täuschen. Ob man aber Symbole renovieren kann? Ich bin mir nicht sicher.

Kürzlich fragte mich jemand, warum ich keine Romane schreibe. Warum ich kein Romancier sei. Dafür gibt es so viele Gründe, dass ich mich zu keiner klaren, überzeugenden Antwort durchringen konnte. Aber jetzt, im Rahmen dessen, was die Franzosen so treffend als *esprit d'escalier*, als Treppenwitz bezeichnen, fällt mir eine mögliche Antwort ein: Ich bin kein Romancier, weil ich aus unbekannten Gründen nicht zu den Menschen gehöre, denen man kleine gesellschaftliche Geheimnisse anvertraut. Ich beobachte das ständig: In dem Mikrokosmos, in dem ich derzeit lebe, im Krakau des frühen einundzwanzigsten Jahrhunderts, wo es an Skandälchen und mitunter nicht durch den rechtlichen und ehelichen Status der Beteiligten gedeckten Romanzen nicht mangelt und wo man gerne Vermutungen über die Vermögensverhältnisse bestimmter Personen weniger aus der Mitte, sondern eher vom Rande dieser Gruppe in Umlauf hält. Oder einfach gesagt: Es geht um mehr oder weniger interessanten Klatsch. Nur mir erzählt niemand etwas. Aus unbekannten Gründen erfahre ich all diese Dinge immer zuletzt, wenn überhaupt. Aus gleichfalls unbekannten Gründen teilen sich die Menschen in solche, denen man kleine Geheimnisse anvertraut, und solche, denen man sie nicht anvertraut. Die allermeisten dieser Informationen oder auch Pseudoinformationen gehen sicher an mir vorbei. Wie könnte ich also Romane schreiben, wo ich nicht einmal in die elementarsten Dinge meines weiteren Umfelds eingeweiht bin? Ich weiß nichts. Leide ich deshalb? Nein, ganz und gar nicht. Aber schon allein deshalb könnte ich keine Romane schreiben, die doch bis zu einem gewissen Grad von diesem geheimen Wissen über die menschlichen Schwächen leben. Natürlich leben sie auch von anderen Fähigkeiten, anderen Gaben. Doch selbst der Autor eines historischen Romans projiziert das Schema der gewöhnlichen, allgemeinen und ewigen Verkommenheit der Sitten auf die Vergangenheit, und er weiß davon dank der wohlmeinenden Verbreiter von Klatsch und Tratsch. Allerdings komme ich nach genauerem Nachdenken zu dem Schluss, dass die Sache doch komplizierter ist. Schließlich gehörten ja einige der größten Romanciers zu der Sorte von Menschen, denen man nichts erzählt. Thomas Mann etwa, der immer große Distanz zu anderen wahrte und sich während seines langen Lebens nur mit einer Handvoll Freunden und Bekannten duzte. Und der – das notiert Konrad Kellen, auch Conny genannt, der zwei Jahre lang in Pacific Palisades in Kalifornien Manns Sekretär war – mit seinem Bruder Heinrich so kühl, förmlich und intellektuell redete, dass man hätte meinen können, es handele sich um zwei Universitätsprofessoren, die sich eben erst kennengelernt hätten. Niemand wird also Thomas Mann Geheimnisse anvertraut haben, er ließ niemanden an sich heran, und selbst wenn, wird niemand oder so gut wie niemand es gewagt haben, dem Olympier ein triviales, wenn auch noch so interessantes Gerücht anzuvertrauen. Und doch wusste sich Mann irgendwie zu helfen, in seinen Romanen und Erzählungen gibt es eine Menge kleinerer und größerer Skandale, Selbstmorde, Bankrotte und Verrat eingeschlossen. Auch in der Familie der Manns mangelte es nicht daran, in keiner Generation – die familiären Unglücksfälle kamen ihm zu Hilfe …

In Lemberg ein komischer Moment: Am ersten Tag warf ich meinen Reisegefährten beim Abendessen unvermittelt vor, sie verstünden diese Stadt nicht, sie behandelten sie so, als seien sie in einer beliebigen europäischen Stadt, in Liverpool oder Bochum, sie empfänden nichts, sie streiften Straßen und Plätze mit objektivem Blick, als seien sie lediglich Fotoapparate – dabei sei es eine ganz ungewöhnliche Stadt, hier gebe es wunderbare Dinge, wenn auch verborgen … Sie liegen teils noch immer unter einer Decke von sowjetischem Staub, ja, aber wer seine Phantasie ein wenig anstrengt, kann sehr wohl zu ihnen durchdringen. Dies ist nicht das leicht zu habende Florenz mit seinem augenfälligen, absoluten und von hundert Reiseführern bestätigten Reiz, auch nicht Rom, dessen Schönheit jeder Idiot erkennt, nein, hier ist alles ganz anders, die Stadt versteckt sich unter einer Schicht von Vulgärem – umso mehr verdient sie, erkundet zu werden, umso mehr sollten sensible Menschen sich ans Werk machen, statt tatenlos auf ein Wunder zu warten. Hier, in dieser verstümmelten Stadt, darf man sich nicht nur auf Blick und Gehör verlassen, man muss auch die Vorstellungskraft bemühen. Proust sagt zwar, die Vorstellungskraft richte sich immer auf abwesende, entfernte Orte, die Straße, auf der wir gehen, den Raum, in dem wir uns befinden, oder die Person, mit der wir reden, könnten wir uns nicht vorstellen, aber Proust lebte noch in der klassischen Epoche, vor der Katastrophe, er konnte nicht wissen, dass es einmal Städte geben würde, die nur halb existieren, halb verlassen sind, die mit einer Plane von Hässlichkeit bedeckt sind, verlorene und halb wiedergewonnene Städte, er konnte nicht ahnen, dass in solchen Städten die Vorstellungskraft zu einem zusätzlichen Sinn wird – werden muss –, halb Vorstellungskraft, halb Sinnesapparat, weil die gewöhnlichen, medizinisch und empirisch bestätigten Sinne hier nicht ausreichen und der Unterstützung durch halb geschlossene Augen und Intuition bedürfen … Er konnte unseren Ausflug nach Lemberg nicht vorhersehen, in eine Stadt, die niemandem gehört, weder denen, die sie verließen, noch denen, die jetzt fest hier wohnen, und die deshalb einen neuen Typ von Vorstellungskraft verlangt. Ich sagte das natürlich knapper, damals hätte ich meine Argumentation nicht so breit ausführen können, ich war viel lakonischer und emotionaler, bestimmt auch plumper, erst jetzt, da ich allein in meinem Zimmer sitze, Musik höre und aufschreiben kann, was ich eigentlich hätte sagen wollen, erst jetzt überwinde ich meinen ewigen *esprit d'escaliers* und korrigiere die unvollkommene Wirklichkeit jenes Abends, an dem wir in Lemberg im Keller eines Restaurants in der ulica Akademicka (das ist der Vorkriegsname) saßen. Schließlich schreibe ich ja, um meine Plumpheiten und meine Lakonie zu korrigieren, um aus Gebrumm und Ellipsen längere, besser motivierte Sätze zu machen.

Meine Reisegefährten sahen mich verständnislos an, gelangten aber wohl bald zu dem Schluss, dass sie es mit jemandem zu tun hatten, der nicht ganz normal ist, der – das begriffen sie – einen für ihn besonderen Ort bereist; tags darauf aber, so schien es mir, spürten sie etwas von der Majestät dieser Stadt, von ihrer Ausstrahlung …

Der junge Ossip Mandelstam – ganz im Einklang mit seinen Freunden, den Akmeisten, von denen er manche Überzeugungen übernahm – lehnte den Symbolismus ab, den verschwommenen Symbolismus, wie er sagte, er hatte nicht den

Nerv, in unklaren, unterbelichteten Jenseitswelten zu stöbern. Er war für das Konkrete, für die vom Menschen bewohnte greifbare Wirklichkeit, er bewunderte die Architektur als sichtbare Synthese von Innerem und Äußerem. Er meinte auch, ein Dichter solle nicht Priester sein, wie es manche Symbolisten wollten, sondern Handwerker und Künstler, nicht Imperator des Unsichtbaren, sondern intelligenter und freier Herrscher über das Reich in der Mitte. Im Grunde aber vertrat Mandelstam ähnlich wie die anderen Akmeisten eine gemäßigte Position zwischen dem Symbolismus mit seiner Vorliebe für überirdische Sphären und dem aggressiven Futurismus. Die Futuristen glaubten uneingeschränkt an die Herrlichkeit der schnell herannahenden neuen Zeit; sie sollten schnell merken, dass das eine Illusion war, zumal in Russland, aber auch im übrigen Europa, sofern sie sich nicht wie Marinetti dem siegreichen politischen Lager anschlossen und sich an die Spitze der totalitären Welle setzten. Es handelte sich hierbei auch um einen grundsätzlichen Streit über das Wesen der Moderne: Die Futuristen waren süchtig nach dem Neuen und der neuen Welt, die Symbolisten mochten diese neue Welt nicht, sie fürchteten sich vor ihr und negierten sie, und nur die Akmeisten verbanden die genaue – zuweilen gar zärtliche – Betrachtung der Moderne mit der geduldigen Suche nach den geistigen Vitaminen, die der neuen Wirklichkeit fehlten. Mandelstams Perspektive und Standpunkt haben bis heute ihren Wert bewahrt.

Nach der Rückkehr aus Lemberg besuchten wir Tante Ania, Vaters vier Jahre jüngere Schwester, die aber auch schon über neunzig ist. Ich zeigte ihr einen Stadtplan von Lemberg und fragte, wo wer aus unserer Familie gewohnt habe. Sie ist die letzte Person, die das wissen kann. Die letzte von den Geschwistern, die noch bei wachem Verstand ist. Immer wenn ich sie sehe, klagt sie: Ich werde von niemandem mehr gebraucht, und ich sage, doch, sie werde sehr gebraucht, ich brauche sie, denn nur sie erinnere sich noch an jene untergegangene Wirklichkeit, nur für sie seien die Vorkriegsnamen der Straßen mehr als tote philologische Hülsen. Sie lächelt verlegen, sie ist nicht überzeugt, aber sie weigert sich nie, meine Fragen zu beantworten. Mit meinem Vater kann ich leider nicht mehr über diese Dinge sprechen, sein Gedächtnis ist auf die Größe einer Kaffeebohne geschrumpft, es existiert nicht mehr. Vater liegt nur noch im Bett, er weiß nichts mehr, er schläft und isst nur noch, er wartet auf das Ende, ohne zu wissen, dass er wartet. Vielleicht erscheinen ihm im Traum noch Dinge von früher, aber das wissen wir nicht. Seine Schwester hingegen erinnert sich noch gut an früher. Sie erinnert sich hervorragend an alles, was mit Lemberg zu tun hat. Sie hat uns von der ulica Franciszkańska erzählt, dort wohnte im Gebäude der Schule, einer Handelsschule wohl, deren Direktor er war, mein Großvater mit seiner Familie, bevor sie in die ulica Piaskowa 10 zogen, in ein eigenes kleines Haus, gekauft von den über die Jahre angesammelten Ersparnissen. Es existieren noch Notizen meines Großvaters vom Anfang des zwanzigsten Jahrhunderts, Bilanzen, in denen er alle Ausgaben verzeichnete. Dort gibt es auch eine etwas mysteriöse Rubrik: Luxusartikel. Allzu viele Luxusartikel finden sich darin aber nicht, Großvater war offenbar ein gut organisierter, praktischer und sparsamer Mann, und Mitte der zwanziger Jahre kaufte er das kleine Haus in der Piaskowa 10. Vor der Piaskowa waren aber die Franciszkańska und die Handelsschule. Von irgendwem, ich weiß nicht wem, es war ein anonymes Geschenk, habe ich einmal auf elektronischem Wege ein Gruppenfoto von Schülern und Lehrern dieser Schule bekommen, ein typisches konventionelles Foto dieser Art. In der ersten Reihe sitzen die Pädagogen (der sogenannte L e h r k ö r p e r), auch der Priester fehlt nicht, der rechts neben meinem Großvater sitzt. Dahinter die Schüler in Matrosenanzügen. Matrosenanzüge in Lemberg, wo es überhaupt kein Wasser gab, wo der kleine Fluss, die Poltwa, durch einen unterirdischen Kanal geleitet wurde! (Andererseits, muss man sagen, liegt Lemberg auf einer Wasserscheide, die Linie läuft mitten durch die Stadt, einer ihrer Bäche speist das Flusssystem des Schwarzen Meers, die Poltwa hingegen folgt dem Ruf der Ostsee.) Großvater gefällt mir nicht auf diesem Foto – es zeigt ihn wohl in seinen Vierzigern –, er ist anscheinend ganz und gar durch seine soziale Stellung bestimmt. Er sieht aus wie jemand, den ich nicht gemocht hätte, und erinnert keineswegs an den gutmütigen alten Herrn, den ich nach dem Krieg kannte und liebte. Und ich fragte Tante Ania weiter nach Lemberger Adressen: Tante Busia und ihr Mann, Onkel Józef, die lange kämpfen mussten, bis die Familie ihre Ehe akzeptierte (denn sie war Jüdin, verstoßen von ihren Eltern, vor denen sie zu einem Goi geflohen war, und auch er hatte sie gegen den Willen seiner Familie geheiratet), wohnten in der Sykstuska. Tante Berta, meine Taufpatin, eine kleine, gebeugte, strenge und im Umgang recht kühle Musiklehrerin, eine alte Jungfer, an deren kurze Besuche in Gleiwitz ich mich noch erinnere, wohnte in Lemberg in der ulica Grottgera (sie verband die Franciszkańska mit der Łyczakowska). Tante Berta, auch eine der Vertriebenen, hatte nach dem Krieg von ihrem spärlichen Besitz nur das Klavier gerettet, ihr Arbeitsgerät, das sie auch nicht aufgab, als sie in Krakau in Armut lebte. Eine Zeitlang – daran erinnere ich mich noch aus Vaters früheren Erzählungen – nächtigte sie in einer Krakauer Offizierssiedlung in der Küche, bei entfernten Verwandten, die sie am Tag oft aufforderten, »durch die Stadt zu spazieren« und nicht bei den häuslichen Verrichtungen zu stören. Sie war damals schon im Rentenalter, ihre Gastgeber vermutlich auch – sonst wären sie ja jeden Tag zur Arbeit gegangen, fast jeden Tag, und sie hätte in der Wohnung bleiben können … Wer weiß, vielleicht wurde sie auch nur sonntags aus der Wohnung verscheucht. Ich kann mir eine solche Grausamkeit nur schwer vorstellen, aber ganz offensichtlich war es so, vielleicht nur für eine kurze Zeit, vielleicht dauerte die Situation nicht lange, ich weiß es nicht genau und werde es nicht mehr erfahren. Das Klavier hat sie mir vermacht, ich war ihr Patenkind, und ich war unzufrieden, weil sie mir nicht mehr Aufmerksamkeit schenkte, aber wie hätte sie sich um mich kümmern können, während sie durch Krakau lief und wartete, bis sie in ihr provisorisches Zuhause zurückkonnte. Nach ihrem Tod, als schon klar war, dass ich, ihr Patenkind und Nutznießer ihres bescheidenen Testaments, musikalisch absolut unbegabt war (meine Schwester ebenso), wurde das Klavier verkauft; von dem eingenommenen Geld kaufte Vater zwei Fahrräder, eines für mich, das andere für meine Schwester. Den Symbolwert dieses Aktes möge der scharfsinnige Leser selbst bestimmen. Für mich war es der Beginn einer fanatischen Liebe zum Radfahren, zu Touren, die mich oft zu der von den Deutschen hinterlassenen Autobahn führten. (Ja, vom Lemberger Klavier zur ehemals deutschen Autobahn.) Ich erinnere mich noch genau an den Geruch meines ersten Fahrrads, den Geruch des Leders, aus dem der Sattel gemacht war, und den Geruch des lackierten Rahmens. Mein erstes Fahrrad kam aus der DDR, das zweite, ein Rennrad mit Gangschaltung, das ich viele Jahre lang fuhr, aus der Tschechoslowakei. Fahrräder aus den Bruderstaaten. Aber zurück zu den Lemberger Adressen: Die Familie meiner Mutter wohnte in der Nähe der ulica Gródecka, Tante Ania erinnerte sich nicht an den Namen der Seitenstraße. Die Gródecka ist die lange Straße, die noch heute die Innenstadt mit dem einstmals imposanten, wie die meisten majestätischen Bauten Lembergs in der Habsburger Zeit errichteten und für sentimentale Abschiede und zärtliche Begrüßungen geschaffenen Bahnhof verbindet. Und wo wohnten die Namysłóws, fragte ich. Das war die Familie des Mannes der älteren Schwester meines Vaters, Maria, Tante Marysia, die nach dem Krieg in Gleiwitz einen Gärtnereibetrieb führte, eine tüchtige, kluge Person, die ein hartes, bitteres Leben hatte. Die Namysłóws wohnten in der ulica Świętego Wojciecha. Tante Wisia schließlich, Großmutters Schwester, die leichtsinnige Tante Wisia, die fast hundert Jahre alt wurde, die sich kleinen Dingen, kleinen Emotionen hingab, silberne Bleistifte und Taschenmesser sowie Ansichtskarten aus Abbazia sammelte, die Melodien alter Schlager summte, französische Seufzer ausstieß und in Erinnerungen an die Bälle vor dem Ersten Weltkrieg schwelgte, Tante Wisia wohnte in der ulica Zyblikiewicza 30 – zusammen mit ihrer Mutter und ihrem Bruder. Bestimmt in der 30? Tante Ania war nicht sicher. Interessant, dass sie sich nur hier, bei Tante Wisia, mit der sie eine enge, auf Vertrautheit, Sympathie und unvermeidliche Abneigung gründende Beziehung verband (sie hatten viele Jahrzehnte unter einem Dach gelebt, beide unverheiratet, manchmal hatten sie gestritten und sich hinterher versöhnt, wieder gestritten und sich wieder versöhnt), noch an die Hausnummer erinnerte, wenn auch mit einem leichten Fragezeichen. Wir nehmen ihr das bestimmt nicht übel.

Ich weiß nicht, wie wir nach dem Tod teurer Freunde weiterleben können! Und doch kommen wir damit zurecht. Irgendein Teil unserer Substanz muss aus Gleichgültigkeit gemacht sein, aus grauem, gleichgültigem Metall, wenn wir weiterzuleben vermögen, sogar auf ganz erträgliche Weise, nach dem Tod von Freunden, von nahen und nächsten Angehörigen. Wir lachen, besuchen gute Restaurants, lesen neue Bücher, die sie nicht mehr kennenlernen werden. Der erste Moment der Trauer, unmittelbar nach dem Empfang der Nachricht vom Tod eines uns nahestehenden Menschen, ist etwas Schreckliches. Das ist noch gar keine Trauer, das sind Schmerz und Rebellion im Reinzustand, während das Wort »Trauer« schon den Keim der Resignation, der Übereinkunft mit dem Geschehenen in sich birgt. Im ersten Moment aber gibt es noch keine Worte, gibt es kein Einverständnis, keine Resignation. Es ist, als öffne sich ein Loch im Dasein. Ein Erdbeben, das einen Abgrund aufklaffen lässt. Ein Moment der Tränen und der Wut, in dem der Logos machtlos ist. Der Logos tritt diskret zur Seite. Dann schließt sich der Spalt langsam und sukzessive, und es beginnt der langwierige Prozess des Trauerns, wir beginnen vorsichtig auf einem Steg über die Kluft zu gehen; mit der Zeit verändert die Narbe ihre Farbe und ähnelt fast der gesunden Haut. Doch es gibt Tode, mit denen wir uns nicht abfinden können. Ich habe mich nie – und werde es nie können – mit dem Tod meines Neffen Marek abgefunden. Er war erst zehn Jahre, er wusste noch gar nicht, wer er war. Und wir wussten nicht, was aus ihm werden, wie er sich entwickeln würde. Er war ein reizender, hübscher Junge. Wir Polen mögen Euphemismen und sagen immer, wenn wir von Toten sprechen: Sie sind jetzt im Jenseits bei ihren Familien. Oder: Wir werden sie im Jenseits wiedersehen. Oder: Er sieht uns jetzt vom Jenseits aus zu. Als sei dieses J e n s e i t s ein mit Gras bewachsener Hof, den wir von unserem Küchenfenster aus beobachten können, aus den Augenwinkeln kontrollierend, wie die Kinder und der Hund spielen und ob ihnen keine Gefahr droht. Wir behandeln die Toten wie Kinder. Diese Unbekümmertheit und mangelnde Sensibilität für das Unbegreifliche, unsere Vorstellungskraft Übersteigende sind die Frucht des allzu sehr domestizierten Katholizismus. Ich denke oft an Joseph Brodsky, einen der außergewöhnlichsten Menschen, denen ich je begegnet bin – an seine verschiedenen Gesichter, daran, dass er bisweilen ein geistreicher, arroganter Intellektueller sein konnte, dem sich niemand, der ihn nicht kannte, zu nähern wagte, aber auch an seine sanften Momente, in denen er der feinfühligste Freund war. Ich erinnere mich an unsere Gespräche, in denen die Rollen so verteilt waren, dass er lange Monologe hielt und verrückte metaphysische Theorien entwickelte, während ich den Skeptiker gab, der nach Ungereimtheiten und Inkonsequenzen in seiner Argumentation suchte. Diese Monologe hatten oft mit den Essays zu tun, an denen er gerade arbeitete, sie waren gleichsam die Generalprobe (des jeweiligen Essays). Immer wieder ging es um das Thema Religion; Joseph sprach gern über eine Religion, die sich von den großen Naturreligionen ablösen und deshalb über mehr Unendlichkeit verfügen sollte. Die von Familie oder Gesellschaft tradierten Religionen besäßen zu wenig Unendlichkeit, sie implizierten einen Kompromiss mit dem historischen Material, in das sie verpackt seien. Ich widersprach und sagte, man könne eine Religion nicht konstruieren wie Doktor Zamenhof das Esperanto und er, Joseph, propagiere ein solches Esperanto; stattdessen solle man sich lieber auf das in den existierenden Religionen gegebene Unendliche konzentrieren und gegebenenfalls damit so verfahren wie mit der Glut eines Feuers, in die man hineinblase, um eine noch größere Flamme zu entfachen. Ich hatte den Eindruck, er mochte diese Diskussionen, er mochte sogar meine Skepsis, genau das war es, was er brauchte, Widerstand, Eigensinn. Einmal rief ich ihn nach der Ankunft aus Europa von Houston aus an, als mich wegen des Ortswechsels und der Trennung von der Familie, von M., eine leichte Melancholie gepackt hatte und ich auf ein warmes, freundschaftliches Gespräch hoffte, auf Trost in meiner – keineswegs bedrohlichen – Traurigkeit. Aber nichts dergleichen, Joseph fragte gleich, was ich von Horaz halte. Ich ahnte, dass er an einem Text über diesen Dichter arbeitete, und tatsächlich, so war es. Horaz musste mich trösten.

Es gab nämlich drei Geschwister: Mein Vater war das zweite Kind, nach ihm war noch Anna gekommen. Die Älteste war Maria, Tante Marysia. In Tante Anias Wohnung hängt bis heute ein Foto an der Wand, das die Farbe von echter, nicht nachgeahmter und vorgetäuschter Sepia hat. Es zeigt die komplette Familie bei einem Spaziergang in der Umgebung von Lemberg, im Wald, an einer nicht allzu steilen Böschung; Großvater nimmt auf diesem Foto die Pose eines Führers ein – die Familie befand sich zwar vielleicht im Wald, aber der Wald war nicht so dunkel, als dass man sich hätte fürchten oder verloren vorkommen müssen. Es war ein

Stadtwald und niemand ängstigte sich, schon gar nicht Großvater, der erfahrene Lehrer und unerschrockene Pädagoge, der wohl auch einen Wolf zu zähmen gewusst hätte, wenn in diesem Stadtwald zufällig ein wilder, böser Wolf aufgetaucht wäre. Großvater hätte den Wolf sicher so streng zurechtgewiesen, dass sich das Tier auf den Boden gekauert und bald ins finsterste Dickicht zurückgezogen hätte. Wie ich aus Familienerzählungen weiß, sagte Großvater seinen drei Kindern immer, sie müssten drei Dinge beherrschen – Schwimmen, Stenographie und Deutsch. Schwimmen, Stenographie und Deutsch – war das eine gute Kombination von Fähigkeiten? Man spürt darin etwas vom Geist der Aufklärung, etwas von dem Optimismus, der nach dem Ersten Weltkrieg herrschte, dieser schrecklichen Katastrophe, nach der man anfing, Charleston zu tanzen – er nahm an, es würde Gedanken und Ideen geben, die sich zu stenographieren lohnt, und in so mancher Versammlung, in so mancher Organisation würde jemand gebraucht, der stenographieren kann; das später allgegenwärtige Tonband war damals noch unbekannt. Es würden auch manche (aber nur manche) Fähren oder Schiffe sinken, also musste man schwimmen lernen – schließlich erinnerte man sich damals noch gut an den Untergang der Titanic in den frühen Morgenstunden des 15. April 1912 (mein Vater wurde am 16. Dezember desselben Jahres geboren). Allerdings formulierte Großvater seine drei Gebote wohl später, eben in der Nachkriegszeit, als das Land die Unabhängigkeit wiedererlangt hatte. Und drittens schließlich würde in diesem Teil Europas die deutsche Sprache immer von Nutzen sein. Ich glaube nicht, dass Großvater den Zweiten Weltkrieg und die deutsche Besatzung voraussah. Und ehrlich gesagt war während der Hitlerbesatzung die deutsche Sprache auch kaum von Nutzen, nützlich war nur Hitlerdeutsch, das aber Polen nicht sprechen durften. Großvater sah, als er seinen Kindern diese drei Fähigkeiten nahelegte (oder verordnete), weder Auschwitz noch den Kommunismus voraus, weder die Arbeitslager noch die Vertreibung. Er muss in seiner ersten Lebenshälfte ein Mann mit einem eisernen Willen zum Überleben und sogar zum Erfolg gewesen sein. Ein Mann der Aufklärung, der an einen Fortschritt glaubte, der durch kleine Schritte, kleine Entsagungen und ausdauernde Arbeit verwirklicht würde. Ich habe schon erwähnt, dass er peinlich genau Buch führte über seine Ausgaben und die Ausgaben der Familie, bis er schließlich von dem Ersparten ein kleines Haus kaufte. Er hat bestimmt nicht Nietzsche gelesen; hätte er ihn gelesen und wäre von ihm betroffen gewesen, so hätte er seine Kinder nicht angehalten, die deutsche Sprache zu lernen. Hätten sie nämlich ihre Kenntnis dieser Sprache genutzt und Nietzsches Schriften studiert, so hätten sie gelernt, dass es nichts gibt, kein Fundament und keinen Grund, und dass die Materie, über die wir laufen, so solide ist wie die Wolken, die an einem Sommertag über uns hinwegziehen. Und wenn das so ist, dann nützen Stenographie und Schwimmen nicht viel. Die akrobatische Übung, in Wolken zu schwimmen, ging über die Kräfte der Geschwister. Nur die Kunst hätte Trost bieten können, aber die Geschwister interessierten sich nicht in solchem Maß für Kunst, außer Ania, die Klavier spielte, sich in der Musik auskannte, die Musik liebte. Alle drei überlebten Krieg und Besatzung, aber das konnte Großvater nicht voraussehen, ebensowenig wie die Tatsache, dass auf Weltkrieg Nummer eins der noch grausamere Weltkrieg Nummer zwei folgte, und dass in diesem Zweiten Weltkrieg die deutsche Kultur, die er so schätzte, der er durch seine deutsche Mutter und sein Germanistikstudium zu einem Teil selbst angehörte, vom Wahnsinn erfasst wurde. Wenn den Geschwistern etwas half, dann weder Stenographie noch Schwimmen, noch die deutsche Sprache, sondern wohl nur der reine Zufall. Unter den dreien stach Tante Marysia, die älteste, dadurch hervor, dass sie ein religiöser Mensch war. Mehrfach widerfuhr ihr schweres Unglück: der Tod eines Kindes und der Tod ihres Mannes. Das Kind, die kleine Myszka, war ein entzückendes, heiteres Mädchen von unwiderstehlichem Charme, ich erinnere mich an sie, an ihr Lachen, ein gutes Lachen, das sich nicht gegen andere richtete. Sie starb an Diphterie. Bis heute habe ich den Tod der kleinen Myszka nicht verschmerzt, die so heiter war, so gut, so lieb und so hübsch, bis heute gibt es mir einen Stich ins Herz, wenn ich an sie denke. Ich stelle mir vor, wie Maria, Marysia, Myszkas Mutter, leiden musste nach dem Tod des Mädchens, das mit sieben Jahren starb, wie sie immer an sie denken musste, all die Jahre hindurch, obwohl sie nie ein Wort darüber verlor. Tante Marysia verlor auch ihren Mann, Onkel Romek, einen Mann von großer Anziehungskraft, aber unglaublich leichtsinnig, wie es bei Menschen von großer Anziehungskraft vorkommt (man müsste alle Spiegel vor ihnen verbergen, damit sie nicht merken, mit welcher Gabe sie bedacht wurden). Nach seinem tragischen Tod musste sie ums Überleben kämpfen, auch in ökonomischer Hinsicht – sie musste die Schulden ihres Mannes abbezahlen. Sie hatte eine kleine Gärtnerei, die ein gewisses Einkommen garantierte, aber auch harte Arbeit verlangte, Aufstehen bei Tagesanbruch oder noch früher, um im Glashaus den Ofen einzuheizen (damals gab es noch nicht diese wunderbaren, mit elektronischer Intelligenz ausgestatteten Öfen, denen man eine Woche oder einen Monat im voraus sagen kann, zu welcher Stunde sie sich einzuschalten haben). Sie war immer braungebrannt, es war die Bräune von Menschen, die viel draußen arbeiten, im Freien, und nie daran denken, sich »sonnen zu gehen«, wie es Leute tun, die im Büro arbeiten und an heiteren Maitagen sehnsüchtig aus dem Fenster schauen; ihre Hände hatten trockene Haut und waren abgenutzt von der Arbeit mit den Pflanzen, den Blumen, den Chrysanthemen am Tag vor Allerheiligen. Ein Paradox: Sie, die auf tragische Weise die geliebte Tochter und den Ehemann verloren hatte, machte jedes Jahr den größten Umsatz kurz vor Allerheiligen. Dann verkaufte sie Unmengen von weißen und gelben Chrysanthemen, zumal ihre Gärtnerei in der Nähe eines Friedhofs lag, auf dem Weg zum Friedhof, in einer ansonsten ruhigen Straße, durch die einmal im Jahr, am 1. November, Tausende Menschen zogen, und alle kauften Chrysanthemen. Als wäre das Schicksal wirklich so boshaft und so durchtrieben, dass es jemanden, den es hart strafen, dem es die liebsten Menschen nehmen wollte, zugleich der Bequemlichkeit halber direkt neben einen Friedhof plazierte. Ich glaube, sie benutzte niemals Handcreme, sie dachte überhaupt nicht daran, dass man seine Hände pflegen kann. In unserer Familie, einer typischen Familie von Intelligenzlern (aber nicht I n t e l l e k t u e l l e n), in der alle, mich eingeschlossen, in Büro, Hochschule oder Schule an Tischen und Schreibtischen saßen, arbeitete sie als Einzige im Freien, nur sie hatte den Teint eines Bauern, eines Farmers. Alle anderen trachteten danach, an einem Schreibtisch zu landen. Der Schreibtisch meines Großvaters war gigantisch, dekoriert mit Wörterbüchern und Enzyklopädien, Vaters Schreibtisch war viel kleiner, ich hingegen hatte nie einen richtigen Schreibtisch, ich arbeitete meist an einem normalen Tisch oder – wie jetzt – im Sessel mit dem Laptop auf den Knien. Wir alle, auch meine Schwester und meine Mutter, wenn sie Briefe schrieb, unterlagen dem Wirken einer geheimen Kraft, die uns an den Schreibtisch oder zumindest einen normalen Tisch drängte. Als wäre ein Schreibtisch eine Art Festung, ein Fort, in dem man sich vor den Attacken der wilden Welt verstecken kann. Nur sie nicht ... Sie gehörte – im Gegensatz zu ihrem Vater, meinem Großvater – nicht zu den Aufklärern, sondern zu den Tiefgläubigen und eisern Schweigenden. Sie las ernste theologische Bücher, und ich vermute, sie konnte auch beten (was, entgegen allem Anschein, eine überaus seltene Fähigkeit ist), aber sie war schweigsam wie unsere ganze Familie – mit Ausnahme meiner Mutter und meines Großvaters, der redete und redete, der sogar während der Besatzung nicht aufhörte zu reden, in der Lemberger Straßenbahn, was sehr gefährlich war, und der auch hinterher, im Kommunismus, weiterredete, laut und deutlich. Alle anderen in Vaters Familie schwiegen. Marysias Schweigen war wohl religiös motiviert – ich glaube, sie war überzeugt, dass Glaubensdinge unaussprechlich seien, dass sie ihren Wert verlören, wenn man sie ausspräche, und sich in Banalitäten verwandelten. Ich bewunderte sie dafür, dass sie anders war, dass sie ihre tiefe Religiosität hatte, die sie nicht mit uns teilen konnte oder wollte – sie war nämlich das Gegenteil einer Frömmlerin, die ihre religiösen Aktivitäten demonstrativ zur Schau stellt. Sie war eine Antifrömmlerin, eine tüchtige Person mit einem großartigen Sinn für Humor. Ich bewunderte sie sehr, konnte ihr das aber nicht sagen. Wie auch, in unserer schweigsamen Familie? Ich war Teil dieser schweigsamen Familie. Ich wollte sprechen lernen, aber ich wusste, das würde viele Jahre dauern. Damals war ich stumm. Erst heute kann ich es ihr sagen. Heute erst sage ich es, heute denke ich nicht zum ersten und bestimmt nicht zum letzten Mal an sie, an ihr Leid und ihren Mut, daran, wie hart sie arbeitete, wie sie nach dem Tod der beiden ihr nächsten Menschen ums Weiterleben kämpfte, wie sie schwieg. Das Schweigen meines Vaters war mehr ethisch motiviert – er verachtete Redner und hielt nicht viel von Rhetorik. Seine Schwester jedoch, Maria, Marysia, schwieg aus anderen Gründen. Vielleicht muss jemand, der wirklich und innig beten kann, gegenüber anderen Menschen wortkarg sein.

Wenn die Krakauer Straßenbahn die Planty umrundet und zwischen den Bäumen, Sträuchern und Straßen immer neue Kirchen, Palais und gewöhnliche Gebäude auftauchen, wenn sich etwa kurz eine Perspektive auf die ulica Stolarska und auf die stolzen Türme der Marienkirche öffnet, dann komme ich mir vor wie in einem alten Kaiserpanorama. Unter den Fingern spüre ich die Wölbung einer lebendigen Stadt, die ihre mittelalterliche Herkunft mit der bescheidenen Gegenwart des frühen einundzwanzigsten Jahrhunderts zu verbinden weiß.

Onkel Romek besaß ungeheuren Charme. Mehr noch: Er war fast wie aus einer anderen Welt in unsere puritanische Familie gekommen – aus einer Familie, in der man sich amüsierte, in der anlässlich größerer Zusammenkünfte gesellige Spiele veranstaltet wurden. In unserer tatsächlich leicht puritanischen Familie waren derlei Vergnügungen undenkbar. Bei uns war alles schlicht. Mutter erzählte meiner Schwester und mir, wie sie bei ihrem ersten Besuch von den zukünftigen Schwiegereltern empfangen wurde. Die Eltern meines Vaters standen auf der unsichtbaren Leiter der sozialen Hierarchie vielleicht ein wenig höher als die Eltern meiner Mutter, aber sie lebten unglaublich sparsam, spartanisch. Mutter indes war in einem leichtsinnigeren Haushalt zur Welt gekommen, in dem man wohl etwas über seine Verhältnisse lebte. Als Mutter also zum Mittag- oder Abendessen bei Vaters Eltern erschien, bewirtete man sie mit Frikadellen! Mutter erinnerte sich bis an ihr Lebensende daran und lachte darüber. Frikadellen zum ersten Abendessen mit der Verlobten des Sohnes. Das war ein Skandal. Unerhört. Noch Jahre später lachte sie gern darüber, aber damals muss es sie sehr verletzt haben. Frikadellen. Vater wiederum erklärte ihr noch Jahre später jedes Mal aufs Neue, sie müsse verstehen, das sei in seinem Elternhaus Brauch gewesen, man habe nie den Speiseplan geändert, nur weil man Gäste erwartete. Und wenn Frikadellen vorgesehen waren, dann war eben nichts zu machen. Auf keinen Fall, so mein Vater jedes Mal, sei das ein Ausdruck von Ablehnung gegenüber der neu Hinzugekommenen gewesen. Onkel Romek kam also aus einem ganz anderen Umfeld, aus einem Clan, der die Verlobte des Sohnes bestimmt nicht mit Frikadellen begrüßt hätte, aus einer Familie, die übrigens auch vermögender war als unsere. Und wenn in Gleiwitz die ganze Familie zu Festen oder Namenstagen im – wie es mir schien – riesigen Wohnzimmer von Marias und Romeks großer Wohnung zusammenkam, dann gab der einfallsreiche, mit einer blühenden Phantasie begabte Onkel Romek den Ton an. Er organisierte Spiele, Wettkämpfe und Sketche, bei denen vor allem die jungen Leute mitmachten. Da war niemand, der auf dem Klavier gespielt, der uns Chopin oder Schubert vorgespielt hätte, aber auch ohne das – das begriff ich erst viel später, als ich Erinnerungen der letzten Polen las, die noch das Leben auf den Gutshöfen kennengelernt hatten, wo Scharaden, Tänze und Gesang unverzichtbar dazugehörten – lebte im einstmals deutschen Gleiwitz dank der Phantasie von Onkel Romek die Atmosphäre des von Adel und Intelligenz geprägten Polen des neunzehnten Jahrhunderts wieder auf. Dieses Polen hatte die Teilungen überdauert, tanzend, sich amüsierend, flirtend, aber auch lesend und Klavier spielend sowie, von Zeit zu Zeit, gegen die Besatzer konspirierend. Nach dem Krieg gab es praktisch keine Gutshöfe mehr, die Ostgebiete existierten nur noch in der Erinnerung, dafür waren die Westgebiete hinzugekommen. Onkel Romek brachte etwas von der alten Atmosphäre hierher.

Gelehrter und Künstler, Gelehrter und Dichter. Der Schriftsteller oder Dichter ist ein Gottesnarr, der sich der Welt bisweilen in seinen komischen, hoffnungslosen und grotesken (wiewohl, wenn er es vermag, auch in seinen großen) Momenten zeigt. Er riskiert sehr viel, er erregt das Missfallen der geschätzten öffentlichen Meinung – und ich denke hier nicht an rebellische Künstler, die sich gegen herrschende gesellschaftliche Normen auflehnen, sondern vielmehr an die Selbstenthüllung, an die Zurschaustellung der eigenen Conditio im Theater eines Romans oder Gedichts. Der Gelehrte dagegen verbirgt sich in der Bibliothek, er arbeitet mit Fußnoten, ohne jemals Gehrock oder Sakko abzulegen. Niemand bekommt ihn im Negligé zu sehen, niemand wirft ihm vor, er habe sich nicht v o r b e r e i t e t.

Als wir ihr – die Rede ist jetzt von meiner zweiten Tante, Marias Schwester Ania – von Lemberg erzählten und schwärmten, »was für eine schöne Stadt«, erwiderte sie knapp: »Na und?« In dieser kurzen Frage steckte die ganze Bitterkeit der Vertriebenen. Sie sagte es wie jemand, der sein Leben vergeudet hat, wie jemand, der sich in einer falschen, hässlichen Stadt mit unnützen Dingen beschäftigt. Sie sagte es beinahe wütend. »Na und?« Beinahe so, als wolle sie uns aus dem Haus weisen. Als wolle sie sagen: Warum seid ihr gekommen, seid ihr gekommen, um mir zu sagen, was ich selbst genau weiß? Allzu genau. Vor dem Fenster ihrer bescheidenen Wohnung steht eine Esche, die so nah an der Hauswand wächst, dass sie fast mit meiner Tante zusammenwohnt. Aber sie sieht Lemberg nicht. Obwohl das Fenster, dem die Äste der Esche immer näher kommen, nach Osten zeigt, genau in die Richtung der verlorenen Stadt. Doch die verlorene Stadt wird auch von Fabrikschornsteinen verdeckt, von flachen Hügeln, von den Türmen Krakaus. Wir wollten ihr eine Freude machen, indem wir Lemberg lobten, aber unabsichtlich haben wir sie verletzt. »Na und?« Das war nicht ihr normaler Ton, normalerweise redete sie anders mit uns, herzlich und freundlich. Das »Na und?« war knapp und unfreundlich. Warum sollte sie sich das Lob einer Stadt anhören, nach der sie sich seit über sechzig Jahren sehnte, und in die sie – natürlich – nie zurückgekehrt war, selbst als es leichter wurde, als die Grenzen plötzlich schrumpften wie ein billiges Kleid nach der Wäsche. Ihre Nichte hatte sie einmal nach Spanien mitgenommen – nach Spanien! Nach Westen, noch weiter weg von ihrer verlorenen Stadt, aber von einer Reise nach Lemberg, das so viel näher lag als Spanien, war nie die Rede. Das Geld spielte dabei keine Rolle, Fahrten nach Lemberg waren nicht teuer und bestimmt weitaus günstiger als eine Reise nach Spanien. Auch Vater ist nie nach Lemberg gefahren. Einen »Ausflug« dorthin machen, wo eine nie vernarbte Wunde klaffte. Als könne man einen Ausflug ins Fegefeuer machen, als könne man Vulkane (das Innere eines Vulkans) besichtigen, sein Zelt auf dem Rand eines feuerspeienden Kraters aufschlagen. Das frivole, leichtsinnige Wort »Ausflug«, schnell wie an einem Regentag die Bewegung der Scheibenwischer auf der Windschutzscheibe, impliziert eine schnelle Rückkehr nach Hause. Hin und zurück, ein Picknick, ein Spaziergang und dann zügig zurück, um rechtzeitig zur Tagesschau wieder zu Hause zu sein. Aber wie soll man eine Fahrt nennen, bei der das Zuhause das Ziel ist? Ist es ein Ausflug, wenn man in die eigene Erinnerung pilgert, zu Dingen, die es nicht mehr gibt?

Ich glaube, Tante Ania reagierte so schroff, so ablehnend, weil es für sie nach Verrat roch, dass M. und ich Lemberg lobten. »Was für eine schöne Stadt.« Dieser Satz passte in die Münder von Fremden, in die Münder von Leuten, die nicht aus der *Stadt* stammten. M. konnte die *Stadt* freiheraus bewundern, sie war zum ersten Mal dort gewesen, das war in Ordnung, absolut zulässig, es wurde toleriert, ja sogar erwartet. Wer aber von dort kam, wer zu den Vertriebenen gehörte, und sei es in zweiter Generation, sagte nicht, durfte nicht sagen: »Was für eine schöne Stadt«. Wer aus Lemberg kam, wusste, dass es eine schöne Stadt war und ist, aber er durfte es nicht sagen, es war ihm nicht erlaubt. Gewisse Dinge waren ein für allemal festgelegt worden. Natürlich hatten Leute von anderswo, Fremde (in Bezug auf Lemberg), das Recht, nein, was sage ich, sie hatten die Pflicht, Lembergs Schönheit zu rühmen. Das war ihre Rolle, ihre bescheidene Aufgabe in der verwickelten Tragikomödie der verlorenen *Stadt*. So hatte es zu sein, solange jene lebten, die sich gut an die *Stadt* erinnerten. Solange die Wächter der Erinnerung lebten, die immer älter und kränker wurden, immer gebeugter gingen, immer mehr das Gedächtnis verloren, immer mühsamer die frostigen Winter (aber weniger frostig als in Lemberg) und unerträglich heißen Sommer (aber weniger heiß als in Lemberg) ertrugen. Solange es noch ging, musste man diskret den Stand des Wissens über die *Stadt* abfragen. Mir scheint aber, schien schon immer, meine Position unter den Vertriebenen nicht stabil. Mal betrachteten sie mich als einen der Ihren, dann wieder misstrauten sie mir. Dass ich das Gedicht *Nach Lemberg fahren* schrieb, das vom obersten Rat der Vertriebenen (dieser Rat existiert natürlich nicht, das ist bloß eine rhetorische Figur) grundsätzlich akzeptiert wurde, sprach bis zu einem gewissen Grad für mich. Mein Vater, der unter den Vertriebenen eine starke Position innehatte, schrieb dieses Gedicht sogar ab und verteilte es an Bekannte, andere Vertriebene. Das Gedicht weckte keine Vorbehalte. Obwohl auch hier die Meinungen geteilt waren: Ein Lemberger in weit fortgeschrittenem Alter sagte mir einmal – nachdem ich es abgelehnt hatte, ihm die Bände einer der verlorenen Stadt gewidmeten Zeitschrift abzukaufen, die er mir angeboten hatte: »Wissen Sie, ich bin um einiges älter als Sie, ich habe lange im Lemberg gelebt, das Sie kaum kennen, und ich muss Ihnen sagen: Ich war nie der Meinung, dass es ›zu viel Lemberg‹ gab.« Das war eine Anspielung auf den Refrain meines Gedichts »Immer gab's zu viel Lemberg« und sollte mir meinen Kleinmut vor Augen führen, es war eine Verurteilung dieses Kleinmuts ... Das war das eine. Solche Kritik gab es aber nur vereinzelt. Dafür gab es andere, grundsätzlichere Zweifel. Es stellte sich die kapitale Frage: Ein Gedicht wie *Nach Lemberg fahren* zu schreiben, ein Gedicht, das vielleicht auch seine Vorzüge hatte, war das nicht etwas Ähnliches wie die Feststellung: »Lemberg, was für eine schöne Stadt«? Anders gesagt: Es stellte sich die Frage, ob und wie die Vertriebenen – selbst die der zweiten Generation – über die verlorene Stadt sprechen durften. Natürlich durften sie Erinnerungen schreiben, Fotos sammeln, sie durften sogar absolut kitschige, wild-sentimentale Werke über die *Stadt* herausbringen, das störte paradoxerweise die subtile und unsichtbare Politik der Vertriebenen nicht. Entfernte aber nicht schon allein die Tatsache, dass er über die verlorene Stadt sprach, in einem Gedicht, im Überschwang der Poesie, den Autor aus der Gemeinschaft der Vertriebenen und stellte ihn in eine Reihe mit den fremden Reisenden, von denen man Lob, Seufzer, womöglich gar Ekstase erwartete, keinesfalls aber Konsequenz oder Ausdauer? Reisende fahren nach Lemberg, aber im Jahr darauf reisen sie vielleicht nach Grenada oder Buenos Aires, man kann es ihnen nicht verbieten. Auf Reisende konnte man nicht zählen, ihre Begeisterung war per definitionem kurzlebig, launisch. Buenos Aires konnte die Erinnerung an Lemberg verdrängen, ebenso Grenada. Reisende vergaßen ihre Reisen nach ein paar Jahren, meist passionierte sie die letzte Reise und die Vorbereitung der nächsten. Die Vertriebenen mochten manche Schwächen haben, manche Unzulänglichkeiten, eines jedoch konnte man ihnen nicht vorwerfen: Unbeständigkeit in ihrer Sehnsucht nach der *Stadt*. O nein, hier gab es keine Ausnahmen, hier herrschte Einmütigkeit. Die Ästhetik der Vertriebenen gebot also Misstrauen gegen starke Emotionen. Etwas anderes war der sentimentale Kitsch, der oft das Werk der Vertriebenen selbst war. Kitsch war erlaubt, Kitsch wurde großmütig behandelt, Kitsch war eine Art Familiendialekt, zahllose Erinnerungsbücher wurden eher mit der linken, dem Herzen näheren Hand verfasst, in einem weichen und – gleich dem Hals eines kranken Kindes – geschwollenen Stil, sie schadeten niemandem und spielten keine große Rolle in der allgemeinen Ökonomie der Verbannung. Sie änderten nichts, rein gar nichts, so sollte es sein, man brauchte dicke Wälzer voll kitschiger Texte (nach dem Motto »ach, geliebte Stadt, wie sehr ich dich vermisse«), es schaute ohnehin kaum jemand hinein, darum ging es gar nicht, es ging ausschließlich darum, dass man in den Buchläden dicke Bände mit dem gut lesbaren Namen der *Stadt* auf dem Rücken fand, und dass es viele waren. Und dass sie die verlorene Stadt als idyllischen Ort darstellten, an dem niemand einen anderen verfolgte, an dem Polen, Juden und Ukrainer in brüderlicher Liebe zusammenlebten. Man durfte nicht an Konflikte und Kämpfe, an Zwist und Pogrome erinnern. Der oberste Rat (den es nicht gab) hatte überdies andere, ganz reale Sorgen: Die Vertriebenen wurden immer weniger, sie verschwanden, starben, dagegen war leider nichts zu machen, sie wurden weniger und die noch Lebenden wurden immer gebeugter, immer kleiner, immer schmaler, sie gingen immer seltener aus dem Haus und auch ihr Gedächtnis schwand langsam, vertrocknete wie ein Teich ohne Zufluss. Man musste Nachfolger finden, sich um die Erziehung der nächsten Generation kümmern, bevor es zu spät war. Aber eigentlich war es schon zu spät, und der nicht existierende oberste Rat hatte versagt, er hatte keine Nachfolger gefunden, keine pädagogische Arbeit betrieben (wie auch, da er nicht existierte?) und keine nächste Generation von Vertriebenen großgezogen, es nahte die Epoche der Amnesie, die Epoche des Nichts, das Ende der Erinnerung an die *Stadt* rückte näher, und nur das Rascheln des Laubs, das Rascheln des welken, vom Westwind über den Gehweg getriebenen Herbstlaubs erinnerte noch daran, dass da etwas gewesen war, es erinnerte auf unklare Weise daran, dass wir etwas Wichtiges, Lebensspendendes verloren hatten.

Tante Ania wusste nichts von dem ästhetischen Zwiespalt, der die Vertriebenen plagte, sie beteiligte sich nicht an der Arbeit des Kulturkomitees der Vertriebenen (noch einmal: ein solches Komitee existiert nicht, der Autor bedient sich hier hartnäckig einer Fiktion, einer rhetorischen Figur), aber sie war, ohne dass es ihr auch nur im geringsten bewusst gewesen wäre, eine typische, klassische Repräsentantin dieses traurigen Stammes, und auch ihre Reaktionen waren absolut klassisch.

Als ich über meinen Großvater und dessen Zweisprachigkeit schrieb, habe ich von »deutscher Zivilisation« gesprochen. Ich habe einmal eine Biographie des Soziologen und Philosophen Max Weber gelesen, die auch ein Bild des wilhelminischen Deutschlands vermittelte, das Bild eines unermesslich mächtigen Landes, das fast alles besaß: große Eisenhütten und eine entwickelte Schwerindustrie, aber auch hervorragende Universitäten mit schwarz gekleideten, weltweit bewunderten Professoren, moderne Städte und ein Eisenbahnnetz (viel Eisen), aber auch eine ausgezeichnete Intelligenz, Verlage, politische Parteien, Kulturvereine, Studentenbünde (die damalige Jugendbewegung!) sowie Hunderte, Tausende andere herrliche Dinge – zahllose Symphonieorchester mit Blas- und Streichinstrumenten, mit Schlagzeugen. Harfen. Chöre. Opernbühnen. Börsen. Feuerwehren. Messer aus Solingen. Kähne, die langsam durch euklidisch gerade Kanäle trieben. Vermögende Unternehmer, die Länder ohne eigenen Staat verachteten – selbst Thomas Mann notierte in den *Betrachtungen eines Unpolitischen*, die Polen seien unfähig, einen dauerhaften Staat zu errichten. Polen existierte damals nicht; als Weber Posen besuchte – das damals in den Grenzen des Reichs lag –, nannte er es ein »stinkendes Loch«. Es gab keinen polnischen Staat, es gab so gut wie keine Industrie, drei Kaiser blickten von ihren Thronen herab auf das Land, das sie untereinander aufgeteilt hatten. Gab es damals eine »polnische Zivilisation«? Und wenn ja, wie sah sie aus? War sie wie ein alter Stoff, wie ein Stück antikes Tuch, mit schwarzen Flecken von Antisemitismus, Dummheit und Bigotterie, aber auch schönen Stellen und Resten von Goldbrokat? Etwas musste an diesem alten Gewebe sein, wenn viele Ausländer das Polentum wählten, und auch mein Großvater hatte sich wohl entscheiden müssen, er hätte genauso gut Österreicher (oder Deutscher) bleiben können; er war absolut zweisprachig, seine Mutter war Deutsche, er hatte deutsche Literatur in Graz studiert, und doch wählte er – wie der wesentlich jüngere, in einer kosmopolitischen Aristokratenfamilie geborene Józef Czapski – das Polentum. Wählten sie einen bloßen Traum? Die deutsche Zivilisation, das war ein riesiger Bau, ein gigantisches Lager von Baumaterialien, Schloss und Baracken, ein phänomenaler Fundus von Menschen und Dingen, obendrein geschmückt von den goldenen Sternen Goethe, Schiller und Kant, die gemächlich über eine von Kies bedeckte Parkallee schritten. Und auf polnischer Seite? Hauptsächlich ein Traum, nichts als ein Traum. Große, in der Welt kaum bekannte Dichter, und Frédéric Chopin. Eine ungeheure Asymmetrie. Doch eigentlich kann man es verstehen – wir suchen ja immer Gerechtigkeit, wir suchen den gerechten Staat, während die Länder und Imperien, die wirklich existierten und historische Erfolge errangen, die sich mit Armee und Polizei, mit Universitäten, botanischen Gärten und geodätischen Ämtern füllten, so vom Alltag absorbiert sind, vom Erhalt der elementaren Ordnung, dass wir, die wir sie anschauen wie große Gemälde im Museum, an ihrer Gerechtigkeit zweifeln. Sie haben, denken wir, keine Zeit mehr für Ephemeres, und die Gerechtigkeit ist ephemer. Sie müssen ihre Armeen und Polizeien in Ordnung halten, ihre Geodäten ernähren, Uniformen für Gefängnis- und Museumswärter entwerfen. Der Traum indes ist gerecht – und mobil, man kann ihn gut über jede Grenze bringen. Der Traum ist unsichtbar. Der Traum ist Gerechtigkeit – potenzielle. Wer im Traum lebt, ist überzeugt, dass er gerecht ist oder vielmehr sein wird. Auf polnischer Seite gab es nur diverse Grüppchen von edlen und uneigennützigen Intelligenzlern, Selbstbildungskreise, Cafés mit Dichtern, die so gekleidet waren, dass jeder sie gleich als Dichter erkennen konnte, eine Aristokratie, die teils sehr vermögend, im Allgemeinen aber ausschließlich mit sich selbst beschäftigt war, eine ungebildete Bauernschaft, den Regen und den November. Ähnlich wie Irland an der Schwelle zum zwanzigsten Jahrhundert – im Vergleich zum majestätischen England, der Kolonialmacht, war Irland nichts, es war bloß Poesie, eine Handvoll romantischer Trinker, die die Oper und den Whisky liebten. Und doch vermochten sowohl Polen als auch Irland, arme, nur im Traum existierende Länder, fanatische Anhänger anzuziehen und wirkliche Großmächte zu besiegen. Sicher gibt es Menschen, denen Schattenreiche lieber sind als wirkliche Mächte. Vielleicht wirkt hier auch die universelle Hypothese von der Unwirklichkeit der Welt. Oder vielleicht die Verschwörung der Träumer, die ihre besten Stunden in Bibliotheken verbringen … Wie auch immer, Polen und Irland existieren heute (und auch Israel existiert), sie sind durchaus real, und so wie ein großer Teil der in Irland ansässigen englischen Protestanten sich für die Poesie entschied und nicht für die Kolonialmacht Großbritannien, so entschieden viele Zweisprachige wie mein Großvater sich für den polnischen Traum und gegen den massiven Bau des deutschen Kaiserreichs. Und gegen die österreichische Monarchie, muss man hinzufügen, die etwas weniger massiv war, aber doch auch imposant. Und gegen Russland natürlich, nur dass meine Familie glücklicherweise mit Russland nichts zu tun hatte – abgesehen von der Bewunderung für die großen russischen Schriftsteller und Komponisten. Sie verließen Polen, studierten in Dorpat und Löwen, in Paris und Genf, in München und Graz, aber sie kehrten danach wieder zurück. Sie nahmen ihren Traum mit und kehrten zurück, manche von ihnen mit demselben, unverbrauchten Traum, mit dem sie abgereist waren. Auch schöne Frauen waren darunter, eine von ihnen verführte Paul Claudel, und das in dem Moment, in dem er darüber trauerte, dass das Kloster, die Mönche ihn abgewiesen hatten – mit der Begründung, er eigne sich nicht für das Klosterleben. Er begegnete ihr an Bord eines Schiffes nach China, er sah sie auf dem Deck, als der Meerwind ihre langen Haare aufwehte. In seinem Drama *Partage de midi* nannte er sie später Ysé. Sie reisten nach Paris, so wie Olga Boznańska, wie Leopold Zborowski, wie Bronisław Malinowski. Sie reisten und bauten Brücken in Kalifornien – zu Hause gab es nur wenige Brücken, aber dafür gab es den Traum. Wozu Brücken, wenn man einen Traum hat. Liebe und Konspiration und ein unbestimmter Traum, auf der anderen Seite indes das gigantische Massiv der wilhelminischen Zivilisation. Gebirgsketten von Armee- und Polizeikasernen. Es liegt daher wohl auf der Hand, dass sie den Traum, die Poesie und die schönen Frauen wählten und nicht die von wirklichem Sein überquellenden Wohnungen, die man Großmächte nannte, diese Schwergewichtsländer, die keine Geheimnisse mehr hatten, die voll waren und schläfrig wie nach einem üppigen Mittagessen, die behäbig waren und träge sich selbst verdauten, langweilig und siegreich – vorerst.

Eine interessante Passage eines sehr bekannten Romans; Ivo Andrić schreibt in *Die Brücke über die Drina* über die Generation, die am Vorabend des Ersten Weltkriegs aufwuchs: »Alles, was andere Menschen und Völker in anderen Ländern und zu anderen Zeiten, über mehrere Generationen hinweg, unter Jahrhunderte währenden Mühen, um den Preis des Lebens, des Verzichts und unter Opfern, größeren und teureren als das Leben, erreicht und erworben hatten, all das lag vor ihnen wie ein zufälliges Erbe und eine gefährliche Gabe des Geschicks. Es schien phantastisch und unwahrscheinlich, und doch war es Wahrheit: Sie konnten mit ihrer Jugend tun, was sie wollten [...].« Es war eine Generation, die vor allem durch Friedrich Nietzsche geprägt worden war; dieser kränkliche Philosoph und Neurastheniker, der nicht den Mut hatte, um die Hand der Frau anzuhalten, in die er verliebt war, sondern einen Freund vorschickte, dieser von Migräne geplagte Reisende, der von einer bescheidenen Pension zur nächsten zog, sorgte mit für die »Befreiung« einer ganzen Generation. Eine Befreiung in Anführungszeichen, wie die meisten, aber vielleicht von allen die zweifelhafteste. Ivo Andrić, der seinen großen Roman während des Zweiten Weltkriegs in Belgrad schrieb – man hat mir sogar das Haus gezeigt, in dem er damals wohnte und arbeitete –, erfasste und benannte exakt den Moment in der Geschichte Europas, als die Topographie der gewöhnlichen schmalen Pfade, bis dahin das natürliche Terrain jeder neuen, langsam und behutsam den Spuren der Eltern folgenden Generation, gesprengt wurde durch eine Revolution weniger politischer als mentaler Art. Damals hoben junge Juden den Blick von den Büchern des Talmud und begannen vom großen Abenteuer zu träumen, das sie zu unbekannten Zielen führen sollte; damals wurde es jungen Polen langweilig, das verlorene Vaterland zu besingen, und sie begannen Hymnen an die Unendlichkeit zu dichten. Und junge Serben widmeten sich der Konspiration und ermordeten in Sarajewo Erzherzog Ferdinand.

Ein großer Teil dieser unruhigen Generation wurde sehr bald auf den Schlachtfeldern des Ersten Weltkriegs von Maschinengewehren niedergemäht, aber das wissen wir gut. Und wenn wir heute auf der Autobahn in der Nähe von Verdun über einen endlosen Friedhof fahren, auf dem diese von den Fesseln alter Vorurteile und des eigenen Schicksals befreiten jungen Männer ruhen, erfasst uns ein Schauer des Grauens, das Gefühl der Sinnlosigkeit der Geschichte.

Ähnliches war wohl schon viel früher geschehen, als Napoleon wie ein Meteor am Himmel der europäischen Geschichte auftauchte – in vielen Ländern machten sich junge Menschen für ein großes Abenteuer bereit, sie liefen von zu Hause weg, um sich rekrutieren zu lassen, und der Tod schärfte seine Sense. Als sich aber – Musikfreunde wissen das – Bonaparte zum Kaiser Frankreichs krönen ließ, strich Beethoven, der ihn lange bewundert hatte, die ihm zugedachte Widmung auf der Partitur der 3. Symphonie mit solchem Schwung durch, dass er ein Loch ins Papier machte. Durch dieses Loch entflohen die Träume.

Aber wieviele wählten dennoch nicht Polen, sondern Russland, Österreich oder Deutschland. Wir erinnern gern an jene, die den Traum vom Polentum wählten. Die andern verschmolzen mit der ungeheuren deutschen oder russischen Masse, sie germanisierten ihre Namen, gründeten Firmen, wurden Universitätsprofessoren, manche hatten sogar Erfolg.

Zweihundert Jahre lang verkündeten die Schriftsteller der westlichen Welt das Ende des Bürgertums. In Polen hingegen betrachtet man die Schwäche der Mittelschicht seit jeher als Problem.

Nur das Unwirkliche. Manchmal dachte ich, man könne nur das Unwirkliche lieben: Gedichte, Bilder, die Klavierklänge aus dem Saal der Musikakademie, wo ein nicht mehr junger Meisterpianist aus einer anderen Stadt den Studenten zeigte, wie Chopins vierte Ballade zu spielen sei. Nur das Unwirkliche lieben, aber immer wieder kehrte die Wirklichkeit zurück – in Gestalt der trivialen Frage, was man zu Mittag isst (der Schinken war alle, es gab keinen Tee), oder in Gestalt der bedrohlichen Geschichte: Ein Krieg brach aus, große Demonstrationen lähmten das städtische Leben oder die Inflation veränderte unbemerkt das Aussehen von Läden und Straßen (ließ aber Beethovens Sonaten gänzlich unangetastet). Und ich konnte nie verstehen, wie diese beiden Dinge, das leichte Element der Musik und der schwere Atem der Geschichte, nebeneinander existieren konnten. Mehr als einmal versuchte ich darüber zu schreiben, bis selbst die ergebensten Leser mir dezent signalisierten, es sei nun genug, das hätten wir schon gehabt, ich solle mich Neuem zuwenden, aber was hätte ich tun sollen, wo sich doch die beiden Welten weiterhin nicht miteinander verbinden, geschweige denn versöhnen ließen, wenn sie gleichgültig gegen meine Fragen blieben, meine Spekulationen und Besorgnisse verlachten und auch die Proteste meiner wenigen Leser ignorierten.

Als Philosophiestudent (ein eher schlechter) schrieb ich eine Arbeit über etwas, das ich, wenn ich mich recht entsinne, »überempirischen Zustand« nannte. Unbeholfen und ohne das nötige intellektuelle Rüstzeug wollte ich untersuchen, was Schopenhauer – wieder: wenn ich mich recht entsinne – mit dem Begriff »besseres Bewusstsein« meinte. Ihm ging es um die Momente, in denen der Geist fähig ist, sich über den gewöhnlichen Kampf mit der Materie, dem Alltag zu erheben und sich vorübergehend für Ideen, für das Schöne zu öffnen. Damals kannte ich Schopenhauer noch nicht, ich war Praktiker, nicht Theoretiker, aber ich hatte ja Momente der Erregung erlebt, bei einem Konzert in der Philharmonie oder während eines Spaziergangs, von seltsamem Licht erfüllte Momente, die reicher waren als die Monotonie des Alltags und nach Ausdruck verlangten, Momente, die etwas in einer Sprache stammelten, die ich nicht kannte und die ich – gleichfalls unbeholfen – in meinen ersten Gedichten wiedergeben wollte. Überempirischer Zustand, so nannte ich diese Augenblicke – man sieht sofort, dass ich kein philosophisches Talent besaß, jeder ordentliche Philosoph würde in Lachen ausbrechen, wenn er hörte, wie ein Student sich mit der fließenden Wirklichkeit des Erlebens zu messen versucht … Ich war Praktiker, ein empirischer und emotionaler Typ, ich hatte nichts von einem Theoretiker, das Pauken von Begriffen und Kategorien gehörte nicht zu meinen Talenten, mir fehlten die Distanz, die Geduld und auch die Prise Zynismus, die nötig ist, um sich vom Erleben loszulösen und auf den trockenen Boden des Begriffs zu stellen. Überempirischer Zustand! Philosophieprofessoren werden milde lächeln. Ich bestand zwar, meine Arbeit wurde grundsätzlich akzeptiert, aber wohl eher mit einem Schulterzucken. Sie schadete niemandem.

Tante Ania (Vaters Schwester) war eine Vertriebene, so wie alle in meiner Familie. Vater schreibt in seinen Erinnerungen, die er auf mein Bitten nach Mutters Tod verfasste – er schrieb auf der Maschine, das Papier hatte nicht die beste Qualität, es vergilbte schnell, und er beschränkte sich weitgehend auf bloße Fakten, er, der so witzige Postkarten schrieb, fühlte sich ganz offensichtlich in der größeren Form nicht wohl und brachte nur einen ausführlicheren Lebenslauf zustande –, sie, die von Kindheit an Klavier spielte, habe während der Besatzungszeit für den Chopin-Wettbewerb geübt und nach Kriegsende eine schwere, tragische

Enttäuschung erlebt, als sich herausstellte, dass sie das Alterslimit für die Teilnahme überschritten hatte. Niemand aus unserer Familie hatte vorher je darüber gesprochen. Ich war von Vaters Erzählung gerührt. Ich stellte mir gleich meine Tante in Lemberg vor, während des Kriegs, im Haus in der ulica Piaskowa 10, in der Piaskowa, einer bis heute ruhigen Seitenstraße ... Ich stellte mir vor, wie sie Chopins Balladen und Beethovens Sonaten übt; draußen sind bewaffnete deutsche Patrouillen unterwegs, die Gestapo kontrolliert jede Lebensregung, der Winter rückt heran. Die Lemberger Juden sterben, aber Anias Finger erwecken in einem abseits der Straße zwischen Gärten gelegenen Haus zarte Töne zum Leben.

Tante Ania, die irgendwann die auf vergilbendem Papier festgehaltenen Erinnerungen ihres Bruders las, bestritt allerdings energisch, dass sie jemals am Chopin-Wettbewerb habe teilnehmen wollen. Ich erfuhr das zuerst von meinem Vater, der es mir mit einem reuigen Lächeln mitteilte. Ania sagt, erzählte er mir, davon habe nie die Rede sein können, sie habe »nie das Niveau erreicht«, das es erlaubt hätte, in dieser Konkurrenz anzutreten, das sei reine Phantasterei, sie sei immer nur eine bescheidene Klavierspielerin gewesen, sie habe vor allem für sich selbst gespielt, und Vater habe diese Episode von A bis Z erfunden. Was für mich eine umwerfende Neuigkeit war, weil sie mir eine ganz neue Seite von ihm zeigte – die Seite der Imagination, die ich bei ihm nie vermutet hatte, mir schien immer (in meiner Überheblichkeit), in unserer nüchternen Familie hätte ich das Monopol auf Imagination. Bei anderer Gelegenheit fragte ich Tante Ania selbst, und sie widersprach Vaters Darstellung mit gleicher Vehemenz. Sie habe für sich gespielt, sagte sie, und hätte nie gewagt, an Wettbewerben teilzunehmen, bei denen ihre bescheidenen Versuche unerbittlich mit den Vorführungen von Hochleistungs-Pianisten konfrontiert worden wären, ganz zu schweigen vom Chopin-Wettbewerb, auf den das ganze Land, die Regierung, die Minister schauten … Einem Wettbewerb, dem die belgische Königin beiwohnte, einer Art Olympiade für die Crème de la Crème der jungen polnischen Pianisten. Ich habe keinen Anlass, ihr nicht zu glauben. Ich muss ihr glauben. Das bedeutet aber zugleich, dass mein Vater, der seine Erinnerungen zu einer Zeit schrieb, als er sein Gedächtnis noch gut unter Kontrolle hatte, aus irgendeinem Grund die ganze Geschichte erfunden hat. Das bedeutete allerdings auch eine Umwälzung in seinem Geistesleben, in seiner mentalen Verfassung; er war schließlich so sachlich und arglos, dass Lüge und Phantasterei für ihn ausgeschlossen waren. Entweder hat ihn schon damals das Gedächtnis getrogen (das er später, viel später, ganz und unwiederbringlich verlor) oder aber er entschloss sich, das Feld der Imagination zu betreten, das er bis dahin sorgfältig gemieden hatte, und erfand diese Geschichte, die, wenn sie wahr gewesen wäre, der Kriegsodyssee unserer Familie einen etwas anderen Sinn gegeben hätte.

Der Autor glaubt an die Existenz einer höheren Welt, aber er schafft es nicht, dass sich diese Welt im Alltag seines Landes, seiner Familie, nicht einmal seines eigenen Lebens offenbart. Allenfalls lassen sich auf manchen Seiten seiner Bücher Versuche erkennen, an diese höhere Sphäre heranzureichen, immer missglückte, immer misslungene Versuche. Ohne diese Versuche wäre aber der Autor nicht er selbst, wäre er bestimmt nicht Autor.

Das erste Gedicht, das ich veröffentlichte, trug den Titel *Musik* und beschrieb einen im Grunde belanglosen Vorfall, den ich in der Krakauer Philharmonie beobachtet hatte: Ein Musiker war während eines Konzerts ohnmächtig geworden. Das Konzert musste unterbrochen werden, es gab eine zusätzliche, unvorhergesehene Pause. Für mich war das ein Schock. Ich hatte geglaubt, die Musik berühre höhere Regionen der Wirklichkeit, und dass einer der schwarz gekleideten Musiker in Ohnmacht fallen konnte, während er sich in der Musik befand, also außerhalb der gewöhnlichen, destruktiven Zeit, wollte mir nicht in den Kopf, es frappierte mich.

Die Ruder des hölzernen Kahns schlugen auf das bräunliche Wasser … Sonntags unternahm Vater, der in seiner Jugend reichlich Energie besaß, leidenschaftlich gern Ausflüge, kleine oder größere Expeditionen, Wanderungen durch Berge und Wälder. Und immer brauchte er Gesellschaft für diese Ausflüge, er nahm uns oft mit nach Rudy Raciborskie, wo langsam ein riesiger Park verwilderte, und ein Gutshof und ein Kloster verfielen. Nach Rudy gelangte man mit einer Schmalspurbahn, die im Gegensatz zur richtigen Eisenbahn die Intimität der vorstädtischen Umgebung nicht zerstörte, sie schien gleichsam auf Zehenspitzen zu gehen und sich flüsternd bei den Bewohnern der Gegend zu entschuldigen, weil sie für einen Moment die Sonntagsruhe störte … Eine seltsame Welt breitete sich um uns aus: In Rudy die alte, während des Kriegs halb abgebrannte Zisterzienserabtei, Teiche, durch die träge die Ruda floss, und ausgedehnte Wälder – in den örtlichen Ämtern hingegen engstirnige Bürokraten, die sich zum »Kommunismus« bekannten (ich weiß allerdings nicht, was sie gesagt hätten, wenn man gefragt hätte, was das ist). Mutter kam übrigens nie mit zu den sonntäglichen Ausflügen, sie gehörte zu den Menschen, die am liebsten die *Stadt* nie verlassen hätten; in seinen Erinnerungen beschreibt Vater ihr Entsetzen, als sie einmal in einer Berghütte übernachten und in einem Etagenbett schlafen musste; in denselben Erinnerungen schreibt Vater, auch seine Mutter, meine Großmutter, sei zu Hause geblieben, wenn Großvater mit den drei Kindern lange Spaziergänge in der Gegend um Lemberg gemacht habe … Sonntags waren die Ämter glücklicherweise geschlossen, nur die Kirchen standen triumphierend offen. Und mittendrin wir, unsere kleine vierköpfige Familie: Mutter (sie war auch präsent, wenn sie nicht mitkam), die versuchte, die Vorkriegssitten zu bewahren, überzeugt, wir seien »anders«, weil Vater »Professor« war. Wir mussten »anders« sein, anderenfalls wären wir in den Fluten des »ungebildeten Volks« versunken, jener Leute, die ständig das expressive Schimpfwort »kurwa« benutzten (dessen Kraft vom energischen »r« in der Wortmitte kam, ohne das Zungen-»r« hätte es auch das Schimpfwort nicht gegeben) und die für gewöhnlich keine Gliedersätze bildeten, sondern sich auf parataktische Reihungen beschränkten, wie sie in der modernistischen Literatur so gepriesen wurden. In Wirklichkeit waren wir aber recht arm und lebten vor allem vom Anschein. Der »Professor« konnte sich lange keinen ordentlichen Anzug leisten. Der »Professor« hatte die Gabe der absoluten Gleichgültigkeit in Geldfragen und einen starken moralischen Instinkt; die Summe dieser Eigenschaften verurteilte unsere Familie zu einem bescheidenen und untadeligen Leben. Wenn Vater von der Arbeit nach Hause kam, zog er schnell ganz gewöhnliche, abgetragene Sachen an, um die besseren Kleidungsstücke nicht abzunutzen. Der verkommende Park und der sich in eine Ruine verwandelnde Gutshof waren deshalb vielleicht genau die richtige Kulisse für unsere sonntäglichen Ausflüge. Von Poesie der Ruinen konnte hier nicht die Rede sein, Poesie der Ruinen gibt es nur bei eindeutig definierten, auf dem Weg zum völligen Verfall konservierten schönen Ruinen. Dieser Gutshof verfiel vor unseren Augen immer mehr. Meine Schwester war nicht viel älter als ich, aber alt genug, um sich den Familienausflügen zu entziehen, um zu betonen, dass die Gesellschaft ihrer Freundinnen für sie viel interessanter sei. Ich war für den touristischen Appetit meines Vaters immer noch eine leichte Beute; ich klagte nicht, ich wusste noch nicht, dass ich womöglich ein Recht hätte zu klagen, mich zu widersetzen. Er aber wanderte gern durch die Berge, und wenn das nicht ging (die Berge waren freilich nicht weit, nach einer Stunde Fahrt in einem alten Autobus zeigten sich die ersten sanften Erhebungen, und gleich darauf, unmittelbar hinter Skoczów, die etwas höher aufragenden »Berge«), dann begab er sich auf lange Märsche durch die umliegenden Wälder, die er schließlich so gut kannte, dass er ohne weiteres die Rolle eines Führers hätte übernehmen können, und wenn sich etwa Napoleons Armeen in diese Gegend verirrt hätten, so hätte mein Vater sie gewiss sicher durch Dickicht und unwegsames Gelände geleitet.

Paul Valéry schrieb und veröffentlichte während des Ersten Weltkriegs – den er großenteils in Paris verbrachte, wenngleich er gelegentlich mit seinem damaligen Brotgeber, dem reichen Monsieur Lebey, für den er als Sekretär mit vage definierten Aufgaben arbeitete (hauptsächlich war er mit einer Art intellektueller Presseschau befasst), in die Provinz reiste – das Poem *Die junge Parze*, das von der Kritik so gut aufgenommen wurde, dass sich seine Situation als Schriftsteller von einem Tag auf den anderen komplett änderte: Plötzlich war er ein bekannter und angesehener Dichter. Valéry dachte nicht daran, das Kriegsleiden in seiner Lyrik zu thematisieren. Dieser Gedanke lag ihm vollkommen fern. Man kann nicht einmal sagen, er habe ihn verworfen, er »kannte ihn nicht«, er war ihm schlicht völlig fremd. *Die junge Parze* zu schreiben, war auch eine Art Herausforderung an das Drama des Krieges, aber nur in dem Sinne, ihm das reine, kristalline Schöne gegenüberzustellen, das Werk eines freien Geistes. Wenn Valéry gewusst hätte, dass die Literaturgeschichte das Gedicht später in die Nähe einer Geschichtsreflexion rücken würde, dass der Schmerz der Geschichte in seine Verse einsickern würde, dass gar ein gewisser nüchterner Theoretiker den Status und den Sinn von Lyrik nach Auschwitz in Frage stellen würde, dann hätte ihn das wohl sehr gewundert. Und es hätte ihn noch viel mehr gewundert, dass man fragen würde, was Rilkes Lyrik gewesen wäre, wenn sie den Horror des Grabenkriegs berücksichtigt hätte. Es hat den Anschein, als sei für die beiden großen Dichter der Erste Weltkrieg die normale Fortsetzung eines ewigen Dramas gewesen, eines ewigen kriegerischen Konflikts, der vielleicht ein oder zwei Generationen verschont, der aber immer wieder aufbricht, und zwar mit enormer Kraft, nicht etwa als Infusion eines neuen, langsam wirkenden, die europäische Kultur zersetzenden Gifts. Paris wurde bombardiert, die Grenze zwischen militärischen Handlungen an der Front und gegen die Zivilbevölkerung verwischte zusehends, aber die beiden Sphären ließen sich noch trennen, die Stille der Gelehrten- oder Dichterstube und der Schlamm der Schützengräben. Und doch ist Valéry auch der Autor des Essays *Eine methodische Eroberung*, der ja gerade davon handelt, was geschichtlich neu war: die umfassende Militarisierung des Lebens in Deutschland. Er schrieb auch kurz nach Ende des Ersten Weltkriegs den sogar noch bekannteren Essay *Die Krise des Geistes*, der mit den berühmt gewordenen Worten beginnt: »Wir Kulturvölker, wir wissen jetzt, dass wir sterblich sind.«

In anderen Essays untersucht er den Einfluss der Moderne auf den menschlichen Geist; in diesem Zusammenhang äußert er den sehr schönen Satz: »Adieu, travaux infiniment lents« – »Dahin, ihr unendlich langsamen Werke, die Kathedrale, an der dreihundert Jahre gebaut wurde, deren nicht enden wollendes Wachstum sich wunderlich zusammenfand mit den immer neuen Veränderungen und Verschwendungen, denen sie nachzustreben und die sie hoch oben gleichsam hervorzutreiben schien.« In diesen Skizzen zeigt er sich als überaus scharfsinniger Kritiker des kulturellen Wandels, der das Antlitz Europas (so dachte er) verunstaltete. Anders in den Gedichten; in der Lyrik scheint er davon auszugehen, dass die Zeit keinen Einfluss auf den Vers, das Bild und den Inhalt eines Gedichts haben kann.

Ich schaue ins Manuskript der Erinnerungen meines Vaters – das Papier der Blätter ist schon vergilbt. Wäre ich Archivar oder Wissenschaftler, müsste ich eine physische Beschreibung des Objekts geben; also gut, es handelt sich um ein Konvolut von 163 vergilbten Blättern vom Format A4 (das Papier ist von minderer Qualität, hergestellt sicher noch im kommunistischen Polen – Vater hat dies im Jahr 1991 geschrieben). Die Titelseite ist mit der Nummer eins bezeichnet. Links oben Name und Nachname des Verfassers: Tadeusz Zagajewski. Darunter steht der Titel (unterstrichen mit einer regelmäßigen schwarzen Linie): *Von Zufall zu Zufall.* Noch weiter unten der Titel des ersten Kapitels: *0. Einführung.* Die Null vor der Kapitelüberschrift deutet auf eine Art der Nummerierung, die nur in der Logik und den exakten Wissenschaften gebräuchlich ist. Kein Geisteswissenschaftler würde eine Null vor die Überschrift des ersten Kapitels setzen. In den Geisteswissenschaften gibt es keine Null. Der Geist kennt keine Null. Homer hätte nicht mit einer Null begonnen. Hofmannsthal hätte nicht mit einer Null begonnen. Vater signalisiert auf diese Weise, dass er – von mir zur Niederschrift seiner Erinnerungen gedrängt – Distanz wahrt, dass er nur Gast ist in einer Domäne, die seiner Meinung nach den Schöngeistern gehörte, dass er hier nicht heimisch ist. Die Null gleich zu Beginn sollte auch ein Beispiel von Bescheidenheit sein. Wir sollten nicht mehr erwarten als nahezu anonyme Erinnerungen. *Von Zufall zu Zufall* – so sah er sein Leben, rational, empirisch, ohne Emphase, ohne jede Exaltation. Gleich zu Beginn des Buches erzählt er eine Anekdote, die in unserer Familie jeder kannte und die von seiner unerhörten Lakonie zeugt. In einem Schulaufsatz sollte er die Figuren Skierka und Chochlik aus Juliusz Słowackis *Balladyna* charakterisieren. Er schrieb nur einen Satz: »Skierka war fleißig, Chochlik war böse.« (Im Manuskript der Erinnerungen heißt es anders: »Chochlik war faul«, aber ich habe die Originalversion noch im Kopf.) Seine Mutter war empört, sie dachte, der Sohn habe sich über den Lehrer lustig machen wollen, über die Schule, eine staatliche Institution. Mein Vater konnte ihre Empörung nicht verstehen, er meinte Skierka und Chochlik treffend charakterisiert zu haben. Warum mehr schreiben, wenn ein kurzer Satz die Fragestellung ausschöpft? Warum verwässern? Es sind die Geisteswissenschaftler, die den Diskurs unnötig ausdehnen. Vater betrachtete die Geisteswissenschaftler immer skeptisch, wenngleich nicht ohne Neid. Er selbst war aber ein Lakoniker, daran war nichts zu ändern. Zu beobachten, wie sich die Kinder in der Schule machten, war Sache von Großmutter (Vaters Mutter). Deshalb war sie empört und nicht Großvater … Ich entdeckte auch einen Abschnitt über Vaters Großmutter, also meine Urgroßmutter, Maria Zborowska. Sie war Witwe von Eugeniusz, Richter in Kolomea: »Wir nannten sie große Großmutter (die kleine Großmutter war Otylia Ryckowa), sie war tatsächlich recht groß, schlank, immer sehr sorgfältig gekleidet, aber entschieden und in ihren Ansichten sehr konservativ. Ich erinnere mich, wie entrüstet Großmutter war, als unsere Mutter meiner Schwester Marysia erlaubte, allein zu einem Schulfest zu gehen, ohne Aufsicht! Damals standen bei jedem Schulfest Stuhlreihen um die Aula, dort saßen dösende Mütter, die auf ihre Töchter aufpassten.«

Anmerkung: Otylia Ryckowa war die Tante meines Großvaters, die Schwester seiner früh verstorbenen Mutter, die mit ihrem Mann, einem Offizier der österreichischen Armee, in Lemberg lebte; er wuchs bei ihr auf.

Weiter schreibt Vater: »Großmutters Wohnung war sehr schön eingerichtet, die Möbel waren alt, makelloses Porzellan, Silberbesteck, die Zeichen scheinbaren Wohlstands, aber es handelte sich nur noch um die Reste vergangener Pracht, tatsächlich lebte Großmutter von der Hand in den Mund, sie hatte nur eine kleine Witwenrente. Aber ihre Feiertags- und Namenstagsempfänge waren immer wunderbar und wurden nach dem alten Prinzip der sogenannten *prynuka* durchgeführt, das heißt alles, was Großmutter auf den Teller legte, musste aufgegessen werden. Es hieß, ein Onkel, der irgendwann der Menge von Torten nicht mehr gewachsen war, habe alle weiteren Stücke an die Unterseite des Tisches geklebt, was erst beim Aufräumen bemerkt wurde.«

Und noch weiter: »Unsere Großmutter hatte drei Kinder,

Maria, unsere Mutter, war die älteste, die jüngere Schwester Jadwiga (also Tante Wisia) war eine recht originelle Person. Sie war wenig gesellig und mochte es, laut Gedichte zu deklamieren, insbesondere Tetmajer, oder populäre Melodien auf dem Klavier zu spielen und dazu Couplets aus Operetten zu singen. Sie arbeitete als Angestellte in verschiedenen Büros, am längsten als Kassiererin in der Landwirtschaftskammer in Lemberg. Das jüngste Kind war Józef, von Beruf Jurist, Angestellter der Lemberger Finanzkammer. Er war ein extrem ungeselliger, verschlossener Mensch, der immer allein in seinem Zimmer saß. Ich erinnere mich, dass unser Vater manchmal die Sorge äußerte, ich könnte vielleicht so werden wie Onkel Józio, was sich aber nur zum Teil erfüllte.«

Hier höre ich auf zu zitieren; an anderen Stellen kommt Vater in seinen Erinnerungen auf sein »Einzelgängertum« und die damit verbundenen Sorgen seines Vaters und meines Großvaters zurück; Großvater war ganz anders. Er war Geisteswissenschaftler und hätte Skierka und Chochlik bestimmt viele Seiten gewidmet. Er war jemand, der mit dröhnender Stimme sprach, der Gespräche und Gesellschaft liebte – und der Enkel haben wollte. Dass Vater die Einsamkeit mochte, war natürlich ein genetisches Erbe seiner Mutter. »Es erfüllte sich nur zum Teil …«, schreibt Vater – er denkt dabei an das, wie er es an einer anderen Stelle dieser Erinnerungen nennt, große Glück, dass er meine Mutter kennenlernte, eine Frau, die neugierig auf Andere und offen für Andere war; wieder verbanden sich, wie in Großvaters Ehe, zwei ganz unterschiedliche Menschen. Onkel Józio indes war ein in Familienkreisen berüchtigter Exzentriker, der Oblomow der Familie. Wenn sonntagnachmittags die ganze Familie zu Kaffee und Kuchen zusammenkam, dann kümmerte ihn das angeblich nicht. Er blieb in seinem Zimmer, und wenn es vorkam, dass er ins Bad musste, dann zeigte er sich im Pyjama und verschwand kurz darauf wieder in seiner geheimnisvollen Höhle. Ich wüsste gern, was dort seine Aufmerksamkeit fesselte, ob er den ganzen Tag vor sich hin döste oder ob er eine geheime Leidenschaft hatte, von der die Verwandten nichts wussten. Mich fasziniert der Kontrast zwischen dem, was Vater die Reste der vergangenen großmütterlichen Pracht nennt, der Ausstattung ihrer Wohnung, und den sehr bescheidenen materiellen Bedingungen, der Witwenrente. Das scheint mir ein klassisches Motiv, das man in Familiengeschichten nicht selten antrifft: Obwohl man arm ist, wird der Schein einer gewissen bürgerlichen Ordnung oder sogar eines gewissen Wohlstands aufrechterhalten. Stets hübsche Tassen in der Anrichte, gebügelte Blusen und Hemden, ein sauberer Fußboden ... Und die Anekdote über die unter den Tisch geklebten Torten: Vater hat sie uns öfters erzählt, aber er behauptete dabei immer, er sei das gewesen, er habe die Tortenstücke angeklebt – was mir immer sehr gefiel, das Füttern des Tisches ... Im Buch seiner Erinnerungen hat er diesen harmlosen Sabotageakt lieber jemand anderem zugeschrieben ...

In Berlin auf einem kleinen Friedhof in der Stadtmitte, wo Hegel und Fichte begraben liegen, Brecht und Helene Weigel. Und auch Dietrich Bonhoeffer. So viele Ideen, so viele Ambitionen auf einem Friedhof. Wenn sie aus ihrem ewigen Schlaf aufwachten, würden sie sich heftig zerstreiten. Die Vögel singen hier so unbekümmert wie auf jedem anderen Friedhof, sie haben keine Ahnung, wessen Überreste hier ruhen, sie wissen nicht, dass hier große Denker liegen, Hegel, der keine Biographie hatte, und Bonhoeffer, dessen Biographie vorzeitig abriss. Und Bertolt Brecht, der wunderbare Dichter und unangenehme Mensch, verliebt in eine Ideologie, deren (theoretischer) Großvater Hegel war. Vor vielen Jahren habe ich, auch in Berlin, mit Wiktor Woroszylski und ein paar anderen Bekannten einmal einen Ausflug unternommen, auf dem wir die Relikte eines Friedhofs der Weißen Russen finden wollten, auf dem Vladimir Nabokovs Vater begraben worden war. Wir fanden den Ort, er war äußerst bescheiden – die Reste eines Friedhofs unter riesigen, sich hoch in der Luft kreuzenden Autobahnbrücken, unter gotischen Bögen aus Beton.

Immer wenn ich das vergilbte Manuskript mit Vaters Erinnerungen aufschlage, mit der mathematisch genauen Kapitelnummerierung, über welche die elementare Null wacht, wenn ich von Urgroßmutter und ihrer Wohnung lese, mit der sie gleichsam die Gäste betrügen, die Armut oder wenigstens die sehr bescheidenen Verhältnisse vor ihnen verbergen wollte, denke ich an das Leben meiner Familie damals, vor dem großen Krieg. Ihre sonntagnachmittäglichen Treffen weisen auf die exakt gleichen nachmittäglichen Sonntagstees bei Großvater in Gleiwitz voraus, deren Besetzung allerdings eine deutlich andere war: Urgroßmutter lebte nicht mehr, auch jener Onkel Józio nicht, der in seinem Zimmer geheimnisvolle Forschungen anstellte. Eine ganze neue Generation war hinzugekommen, meine Generation, meine Cousinen, meine Schwester. Neu war natürlich auch meine Mutter, die entgegen allen gesellschaftlichen Ambitionen, trotz ihrer Überzeugung, in jedem Kreis gut zurechtzukommen, sei es in der Familie, sei es unter Bekannten, etwas Zerbrechliches hatte, so als gehöre sie in Wirklichkeit nirgends dazu, als könne sie in Wirklichkeit nirgends dazugehören, sondern spiele nur eine Rolle, als verberge ihre gesellschaftliche Lebhaftigkeit lediglich ihre Angst vor Anderen, ihre Angst vor Unbekanntem. Ich fürchte, ihre Redekunst erwuchs nicht aus einem Überschuss an Energie, aus Kraft und Lebenselan. Einmal, vor dem Krieg, hatte sie bei einem Rhetorikwettbewerb der Jurastudenten der Universität Lemberg fast den ersten Preis gewonnen, sie hatte alle männlichen Kommilitonen geschlagen (das war ihr größter Triumph, von dem sie immer wieder erzählte und der deshalb von ihren immer gleichen Zuhörern – ihren beiden Kindern und ihrem Mann – eher ironisch behandelt wurde). Sie hatte fast gewonnen – ihr Auftritt war am besten angekommen, sie hatte das Publikum erobert, aber die Juroren, Professoren, hatten schließlich entschieden, eine Frau, ein Mädchen, dürfe die Männer nicht schlagen, und den ersten Preis einem anderen, einem Kommilitonen zuerkannt. Aber sie hatte triumphiert, trotz allem. Sie war in aller Munde. Die Entscheidung der Jury hatte niemanden überzeugt, an diesem Tag war sie die Heldin. Und sie kam gern auf diese Episode zurück, ungeachtet unserer Skepsis (oh, Mama erzählt mal wieder vom Rhetorikwettbewerb). Wenn ich heute – durch die vergilbten Blätter schlechten Papiers, denen Vater seine Erinnerungen anvertraute – die an einem Sonntagnachmittag bei meiner Urgroßmutter versammelte Familie betrachte, wenn ich versuche, in ihre Gespräche hineinzulauschen, das Summen einer Fliege in einem stillen Augenblick zu hören, und über das Schicksal meines Stammes sinniere, dann geht mir durch den Kopf, dass ja, natürlich, die Mehrheit von ihnen, diejenigen, die den großen Krieg überleben sollten, zu den Vertriebenen gehören würden und dass die damaligen sonntäglichen Treffen für sie später etwas Mythisches und Schönes sein würden, nicht wiederholbar in der Nachkriegswelt, die sie für unwirklich hielten, für provisorisch, bloß aus Papier gemacht. Aber gleichzeitig kann ich mich des Eindrucks nicht erwehren, sie seien schon damals, in der Zeit zwischen den Kriegen, in gewisser Weise Vertriebene gewesen; es kommt mir keineswegs so vor, als seien sie damals selbstgewisse Grundbesitzer gewesen, unbekümmerte Miteigentümer der Stadt Lemberg, Herren ihres Schicksals, Könige des Lebens. Wo doch Urgroßmutter ihre Not hinter dem Schleier bürgerlicher Vollkommenheit verbarg … Gar nicht erst zu reden von dem leicht verrückten Onkel, der in seinem Zimmer ein großes Geheimnis hütete und sich beinahe ohne jedes elementare Gespür für das *decorum* der zahlreich versammelten Familie im Pyjama zeigte – genau wie zwanzig Jahre später unser Nachbar aus dem ersten Stock in der ulica Arkońska 3 in Gleiwitz, als wir schon alle, uns, die Kinder, ausgenommen, Vertriebene waren, der Nachbar, der ebenfalls immer im Pyjama herumlief, selbst wenn er sich im Hof zeigte, wenn er den Müll hinaustrug und, wenn es ein heiterer Tag war, eine Weile gierig die echte Luft des Frühlings oder Sommers einsog (davon abgesehen ging er aber nie aus dem Haus, er hatte keinen Grund, seine Wohnung im ersten Stock zu verlassen) – in seinem Fall allerdings, so meinte man wenigstens, handelte es sich um eine ideologische Entscheidung, einen Protest gegen den Kommunismus, den er angeblich so sehr verachtete, dass er sich nicht um einen angemesseneren Aufzug kümmern wollte. Er werde sich doch nicht für die Kommunisten anziehen … Was aber verachtete Onkel Józio in den zwanziger Jahren? Vielleicht empfand auch er seine Zeit, die Zwischenkriegszeit, schon als Epoche des Niedergangs. Vielleicht sehnte er sich nach dem Europa von vor dem Ersten Weltkrieg, dem echten Europa, im Gegensatz zu dem, das im Jahre 1918 aus den Wellen der Landkarte auftauchte, ich kann es nicht wissen. Vielleicht waren schon die beiden Zwischenkriegsjahrzehnte für ihn nur ein Provisorium, eine Wirklichkeit aus Pappmaché, aus Karton … Vielleicht waren die Mitglieder dieser Familie also schon längst Vertriebene, vielleicht schon seit gut hundertfünfzig Jahren – denn manche von ihnen hatten einst kleine Güter besessen und in bescheidenen Gutshäusern gelebt, deren Lauben auf zwei Säulen ruhten, ein fernes Echo der Konstruktionen Palladios, sie hatten Restgüter besessen, vielleicht etwas Wald und in diesem Wald Hasen und Füchse, aber dann hatte der unerbittliche F o r t s c h r i t t , das heißt in ihrem Fall: der durch gescheiterte Aufstände und die anschließenden Konfiskationen beschleunigte Prozess der Pauperisierung, dazu geführt, dass sie alles verloren und sich in das Heer der Intelligenzler, der mittellosen Lehrer, Notare, Richter und Ärzte eingereiht hatten. Vertrieben schon so lange, dass niemand mehr genau bestimmen konnte, seit wann. Vertrieben aus der Vertreibung, den Blick immer nostalgisch rückwärtsgewandt, in Richtung der vorherigen Inkarnation einer nicht enden wollenden Vertreibung.

Wenn man nur sagen könnte, wie diese beiden Wellen der Wirklichkeit, Traum und Welt, aufeinandertreffen, miteinander ringen, sich nicht verständigen können, kurzzeitige Abkommen schließen, die sie gleich wieder aufkündigen, wie sie in der Morgendämmerung einander verständnislos anblicken und abends erneut versuchen, Kontakt aufzunehmen, und wie sie übereinander herfallen mit einer Leidenschaft, in der sich Liebe und Hass mischen, wie sie dann, müde geworden, am Rand einer Straße ins Nirgendwo einschlafen, auf dem Seitenstreifen, wo betörend duftendes Unkraut wächst.

Ich denke an die Vertriebenen, an ihr Leiden. Wäre ich ein Historiker, gäbe ich einen Überblick über die wichtigsten, tragischsten Vertreibungsaktionen unserer Zeit. Ich würde etwa über die Griechen schreiben, die 1923 aus Kleinasien vertrieben wurden, aus Smyrna und anderen Städten, in denen sie Jahrtausende gelebt hatten. Über die Polen, die von den Nazis gleich zu Beginn der Besatzung aus Posen und Lodz vertrieben wurden. Über die Deutschen, die aus Königsberg, Danzig, Stettin, Breslau und Gleiwitz vertrieben wurden. Aber ich bin kein Historiker, ich verbringe meine Zeit nicht in Archiven, sondern schreibe nur über Dinge, die ich selbst gesehen habe. Ich denke an Tante Ania, die schlanke Greisin, so schmal und leicht, dass der leiseste Windhauch sie hätte mitreißen können, an die einsame Ania, die sich nie mit der neuen Umgebung abfand und die sich noch heute, mit über neunzig, als Emigrantin fühlt und der neuen Stadt (neu, nach mehr als sechzig Jahren!) skeptisch gegenübersteht. An meinen Vater, der, solange er noch bei klarem Bewusstsein war, solange sein Gedächtnis noch funktionierte, Alben, Bücher und Stadtpläne von Lemberg sammelte. An meinen Großvater, dem im hohen Alter die Grenzen zwischen den Ländern und Städten durcheinandergerieten und der glaubte, durch ein Wunder in sein altes Lemberg zurückgekehrt zu sein … Ich denke an ihr Leiden, an die Inkongruenz zwischen ihnen und dem Ort ihres arbeitsamen Alltagsdaseins, zwischen Mauern und Bäumen. Mein Vater, ein erfahrener Wanderer, kannte zwar die Umgebung der neuen Stadt in- und auswendig, er fand sich ausgezeichnet in den umliegenden Wäldern zurecht, doch mitunter kam es mir vor, als behandele er die lokale Geographie mit einer gewissen Nachsicht – als wären die echten Wälder ganz anderswo (wo, war keine Frage). Aber ich denke auch daran, dass ihre Qualen, der erlittene Verlust, in gewissem Sinne ein Geschenk waren. Man muss nur die Menschen betrachten, die nie etwas verloren haben, deren Familien seit Generationen in derselben Stadt wohnen, in demselben Dorf, demselben Städtchen, in demselben Haus, man muss sie nur genau betrachten, dann erkennt man, dass sie damit womöglich gar nicht so glücklich sind. Sie registrieren es meist gar nicht, sie halten es für etwas Selbstverständliches und ein wenig Langweiliges. Sie gähnen, wenn sie an diese außergewöhnliche Stabilität denken. Stabilität ist vielleicht wünschenswert, aber sie hat keinen poetischen Wert. Erst der Verlust berührt uns tief im Inneren, Kontinuität nehmen wir nicht wahr. Ich denke an den sympathischen Arzt aus Israel – ich lernte ihn vor zwei Jahren kennen –, der jedem Gesprächspartner erzählte, seine Familie habe fünf Jahrhunderte lang in Krakau gelebt. Fünf Jahrhunderte lang. Man wird in Krakau heute wenige Familien finden, die mit dem sympathischen Arzt mithalten können. Doch erst vor dem Hintergrund der Tragödie von Krieg und Shoah machen diese fünf Jahrhunderte so großen Eindruck auf uns – wenigstens momentan, denn wie ich feststellte, quittierten die Gesprächspartner des israelischen Arztes seine Offenbarung schon bald mit einem Schulterzucken. Unsere Aufmerksamkeit währt nicht lange. Ein fremdes Schicksal interessiert uns höchstens für eine Minute … Unser eigenes immer. Die Vertriebenen haben viel verloren, aber paradoxerweise ist das Leben so, dass erst der Verlust ihm Sinn verleiht. Ein Leben ausschließlich unter dem Schirm des Kalenders, ein absolut sicheres Leben, würde zerfließen wie ein Stück Eis auf einer warmen Kinderhand. Ich erinnere mich, wie es bei Tolstoi ist, in seinem epischen Roman: In Friedenszeiten, in denen das Leben normal verläuft, bestimmt wird durch Jahreszeiten, Ernten, Regen, Unwetter, Bälle, die Liebe, das Altern, den Tod der älteren Generation, beginnen die Figuren sich fast unbewusst nach dem Krieg zu sehnen, dem großen, reinigenden Ereignis (so wie im August 1914 in Europa, vor allem in Deutschland, als nach der Kunde vom Ausbruch des Weltkriegs kurz eine große Euphorie herrschte). Wenn aber der Krieg das monströse Antlitz sinnloser Zerstörung entblößt, erwacht in den Menschen eine große Sehnsucht nach dem Frieden. Die Vertriebenen leben im Frieden, doch sie tragen den Krieg in sich. Alle anderen haben den Krieg längst vergessen, sie aber nicht. Die Vertriebenen – vielleicht nicht alle – wurden zu Künstlern, ja. Sie mussten nicht komponieren, nicht malen, nicht schreiben, sie mussten sich nicht an Kunsthochschulen, Konservatorien oder zu Schreibkursen einschreiben. Sie wurden dadurch, dank dessen, zu Künstlern, dass sie eine bestimmte Unruhe in sich trugen, ein bestimmtes Geheimnis. Ihre normalen Nachbarn, die nie umziehen mussten, die nie Familiengräber, Elternhäuser, vertraute Landschaften, Hügel von idealer Kontur, pastellfarbene Wiesen und Fluren, idyllische Wälder von unvergleichlichem Duft, Bäche mit reinstem Wasser und Fischteiche voller wunderbarer Karpfen (»solche Karpfen gibt es heute nicht mehr«) zurücklassen mussten, zucken nur mit den Schultern, sie denken nur an die Sorgen des Alltags, an Preise und Krankheiten. Sie sind die Verkörperung des Banalen. Sie sind leicht gelangweilt von der monotonen Kontinuität ihres Daseins. Obwohl man ehrlich gesagt in Polen kaum Menschen findet, die von der Kontinuität ihres Daseins gelangweilt sind, dafür muss man wohl nach Kanada fahren. Doch die Vertriebenen sind anders, die Vertriebenen tragen ein Geheimnis in sich, einen Abgrund, einen Mangel, eine Sehnsucht.

Nicht alle schreiben oder malen, das müssen sie gar nicht, das wird nicht verlangt, es gibt auch keine Prüfungen, keine Rezensenten (diese Parasiten der Kunst), aber sie alle sind mehr oder weniger besessen von diesem Verlust. Sie haben etwas, wovon sie zehren können, sie haben einen großen Vorrat an Lebenssinn. Denn der große Verlust ist auch eine große Chance. Die Vertriebenen leiden, aber in ihrem Leben herrscht eine gewisse Ordnung. Mein Vater, der Bücher und Alben über die *Stadt* kaufte, mag die Bewohner der wohlhabenden, satten Städte des Westens beneidet haben, die nie jemand aus ihren bequemen Wohnungen vertrieben hatte, aber eigentlich hätten diese viel eher ihn beneiden müssen, beneiden um seinen Kompass, seine Obsession, seine Nostalgie, seine Wunden. Sie standen in den Buchläden – wenn sie überhaupt in Buchläden gingen – unentschlossen vor den Regalen, sie wussten nicht, wonach sie suchten, und werden vielleicht schüchtern die Buchhändler um Rat gefragt haben, wie die Leute, die in der Leihbücherei der Bibliothekarin ihren Lesegeschmack zu beschreiben versuchen: Wissen Sie, es sollte gut enden, es sollte viele Dialoge geben und keine Schießereien … Mein Vater, der alte Stadtführer und Karten der *Stadt* suchte, wusste genau, was er brauchte. In meiner Generation hat sich das schon verwischt. Ich bin schon frei von diesem Leiden, ich bin schon Beobachter, kein Vertriebener mehr. Obwohl es zugegebenermaßen vorkommt, dass Bekannte mir etwas schenken, was mit der *Stadt* zu tun hat: eine alte Radierung, eine Karte der Innenstadt oder ein weiteres Buch über das verlorene Paradies; und es gehört sich schließlich nicht zu protestieren, klarzustellen, dass mich das nicht interessiert, so etwas tut man nicht – aber mir fehlt die Sammlerleidenschaft meines Vaters und ich habe nicht das geringste Bedürfnis, Lemberger Artefakte um mich herum anzuhäufen; Vertreibung ist nicht vererbbar, oder allenfalls in einem minimalen, absolut minimalen Grad. Die Tatsache, dass ich in meiner Kindheit die riesige Gemeinschaft der Vertriebenen und nach

Schlesien Umgesiedelten beobachtete, dass ich sah, wie diese oft schon hochbetagten Menschen misstrauisch über das Pflaster schritten, das kurz zuvor noch deutsch gewesen war, hat mich sicher geprägt und meiner Vorstellungskraft eine Richtung gegeben, das kann ich nicht verleugnen, ich will es auch gar nicht abstreiten. Dass ich diese alten verlorenen Menschen in den einstmals deutschen Kulissen sah, die sich wie Schlafwandler durch die Täler der ihnen unbekannten Straßen bewegten, hat mich für das ganze Leben geprägt, oder vielleicht genauer gesagt, es hat mich für das ganze Leben bewegt, es hat mich tief berührt, es war für mich ein außerordentliches Ereignis, ein großes, unvergessliches trauriges Schauspiel; womöglich hätte ich nicht versucht zu schreiben, hätte ich nicht diese unglücklichen Verbannten gesehen, die nicht genau wussten, ob sie sich in der wirklichen Welt befanden oder in einem merkwürdigen Propagandafilm der Alliierten, der zeigen sollte, wie vollkommen es sich unter dem Diktat des Potsdamer Abkommens lebte. Hätte ich das Missverhältnis zwischen Menschen und Mauern nicht mit eigenen Augen gesehen, diesen Riss, dieses offensichtliche *non sequitur*, dann hätte ich vielleicht eine andere, weniger riskante Beschäftigung gewählt und wäre Ingenieur geworden, wie es sich meine Eltern wünschten, die für mich keinen anderen Lebensweg sahen, als dass ich exakt die Entscheidungen meines Vaters wiederhole, oder vielleicht auch Bankangestellter oder ein verbitterter Philosophiedozent an einer Provinzhochschule, ein mittelmäßiger Philosoph, der versucht hätte, jungen Leuten den Unterschied zwischen Platon und Aristoteles beizubringen – obwohl diese das nicht die Bohne interessiert hätte, weil sie lieber an ihren Lieblingsschauspieler aus einem populären Film oder einer Fernsehserie dachten. Vielleicht besteht also ein Zusammenhang zwischen dem, was ich als Kind gesehen habe, und dem, womit ich mich in meinem Leben beschäftige, aber trotzdem gehöre ich nicht zu den Vertriebenen. Ich bin kein Vertriebener. Ich bin auch kein sesshafter Mensch –

der Übergang von dem einen Status zum anderen braucht einige Generationen; es gibt auch Zwischenformen, Übergangsstadien, und ich gehöre sicherlich zu einer Übergangsformation, für die es keinen eigenen Namen gibt, der man keinen Namen geben muss, weil sie ja ohnehin bald in etwas aufgeht, das größer ist als sie selbst ... Dabei müsste man aber noch sagen – und ich sage es widerwillig –, dass nicht die Vertriebenen, sondern die Sesshaften, diejenigen, die gern das Wörtchen »immer« verwenden und ein etwas langweiliges Leben im Zeichen der Kontinuität führen, das Salz der Erde sind; sie repräsentieren Beständigkeit und Dauer, die Vertriebenen hingegen sind nur eine Laune, eine Anomalie. Aber eine überaus interessante.

Eine Notiz von vor vielen Jahren: »Diese fünfzigjährigen Männer, die mit solchem Eifer, solcher Kompetenz und Überzeugung über die Welt sprechen, als wären sie die Besitzer.«

Wenn man Kafka liest: Die Fremdheit der Welt. Und in manchen Romanen, die uns zeitlich näher sind – eine gezähmte Welt. Ich weiß aber noch, wie sehr mir in den alten Romanen die Kapitelzusammenfassungen gefielen, in denen der Autor mitteilte, was auf den nächsten dreißig Seiten mit der Hauptfigur geschehen würde. Wir konnten ruhig einschlafen, jemand wachte über uns. Unser Schutzengel und der alte, gute Romanschreiber mit tintenbefleckten Fingern saßen abwechselnd am Bett des Kindes und vertrieben erfolgreich Dämonen und Ängste.

Ich sollte notieren, dass, als ich jung war, kaum älter als zwanzig, eine schwarze Wolke über mir hing, ich hätte ein gewöhnlicher, trivialer Konformist werden können. Und das nicht einmal aus Karrierismus, nicht weil ich von schnellem Erfolg geträumt hätte, diese Art von Ambition verlockte mich weniger, sondern wegen einer mir heute wenig verständlichen Nonchalance. Und teils auch – wegen der Dichtkunst, wenngleich das höchst seltsam klingt. Ich war einerseits ein bisschen »Philosoph«, ich hatte das Studium abgeschlossen, und andererseits schrieb ich Gedichte, die mich zusehends mehr vereinnahmten. Aber der dichterische Teil von mir, um es so zu sagen, existierte noch nicht öffentlich, ich schämte mich fast für mein Schreiben oder besser, nicht für das Schreiben, für die Momente des Schreibens, die mich absolut und freudig absorbierten, sondern für das »Aussehen« meines Schreibens, dafür, wie man mich von außen ansah. Mir war vage bewusst, dass ein beginnender Autor etwas beinahe Lächerliches, Karikaturhaftes ist. In der Gesellschaft trägt jeder seinen Panzer, seine Kleidung, je fester, desto besser, und daran änderte auch die Tatsache nichts, dass es die kommunistische Zeit war. Ein beginnender Dichter ist für andere ein Niemand. Ein beginnender Dichter existiert nicht öffentlich, oder eben nur auf bedauernswerte, karikaturhafte Weise. Ein beginnender Dichter schaut neidisch auf den »Anwalt«, »Arzt« oder »Dozenten«. Er selbst (oder sie) ist nur eine Puppe, aus der sich vielleicht irgendwann eine höhere Lebensform entwickelt. Ich hatte gerade einmal eine Handvoll W e r k e veröffentlicht, ich nährte mich mehr von Hoffnungen als von der Wirklichkeit, des Öfteren bekam ich Absagen von den Redaktionen, denen ich meine Gedichte schickte. Ich verfolgte aufmerksam die Publikationen meiner Altersgenossen und, etwas weniger aufmerksam, die Publikationen der Dichter der älteren Generation. Die älteren Dichter, so schien es mir, lebten auf einem anderen Planeten, sie konnten meine Leiden und Hoffnungen unmöglich verstehen. Meine »Dichterseele« hatte aber schon begonnen, korrodierend auf meine »philosophische Seite« einzuwirken – mehr meinen gelegentlichen Eingebungen folgend als der Bibliotheksdisziplin der Gelehrten, die mit spitzem Bleistift nahrhafte Zitate aus dicken Bänden angeln, überflog ich die im Studium zur Lektüre aufgegebenen Traktate. Und einmal, als ich mit dem

Zug nach Zakopane zu einer Tagung von Philosophiestudenten fuhr, schrieb ich im letzten Augenblick ein äußerst chaotisches Referat, das zudem durch das Signal einer platten marxistischen Referenz gekennzeichnet war. Vor allem aber war dieses Referat ein Nichts, eine skandalöse intellektuelle Nichtigkeit. Ich gab mir jedoch das Recht dazu, denn ich spürte, ich war »Dichter« und konnte es mir erlauben, die strengen »wissenschaftlichen« Regeln zu ignorieren. Zum Glück verabschiedete ich mich bald ganz von der Pseudophilosophiererei und der Rolle des »jungen Gelehrten«. Die schwarze Wolke löste sich langsam auf. An diese Zeit, insbesondere an das Referat in Zakopane, denke ich nur selten zurück, unwillig und nicht ohne Scham.

Stendhal in *Souvenirs d'égotisme*: »Le génie poétique est mort, mais le génie du soupçon est venu au monde.« (»Der Geist der Poesie ist tot, doch der Geist des Misstrauens ist in die Welt gedrungen.«) Wirklich? D'accord, was den Geist des Argwohns betrifft, d'accord auch, dass zwischen Poesie und Argwohn ein erbitterter Kampf stattfinden muss, ein Krieg, in dem ungeachtet der Genfer Konvention alle Gefangenen erbarmungslos getötet werden. Doch der Geist der Poesie ist nicht tot, er mag geschwächt sein, es mag Tage oder gar Wochen geben, wo er sich nicht zeigt, doch er ist nicht ganz von uns gegangen … Wenigstens denke ich das. Vielleicht ist es nur wishful thinking, vielleicht sind die Dichter der verschiedenen Länder und Sprachen nur Schatten, und ihre Festivals, Stipendien und Eitelkeiten eine Art Fata Morgana. Es hängt allein von mir ab, von uns – ob die geistige Welt verkümmert oder ob sie lebendig bleibt. Jeden Tag treffen wir eine Entscheidung, jeden Tag entscheiden wir, ob wir die weiße Flagge der Kapitulation aus dem Fenster hängen oder den von kühnen Farben strotzenden Gobelin eines Gedichts.

Ich bin kein Vertriebener, aber seit ich verstanden habe, dass mein Stammbaum ein Baum von Vertriebenen ist, weiß ich auch, dass dieses Korn der Unwirklichkeit, auf das ich bisweilen stoße, eben von dorther kommt, von den Wanderungen, dem ungewissen Morgen, den Koffern mit den großen, aufgerissenen, gierigen Mäulern.

Im Dezember 2006 kam einer der heute bekannteren französischen Dichter, nennen wir ihn der Anonymität halber G., zu einem kurzen Besuch nach Krakau. Das Institut Français lud mich zu einem Gespräch mit dem geschätzten Gast ein. Das Publikum an diesem Abend bestand aus vielleicht fünfzehn Personen, teils wohl Studenten der Romanistik. Ich fragte G. nach dem Hermetismus der französischen Gegenwartslyrik, ich wollte wissen, wie es kommt, dass sie auf der Karte der Weltlyrik gleichsam eine Insel bildet – weil sie sich linguistisch-experimentelle Aufgaben stellt und, anders gesagt, unter französischen Dichtern heute die Ansicht vorherrscht, ein verständliches Gedicht, das sich auf ein bestimmtes »Thema« bezieht, sei banalste lyrische Publizistik. So wie vor Jahren ein anderer französischer Dichter, weniger bekannt als G., zu M. sagte, er könne ihr bei der Übersetzung meiner Gedichte nicht helfen, sie gefielen ihm nicht, denn sie enthielten historische Daten (das Gedicht *Schopenhauer weint* etwa). Lyrik aber sei absolut zeitlos. In Krakau erwiderte G. sehr überzeugt, er sehe das anders, die französische Lyrik habe in ihren Erkundungen viele Verbündete, in der amerikanischen Lyrik, der italienischen und spanischen, sie sei beileibe keine Anomalie. Er berief sich sogar auf John Ashbery. Dann sprach er von der polnischen Lyrik: Man solle nicht glauben, er schätze sie gering, ganz im Gegenteil, er verfolge sie mit großem Interesse und entdecke dort viel Interessantes für sich. Nur eines gebe ihm zu denken und lasse ihm keine Ruhe: Viele polnische Dichter bewegten sich noch immer in einem Bereich, der eine gefährliche Nähe zur Theologie aufweise. Die polnischen Dichter – natürlich nicht alle – rechteten noch immer mit Gott. Das sei ihm unbegreiflich. »Bei uns«, sagte er, »hat sich längst die Überzeugung durchgesetzt, die absolut fundamentale Überzeugung, dass Gott nicht existiert, und sich mit ihm zu befassen, gilt, mit Verlaub, als kindisch.«

Ich sprach mit einem Philosophen aus meinem Bekanntenkreis und erzählte ihm von der Stelle in Vaters Erinnerungen, die von den Familientreffen bei meiner Urgroßmutter handelt. Das ist interessant, begeisterte sich mein Bekannter, euer Onkel Józio, der ein wenig schlafwandlerisch wirkt und die Sonntage im Pyjama verbringt. Mir scheint, sagte er, hier verbirgt sich ein tieferer Sinn, man könnte sagen, ein psychoanalytisch-historischer. Es waren die zwanziger Jahre, Anfang der dreißiger, nicht wahr? Dieser Józio im Pyjama vor der ganzen entsprechend der Jahreszeit gekleideten Familie, ist doch genau wie Polen während der Teilungen. Ein Land, das seine Staatlichkeit und seine Unabhängigkeit verloren hat und dennoch weiterexistiert, weil es nicht ganz verschwinden kann, das noch immer seine Einwohner, seine Sprache und seine Flüsse hat, ein solches Land ist wie ein nur mit einem Pyjama bekleideter Mensch vor dicht verhüllten Menschen, Menschen in Anzügen, Mänteln, Kleidern. Freie und souveräne Länder sind angezogen, ihre Gehröcke sind auf ganzer Länge zugeknöpft.

In der von Jerzy Lisowski zusammengestellten, erst nach seinem Tod abgeschlossenen monumentalen vierbändigen Anthologie französischer Lyrik finde ich ein Gedicht, dessen Geschichte mir in gewisser Weise vertraut ist. Der Name des Autors ist Gilbert Lely, der Titel lautet *Das Wort und die Kälte*. Gilbert Lely war ein surrealistischer Schriftsteller und ist – wie ich im Lexikon lese – bekannt für seine erotischen Gedichte und eine hochgeschätzte Biographie des Marquis de Sade. Ich kenne allerdings nur ein Gedicht von ihm und nur über dieses will ich hier sprechen. In Lisowskis Anthologie findet sich dieses Gedicht in der Übersetzung von Konstanty Jeleński. Ich erinnere mich, dass Jeleński das Gedicht in einer anderen Anthologie entdeckte, in der von Jean-François Revel im Januar 1985 herausgegebenen Sammlung *Une anthologie de la poésie française*. Jeleński war von dem Gedicht begeistert und übersetzte es für die »Zeszyty Literacki« (Literarische Hefte).

Hier ist eine Passage aus diesem wirklich schönen Gedicht, in dem der Autor (Erzähler) während eines Herbstspaziergangs durch Paris sein eigenes Grabmal besichtigt, das, noch ohne Inschrift, auf dem Friedhof von Montmartre auf ihn wartet:

> Als ich auf meinen Grabstein blickte, noch ohne Jahr,
> noch ohne Namen eingraviert in Gold,
> Kam mir der wunderliche Gedanke, ich sei als Lebender
> gleichsam *broschiert*,
> Ein Einberufener Persephones, gedungen durch das
> Offenkundige,
> Doch morgen schon *gebunden* in diesen Albi-Granit.
>
> Dann dachte ich an mein Buch: Jeder Satz zwanzig Mal
> neu geschrieben,
> Denn es gibt nichts, was sich nicht sagen ließe, sofern
> man es nur hartnäckig versucht.
> Schließlich diese Idee über das Gedicht: Weniger
> unerbittlich als das Leben, gestattet es, dass man es
> neu beginnt.

Jetzt, da ich dieses Gedicht lese, erinnere ich mich genau an die Lage des Friedhofs von Montmartre am Fuß des berühmten Parisers Hügels. Der Friedhof lauert am Fuß des Montmartre. Oben karren Autobusse japanische und andere Touristen heran, die ihren Pflichtbesuch im »Moulin Rouge« absolvieren müssen. Noch höher, auf dem Gipfel der Erhebung, um die Place du Tertre, drängt sich immer eine Menge, die etwas von der alten Atmosphäre finden möchte, aus der Zeit, als in diesem Viertel junge, hungrige Künstler wohnten, von denen einige später Millionäre wurden. Hier jedoch, in der Stille und Kühle der weißen Steine, des glatten Marmors, liegt geduldig der Friedhof und wartet, wie eine Spinne in der Ecke eines prachtvollen Zimmers. Und Gilbert Lely, seinerzeit bestimmt schon hochbetagt (er lebte von 1904–1985), Surrealist und Bourgeois in einer Person (nur ein Bourgeois kann in Paris ein Grabmal besitzen, das auf ihn wartet, noch dazu an einem solch vornehmen Ort), stattet seiner künftigen und letzten Adresse einen Besuch ab. Surrealist und Bourgeois, eine gar nicht so seltene, eigentlich sogar perfekte Verbindung.

Konstanty Jeleński sollte selbst wenig später sterben, im Jahr 1987. Als er starb, war ich – kurz – in den USA. Er wurde auf einem kleinen Friedhof an der Loire in Saint-Dyé-sur-Loire begraben; Gustaw Herling-Grudziński beschreibt in seinem Tagebuch einen Spaziergang mit Jeleński, bei dem dieser ihm sein künftiges Grab zeigte. Der Platz war schon gekauft und vorbereitet. Wohl deshalb hat ihn Gilbert Lelys Gedicht so angesprochen.

Irgendwo las ich Schillers Ausspruch über Madame de Staël: »Für das was wir Poesie nennen ist kein Sinn in ihr«. Das ist höchst interessant. Der alte Streit zwischen Deutschland und Frankreich – ob die Poesie etwas Dunkles, Geheimnisvolles ist oder ob sie sich durch rhetorische Übung exakt definieren lässt. Ob eine formale Definition ausreicht oder ob immer ein ungreifbarer, unklarer Rest bleibt …

Vater schreibt von sich, er habe als junger Mann »die Einsamkeit gemocht«, und seine Eltern hätten diese Neigung an ihm gefürchtet. Wenn ich sein Leben betrachte, das jetzt langsam und ohne Bewusstsein zu Ende geht, in der Stille des für immer verlorenen Gedächtnisses, dann sehe ich, dass nicht nur er die Einsamkeit mochte, die Einsamkeit mochte auch ihn. Er hatte eine Frau und zwei Kinder, er war

Professor, Hochschullehrer, noch im fortgeschrittenen Alter schloss er sich der »Solidarność«-Bewegung an. In den alten Zeiten gehörte er zu einer Gruppe von Freunden, die einige Male im Jahr mehrtägige Ausflüge in die nahen Berge unternahmen – und bei all dem war er ein einsamer Mensch, einsam und sensibel. Am glücklichsten war er in den Bergen. Wenn wir auf einer Bergwiese saßen, von der aus sich eine weite Sicht auf die Nachbargipfel öffnete, auf dunkle Waldstreifen und die bunten Klötze der Häuser in den umliegenden Dörfern, dann sagte er lange nichts, sondern schaute schweigend. Und in diesem Schweigen, so kommt es mir vor, war er glücklich. Oder vielleicht eher im Schauen, nicht im Schweigen. Er betrachtete den weiten Horizont, einzelne Bäume, Bergeschen und Lärchen, in der Ferne zeichnete sich das Tal ab, auf der anderen Seite die sanften Konturen niedriger Berge, ihre blauen, immer weniger realen Züge, am Himmel weiße Bänder von Zirruswolken und bisweilen ein vereinzeltes Düsenflugzeug, das zwischen den Wolken hindurchglitt und in einer unverständlichen Sprache etwas auf das Blau schrieb. Er mochte den Spätherbst, den frühen Oktober, wenn auf den Rändern der Blätter der rote Streifen des Herbstes erschien. Er suchte sich hochgelegene Bergweiden aus, Aussichtspunkte (wenngleich er Orte mied, die größere Menschenmengen anzogen), und vertiefte sich in die Kontemplation; er selbst hätte allerdings um nichts in der Welt das Wort »Kontemplation« benutzt, es wäre für ihn ein Element einer fremden Sprache gewesen, etwas Prätentiöses. Ich, der »Humanist«, konnte derartige Wörter verwenden, er nicht. Er schaute nur. Ich denke, er liebte die Berge, weil sie sich auf so selbstverständliche Weise über die normalen Sorgen und Nöte erhoben, über die Entscheidungen, die man weiter unten jeden Tag treffen musste. Wie ich aus seinen Erinnerungen weiß, war er überzeugt, dass das, was ihm im Leben widerfuhr, so gut wie nie das Ergebnis eines festen, eindeutigen Entschlusses oder einer Leidenschaft war. *Von Zufall zu Zufall*, so überschrieb er seine Erinnerungen. Sicher, er war Ingenieur, Professor, und hatte auf diesem Feld einige Erfolge erzielt, seine Studenten verehrten ihn, aber in seiner Jugend hatte er sich eigentlich mehr für Geschichte interessiert und im Alter kehrte er zur Lektüre historischer Bücher zurück, schloss gleichsam die Klammer um seinen mittleren Lebensabschnitt. Mir scheint, er hätte kein Historiker werden können, seine Lakonie hätte es nicht zugelassen. Aber wer weiß, vielleicht wäre er als Verfasser der kürzesten historischen Abhandlungen berühmt geworden ... Er gründete eine Familie – wie es scheint, wäre es ohne aktives Zutun seiner Verlobten, meiner Mutter, nicht dazu gekommen, Vater beschreibt etwa, wie sie unerwartet auf dem Bahnhof auftauchte, als er gerade zum Wehrdienst fuhr, sie kam sich verabschieden, obwohl sie sich gar nicht verabredet hatten – und war ein guter, sehr guter Vater, aber trotzdem erinnerte er in nichts an die Männer, die in ihren familiären Pflichten ihre ganze Erfüllung finden und gleichsam wie Zucker im Tee in ihnen aufgehen. Er hatte die Stadt seiner Jugend verloren, und das war in gewissem Sinne die realste Erfahrung seines Lebens. Auch dieser Verlust war gleichsam das Ergebnis eines »Zufalls«, einer historischen Verkettung von Umständen, aber er wurde zu einer schmerzlichen, unumstößlichen, absoluten Tatsache, er härtete sich wie versteinernde Lava. Weil Vater aber keine Exaltiertheit duldete, sprach er fast nie darüber. Er liebte die Berge und brauchte sie, um sich mit der ihm eigenen empirischen Wortwörtlichkeit jedes Mal aufs Neue über die komplizierte Mehrdeutigkeit des Lebens zu erheben. Wir saßen oft lange schweigend nebeneinander, bis er endlich auf die Uhr sah und sagte, wir müssten weiter. Er schwieg, er schwieg gern, und deshalb werde ich nie wirklich wissen, wer er war.

Letztes Jahr verbrachte ich ein paar Tage in Bologna, in Gesellschaft von Künstlern und Galeriebesitzern, die zur Arte Fiera, einer großen Messe für Gegenwartskunst, gekommen waren. Ich besuchte bei dieser Gelegenheit das örtliche Museum (Pinacoteca Nazionale), in dem man Raffaels *Verzückung der heiligen Cäcilia* sowie einige Gemälde von Guido Reni und Annibale Carracci, einstmals ein Rivale Caravaggios, sehen kann. Es war ein dunkler Nachmittag (Ende Januar). Ich muss sagen, dass ich in die Verzückung der heiligen Cäcilia nicht einstimmte; weder Guido Reni noch Carracci gehören zu meinem persönlichen Pantheon, aber die leuchtenden Leinwände der alten Meister versetzten mich dennoch in eine ästhetische Stimmung – ich fühlte mich wohl in diesem Museum, in dem sich nur wenige Besucher aufhielten (eins dieser kleinen Museen, in denen man am späten Nachmittag eine gewisse Ungeduld der Aufseher spürt, die schon von der Heimkehr zu ihren Familien träumen). Einige kleinere Gemälde der Frührenaissance sprachen mich an, Graphiken, Fragmente von Skulpturen, der Duft alter Zeiten. Plötzlich stand ich in der Nähe eines Fensters oder auch einer ganzen Reihe von Fenstern. Ein Fenster in einem Museum, einer Kunstgalerie, ist immer eine ungeheure Attraktion – und auch eine Gefahr für die Kunst, denn es kann sich herausstellen, dass das, was man durch das Fenster sieht, unsere Aufmerksamkeit stärker fesselt als die ausgestellten Bilder oder Skulpturen. Ich konnte mir aber einen Blick auf die Welt nicht versagen. Wie sich zeigte, sah man durch das Museumsfenster die ganz normalen Wohnhäuser auf der gegenüberliegenden Seite einer engen Straße. Normalerweise stehen Museumsgebäude ja nicht in unmittelbarer Nachbarschaft zu Wohnhäusern, sondern ihre Fenster zeigen auf Parks oder Gärten, auf offene Flächen, breite Straßen, Stadtpanoramen (um einen nicht in Versuchung zu führen …). Aber hier war es anders. Es war schon recht dunkel; umso besser waren die erleuchteten Wohnungen in den Häusern direkt neben dem Museum zu erkennen. Mehr noch, man konnte mühelos das Leben der Bewohner dieser Häuser verfolgen; es war noch zu früh, die Vorhänge zuzuziehen, die Zeit der schamhaften abendlichen Geheimnisse war noch nicht gekommen, die Bologneser waren bereit, den Passanten ihre spätnachmittäglichen, frühabendlichen Aktivitäten zu zeigen. In einigen Küchen wurde das Abendessen vorbereitet. Jemand wusch Salat, jemand anderes hackte Zwiebeln. Ein alter Mann hantierte in einer großen, merkwürdig blauen Küche wie ein Priester in einer leeren Kapelle. In einer anderen Etage stillte eine Frau einen Säugling. Jemand saß am Computer. In einer weiteren Wohnung hüpften muntere bunte Flecken nervös über einen riesigen Bildschirm, als liefe dort ein Film über die Verwandlungsmöglichkeiten der Flügel exotischer Schmetterlinge (der Fernseher war zu weit weg, als dass man den Inhalt der bunten Flecken hätte entziffern können). Ein gewöhnlicher Winternachmittag. Ein nicht genau bestimmter Moment, zwischen der Rückkehr von der Arbeit und dem Abendessen. Zwischen Hund und Wolf, wie die Franzosen sagen. Und ich stand an einem Ort, an dem es keine Gerüche gab, geben konnte, in dem aseptischen Raum einer Galerie. Und da kam mir dieser Satz in den Sinn: »Sie leben nur.« Sie leben nur. Ich fühlte mich ihnen weit überlegen, weil sie nur lebten. Für einen kurzen Moment fühlte ich mich den glänzenden, in ihrer musealen Unsterblichkeit einbalsamierten Leinwänden mehr verbunden als den lebendigen Menschen auf der anderen Seite der engen Straße.

Für einen Moment identifizierte ich mich mit den Protagonisten der glänzenden Leinwände. Nur für einen Moment, es konnte nicht lange dauern, denn ich wusste ja, auch ich würde bald Hunger verspüren und ans Abendessen denken, auch ich würde gehorsam in die Reihen der normalen Menschheit zurückkehren, zu den Gerüchen und Geschmäckern, zu der Menschheit, die ihre Zeit mit Hilfe des rhythmischen Erwachens der Magensäfte einteilt. Aber für einige Minuten konnte ich die gewöhnlichen Nullachtfünfzehn-Menschen nicht verstehen, für ein paar Augenblicke war ich auf der Seite der zweidimensionalen, von den Malern dargestellten, seit Jahrhunderten toten Menschen, die zwar noch Gesichter hatten, was ja eines der wichtigsten Attribute des Menschseins ist, aber schon lange verächtlich auf gewöhnliche Speisen herabschauten. Mir gefiel diese kleine Ewigkeit, ich hätte gern an ihr teilgehabt, an der Würde idealer Wesen. Mehr noch: Ich tauchte wirklich in sie ein. Vielleicht erfuhr ich doch, wenigstens bis zu einem gewissen Grad, etwas von der Verzückung der heiligen Cäcilia. Aber das währte nicht lange, nein, es konnte nicht allzu lange dauern, und bald kehrte ich demütig zu meinen lebendigen und hungrigen Mitbrüdern zurück, und wir aßen gemeinsam zu Abend.

»Sie leben nur.« Ich auch. Ich lebe mit ihnen, und ich werde mit ihnen sterben.

Wir kennen unsere Eltern nicht gut, wir sind nicht imstande, sie objektiv (was immer das heißen mag) oder kritisch zu betrachten. Das heißt, wir können sie natürlich kritisieren, scharf sogar, aber in solchen Momenten sehen wir nicht sie, sondern unsere Vorstellung von ihnen. Ganz am Anfang sind sie unsere Götter, aber dann verwandeln wir uns langsam und systematisch in Personen vom Schlage eines Feuerbach, in Agnostiker oder Atheisten. Vater war ein eher scheuer Mensch, begabt mit einem wunderbaren Humor und einem starken »Sinn für Ironie«. Seit ich ihn kannte, wurde der größte Teil seiner psychischen Kräfte von einer Mission, der wichtigsten überhaupt, absorbiert. Von einem bestimmten Augenblick an nämlich bestand die Sendung, die oberste Lebensaufgabe meines Vaters darin, meine Mutter zu trösten, das heißt ständig, permanent, Tag für Tag eine optimistische Sicht auf die Dinge zu erzeugen, eine Optik, die Mutters abgrundtiefen Pessimismus, ihre Angst neutralisieren sollte. Ich wusste nicht, konnte nicht wissen, ob Mutters Unruhe aus frühester Kindheit stammte – wie erfahrenere Psychologen als ich wohl sagen würden – oder ob erst die schreckliche Zeit des Kriegs und der Besatzung sie hervorgebracht hatte. Ich weiß jedenfalls, dass Vater seiner Aufgabe auch im allerschlimmsten Moment gewachsen war, einem der schwierigsten Momente ihres Lebens, gleich zu Beginn der Kriegshandlungen. Das sind bloß Luftübungen, soll er gesagt haben, als am 1. September 1939 die ersten Bomben detonierten. Meine Eltern wohnten damals in Warschau, im Stadtteil Saska Kępa. Am 1. September wurden sie von Explosionen geweckt. Warschau wurde von Flugzeugen der Luftwaffe bombardiert. Aber nein, Ludka, mach dir keine Sorgen, das ist bloß eine Übung, uns droht keine Gefahr, bleibe ruhig, das ist ein Manöver, es wird doch keinen Krieg geben – das waren die historischen Worte meines Vaters, der auf diese Weise seiner Frau, meiner Mutter, eine zusätzliche Viertelstunde Ruhe schenkte, die Zwischenkriegszeit eigens für sie um fünfzehn Minuten verlängerte.

Später versuchten sie sich nach Lemberg durchzuschlagen, sie waren lange mit dem Zug unterwegs, der ebenfalls bombardiert wurde, und flüchteten aus dem Zug in die Felder, sie lagen in den Feldern, in den Furchen der herbstlichen Äcker, und hörten das anschwellende Heulen einer Stuka im Sturzflug, deren Bombe für sie und, potenziell, für mich bestimmt war. Die Rhetorik meines Vaters muss sich damals dramatisch gewandelt haben, er konnte schließlich nicht mehr behaupten, das Ganze sei bloß eine Übung. Im Feld liegend, im September 1939, der sonnig war und trocken und schön, konnte Vater diese Maskerade kaum ungestraft fortsetzen, er konnte sich nicht verhalten wie ein Hochschulphilosoph, der das Leiden seiner Nachbarn ignoriert; die Diskussion wird unterbrochen worden sein, man wird die Beratungen vorübergehend ausgesetzt haben, es war eine Zeit, in der Worte wenig zählten, es zählten nur Staub und Brennnesseln und die Milch im Tontopf. Und dass die Bombe hundert Meter weiter einschlug. Dann aber, nach dieser Unterbrechung, als sie es endlich nach Lemberg geschafft hatten und, da sie in Warschau alles verloren hatten, bei meinen Großeltern eingezogen waren, schlüpfte Vater sicher wieder in die Rolle desjenigen, der die Wirklichkeit systematisch schönredete.

Alles deutete darauf hin, dass meine zarte Mutter eher für ein Leben in einem der ruhigeren Kantone der Schweiz geschaffen war als für den aufgezwungenen Schnellkurs in neuester Geschichte in unserem Teil Europas; sie ertrug den Anblick der Welt nicht, in der sie leben musste, sie ertrug den Anblick der sowjetischen Uniformen nicht, auch nicht den der deutschen und später wieder der sowjetischen. Die Armut der Besatzungs- und Nachkriegszeit bekam ihr nicht. Und im besetzten Lemberg sah sie Dinge, die niemand sehen sollte; sie konnte die Bilder der Lastwagen mit Juden, die zur Exekution gebracht wurden, nicht vergessen. Ich weiß nicht, wie Vater sie damals schützte, was er in diesen Momenten sagte, wie er log, ich war damals noch nicht auf der Welt. Aber ich weiß, dass Mutter – etwas später – weinte, als sie durch die hässlichen Straßen von Gleiwitz ging, nach der Ankunft aus dem barocken Lemberg, das sie beide trotz Krieg und Besatzung liebten, obwohl all die Verbrechen und Tragödien die schöne Stadt bestimmt verunstaltet hatten – und Vater musste wieder intervenieren, musste weiter Dienst tun und der Optimist sein, der sie beruhigte, so wie im September 1939 in Warschau: Das sind bloß Übungen, bloß Luftmanöver … es gibt keinen Grund, sich zu fürchten. In Schlesien fanden sich neue Themen, neue Wege, Mutter zu trösten und zu beruhigen: Bestimmt können wir bald nach Lemberg zurück, mach dir keine Sorgen …, sagte er. Und als die damalige Regierung unerwartet eine Währungsreform durchführte, bei der alle verloren und bei der meine Eltern das Honorar verloren, das Vater gerade für ein von ihm verfasstes Handbuch erhalten hatte und das die einzige Aufstockung ihres bescheidenen, angespannten Budgets war, wird er sicher wieder ein Argument gefunden haben, das den Schlag abmilderte. Aber er hatte auch – daran erinnere ich mich selbst sehr gut – jeden Tag die lokale Tageszeitung dabei, wenn er von der Arbeit am Polytechnikum nach Hause kam, und machte es sich im Sessel bequem, um dieses Schmierblatt noch vor dem Mittagessen gründlich zu studieren. Ich fragte mich, warum er dem lokalen Organ der einzigen Partei soviel Aufmerksamkeit schenkte, einer Zeitung, die meistens log und den trockenen, abstoßenden Jargon der Totalitaristen sprach; sehr viel später erst begriff ich, dass es sich nicht um eine normale Zeitungslektüre handelte, um Interesse an den neuesten Nachrichten, sondern um eine Demonstration, eine magische Operation, die für Mutter bestimmt war. Vater wollte ihr beweisen, dass man die schwarz-rote Zeitung unter Kontrolle bekommen und ihr Gefahrenpotential neutralisieren konnte. Vater breitete die riesigen Bögen aus, gleichsam die schwarz-roten Flügel des preußischen Adlers – auf dem einen Flügel standen die düsteren Schlagzeilen des alltäglichen politischen Gemetzels, auf dem anderen die Berichte über die Spiele der Fußball-Liga. Auf diese Weise tötete er die Zeitung symbolisch, tötete er den Drachen, entschärfte er die Mine, zeigte er Mutter, dass nichts passiert war, dass es an diesem Tag keine schlimmen Meldungen gab, dass es keine neue Währungsreform geben werde, keine Verhöre, Deportationen, keinen neuen Krieg, keine neue Vertreibung, man werde nicht auch diese Wohnung, diese Stadt verlassen müssen, alles werde gut, alles werde sich wunderbar fügen, das Mittagessen werde bestimmt hervorragend, die Kinder seien gesund, das Frühjahr sei nicht mehr weit ... In gewisser Weise sang er ein Schlaflied für sie ... Er sang es, ohne zu singen, ja ohne die Lippen zu bewegen: Sorge dich nicht, ich kümmere mich um das alles, die Zeitung ist harmlos, sieh, wie ich sie im Griff habe. Alles wird gut, sang er (schweigend natürlich), alles wird gut, sorge dich nicht.

Im Juli zwei Tage in Berlin, ein Gespräch – vor Publikum – über die Frage, ob der Prozess des Alterns die künstlerische Arbeit beeinflusst; ich sollte mit Antjie Krog, einer Dichterin aus Südafrika, und dem deutschen Dichter Johannes Kühn auftreten. Eingeladen hatte uns mein Freund Sebastian Kleinschmidt, der Chefredakteur von »Sinn und Form«, ein hervorragender Essayist. Zuerst hatte ich mich gewundert, dass man an mich gedacht hatte, dass ich an einer Diskussion zu diesem Thema teilnehmen sollte – aber dann machte ich mir klar, nicht ohne Bedauern, dass ich inzwischen natürlich ein Alter erreicht habe, in dem man das Recht hat, derartige Fragen zu beantworten, und in dem man das Recht hat, zu derartigen Diskussionen eingeladen zu werden. Im Gespräch vertrat ich die These, das Altern sei für Menschen, die intellektuell, geistig arbeiten – vielleicht aber einfach für alle –, eine Art Duell, ein unerhört schweres und am Ende immer verlorenes Duell zwischen dem schwächer werdenden Körper und dem Geist, der oft keineswegs schwächer wird, sondern bisweilen erstarkt und sich womöglich gar berauscht an der Tatsache, dass er langsam allein zurückbleibt, dass sein treuer Gefährte, der Körper, ihn verlässt, dass er zunehmend einsam ist, so wie in Kriegsfilmen die tapferen Soldaten, die wohlwissend, dass ihnen der Tod bevorsteht, im Duell den Rückzug ihres Regiments decken. Das Duell wird am Ende immer verloren, ja, aber der Kampf kann leidenschaftlich sein, mitreißend, er kann lange dauern und reich sein an pathetischen Momenten – im schönen, nicht ironischen Sinne des Wortes. Manchmal sieht man in der Wirklichkeit oder in einem Dokumentarfilm einen greisen Künstler, Dichter (oder eine Künstlerin, Dichterin), der nur noch mühsam geht, während seine Augen noch immer geistige Präsenz ausstrahlen, und dann scheint es, als sei eben das etwas ganz Wunderbares, ein gebrechlicher Körper und in ihm, über ihm, unmittelbar neben ihm, ein Funke unerschrockenen Stolzes, das Licht einer nie endenden Suche, Weisheit, eine Herausforderung an Krankheit, Schwäche, Altern. Zum Scheitern verurteilt, ja, denn das Licht erlischt eines Tages. Wenngleich wir auch das nicht wissen, wir können nicht wissen, ob dann nicht ein anderes Licht aufflammt. Ich argumentierte also, wie mir schien, recht eloquent, doch nach der Rückkehr nach Krakau, nach Hause, stellte ich bei einem Blick ins Wörterbuch fest, dass es auf Deutsch das Duell heißt, nicht der Duell – und ich hatte die ganze Zeit der Duell gesagt ... Viele Male ... Und ich hatte es falsch dekliniert. Ich hatte schon vorher geahnt, dass ich mich irren könnte, ich hatte es befürchtet. Ob meine Argumente dem grammatischen Fehler standhielten? Meine taktvollen (vielleicht zu taktvollen) Gesprächspartner hatten mich nicht auf den Fehler hingewiesen. Jetzt werde ich es mir merken: *das* Duell, nicht *der*. Übrigens beweist die Tatsache, dass ich über diesen Fehler nachdenke und ihm diesen Abschnitt widme, dass mir die Weisheit fehlt, die ich in den Augen mancher Greise sehe, ich bin weit davon entfernt, sehr weit ...

Ja, Mutter brauchte Vaters unermüdliche Arbeit, der sie vor allem Unglück abschirmte, vor dem Grauen der Welt. Es gab aber einen Zwischenfall – er ereignete sich, bevor ich geboren wurde –, da tauschten sie die Rollen, da beschützte Mutter Vater. Ein außergewöhnlicher Zwischenfall; es war die Zeit der ersten Sowjetbesatzung in Lemberg, als die damaligen Machthaber Jagd auf Flüchtlinge, sogenannte beschenzy, machten, das heißt auf Menschen, die auf der Flucht vor den einmarschierenden Hitlertruppen aus Zentralpolen gekommen und infolgedessen nicht in Lemberg gemeldet waren. Dass man sich melden musste, war die Grundlage der kommunistischen Politik gegenüber der Bevölkerung. Wer nicht gemeldet war, war kein ganzer Mensch. Wer nicht gemeldet war, wurde, wenn man ihn entdeckte, automatisch nach Sibirien oder nach Kasachstan deportiert, von wo viele nicht zurückkamen. Und weil meine Eltern nach ihrer Flucht aus Warschau nach Lemberg gekommen waren, gehörten sie formal zu den zur Deportation bestimmten beschenzy. Schließlich gelang es ihnen aber, in Lemberg eine Meldebescheinigung zu bekommen; doch eines Abends kurze Zeit später erschienen in der Wohnung meines Großvaters in der Piaskowa zwei sowjetische Soldaten, sicher NKWD-ler, mit einem Haftbefehl für nur eine Person, meinen Vater. Warum nur für eine Person, weiß man nicht. In Vaters Erinnerungen stieß ich auf eine Vermutung: Einige Tage zuvor habe Mutter am Gartentor mit zwei Abgesandten der sowjetischen Macht gesprochen und sei ihnen, wie Vater schreibt, wohl ins Auge gefallen, habe Eindruck auf sie gemacht. Vielleicht, wenn überhaupt solch rangniedrige Vertreter des Sowjetregimes derlei entscheiden konnten, hatten sie Vater (der noch nicht Vater war) zur Deportation gen Osten verurteilen wollen, um anschließend um Mutters Gunst werben zu können. Jedenfalls kamen an jenem Abend zwei sowjetische Soldaten (aber nicht dieselben, die zuvor am Gartentor geplaudert hatten) und wollten Vater mitnehmen. Und da spielte Mutter die größte Szene ihres Lebens. Mutter erlaubte ihnen nicht, Vater mitzunehmen. Sie zeigte ihnen das Dokument, aus dem hervorging, dass er kein Flüchtling, kein b e s c h e n e z war, und erklärte entschlossen, sie werde Vater nicht gehen lassen, sie hätten kein Recht, ihn zu verhaften, und basta. Sie hätten kein Recht dazu. Sie dürften es nicht. Punktum. Die Soldaten brüllten, das sei unmöglich, sie hätten einen Befehl, sie könnten daran nichts ändern, aber schließlich gingen sie mit leeren Händen davon. Meine Mutter hatte ihnen Angst gemacht. Und sie kamen nicht wieder, um Vater, der noch nicht Vater war, zu verhaften, auch in den folgenden Tagen nicht. Das war wohl der einzige Fall dieser Art in den vierziger Jahren ... Mutter, die sich sonst vor allem fürchtete, hatte sich hier ganz großartig verhalten. Vater, dessen Aufgabe es war, sie vor der Abscheulichkeit der Welt zu beschützen, war von Mutter gerettet worden.

Eine wunderbare, obgleich winzige Erfindung: Wenn wir Musik von einer CD hören, können wir die Taste mit der Aufschrift *random* oder *shuffle* drücken, also die Zufallstaste. Wir sitzen im Sessel, in der Hand die Fernbedingung, das Instrument, das unserer Faulheit schmeichelt, aber auch Menschen mit kontemplativen Neigungen zugutekommt, und verwandeln uns in einen Demiurgen, der Macht über die Materie, über die Kunst gewinnt, wir drücken die Taste mit der Aufschrift »Zufall«, und schon fällt die kunstvoll erdachte Ordnung des musikalischen Werks in sich zusammen. Alles verändert sich. Die alten, erhabenen Symphonien beginnen auf neue Weise zu tanzen. Bach, der große, fromme Bach, der in seinen Kantaten nach Mustern und Schemata singt, über die Musikwissenschaftler gelehrte Abhandlungen schreiben, verändert plötzlich seinen Rhythmus, verjüngt sich, überrascht uns. Das Adagio muss nicht warten, bis es an die Reihe kommt, es kann als erster Teil einer Symphonie, eines Streichquartetts oder einer Sonate auftreten – das arme Adagio, das immer, fast immer an zweiter Stelle kommt, wie ein armer Verwandter aus der Provinz, das Adagio, das üblicherweise dem energischen Allegro vivace den ersten Platz überlassen muss, das Adagio, dem in der Musikgeschichte die Rolle einer Korrektorin zufiel, kann nun dank der Zufallstaste an die erste Stelle rücken.

In Vaters Erinnerungen finde ich auch eine tragische Episode aus der Zeit der deutschen Besatzung: Eines Tages kam eine Bekannte, eine Jüdin, zum Haus der Eltern in der Piaskowa – das sie bald darauf verloren, als die jüdische Bevölkerung Lembergs deportiert wurde – und fragte, ob die Eltern sie und ihr Kind verstecken könnten. Die Eltern sagten ihr, das sei ausgeschlossen, weil sie den Nachbarn absolut nicht vertrauten. Um zu ihrem Haus zu gelangen, musste man zuerst durch eine Art schmalen Korridor laufen, auf dessen einer Seite sich ein Zaun und ein Grünstreifen befanden (und bis heute befinden), auf der anderen Seite indes – die Fenster eines weiteren kleinen Hauses. Und eben diesen Nachbarn, deren Blicke sie durch die Fenster dieses Hauses hindurch spürten, misstrauten meine Eltern. Sie misstrauten den Nachbarn, die die Lage beherrschten, deren Haus das

Gibraltar dieser Gegend war. Ich kann mir vorstellen, wie schwer das für sie, für meine Eltern war. Und ich kann mir auch vorstellen, welches Schicksal die Frau erlitt, die ihre Hilfe suchte. Dass man den Nachbarn jedoch nicht trauen konnte, bestätigte sich schon am nächsten Tag: Die Gestapo kam ins Haus in der Piaskowa, um nach Juden zu suchen.

Zu spät. Manchmal frage ich mich – und das ist, glaube ich, kein Symptom meines Konservatismus, meiner Ansichten, sondern eine echte, reale Sorge –, ob ich nicht zu spät lebe. Mit meinen Leidenschaften, Vorurteilen, mit dem seltsamen Gefühl einer Mission, das mich zum Glück nur selten erfasst, mit den Zweifeln, die mich täglich heimsuchen – ob es nicht zu spät ist, ob die Welt der Ideen, der erbitterten Polemiken, der Standpunkte, der Vorurteile, der Schriftsteller, die erbarmungslos gegen ihre geistigen Kontrahenten vorgingen, aber dennoch nicht zu den Waffen griffen, sondern sich mit Tinte begnügten, – ob diese Welt noch so wie früher existiert. Wie wir hören, befinden wir uns auf fast allen Gebieten in einem Stadium, das durch die Vorsilbe »post« definiert wird. Die Massenkultur mit ihrer phänomenalen Gleichgültigkeit gegenüber grundlegenden Fragen, die an Stelle der Kritiker und Essayisten jene Journalisten hervorbringt, die in den Zeitungen angestellt sind (aber selbst die Zeitungen – die »Papier«-Zeitungen – und ihre phlegmatischen Autoren wird es ja bald schon nicht mehr geben), um über neue Bücher und Filme, über Konzerte und Ausstellungen zu schreiben, und die wohl eine Zulage dafür bekommen, dass sie auf keinen Fall ihre Meinung (falls sie eine haben), ihre Gefühle, ihre Apathien, ihre Liebe oder auch nur ihre Kriterien verraten. Man hat den Eindruck, sie würden dafür bezahlt, dass sie nie mehr liefern als die banale Zusammenfassung eines Buches, die mehr oder weniger objektive Beschreibung einer Ausstellung oder den trockenen Bericht von einem Konzert. Ist es nicht zu spät, um noch etwas vorzubringen, um über die Jahre etwas artikulieren zu wollen, was uns in melancholischen Augenblicken bloß wie ein Hirngespinst vorkommt, mit sich selbst zu ringen, sich zu irren (auf dem Gebiet irrt man meist), etwas Übertriebenes oder Ungeschicktes zu sagen, Gedichte zu schreiben, manche gelungen, manche schwächer (eine Menge schwache Gedichte), sein Leben an dieser Leidenschaft auszurichten? Antwortet uns jemand, und sei es mit schwacher Stimme, außer den freundlichen Lesern – und Leserinnen –, die bisweilen nach einer Lesung zu uns kommen, um uns Mut zu machen und manchmal zu bekennen, dass ein Wort von uns ihnen in einer schweren Minute geholfen hat. Doch ihre rührenden, aufrichtigen Anmerkungen verbleiben leider im Privaten, im Bereich der Liebhaberei gleichsam, sie haben keinen Einfluss auf die offizielle Welt, die derlei Bekenntnisse nicht zur Kenntnis nimmt, sie »exaltiert« nennt und darüber lacht. Zu spät? Ich weiß aber, ich bin nicht allein, auf verschiedenen Gebieten arbeiten unbekannte Freunde (oder auch Gegner), mit denen mich viel verbindet. Zumal in den USA bin ich Menschen dieses Schlags begegnet, Dichtern, aber auch Musikern und Philosophen, und selbst wenn uns die Verständigung nicht immer gelingt – manchmal nur, weil es nicht zum intensiven Gespräch kommt, weil wir uns in Zeit oder Raum verpassen –, so wissen wir doch, dass es sie gibt. Schlechter ist es in Europa, das mir ein wenig resigniert und mit interessanten politischen Projekten befasst scheint, die aber – vor allem anderen – einen Mangel an Energie, eine große Müdigkeit verbergen sollen. Zu spät also? Nein, ganz bestimmt nicht. Solange wir noch leben …, wie es in einer gewissen sentimentalen Hymne heißt.

Franz Kafka: »Im Kampf zwischen dir und der Welt sekundiere der Welt.« Im ersten Moment rebellierte ich gegen diesen Aphorismus. Noch ein Beispiel für Kafkas Masochismus, dachte ich. Oh ja, spottete ich, ich sehe schon, wie der Herr gegen sich selbst sekundiert. Das ist leichter geschrieben als getan. Später aber begriff ich, dass man Kafkas Gedanken verschieden interpretieren kann. Beispielsweise so: »Sekundiere der Welt« heißt, wir sollen nicht Impulsen und Launen folgen, die blind, willkürlich, kurzlebig, jugendlich, leichtsinnig sind (sein können). Sondern vielmehr erkennen, was die Welt ist, welche Struktur sie hat, was sie von uns verlangt, was sie uns bieten kann. Erst, wenn es uns gelingt, das Wesen der Welt wenigstens teilweise zu erkennen – ob sie blind und taub, stumpf und grausam ist oder womöglich grausam, ja, aber doch nicht ganz ohne einen Funken von etwas Herrlichem, das sich bisweilen offenbart –, wenn wir wenigstens ein klein wenig eingeweiht sind in die Geheimnisse der Welt, können wir beginnen zu handeln. Und dann sekundieren wir unbemerkt doch auch uns. Oder wir begreifen vielleicht, dass zwischen der Welt und uns eigentlich kein Konflikt besteht, dass wir aus der derselben Substanz, demselben kosmischen Staub gemacht sind.

Momente der Freude; aber in der Lyrik auch die Gefahr, ein unwahrhaftiges Gedicht zu produzieren, bloß das, was man im Englischen *cant* nennt (»unaufrichtiges Sprechen, insbesondere über Religion und Moral; Heuchelei, Scheinheiligkeit«, wie das Wörterbuch sagt), also heuchlerische Rhetorik, eine spezifische Variante der Propaganda – dass alles hervorragend läuft. *Cant* kann in der Lyrik vorkommen, und überaus häufig begegnet man ihm in den Predigten polnischer katholischer Priester …

Bach hören, Mozart, Schostakowitsch, Lutosławski … Braucht man dazu Mut? Bei Cioran war es anders, Bach machte ihm Mut und bewirkte, dass dieser radikale Skeptiker für einen Moment an Gott zu glauben schien, aber mit jedem Jahr verstärkt sich ja das Phänomen, dass jemand, der zugibt, »klassische Musik« (in Anführungszeichen, weil keine Bezeichnung absolut zutrifft, weder »ernste Musik« noch »klassische«) zu hören, sich dem Vorwurf aussetzt, er sei ein Snob, er wolle sich über andere stellen. Ein perverser Vorwurf, denn wie könnte man sich mit Hilfe von etwas, das sich – außer in einem kleinen Kreis von Spezialisten – keines guten Rufs erfreut, über andere erheben. Viele mir nahestehende Menschen, Freunde, hören diese andere, leichtere Musik, die man früher Jugendmusik nennen und mit dem Erwachsenwerden vergessen durfte. Heute darf man das nicht mehr, nachdem Greise wie die Rolling Stones beschlossen haben, auf der Bühne zu sterben, während sie ihre mit Kabeln an Atomkraftwerke angeschlossenen Gitarren schwenken. Manchmal hört man: Die klassische Musik ist so lebensfern … Wo aber ist das Leben, wenn nicht in dieser Musik, die den inneren Rhythmus, den Rhythmus der Seele, mit den Stimmen der äußeren Welt in Einklang bringt. Heimito von Doderer schreibt in den *Dämonen* über eine seiner Figuren: »Ihm schien, er wisse jetzt, was Wirklichkeit sei: der Grad von Deckung zwischen Innen und Außen.« Dieser Grad von Deckung, die ewige Dissonanz zwischen Innerlichkeit und Äußerlichkeit, die Romanze zwischen Seele und Welt, diese unendlich fruchtbare Mesalliance wird in Musik und Dichtung vermessen; Musik und Dichtung untersuchen die Proportionen, in denen das Außen sich mit dem Innen mischt. Sie untersuchen sie, aber sie bestimmen sie auch. Die unglaubliche Popularität der Musik, die man noch bis vor kurzem Jugendmusik nannte, kommt auch von der Schwäche der zeitgenössischen ernsten Musik. Zweifellos ist die Rockmusik stark ekstatisch, dionysisch aufgeladen. Doch der junge Nietzsche, der weitaus mehr Vertrauen verdient als der dem Wahnsinn nahe Autor von *Ecce homo*, schreibt ja in der *Geburt der Tragödie*, in der Kunst stehe das Dionysische immer im Dialog mit dem Apollinischen. In der Rockmusik aber verstummt das ewige Gespräch zwischen Apoll und Dionysos, der herrliche Dialog zwischen Ungestüm und Maß, Emotion und Form, und wir hören nur noch das Brüllen der asiatischen Gottheit in engen Jeans (und das Klingeln der Kasse, das signalisiert, dass der Dollar rollt).

Ich höre einen Einwand: Ja, vielleicht spricht hier die asiatische Gottheit in engen Jeans. Doch die Rockmusik ist eine ekstatische Musik, wenngleich auf niedrigem Niveau, sie ist Ausdruck der Gegenwart des Dionysos in unserer Welt. Was macht es, dass sie primitiv ist? Glaubst du, der alte Dionysos, der echte, aus Asien zugereiste Dionysos aus dem alten Mythos hätte mit einer besonders ausgefeilten Tonskala operiert, hätte in Anzug, Hemd und bunter Krawatte Kompositionsklassen besucht oder ein Konservatorium absolviert, wäre Schüler von Nadia Boulanger gewesen oder hätte sich gar für Zwölftonmusik interessiert und nachts Adorno studiert? Ich fürchte, das hat er nicht, und aus dir spricht nur der flache Snobismus des Intellektuellen, der nicht versteht, was Kunst eigentlich ist, und der nicht zur Kenntnis nehmen will, dass die Kunst ein Ausbruch alter, archaischer Leidenschaften ist, ein Vulkan, dem Leute wie du edle Absichten und moralistische Appelle aufzupfropfen versuchen, weil sie sich nicht mit seinem wilden Lauf abfinden können. Sie sagen: Humanismus, Fortschritt, Moral, und die Kunst protestiert nicht, weil es nicht auf Namen, und seien es die edelsten, ankommt – für den Galopp eines jungen Pferdes spielt es keine Rolle, welchen Namen ihm der Gestütsbesitzer gibt. Natürlich ist diese Musik primitiv, sie birgt keine Überraschungen, sie »erneuert die Sprache der Musik« nicht im Geringsten, sie verblüfft den Kenner nicht mit subtilen Strukturen, das stimmt alles, aber das erwarten wir von Dionysos ja auch nicht …

In vielen Briefen Rilkes an Nanny Wunderly-Volkart, eine vermögende und einflussreiche Frau, Gattin eines Schweizer Industriellen – die beiden Bände mit der Korrespondenz zwischen dem Dichter und Frau Wunderly-Volkart gehören zu meinen Lieblingslektüren, sie enthalten übrigens nur die Briefe des Dichters, seine Briefpartnerin war der Meinung, ihre Antworten verdienten nicht, publiziert zu werden –, ist von Angela Guttmann die Rede. Wer war Angela Guttmann?

Sie war, kurz gesagt, ein Schützling des Dichters. Über Rilke wird oft boshaft geschrieben, er habe es ausgezeichnet verstanden, unter den Vermögenden dieser Welt Gönner für sich zu gewinnen. Man vergisst dabei aber, dass in der langen Kette der Rangfolge der Menschen vom Höchsten bis zum Niedrigsten, vom Kaiser bis zum Bettler, vom Vorstand eines großen Konzerns bis zu einem, der gerade sein Dach über dem Kopf verlor, Rilke eine Position irgendwo in der Mitte einnahm und dass es viele Personen gab, denen er half, um die er sich kümmerte, die er unterstützte und für deren Schicksal er seine eigenen Förderer interessierte. Eine dieser Personen war Angela Guttmann. Alles, was ich über sie weiß, weiß ich aus Rilkes Briefen. Wer war sie? Sie muss eine Frau mit einem ungewöhnlich leidenschaftlichen Innenleben gewesen sein und zugleich eine Schriftstellerin, der es nicht gelang, das Interesse auch nur eines einzigen Verlegers zu wecken. Die Briefe vermitteln den Eindruck, als habe es in diesem Fall keine Liebesaffäre gegeben, als sei Rilke einfach von der Persönlichkeit dieser Frau fasziniert gewesen. Der Eindruck täuscht aber, denn die Biographen klären uns darüber auf, dass es sehr wohl eine Liebesaffäre gab, die wohl nicht lange andauerte und sich bald in eine Freundschaft verwandelte, in welcher der Dichter den fürsorglichen Part übernahm.

Angela Guttmann muss, wie schon erwähnt, eine ungeheure innere Kraft besessen haben. Rilke schenkt ihr in seinen Briefen an Frau Wunderly-Volkart viel Aufmerksamkeit, er möchte die Aufmerksamkeit der wohltätigen Industriellengattin für die außergewöhnliche Frau wecken, die praktisch über keinerlei Mittel zum Leben verfügte. Rilke empfindet aber nicht nur Mitleid für Angela, sondern auch Bewunderung; er bemitleidet sie wegen ihrer schwierigen privaten und materiellen Lage, doch er bewundert die Kraft ihrer Persönlichkeit. Er schreibt, Angela lebe immer, permanent, »im Geiste«, in einem Stadium geistiger Anspannung, das, ergänzt Rilke, er selbst noch nie, es sei denn für kurze

Momente erreicht habe. Der große Dichter beneidet also eine völlig unbekannte Frau, die von den Zeitgenossen unbemerkt blieb und im Gedächtnis der Kultur des zwanzigsten Jahrhunderts nicht die geringste Spur hinterließ. Worum er sie beneidet, ist die Begabung zum ständigen Leben »im Geiste«, in der Leidenschaft. Und doch schrieb Rilke die *Duineser Elegien* und nicht Angela Guttmann. Wer also war sie? Sie muss eine äußerst exaltierte Person gewesen sein – jedoch von hoher Intelligenz, sonst hätte Rilke sie nicht bewundern können. Kann man daraus gewagte Schlüsse ziehen, verallgemeinern? Sicher nicht. Dennoch hat die ungewöhnliche Konstellation einer fast anonymen Person und eines großen Künstlers etwas Verlockendes; insofern kann man vielleicht folgenden Gedanken riskieren: Es ist nicht gut, immer, permanent »im Geiste« zu leben, im Zustand einer nicht erlöschenden Exaltation, einer Erregung, die keine Leere kennt, keine Melancholie oder gar Verzweiflung. Vielleicht ist es produktiver (wenngleich auch unruhiger, hektischer, schwieriger), nur von Zeit zu Zeit »im Geiste« zu sein, nur kurz »in den Geist« einzutreten, aber dafür mit dem Enthusiasmus und der Energie, die jedes Wiedersehen nach einer Trennung gibt, mit der Freude über das Ende einer längeren Abwesenheit, auf die gleich der Abschied vom »Geist« folgt, nicht ohne Wehmut, nicht ohne Trauer, manchmal vielleicht sogar in der irrigen, meist irrigen Überzeugung, man werde nicht zu ihm zurückkehren, die Flamme des Geistes sei für immer erloschen. Das würde bedeuten, weniger ist mehr, die Wiedergewinnung des Geistes dann und wann, nicht frei von schmerzhaften Augenblicken des Abschieds, ist produktiver als die ständige Anwesenheit, permanente Exaltation, und wer dauerhaft in einem Schloss wohnt, kann dieses weniger bewundern – und auch schlechter beschreiben – als ein einfacher Reisender mit einem alten, abgenutzten Koffer, dem der Schlossherr gnädig für ein paar Tage Gastfreundschaft gewährt, bevor er ihn zur Fortsetzung seines Weges ermuntert. Dieser Weg mag den Reisenden zum nächsten Schloss führen – aber nicht sofort, zunächst muss er lange über die graue, staubige Landstraße ziehen, bevor am Horizont ein weiteres prachtvolles Gebäude auftaucht, dessen Besitzer ihm wieder das Tor öffnet. Und jedes Mal, wenn er einen dieser prächtigen Höfe verlässt, wird er sich nach ihm sehnen und in dieser Sehnsucht noch einmal sehr genau sehen, was er gerade verlor. Und er wird in Sehnsucht leben, was wohl für uns die adäquate Form des Daseins ist.

»Das erwarten wir nicht von Dionysos.« Mir fällt ein Miniereignis ein, das mir zwei Mal in fast identischer Gestalt in Westeuropa widerfahren ist, ein Mal in Paris und ein Mal in Holland; unmittelbar nach einer Lesung trat jemand an mich heran – ich erinnere mich nicht mehr, wer, nicht einmal mehr an das Gesicht, nur noch an den Sinn der Bemerkung – und sagte in etwa: Von euch Dichtern aus Osteuropa erwarten wir etwas anderes als von unseren resignierten Künstlern, wir erwarten Kraft, Energie, Inspiration, denn Ironie haben wir im Überfluss, wir haben ein enormes Reservoir an Ironie, von euch möchten wir etwas anderes, Glaube, Enthusiasmus …

Ich erinnere mich an einen Traum von vor einiger Zeit – dieser Traum enthielt eine Anweisung an mich: Schreibe über zarte Menschen. Das war alles. Keine Begründung, keine Ideologie. Nur der Ratschlag: Schreibe über zarte Menschen. Ich muss an Tante Ania denken, an ihr Leben. An so viele andere Menschen, deren Dasein wenig wiegt, die im Wettbewerb des Lebens keine ersten Preise erringen.

Man darf es mit Dionysos freilich nicht übertreiben, man darf die asiatische Gottheit nicht zu sehr mit diesen Männern in Lederjacken identifizieren, die elektrische Gitarren in Händen halten, die Agenten haben und Millionen Dollar auf dem Konto. Nein, man darf wirklich nicht zu weit gehen in der Gleichsetzung des wilden Gottes mit diesen Königen des Lebens und der Drogen, die sich jahrzehntelang an goldene Mikrofone klammern und ihr Geld gut anlegen. Dionysos war bestimmt kein Schüler von Nadia Boulanger, aber er hatte ganz sicher auch nichts mit der Wall Street am Hut.

Vor ein paar Tagen in Gleiwitz: Eine Autorenlesung im Klub der Mitarbeiter des Schlesischen Polytechnikums, an einem kühlen, aber sonnigen, nicht enden wollenden Juniabend … Der Klub befindet sich in einer Villa unweit des Chrobry-Parks, in einer grünen Gegend, in der Heerscharen von singenden Amseln wohnen. Gleich daneben fließt die Kłodnica, ein schwarzer, vergifteter Fluss, dessen Ufer im Sommer aber dennoch, o Wunder, von einer üppigen Vegetation bewachsen ist, als könnten die Giftstoffe Bäumen und Gräsern nichts anhaben, als wären sie für Bäume und Sträucher eher berauschende Drogen, nahrhaftes Futter für Linden und Erlen. Spaziergänge an diesem schwarzen Fluss machten einen großen Teil meiner Kindheit aus, und ich erinnere mich noch gut an den Kontrast zwischen dem toten Wasser und dem wild wachsenden Gestrüpp, das triumphierend seine primitive Vitalität zur Schau stellte. Oft nahm Großvater, ein pensionierter Lehrer, mich mit zum Spazieren – aber kann ein Lehrer seine pädagogische Passion ablegen, kann er je ganz in Ruhestand gehen? Großvater lehrte mich und erklärte mir vieles, auch hier, an diesem tiefschwarzen Fluss. Einmal legte er mit seinem Stock, dessen Spitze von einer Metallkappe geschützt wurde, im Unkrautdickicht eine Pflanze frei, die sich auf den ersten Blick kaum von ihren ordinären Nachbargewächsen unterschied, und sagte, weißt du, das ist Schierling (das heißt, dem pedantischen botanischen Lexikon gemäß, Wasserschierling), und weißt du, daran ist Sokrates gestorben, er trank den Sud, Schierlingssud. Und weißt du, wer Sokrates war und warum er diesen Sud trinken musste? Er erzählte mir von Sokrates, von seinem Prozess, davon, dass dieser Sokrates sich nicht verteidigte, dass er leicht hätte fliehen können, es aber nicht tat, von seinem Tod und seinem letzten Willen, man solle Asklepios einen Hahn opfern. Auf diese Weise verband sich der schwarze Fluss für mich auf immer mit Sokrates, seinem Prozess und seinem tapferen Scheiden aus dieser Welt. Und ich wunderte mich fortan, dass in einer so gewöhnlichen Stadt, am Dammufer eines von der schlesischen Industrie vergifteten Flusses, Schierling wuchs, ein Gewächs, das nach Griechenland gehörte, in die Vergangenheit und die Legende, das Gewächs, das zwar den großen Sokrates getötet hatte, dem aber paradoxerweise etwas von dieser Größe zuteil geworden war, Schierling, ein Unkraut unter anderen Unkräutern.

Ich wusste von vornherein, es würde kein gewöhnlicher Abend werden. Ich war nervös. Nicht, dass ich Anfeindungen oder Aggressionen befürchtet hätte, Skandale sind meine Sache nicht. Wenn ich etwas fürchtete, dann Rührung und Nostalgie. Meine Rührung. Meine Nostalgie. Das Publikum war überschaubar. Keine jungen Leute. In gewissem Sinne ein ideales Publikum. Ich las Gedichte, in denen hier und da Namen von ehemaligen Mitarbeitern des Polytechnikums vorkamen. Wenn ich fragte: »Erinnert sich jemand an Frau Kolmerowa?«, antwortete mir, wie früher in der Schule, ein Chor: »Ja, natürlich.« Ich sah in die Gesichter. »Und an Professor Mazoński und Gattin?« »Ja, natürlich.« Sie kannten sicher auch meine Eltern, die derselben Gemeinschaft angehörten, der Gemeinschaft der Deportierten und nach Kriegsende in Schlesien Angesiedelten. Das war mein Publikum, ein ideales Publikum für die Gedichte, die von meiner Kindheit handelten. Ich war gerührt. Ich kannte eigentlich niemanden in diesem Saal (abgesehen von drei Schulfreunden, die mich gleich zu Beginn begrüßt hatten), und zugleich kannte ich sie alle. Und sie, ohne mich im Geringsten zu kennen, kannten mich. Die Lesung dauerte etwas länger, draußen war es noch hell, durchs Fenster drang ab und zu der melancholische Gesang einer Amsel herein. Am Ende bat ich, wie es dem Ritual solcher Veranstaltungen entspricht, um Fragen. Es waren nicht viele, und sie waren auch weniger interessant, als ich angesichts der konzentrierten Aufmerksamkeit während meiner Lesung erwartet hätte. Aber so ist es ja meist. Die Fragen waren blass und reflektierten mitnichten die Spannung, die ich den ganzen Abend über gespürt hatte. Und plötzlich fiel mir wieder ein, warum ich aus Gleiwitz weggegangen war. Diese Stadt, gegründet auf das Polytechnikum, auf Zahlen und Berechnungen, auf Chemie, Physik und Mechanik, auf den Bau von Brücken und Viadukten, auf den Bergbau, auf Diagramme und technische Zeichnungen, die damals auf violetten Matrizen entstanden und heute auf violetten Computerbildschirmen, diese Stadt konnte nicht sprechen. Sie konnte es umso weniger, als sie früher, bis zum Ende des großen Kriegs, Deutsch gesprochen hatte und danach – nach einem kurzen russischen Intermezzo, das heißt nach der Besatzung durch die Rote Armee – zum Polnischen wechseln musste. Sie musste alles austauschen, Grammatik und Lexik, sie musste eine slawische Sprache übernehmen, eine launische, einmal weiche und dann wieder seltsam harte Sprache, und das war ein schwieriger Prozess. Mühevoll und schmerzhaft. Die Stadt war nicht mehr jung, also nicht mehr in dem Alter, in dem man Sprachen schnell lernt. Sie war stumm. Sie war eine gute, anständige Stadt mit rechtschaffenen Bewohnern – obwohl es natürlich auch andere gab –, ganz gleich, ob es sich um die Vertriebenen handelte, zu denen meine Familie zählte, oder um die hier Geborenen, die Autochthonen. Mit der Zeit vermischten sich die Gruppen, man heiratete untereinander und gebar Kinder und Enkel, die nicht mehr wussten, ob sie nun Vertriebene oder Autochthone waren. Aber die Stadt konnte nicht sprechen. Genau das war es jedoch, wonach ich mich schon als Schüler des städtischen Rymer-Gymnasiums in der ulica Górnych Wałów dunkel sehnte. Ich wollte sprechen. In meiner schweigenden Stadt indes, in meiner schweigsamen Familie, meiner guten und hilfsbereiten, aber wortkargen Familie, in der Anstand und gutes Betragen anderen gegenüber mehr wogen als Rede und Ausdruck, in meiner Familie, in der man glaubte, wer spreche, offenbare seine Schwäche und werde statt zu einem ethisch respektablen Menschen – als solcher galt, wer mit zusammengepressten Lippen den Mitmenschen half – zu einem Schwätzer, wollte ich, den Ansprüchen meines Stammes zum Trotz, sprechen lernen. Deshalb – so überlegte ich damals – musste ich nach Krakau fliehen, in die Stadt der Expression oder zumindest die Stadt, von der ich dachte, dass sie die Expression fördert, dass sie sich artikuliert – durch ihre Fassaden, durch das Trompetensignal vom Turm der Marienkirche. Aus der stummen Stadt in eine Stadt, die spricht: durch ihre Dichter, ihre Universität, ihre Theater, Konzerte, ja ihre Palais und Häuser. Ich entschied mich für das Sprechen, und doch blieb mir etwas von meiner schweigsamen Familie, die katholisch war, sich aber dem protestantischen Einfluss wohl nicht ganz entziehen konnte: Das Misstrauen gegen ein allzu leichtes Sprechen ohne Regeln, ohne Rechtfertigung, ohne Grund, ohne Kunst. Ein Misstrauen gegenüber Rednern, bei denen die Musik des Sprechens den Sinn, die Intelligenz der Worte überlagert. Ich erinnere mich, dass ich vor vielen Jahren, ich war noch Student und oft mit dem Zug zwischen Gleiwitz und Krakau unterwegs, in meinem schwarzen Notizbuch einen Aphorismus notierte, auf den ich eine Woche lang stolz war: »Redner töten sich mit einem Schuss in den Mund.« Inzwischen gefällt mir der Satz weniger … Vielleicht war ich misstrauisch gegen das Sprechen überhaupt. Vielleicht bin ich in meinem tiefsten Inneren noch immer der Sohn dieser wenig eloquenten Stadt der Techniker und Ingenieure, die bis heute skeptisch lächelnd dem Rauschen der großen Ströme humanistischer Rede lauschen. Und womöglich noch nicht bemerkt haben, dass diese Ströme längst versiegt sind.

Vladimir Jankélévitch über Musik: »Die Musik zeigt uns, dass das Wesen der Dinge ungreifbar ist und nicht benannt werden kann; sie bestätigt uns in der Überzeugung, dass sich das Wichtigste auf der Welt nicht artikulieren lässt (…)« Weiter schreibt er: »Und wenn mit dem Ende eines Konzerts die Besucher in einen Rederausch verfallen, tun sie dies dann nicht auch, um sich an der Musik zu rächen, die sie für zwei Stunden zum Schweigen verurteilte? All die angesammelten Worte schießen dann wie Bergbäche aus allen Kehlen. Man analysiert die Arbeit der Streicher, man diskutiert selbst die kleinsten Gesten des Pianisten oder kritisiert die schrilleren Töne der Sängerin. (…) Meist dienen diese Analysen dazu, sich loszureißen von der eben noch erlebten Magie der Musik, der wir nicht erliegen wollen; auch sollen sie die uralte Schicht der Unschuld in Frage stellen, die alle Bezauberung erst ermöglicht. Es ist eine der vielen Methoden, mit denen unser schrecklich nüchterner Intellekt und unsere Pedanterie sich an Schweigen und Stille zu rächen versuchen.«

Wunderschöne Worte. Denn das, was uns in der Musik am tiefsten berührt, lässt sich nicht definieren, nicht in Worte fassen. Es sei denn, wir bedienten uns eines französischen Kniffs und sagten, es handele sich um einen Fall von »je ne sais quoi« – dann könnten wir zufrieden nach Hause gehen, überzeugt, das Wesen der Musik dennoch in Worte gefasst zu haben … Was mir in Jankélévitchs Essay am besten gefällt: Seine Bemerkung über die »uralte Schicht der Unschuld, die alle Bezauberung erst ermöglicht«. Das ist eine wunderbare Formulierung. Diese Schicht ist uns viel leichter zugänglich, wenn wir allein sind, wenn wir im stillen Kämmerlein Musik hören oder Gedichte lesen, wenn wir uns der Unschuld öffnen und eine Zeitlang im Zustand reiner Rezeptivität verharren. Doch schon das Konzert – mit seinem doppelten Wesen, mit dem unaufhebbaren Gegensatz zwischen dem unschuldigen Hören und der Öffnung für etwas, das größer ist als wir, und der für jede größere Menschenansammlung typischen Verlockung zu Ironie und spöttischem

Witz – bedroht und schädigt die Substanz der Musik. Und doch sind Konzerte die beständigste Form der Musikrezeption, eine Institution, die trotz mancher Krisen wohl nicht so bald von neuen, unbekannten Formen des Umgangs mit Musik abgelöst werden wird – vielleicht gerade wegen der Spannung zwischen Unschuld und Ironie. Reine Unschuld gibt es nicht in der Welt, sie muss den Panzer des Scherzes anlegen, sie muss sich, wenn auch kaum merkbar, korrumpieren, um überdauern zu können. So wie man in manchen Gegenden glaubt, Lebensmittel blieben länger frisch, wenn man sie in Brennnesselblätter wickelt.

Jorgos Seferis bekennt in seinem Tagebuch, es sei ihm sehr schwer gefallen, das Werk von Kavafis zu akzeptieren, obwohl er in den Augen unbeteiligter Beobachter zu einem gewissen Grad die Tradition des großen Alexandriers fortsetzte. Seferis hält Kavafis für einen höchst prosaischen und nüchternen, vielleicht zu nüchternen Dichter. Schließlich ergibt er sich aber dem Zauber der Gedichte des alexandrischen Einzelgängers und akzeptiert ihn als seinen Meister. Die Lyrik von Konstantinos Kavafis ist außergewöhnlich, großartig, aber auch, in gewissem Sinne, problematisch. Wenn große Dichtung sich normalerweise aus zwei Schichten zusammensetzt, einer irdischen, nüchternen, und einer zweiten, besorgniserregend anderen, inspirierten, leicht ätherischen und schwer zu definierenden, dann dominiert bei Kavafis ganz entschieden die empirische Schicht. Kavafis ist der Balzac der neugriechischen Lyrik. Wie in einem guten Roman finden wir bei ihm zahllose Intrigen, mächtige Leidenschaften und auch List und Tücke. Kavafis' Leser verlässt dessen Gedichte mit dem Eindruck, alles sei schon geschehen; es ist eine Lyrik der vollendeten Vergangenheit, ganz gleich, ob es sich um historische Gedichte oder Liebesgedichte handelt. Bekanntlich ist das die gängige Einteilung von Kavafis' Œuvre: einerseits die Gedichte über Personen, oft fiktionale, vor allem aus hellenistischer und byzantinischer Zeit, andererseits die erotischen und homoerotischen Gedichte, deren Protagonisten anonyme junge Männer sind, zeitgenössische Bewohner Alexandrias. Letztere existieren ganz und gar außerhalb der Geschichte, im launischen Raum der dubiosen Viertel der Stadt. Wie viel Weisheit finden wir hier! Insbesondere aus Niederlagen erwachsene Weisheit. Man kann Kavafis' Lyrik als großen Traktat über das Verlieren, als Abhandlung über Katastrophen lesen. In der Niederlage vermochte der alexandrische Dichter die guten Seiten zu finden, einen gewissen Trost, ja Wonne. Die Unterlegenen überragen die vulgären Sieger meist intellektuell – wenigstens glauben sie das. Die Polen im russischen Teilungsgebiet kompensierten die vielfachen Demütigungen durch die Besatzer dadurch, dass sie in ihrem Denken, Sprechen und Schreiben die Russen von oben herab behandelten; darauf muss man nicht stolz sein, wenngleich man den psychologischen Mechanismus leicht begreift. Kavafis' Gedichte zeigen oft Etappen der Eroberung hellenistischer Städte und Königreiche durch Rom, recht zerbrechlicher Staatswesen, die dem jungen und expansiven Imperium nicht die Stirn bieten konnten. Doch in diesen zerbrechlichen Städten und Königreichen lebten subtile, feinsinnige, gelehrte Philosophen und Dichter. Die Römer hatten zwar hervorragende, kampfesmutige Legionen und ausgezeichnete Schwerter, aber das Subtile mussten sie von den Griechen lernen, und sie wussten das. Auch die Griechen wussten es. Nun gut, in einem solchen Fall kann man die Niederlage achselzuckend hinnehmen: Der vulgäre Eroberer wird ohnehin von mir lernen … Er wird Griechisch lesen, denn die lateinische Literatur entsteht gerade erst und übernimmt vieles von den griechischen Autoren. Die jungen römischen Intellektuellen reisten nach Athen, wie man heute – noch – nach Paris fährt. Kavafis schafft etwas Außergewöhnliches: Er zeigt, dass es eigentlich besser ist, Besiegter zu sein als Sieger. Er nimmt den Siegern die Freude, verdirbt ihnen die Laune. Wie viel mehr Würde liegt in der

Ruhe einer philosophisch hingenommenen Niederlage als in frenetischem Triumphgeschrei ... Aber Achtung, ich habe festgestellt, dass sich unter Kavafis' vielen historischen Gedichten kein einziges findet, das von der größten Niederlage der Griechen erzählt, von der osmanischen Gefangenschaft, vom Fall Konstantinopels, dem Beginn der vierhundert Jahre währenden, schweren, grauen, hoffnungs- und geschichtslosen türkischen Besatzung, die das Land von der lebendigen europäischen Geschichte noch effektiver abschnitt als die Teilungen mein Land. Fast vierhundert Jahre Finsternis – obwohl die Mittelmeersonne nicht erlosch, die Delfine weiter im Meer spielten und die Olivenbäume weiter fleißig Früchte trugen. Und nicht ein einziges Gedicht darüber bei dem Dichter aus Alexandria. Kavafis war ein Dichter der Niederlage, er fand viele Schattierungen freudiger Melancholie in der Schilderung der Psychologie der Niederlage und in der Relativierung des Verlusts. Und doch fehlten ihm der Mut oder womöglich auch die Vorstellungskraft und der Heroismus, um über die Trauer der vier stummen Jahrhunderte unter der Herrschaft der Sultane zu schreiben. Ganz offenbar ist die poetische Alchemie doch nicht allmächtig ... Sie schreckt zurück vor gewissen Substanzen, vor wirklicher Demütigung.

Ich wollte fort aus der »stummen Stadt«, um sprechen zu können. So naiv stellte ich mir das vor – als genüge es, in eine andere Stadt zu ziehen, wenn man anfangen will zu sprechen. Vielleicht dachte ich, ich müsse mich irgendwie vom Fluch der Vertreibung befreien, der meine Familie getroffen hatte. Doch was wollte ich eigentlich sagen? Wusste ich das? Weiß ich es heute? Als sehr junger Mann glaubte ich es zu wissen. Heute jedoch fällt es mir immer schwerer, ein »Programm« zu formulieren. Schon das Wort »Programm« gefällt mir nicht. Sprechen, ja, das ist das Fundament von allem. Was aber sagen? Vor dem Schreiben eines Gedichts steht normalerweise ein tiefes Schweigen. Meist geht etwas von diesem Schweigen in das Gedicht ein. Das unterscheidet die Lyrik von der Rhetorik, von Redewettbewerben. Das Schweigen vor dem Gedicht ist potentiell – und mitunter wirklich – etwas Berauschendes, etwas, das die Ganzheit der Welt viel tiefer erfasst als das Gedicht selbst, das aus ihm erwächst. Das Schreiben eines Gedichts (oder wenigstens einiger Verse – selten entsteht ein ganzes Gedicht in einer einzigen Sitzung) verbindet sich immer mit einem gewissen Verlust und zugleich mit dem Bedauern, dass man den Brunnen des Schweigens verlassen muss. Das ist das große Dilemma eines jeden, der schreibt, der versucht, Gedichte zu schreiben. Und doch – wenn die traurigen Wochen des echten, stummen Schweigens anbrechen, in denen man nicht schreiben kann, dann wird einem klar, dass nur das Schweigen, aus dem ein Gedicht hervorgehen soll, ein Glück ist, während dieses andere, leere Schweigen ein Fluch sein kann. Wenn man zugleich auch die Musik bewundert – weil sie nicht spricht –, wird die Sache noch komplizierter. In der Lyrik kann man nicht »nichts sagen«. Umgekehrt ist es für einen Dichter problematisch, etwas zu sagen, was als Text auch außerhalb der Dichtung existieren könnte – warum sollte er etwas besingen, das in der diskursiven Welt schon fertig bereitsteht. Ich weiß wohl, dass eine absolut unverständliche Lyrik, die sich der Musik angleichen will, in mir und den meisten Lesern starke Abneigung weckt. Und auch die akademische, rhetorische Musik kann mich nicht begeistern – so wie das gestrige Konzert einer mit ausgezeichneten Musikern besetzten Big Band aus Deutschland: Man merkte, sie waren perfekt ausgebildet und hatten bestimmt jeder eine Musikhochschule absolviert, hervorragende Instrumentalisten. Und doch fehlte ihnen etwas. Viele schwarze Jazzer hatten keine so gute Ausbildung, aber sie hatten etwas anderes, sie waren hungrig, sie hungerten danach, sich auszudrücken, hungerten nach Leben, sie hatten etwas zu sagen, sie sprachen zu uns von ihrer Kindheit in den Slums, sie klagten und freuten sich abwechselnd.

Schreiben – an den besten Tagen ist das Schreiben, energiegeladen, freudvoll, beinahe ein Akt der Selbsterschaffung, es gibt das besondere Gefühl der Macht über das eigene Leben, der Macht, sich selbst zu definieren, als hätte bis dahin nichts existiert, was der Beachtung wert gewesen wäre, als steckten wir eine gänzlich neue Zukunft ab. An schwächeren Tagen ist das Schreiben ein Kampf gegen die Depression. An ganz schweren Tagen ist es nur noch der Versuch, sich zu retten. Wo also bleiben die herrlichen Projekte der besten Tage, wenn sie so schnell im Wind verwehen? Die großen Würfe, die enormen Hoffnungen aus den Momenten, in denen alles neu zu beginnen schien, schrumpfen schnell, und auf einmal muss man verzweifelt den reduzierten Besitzstand verteidigen. Ganz so, als müsse ein großer Herrscher, Herr über ein riesiges Imperium, plötzlich eine kleine Provinzfestung verteidigen, die über minimale Vorräte an Wasser und Lebensmitteln verfügt und sich wohl nicht lange wird halten können … Es sei denn, die herrlichen Tage kehren zurück und die leuchtenden Projekte ergreifen wieder Besitz von unserer Vorstellungskraft. Schriftsteller, Dichter – es ist etwas Unseriöses in diesem ewigen Oszillieren zwischen Expansion und Abwehr, zwischen Begeisterung und Entmutigung. Wenn Polizisten oder Richter ähnlichen Schwankungen unterlägen, stünden wir schön da, nichts wäre sicher, wir gingen nachts nicht auf die Straße …

Der seltsame Moment gleich nach dem Abschluss des Lyzeums, bei der Ausgabe der Abiturzeugnisse, als unser Klassenlehrer, der ungeliebte Herr Markōw, mir die Urkunde aushändigte und sagte: »Adam, ich bin überzeugt, du wirst ein guter Ingenieur.«

Mir fällt eine Bemerkung (Hypothese) aus den Tagebüchern von Julien Green ein, der folgende These referiert: Die hohe Blüte der Lyrik und Dramatik im elisabethanischen England sei vor allem darauf zurückzuführen, dass man im Zuge der starken und gewaltsamen Ablehnung von allem Katholischen sämtliche Klöster geschlossen und aufgelöst habe, darunter natürlich auch sämtliche kontemplativen Klöster; die enorme Energie der Kontemplation habe aber unmöglich einfach verschwinden, sich in Luft auflösen können, sie habe einen neuen Ort finden müssen, und dieser Ort sei die Dichtung gewesen … Mir gefällt dieser Gedanke, obwohl ich fürchte, meine gelehrten Freunde, Kulturhistoriker und Renaissance-Kenner, würden mich erstaunt ansehen, wenn ich ihn bei einer Sitzung oder einer Konferenz vortrüge.

Die Einsamkeit der Anführer. Ich frage mich manchmal, was große politische Führer lesen, was sie lesen können. Ich denke nicht an verabscheuungswürdige Diktatoren, Herrscher totalitärer Staaten oder zornige autoritäre Befehlshaber, Tyrannen kleinerer oder größerer Republiken, sondern an wirklich große Führer. Ob es solche in unserem historischen Moment überhaupt gibt, weiß ich nicht, vermutlich nicht, aber ich weiß, dass es sie zum Glück noch vor relativ kurzer Zeit gab, während des Zweiten Weltkriegs. Dichter oder Romanciers denken meist nur ungern daran … Sie verdammen stattdessen die gesamte Sphäre der Politik und überhaupt des Handelns innerhalb der menschlichen Gemeinschaft, sie verstecken sich gern in Kunst, Musik, Malerei oder Dichtung, sie schaffen lieber die Illusion einer Welt, die nicht über die Mauern von Bibliotheken und Konzertsälen hinausreicht. Der große serbische Prosaiker – und bezaubernde Mensch –, der leider zu früh verstorbene Danilo Kiš, der einst in Paris lebte, veröffentlichte unter dem Titel *Homo poeticus* eine Sammlung von Gesprächen und Essays, ein Lob der Kunst unter Ausblendung der Wirklichkeit, in der das zeitgenössische historische und gesellschaftliche Geschehen stattfindet – das war paradox, denn gerade die jüngste europäische Geschichte, der Krieg, die Shoah und der kommunistische Depotismus waren das Hauptthema und Material seiner Romane. Joseph Brodsky, mein unvergessener Freund, glaubte nur an die Dichtung – obwohl er sich mitunter überaus geistreich zu politischen oder historischen Themen äußerte, denn er war ein unglaublich scharfsinniger Mensch. Aber im Grunde interessierte ihn all das weniger als die raffinierten poetischen Formen, die als wertvollstes Erbe von Generation zu Generation weitergegeben werden. Die Struktur des Gedichts war für Brodsky so etwas wie eine absolut unentbehrliche DNA der Menschheit – von Horaz bis Auden war es nur ein Schritt. Ähnlich Thomas Bernhard, der wunderbare österreichische Schriftsteller; er bewundert Schopenhauers Vorstellung von der Absurdität des menschlichen Schicksals, von der uns einzig die Kunst erlösen könne, insbesondere die Musik (und das Mitgefühl, wie uns jedes Lexikon verrät). Schopenhauer hat auch Proust beeinflusst. In Prousts Romanen spürt man das Schwanken zwischen einer rein ästhetischen Vision und einem Blick, dem politische Leidenschaft nicht fremd ist. Die Seiten der *Recherche* lassen keinen Zweifel, welche Position der Autor im erbitterten Streit um die Schuld des Hauptmanns Dreyfus vertrat. Und dass er schwankte – die ästhetische und die politische (oder, weiter gefasst, historische) Seite stehen schon länger im Widerstreit, wobei es scheint, man könne ihre Territorien nicht chirurgisch exakt vermessen und die Grenzen und Zuständigkeiten nicht ein für alle Mal festlegen. Schwanken ist hier eher ein Symptom für die Vitalität des Geistes, der nicht auf einen Teil der in sich widersprüchlichen Wirklichkeit verzichten möchte. Und schließlich hat sich Arthur Schopenhauer, der ein vollkommener, suggestiver Schriftsteller war (unvergesslich, was er über Musik schrieb), gründlich geirrt. Er spottete über die Liebe (ein Betrug der Natur). Er glaubte nicht an die Geschichte. Er wollte präzise unterscheiden zwischen den Dingen des menschlichen Lebens – mit seinen verwickelten Dramen, Tragödien und Irrtümern, mit seinen Tagen des Glücks und der Enttäuschung, mit seiner Verzweiflung und seinen Träumen – und dem Bereich der Kunst, der leidenschaftslosen Kontemplation des Wesens der Welt. Das ist schon deshalb unmöglich, weil die Kunst sich immer mit der Wirklichkeit des Lebens vermischt, sie erwächst aus ihm und kehrt zu ihm zurück, mitunter modifiziert sie es sogar, transformiert es, formt es nach ihrem Ebenbild. Und auch deshalb, weil wir nur für Augenblicke in der Kunst leben, überaus wichtige und sinnerfüllte, aber schnell vergängliche Augenblicke; und hinterher kommen wir in die ungeordnete Welt zurück und können nicht übersehen, dass wir lieber in Regionen zurückkehren, in denen man (in denen j e m a n d) dennoch versucht, eine gewisse Ordnung zu etablieren, eine anständige menschliche Ordnung, als in das Chaos einer blutigen Diktatur oder in die bedrohliche Anomie unsicherer Wüstenregionen. Wir leben auf der Grenze zwischen »Leben« und »Kunst«, wir wandern ständig zwischen ihnen hin und her, einmal in die eine, einmal in die andere Richtung gerissen, gleichsam Gefangene wilder Nomadenstämme, die einem der beiden Reiche dienen. Wir können uns nicht ein für alle Mal auf einer Seite dieser schmalen Grenze niederlassen. Was aber sollten diese besonderen Menschen lesen, die w a h r e n Führer? Ich selbst wurde in einer literarischen Kultur erzogen, die ihre Helden hat, wirklich außergewöhnliche Autoren, in einer Kultur, in der Kierkegaard und Kafka, Dostojewski und Celan den ihnen gebührenden Ruhm genießen. Wenn wir uns aber in jemanden hineindenken, der Verantwortung für eine Gemeinschaft trägt, wenn wir uns das nächtliche Wachen eines Menschen vorstellen, der vor Herausforderungen steht wie etwa Churchill sie zu bestehen hatte – würden wir ihm Kierkegaards *Furcht und Zittern* oder *Die Krankheit zum Tode*, Dostojewskis *Aufzeichnungen aus dem Kellerloch* oder Kafkas *Verwandlung* empfehlen, großartige Texte, Bücher, Kategorien, Bilder, die unsere Hymnen sind, Hymnen unserer Introspektion, die unserer Unsicherheit und auch unserem Misstrauen gegenüber jeder Autorität Ausdruck verleihen? Wir würden es wohl nicht wagen. Vorerst müssen die großen Führer – gibt es sie noch? – weiter zu Thukydides, Plutarch und Livius greifen. Und natürlich zu Homer und Shakespeare.

Ich sollte notieren, dass es in meinem Leben Jahre gab, in denen ich überaus aufmerksam Mahler hörte. Ich erinnere mich an ein Gespräch mit gleichaltrigen Amerikanern, es war im Frühjahr 1981 in der MacDowell Colony im Bundesstaat New Hampshire, wo ich drei Monate verbrachte – mein erster Aufenthalt in den USA. Ich fragte sie »Wer hat euch geprägt?«, und ich war damals ein so fanatischer Mahler-Jünger, dass ich mir diese Frage eigens ausgedacht hatte, um selbst bald darauf sagen zu können, mich habe »Gustav Mahler geprägt«. Wir saßen an einem Tisch im großen Saal des MacDowell'schen »Hofes«, wir hatten gerade zu Mittag gegessen. Es war im Mai oder Juni. Heute denke ich, dass dieses Bekenntnis stark übertrieben war, ich hatte schließlich auch andere Meister, aber tatsächlich war ich viele Jahre absolut fasziniert von Mahlers Werk, den starken Kontrasten in dieser Musik, der Koexistenz des Jahrmarktstons, der berühmten Echos jener Militärorchester, die vor dem Haus des jungen (und sehr unglücklichen) Gustav im mährischen Iglau vorbeizogen, und des reinsten elegischen Tons in den langen, wunderbaren und – wie ein Juniabend – nicht enden wollenden Adagios des Komponisten. Es erstaunte mich, dass man so leben konnte, in der Vereinigung des Unvereinbaren, in tiefster Trauer und ekstatischer Freude, fast ohne sich in den Übergängen zwischen beiden aufzuhalten, in den dunklen Korridoren zwischen den Teilen einer Sinfonie. Und auch, dass sich in der Musik ein Sinn für Humor offenbaren kann, zirkushafte Ironie ebenso wie tiefster Ernst, Scherz ebenso wie die Suche nach dem Absoluten … Und dass derart heterogene Zutaten die Sinfonie nicht sprengen, dass sie dennoch ein musikalisches Bauwerk bleibt, ihre Kohärenz nicht verliert. Noch immer höre ich viel Mahler, ich bin ihm treu geblieben – am häufigsten höre ich nun die

9. Sinfonie und auch Teile der nach dem Tod des Komponisten rekonstruierten 10. Sinfonie. Das *Lied von der Erde* ist für mich immer noch eines der größten Werke in der großen Bibliothek der Musik – aber es provoziert keine Gespräche mehr über die Frage, wer wen prägte.

Ein Augenblick, vor vielen Jahren in einem Pariser Café, wo ich mit Tzvetan Todorov und C. K. Williams saß, um einen Leseabend vorzubereiten, der wenig später beginnen sollte. Aus den Lautsprechern tönte Jazz: Billie Holiday sang, ihre weiche Stimme kannte ich gut, aber damals, an jenem Tag, verfiel ich in besondere Begeisterung. Ich bedauerte, dass wir nicht länger in diesem Café bleiben konnten, um noch lange Billie Holiday zu lauschen, ihrer lässigen, freundlichen, traurigen Stimme.

Was ich am Tag vor Vaters fünfundneunzigstem Geburtstag geschrieben habe: Mein Vater kam in Lemberg zur Welt, er studierte am Lemberger Polytechnikum, in den letzten beiden Jahren vor dem Krieg arbeitete er in Warschau in der Rundfunksenderfabrik des Ingenieurs Jaskólski, nach dem Krieg wurde er Professor am Schlesischen Polytechnikum, wo er das landesweit erste Institut für Automatik gründete. Die Besatzungszeit hatte er in Lemberg verbracht. Manchmal treffe ich Menschen, die bei ihm studierten, alle sprechen voller Bewunderung und Rührung von ihm. Im März 1968 versuchte er seine Studenten zu schützen, dafür bezahlte er mit dem Verlust seiner Posten als Dekan und Institutsdirektor. Als er das Dekanat verließ, überreichten seine Studenten ihm einen Strauß aus zweihundert Rosen; Jahre später traf ich einen von ihnen, er erzählte mir von den Blicken der Passanten auf der grauen Gleiwitzer Straße beim Anblick des gigantischen Straußes, gleichsam ein bunter Birnam-Wald aus *Macbeth*, Zeichen diesmal nicht des nahenden Untergangs des Tyrannen (noch nicht), sondern bloß der Dankbarkeit gegenüber einem anständigen Menschen.

Er war Berater der »Solidarność« und nahm die Geburt des freien und demokratischen Polens begeistert auf; dem Vernehmen nach trug man ihm eine Kandidatur als Senator an, aber er lehnte ab. Die Dritte Republik (von der Vierten gar nicht zu reden) überhäufte Vater nicht mit Ehrungen, aber das war ihm nicht wichtig; er wäre nie auf die Idee gekommen, dass ihm Orden und Auszeichnungen zustünden. Bestimmt lagen ihm derartige Gedanken auch deshalb fern, weil er einen vorzüglichen Sinn für Humor hatte.

Mein Vater erinnert sich an nichts mehr. Er hat das Gedächtnis verloren. Ich kann ihm keinen Brief schreiben. Er wusste nicht, dass er am Sonntag Geburtstag hatte. Er wird auch nicht wissen, dass viele Menschen voller Bewunderung an ihn denken. Meistens erkennt er mich jetzt nicht mehr. Seit sechzehn Jahren ist Vater Witwer. Er ist ein bescheidener und guter Mensch; er hat das Gedächtnis verloren, aber ich nicht die Erinnerung an ihn.

Er ist so bescheiden, dass er mir erst vor recht kurzer Zeit erzählte, was er in der Besatzungszeit getan hat. Jahrelang hatte er geschwiegen, was in einem Land, in dem es in jeder Familie einen Widerstandshelden gab – in einem Ausmaß, dass man sich fragt, warum die Wehrmacht nicht schon viel früher kapitulierte –, etwas Besonderes war. Bis er mir eines Tages erzählte, weißt du, ich habe in Lemberg für die Heimatarmee gearbeitet. Aber ich hatte nichts mit Waffen oder Munition zu tun, nein, nichts dergleichen. Was hast du denn gemacht? Nichts besonderes, weißt du, ich habe Rundfunksender repariert ... Wenn ein Sender kaputtging, habe ich ihn mit nach Hause genommen und repariert. Und wie hast du ihn transportiert? Ganz einfach, in der Aktentasche, sie waren damals schon miniaturisiert. Er ist also mit einem Rundfunksender quer durch die Stadt gelaufen, ständig an deutschen Patrouillen vorbei. Und im Haus Nummer 10 in der ulica Piaskowa, ein paar Schritte von der Łyczakowska und nicht weit von der Antonius-Kirche, hat er sich an die

Arbeit gemacht – ich stelle ihn mir vor, abends, im Licht einer kleinen Lampe, die Fenster verhängt, wie er vielleicht etwas in einem Handbuch nachschlägt, Leitungsdrähte verlötet und die Sender repariert, mit deren Hilfe die Städte auf »L« miteinander sprechen konnten, Lemberg und London.

Und dann kamen die langen Jahre in Gleiwitz, wo er am dortigen Polytechnikum, ganz ohne es zu wollen und ohne je davon zu reden, zum Inbegriff beruflicher Zuverlässigkeit und politischen Anstands wurde. Er war nie Mitglied der PVAP. Von den Studenten verlangte er dem Vernehmen nach viel, behandelte sie aber gerecht. Unter den Ankömmlingen aus Lemberg, den Professoren, Dozenten und Assistenten, gehörte er zu den Jüngsten, bestimmt sind es heute nicht mehr viele. Vater – der sich normalerweise nie über irgendetwas beschwerte – klagte seit langem darüber, dass es keine Freunde aus seiner Generation mehr gab, dass sie nach und nach wegstarben.

Er ging immer sehr schnell; noch bis vor kurzem konnte man nur schwer mit ihm Schritt halten. Eine Menge Leute grüßten ihn, erkannten ihn. In der kleinen Gleiwitzer Welt, die hauptsächlich aus nur einer Straße bestand, der ulica Zwycięstwa, war er eine bekannte Person (ich benutze die Vergangenheitsform, denn er geht nicht mehr aus dem Haus). Ehemalige Studenten grüßten ihn, ehemalige Kollegen, zahlreiche Bekannte. Aber er erinnerte sich immer schlechter und wusste, wie er mir sagte, nicht mehr, wer ihn auf der Straße grüßte – fast wie ein berühmter Schauspieler, der ja unmöglich alle seine Bewunderer kennen kann.

Die MacDowell Colony, ein schon 1907 gegründetes ehrwürdiges Künstlerheim, vermutlich das älteste in den Vereinigten Staaten, verfügte 1981 über einen speziellen Stipendientopf (wenn ich mich richtig erinnere, nicht zuletzt durch die Unterstützung der Rockefeller Foundation), dank dessen sie einige Autoren aus Mitteleuropa zu längeren Aufenthalten einladen konnte. Mich erreichte die Einladung ganz unerwartet in Berlin. Das Empfehlungsschreiben für mich, ein unverzichtbarer Bestandteil, ja eine tragende Säule für das Funktionieren amerikanischer Kultureinrichtungen, hatte Zbigniew Herbert verfasst, der seinerzeit ebenfalls in Berlin lebte ... Ich werde nie den ersten Abend vergessen, als ich mich nach langer Reise – ich war von Paris nach New York geflogen, von dort nach Boston, und dann ging es mit dem Autobus weiter nach Peterborough im Bundesstaat New Hampshire, wo ich spät nachts ankam, nachdem ich lange durch die tintenblaue Dunkelheit der neuengländischen Provinz gefahren war, ganz als sei ich unterwegs in ein anderes Leben – in einem neoklassischen Gebäude wiederfand, genauer in dem mir zugewiesenen Schlafzimmer, das mit alten Möbeln vollgestellt war und in dem der Holzfußboden knarrte. Ich war am Ende meiner Kräfte und legte mich – endlich – auf das Bett, das anders bezogen war als in Europa und auf dem eine Unmenge Kopfkissen lagen (dabei hatte ich ja nur einen Kopf); es kam mir vor, als sei ich auf dem Planeten Mars gelandet – der mich aber seltsamerweise an etwas erinnerte, das ich sehr gut kannte, wenn auch mehr aus Träumen als aus der greifbaren Tageswirklichkeit, vielleicht an die Ukraine vor meiner Geburt, an einen nach Heu duftenden Gutshof im Grenzland und an die alte Rzeczpospolita. Schon am ersten Tag, ab dem Frühstück, zu dem sich alle Gäste des Hauses versammelten, erkannte ich die hier herrschende Routine: Künstler und Schriftsteller, Musiker und Filmleute – jeder hatte einen eigenen Platz zum Arbeiten, ein Arbeitszimmer (diese Arbeitszimmer waren wie Kapellen im Wald verteilt), das Frühstück und das Abendessen indes nahm man gemeinsam ein. Insbesondere die Abendessen dienten der ausschweifenden Geselligkeit, sie zogen sich lange hin und waren Ausgangspunkte für endlose Sitzungen, nachdem die Anwesenden sich in kleinere Gruppen aufgeteilt hatten. Am Morgen dann wieder Routine und Arbeit. Falls wirklich alle arbeiteten. Ich war mir dessen nicht sicher ... Doch nicht davon will ich erzählen, sondern von einem meiner Mitgefährten, der sich ebenfalls länger in MacDowell aufhielt (die amerikanischen Künstler kamen normalerweise immer nur für ein paar Wochen). Es war der in der Tschechoslowakei sehr bekannte – wenn nicht legendäre – Liedermacher Karel Kryl. Ich hatte schon von ihm gehört, von seiner Berühmtheit und seiner Stellung, als wir uns in der MacDowell Colony begegneten. Er gefiel mir, wir freundeten uns ein wenig an. Karel Kryl, der seit vielen Jahren im Exil in Westdeutschland lebte, in München, war ein politischer Liedermacher, der die Tragödie des Einmarschs der Warschauer-Pakt-Truppen und das Scheitern des Prager Frühlings beklagte. In München arbeitete er für den Sender Radio Free Europe, wodurch er, vermute ich, den Kontakt zu seinem Publikum in der Heimat nicht ganz verlor. Bayern war so nah an Prag. Das Bier schmeckte da wie dort ähnlich. In Peterborough, New Hampshire aber, an diesem malerisch zwischen Seen und Wäldern auf Hügeln gelegenen Ort, in einer Umgebung mit anderen Vögeln als in Europa – wenn es warm wurde, zeigten sich sogar hübsche, mit enormer Konzentrationsfähigkeit begabte Kolibris – war Karel Kryl absolut ratlos. Ich glaube, sein Aufenthalt war ein großer Irrtum, ein gigantisches Missverständnis. Karel war meistens sehr niedergeschlagen. Man muss sich den *legendären Liedermacher* vorstellen, abgeschnitten von seinem Publikum, von den Menschen, für die er eine Legende war, für die er sang. Wie kann man *legendär* sein, wenn niemand davon weiß. Eine *legendäre* Gestalt zu sein, muss ohnehin ungeheuer schwer sein, wie schwer also erst, wenn man kein Publikum hat. Die Trennung von den Hörern, die ihn bewunderten, die seine Lieder bestimmt auswendig kannten, war grausam. Zugleich war diese Situation sehr interessant für jemanden, der die Ereignisse nur beobachtete, also für mich: Sie zeigte die unerhörte Relativität des Ruhms. Berühmte Menschen halten sich besser an ihre Stadt, ihr Viertel. Sie sollten um Gottes Willen nicht auf einen anderen Kontinent reisen. Es sei denn, sie sind weltbekannte

Rockstars … Viele Jahre später, kurz nach den Anschlägen auf das World Trade Center, als Fernsehsender aus aller Welt ihre Reporter nach New York schickten, sah ich im Fernsehen einen in Frankreich überaus bekannten Moderator, der in den Straßen von Manhattan zu einem anonymen Journalisten wurde … Die Passanten gingen gleichgültig an ihm vorbei; er wird wohl sehr gelitten haben. Für die amerikanischen Künstler und MacDowell-Stipendiaten war Karel Kryl nur ein kleiner Mann mit traurigem Gesicht, der schlecht Englisch sprach (und Stiefel mit sehr hohen Absätzen trug). Manchmal sang er für die Gäste in MacDowell ein paar Lieder – es gab ein Klavier, gelegentlich fanden Musikabende statt –, aber auch das änderte wenig. Die aus dem Kontext gerissenen, natürlich auf Tschechisch gesungenen Lieder bedeuteten für die amerikanischen Zuhörer nichts, so sehr diese sich auch bemühten. Ich selbst habe in MacDowell ansatzweise Ähnliches erlebt, wenngleich in weitaus kleinerem Maßstab; ich war nicht berühmt und noch viel weniger *legendär*, also konnte mir nichts widerfahren, was Karels Trauer gleichgekommen wäre. Im Allgemeinen arbeitete ich dort viel, ich schloss mich in mein Arbeitszimmer im Wald ein und schrieb – mittags fuhr ein Geländewagen mit Lunchkörben für die erschöpften Künstler herum, ein Mitarbeiter der Stiftung stellte sie leise vor der Eingangstür ab, um nur ja niemanden bei der Arbeit zu stören –, ohne im Geringsten mit Applaus vonseiten meiner amerikanischen Mitstipendiaten zu rechnen. Einer meiner neuen amerikanischen Bekannten allerdings bat mich um einige Gedichte. Ich hatte eine Handvoll oder ein gutes Dutzend meiner frühen Gedichte in der englischen Übersetzung von Anthony Graham dabei. Ich zeigte sie meinem Gesprächspartner und merkte bald, dass er seine Enttäuschung nur mühsam verbarg. Es waren »politische«, zornige Gedichte aus den siebziger Jahren. Ganz eindeutig sagten sie – aus dem Kontext gerissen, von Krakau nach Neuengland verpflanzt – meinem Bekannten nicht viel. Er sprach es nicht aus, aber ich sah deutlich, dass ihm die Frage »Ist das alles?« auf der Zunge lag. In den Wäldern von New Hampshire klangen die Stimmen aus dem damals leidenden Mitteleuropa hohl.

Karel Kryl starb 1994 nach einem Herzinfarkt in einem Krankenhaus in Passau. Ich habe ihn nicht wiedergesehen, nachdem unsere gemeinsamen drei Monate in den Wäldern von New Hampshire um waren, inmitten von purpurnen Kardinälen und gedankenversunkenen Kolibris.

Ich kann mich über die Vertriebenen lustig machen, über ihre Rituale, ihre Erinnerungsliteratur, ihre Vorliebe für Kitsch, ihre Sentimentalität, es fällt mir nicht schwer, ironisch zu werden und die übertriebene Idylle zu verspotten, zu der die Vertriebenen ihre Heimat machen, aber bisweilen denke auch ich nicht ohne Schmerz an die verlorene Stadt. Mich schmerzt das, was ich dort nicht erlebte, die große Leere all dessen, was es nicht gab, die Kindheit, die sich dort hätte ereignen sollen und sich nicht ereignete, sondern starb. Mich beschäftigen sogar die Lehrer, die ich dort gehabt hätte, im großen Gebäude eines Gymnasiums, ich weiß nicht in welchem, die Schulbezirke gelten nicht für die Fortgegangenen, aber ich hätte bestimmt ein Gymnasium besucht (mit frisch geputzten Treppen und dem metallischen Nachhall des Wassereimers, den die Putzfrau auf einem Marmorsockel abstellt). Ich bin mir sicher, sie wären interessanter gewesen als die, die uns im Gleiwitzer Lyzeum so langweilten. Darüber sinniere ich bisweilen. Über das Leben, das ich dort nicht hatte, über die Geliebten, denen ich dort nicht begegnete, über die Vertrautheit mit Steinen, Bäumen und Straßen, die ich nie erlebte. Die Gerüche dieser Stadt, Gerüche, in denen sich Ost und West mischten, die schwarzen Sonnenblumenkerne mit der cremigen, abblätternden Halwa, der zarte Duft alter Klaviere, die Schumanns und Bachs Musik auswendig kannten. Die gelben Zähne der Klaviere. All die Häuser und zahllosen Dinge, von denen ihre Besitzer dachten, sie seien Anker, die sie fest und sicher in Lemberg hielten. Die schweren Koffer und riesigen Schränke sollten Anker sein. Aber sie waren keine Anker. In dieser Stadt, in der es wenig Wasser gab, konnte es auch keine Anker geben. Die Strenge des Winters und die darauf folgende Wonne des Frühjahrs, wenn die Erde sich öffnet. Die Klarheit des Himmels im Mai. Und das Grauen des Kriegs und der Besatzung, der Shoah, des zunächst sowjetischen, dann nazistischen Terrors. (Aber ich habe das alles nicht erlebt, nicht gesehen). Die Hügel dieser Stadt und die zahlreichen Türme der katholischen und orthodoxen Kirchen, die von Patina überzogenen grünen Kuppeln der höchsten Gebäude, die Philharmonie, das Theater. Diese soliden und schweren Gebäude sollten Anker sein. Das Gelb der Gänsedisteln auf den Wiesen. Die Familiengräber auf dem Łyczakowski-Friedhof – wie der Grabstein von Stanisław Zborowski, dem jung verstorbenen und vielfach betrauerten Juristen und Dichter, der nicht wissen konnte, dass die nächste Generation in seiner Familie Frauen hervorbringen sollte, die fast hundert Jahre alt würden, als wollte die unsichtbare Hand der Statistik seinen frühen Tod wiedergutmachen. Der alte Marktplatz an einem sanft abfallenden Hang und die Mauer der orthodoxen Kirche mitten im Stadtzentrum, in der ein Artilleriegeschoss für immer stecken blieb, eine Spur des mörderischen polnisch-ukrainischen Bruderkriegs von 1918. Und die schöne armenische Kathedrale, in die man eintritt wie in eine koptische Kirche in Ägypten. Und wo man die östlichen, schmucklosen Gesänge zu Ehren des armenischen Gottes hört. Die diskreten Synagogen, die immer sagten, sie seien ein Haus des Gebets und nicht das Haus Gottes, die niemanden stören wollten und sich ein wenig fürchteten. Das, was nicht mehr existiert. Die Sonntage, an denen österreichische Offiziere in Paradeuniformen umherspazierten und von den Dienstmädchen bewundernd angesehen wurden. Die Säbel der polnischen Offiziere, die silbernen Schlangen am Kragen ihrer Uniformjacken. Und später die bleiernen Winter der Besatzung. Die gesamte in Bäumen und Schwalbengezwitscher abgespeicherte Vergangenheit, die präsente und die abwesende. Der Jesuitengarten, dessen Name mich als Kind faszinierte, weil in ihm zwei nicht zueinander passende Dinge aufeinanderstießen, die unerschöpfliche Fruchtbarkeit der Blumen und Sträucher und die jesuitische Disziplin samt ihrer im Laufe der Jahrhunderte erarbeiteten Rhetorik und ihren schwarzen Soutanen. Die Vögel und Eidechsen in diesem Garten, die widerspenstigen, immer wieder unauffindbar im Dickicht verschwindenden Schüler der Jesuitenprofessoren – und daneben die Nonnen, die ihre Zöglinge suchten. Die stattlichen Jugendstilhäuser, die von der Blüte der Stadt Ende des neunzehnten Jahrhunderts zeugten. Die von der Sonne verbrannten, sich schon zur ukrainischen Steppe hin öffnenden Vorstädte – diese anrührenden Orte, an denen die Stadt auf das Niveau einstöckiger Häuser herabsinkt und bald darauf mit dem Land verschmilzt. Die kleine blaue Straßenbahn, die, auf schmalen Schienen rutschend, mühselig das Hohe Schloss erklomm. Die wilden Kirschen im Kaiserwald, deren Geschmack alle anderen Früchte übertraf. Ich wäre vielleicht ein anderer, hätte ich statt der Grubentürme Schlesiens die Hügel Lembergs betrachtet. Ich hätte auf die Kirchen der Orthodoxen und die Gotteshäuser der Unierten geschaut und das Andere vielleicht besser verstanden. Und mich selbst. Das kann ich nicht wissen. Was können wir wissen über die Leere, über den Mangel, über das, was nicht war.

Die Musik erinnert uns daran, was die Liebe ist. Wenn jemand vergessen haben sollte, was Liebe ist, dann soll er Musik hören.

Die alten japanischen Dichter, die Haikus schrieben – ich stelle sie mir als außergewöhnlich ruhige, immer in heitere, sorglose Kontemplation versunkene Menschen vor. Aber vielleicht war es auch ganz anders, vielleicht waren sie nervös, unruhig, nicht frei von Angst, und wer weiß, vielleicht war der Moment, in dem sie dieses Gedicht niederschrieben, das wir viele Jahrhunderte später – bisweilen mit Begeisterung – lesen, der einzige Augenblick der Erholung, der Rast in ihrem schweren, dramatischen Leben.

Ich ging durch die Planty: Ein kleines Mädchen überholte mich mit dem Roller, und im selben Augenblick begriff ich das Wesen der Bewegung. Aber ich kann es nicht erklären.

An den Mittelmeerstränden in Frankreich hört man im Sommer allenthalben den Ausruf: *Elle est bonne,* es ist gut. Gemeint ist das Meerwasser. Die vorsichtigen und modernen Städter versichern sich gegenseitig, man könne ruhig ins Wasser gehen, es werde einen nicht mit arktischer Kälte überraschen. Doch alles in allem ist es ein Ausdruck der Affirmation, der Welt und Natur umfasst. *Elle est bonne.*

Gestern in einer Ausstellung mit Fotografien von Stanisław Ignacy Witkiewicz, den wir Witkacy nennen – wir vereinfachen den dreiteiligen Namen und akzeptieren eine Abkürzung, die aus dem Denker einen Narren macht. Doch Witkacy war gern ein Narr; seine zahllosen fotografischen Selbstporträts dokumentieren das ausgezeichnet. Ohne Rücksicht gegen sich selbst zeigt er sein lückenhaftes Gebiss und sein Alter. Er schlüpft in immer neue Verkleidungen und bezieht andere mit ein. Auf einem Foto begleitet ihn Bruno Schulz, der schüchterne Lehrer aus Drohobycz. Und zahlreiche Persönlichkeiten aus der Gesellschaft, Warschauer Damen und Männer mit bekannten Namen. Die allermeisten Fotos entstanden in Zakopane, bisweilen im Freien, an Bergbächen. Und dort, in einer idyllischen Umgebung, inszenierte Witkacy seine und seiner Freunde Faxen. Geboren 1885 – ein idealer Jahrgang für einen europäischen Avantgardisten –, verkörpert Witkacy das Dilemma des Modernismus, die starke Ambivalenz gegenüber den zivilisatorischen Veränderungen, die einfach unter einem einzigen

Begriff subsumiert werden: Moderne. Alles verändert sich, sagt Witkacy, obwohl in Zakopane diese Veränderungen noch am wenigsten spürbar waren. Aber er hatte ja Petersburg gesehen, die damalige Hauptstadt des sich rasant modernisierenden Zarenreichs, er hatte in russischer Uniform das Grauen des Kriegs kennengelernt. Wenn er mit seinen jüngeren Freunden herumalbert, so ist er in diesen Spielen wohl der Einzige, der wirklich in die tragischen Geheimnisse der Moderne eingeweiht ist. Einer der zentralen Punkte in Witkacys »System« ist die These vom Verschwinden der metaphysischen Gefühle. Wenn ich diese Fotografien betrachte, habe ich widersprüchliche Empfindungen. Eigentlich mag ich diesen Mann nicht, der nicht mehr zum Zahnarzt ging, ich spüre, dass er im Umgang mit seinen Frauen und seinen männlichen Freunden ein ziemlicher Tyrann war. Ich bin nicht sicher, ob sich in der Gesellschaft des Diktators aus Zakopane wirklich alle gut amüsiert haben. Manche Mienen wirken angestrengt, gekünstelt; manchmal hat es den Anschein, als wolle ein Modell eher in Tränen ausbrechen als fröhlich lachen. Aber ich spüre auch seine Tragik, die Tragik eines Menschen, der über ein großes Wissen und Selbstwissen verfügte, doch eigentlich nicht wusste, was er in der mikroskopisch kleinen Welt von Zakopane damit anfangen sollte. Sicher, er schrieb höchst originelle Dramen und Romane, er malte Bilder, er war unerhört talentiert und gebildet, wie es sich für einen Philosophen, Künstler und Schriftstellersohn gehörte. Er schuf und produzierte eine Menge, aber er tat das alles gleichsam mit links, fast immer ein wenig nachlässig, wie ein Dandy, der zum Botschaftsempfang im neuen Smoking erscheint, dem aber die schmutzigen Enden der langen Unterhose aus den Hosenbeinen schauen. Er war ein genialer Narr wie der unglückliche Clown bei Kierkegaard, der im Zirkus »Feuer, Feuer« schreit; keiner nimmt die Rufe ernst, sie steigern nur die Heiterkeit und das Gelächter des an die Späße des Clowns gewöhnten Publikums, das kurz darauf von den Flammen verschlungen wird. Ich mag ihn nicht sonderlich, aber er ist mir nahe. Ich verstehe seine Unruhe, viele seiner Argumente überzeugen mich. Die metaphysischen Gefühle – sind sie wirklich schon so gut wie verschwunden? Nein, natürlich nicht. Es hängt allein von uns ab, was mit ihnen geschieht. Jeder von uns entscheidet in jedem Augenblick darüber, sie existieren nicht außerhalb von uns, sie sind kein schmelzender grönländischer Eisberg, dessen Schicksal wir aufrichtig bedauern. Sie sind kein von uns unabhängiger Kontinent, der vom Ozean überschwemmt wird. Wir selbst sind die metaphysischen Gefühle. Sie sind seit langem gefährdet, seit Jahrhunderten, aber immer wieder rettet sie jemand und wird sie weiter retten. Heutzutage nennt man diejenigen, die darüber sprechen, Konservative; die Modernisten waren in einer glücklicheren Lage, sie hatten die einwandfreie Legitimation der Avantgarde, obwohl sie doch überwiegend konservative Überzeugungen vertraten. Sie schufen eine neue Epoche in der Kunst, indem sie wehmütig zurückblickten. Rilke, der die moderne Großstadt hasste. Eliot, der die geordnete Welt verabschiedete, in der man sich inbrünstig zum Christentum bekannte. Yeats, der Byzanz bewunderte. Und dazwischen Witkacy in Zakopane. Allem Anschein nach erscheint das Selbstporträt, zumindest die Art von Selbstporträt, die Witkacys Fotografien darstellen, erst relativ spät im Prozess des Verschwindens der »metaphysischen Gefühle« oder, wie man vielleicht eher sagen sollte, im Prozess jener wachsenden Angst um die metaphysischen Gefühle, wenn diejenigen, die ihn bewusst verfolgen, nicht mehr sicher sind, ob sie Verzweiflung empfinden oder sich womöglich köstlich über all das amüsieren. Oder ganz einfach, gemäß dem Prinzip der großen Ambivalenz, zugleich schreckliche Verzweiflung empfinden und sich köstlich amüsieren. Sie tun es gerne an Bächen und Flüssen (die Ausstellung zeigt einige derartige Aufnahmen), vielleicht um sich über Heraklit lustig zu machen, aber natürlich lacht Heraklit über sie.

Die Flüsse selbst hingegen haben keinen Sinn für Humor, absolut nicht.

Paola Malavasi war eine reizende junge Italienerin, immer ein Lächeln auf den Lippen, sanft, intelligent, schüchtern. Sie unterrichtete Griechisch und Latein in einem Gymnasium in einer Kleinstadt nicht weit von Rom. Sie war Dichterin. Ich lernte sie bei einem Besuch in Rom kennen – sie kam in das kleine, bescheidene Hotel unweit von Roma Termini, in dem M. und ich wohnten. Sie wollte für eine Zeitschrift, deren Titel mir entfallen ist, ein Gespräch mit mir führen. Sie mochte meine Gedichte, die sie hauptsächlich in englischer Übersetzung las. Natürlich weiß ich nicht mehr, worüber wir uns unterhielten, was sie mich fragte. Sie sagte mir damals, sie habe ein gutes Dutzend meiner Gedichte übersetzt. Sie hatte sie aus dem Englischen übersetzt, aber sie fügte gleich hinzu, eine polnische Freundin habe ihr geholfen, die englischen Übersetzungen mit den polnischen Originalen abzugleichen. Einige Zeit später erschienen diese Übersetzungen in der von Nicola Crocetti herausgegebenen Mailänder Monatsschrift »Poesia«. Danach habe ich Paola noch zwei Mal gesehen. Zuerst in Rom, wo wir uns mit ihr und ihrem Freund Ennio Cavalli an der Ecke der Via Ofanto verabredet hatten, einer kleinen Gasse, in der Miriam Chiaromonte wohnte, die Witwe des großen Essayisten Nicola Chiaromonte (Miriam wohnte im Haus Nummer 18, im Hochparterre eines bürgerlichen Hauses, einem jener soliden Gebäude, in denen sich gern Anwälte und Ärzte einnisten). Ennio kam im Jaguar und fuhr dann mit uns, was einige Zeit dauerte, zu seiner kleinen Wohnung in einem entlegenen römischen Vorstadtbezirk. Warum ich all das erzähle? Weil Paola unerwartet gestorben ist, ihr Herz ist stehengeblieben. Sie wurde vierzig Jahre alt und starb in Venedig, frühmorgens, an einem Sonntag im September. Sie war nicht krank gewesen, sie ging unerwartet von uns, ohne sich zu verabschieden. Auf englische Art. Nach der zweiten Begegnung in Rom trafen wir uns noch einmal in Castrocaro, einem für sein Heilwasser bekannten Ort in der Emilia-Romagna; Ennio hatte dort ein kleines Lyrik-Festival organisiert, und wir tingelten einige Tage mit einer Lesung durch die umliegenden Orte, wobei wir den Ablauf jedes Mal unwesentlich veränderten. Wir hielten auch jedes Mal eine kleine Besprechung ab, Paola brachte manchmal ihren Sohn mit zu unseren Treffen. Mit dabei war außerdem eine Schauspielerin aus Rom, die die italienischen Übersetzungen der Gedichte las. Wir kamen bis nach Forli und Cesenatico, einem Ort an der Adria, aber nicht bis Rimini, woher Ennio (wie auch Federico Fellini) stammte. Ein Abend wurde in dem großen Hotel arrangiert, in dem wir alle wohnten. Im Hotelaufzug konnte man lesen, dass sich in der obersten Etage das Appartment »Mussolini« befand. Unmittelbar neben dem Hotel war das Kurhaus mit Bädern und Quellen. Die Hotelgäste gingen in weißen Bademänteln in ihre Zimmer zurück und kamen dann, umgekleidet, ins Hotelrestaurant, wo man nahrhafte Speisen servierte und gute Weine, die den bitteren Geschmack des örtlichen Mineralwassers überdecken sollten. Warum ich davon erzähle? Weil ich Paola Malavasi noch für einen Moment in dieser Welt festhalten möchte, diese lebendige, gute, lächelnde, charmante Frau. Was damals, solange sie lebte, gar nicht auffiel. Charmant, aber nichts Besonderes. Es war normal, dass Paola lebte, dass sie so nett, intelligent, warmherzig war. Doch ihr Tod veränderte alles. Auch deshalb, weil sie auf so diskrete Weise verschwand. Nun, da es zu spät ist, wissen wir alle, die wir sie kannten, dass sie ein besonderer Mensch war. Doch so ist es ja immer: Man kann die Lebenden nicht ehren.

Das Zeremoniell der Aufnahme eines neuen Künstlers, Dichters ist etwas sehr Spannendes. Manchmal dauert es Jahre oder gar Jahrzehnte. Nichts ist schwieriger als dies: aufgenommen, akzeptiert zu werden. Wer nimmt Platz im Kreis der Richter? Wir wissen es nicht genau. Kritiker, Leser und vielleicht ein irgendwie dazwischengeratener schüchterner Engel. Die Jury berät langsam, sie trifft sich selten, über Monate vergisst sie ihre Aufgabe, die Entscheidung, die sie zu fällen hat. Jeder neue Dichter wird mit größtem Misstrauen betrachtet. Eine der wichtigsten Fragen, die dieses seltsame Richterkollegium sich stellt, lautet: Tut er nicht nur so? Ich versuche zu erklären, worum es hier geht. Ein neuer Künstler – wir wollen uns auf die Dichtung beschränken – offeriert einen bestimmten Ton, er spricht über Dinge, die nicht ganz klar sind, nicht ganz offensichtlich, nebulös, manchmal freudig, manchmal traurig, meist melancholisch; immer jedoch geht er über die offensichtlichen, alltäglichen Themen und Stimmungen hinaus, die leicht das Plazet von Journalisten und Behavioristen erhalten. Eben dieser Überschuss an Ton (man darf das nicht vorschnell als Lob des »hohen Stils« begreifen), der das Herz der Dichtkunst bildet, ist das größte Problem für unsere unsichtbare Jury. Unsere Jury fragt sich, wenn sie – wie gesagt, selten – zur Beratung zusammentritt: Tut er, der Kandidat (sie, die Kandidatin), nicht nur so? Denn wo sollte der Überschuss an Ton herkommen, dieses Mehr, das er dem öffentlichen Alltagsgespräch hinzufügen könnte? Die Jury kennt die Antwort auf diese Frage nicht. Die Gegner des neuen Talents sagen: Er (sie) tut nur so. Er tut so, als habe er Zugang zu anderen Regionen. Wie kann das sein, wo er sich doch in nichts von uns unterscheidet. Er hat dieselbe Schule besucht, dieselben Bücher gelesen, dieselben Filme gesehen. Er tut bestimmt nur so, er stellt sich auf die Zehenspitzen, er sucht billigen Applaus, er ist ein ganz normaler Snob. Doch die Sympathisanten des neuen Dichters (neu – dabei kann er schon fünfundsiebzig sein und immer noch Objekt des Streits der Juroren, eines trägen und zugleich verbissenen Streits) geben nicht auf und sagen: Ja, er hat dieselbe Schule besucht und dieselben Filme gesehen, aber vielleicht ist etwas geschehen, hat sich etwas ereignet. Eines Nachts ist etwas geschehen. Wir können das nicht wissen, aber wir wollen ihm eine Chance geben. Ja, er hat einige missratene, konventionelle Gedichte geschrieben, aber es gibt in seinen Gedichten Stellen, die darauf hindeuten, dass er doch etwas gesehen, etwas erlebt hat. Es gibt Bilder und Metaphern, die nahelegen, dass sich dort etwas ereignet, etwas aufgetan hat. Die Gegner unseres Kandidaten legen sofort Protest ein, verfallen in spöttisches Lachen. Aber nein, sagen sie, er tut nur so, ganz bestimmt tut er nur so. Er war auf derselben Schule. Er hat dasselbe Fernsehprogramm gesehen. Er tut nur so, er will uns hinters Licht führen. Er trägt die Kleider toter Dichter auf, woher sollte denn unter uns, die wir auf derselben Schule waren, die Spiele unserer unfähigen Fußballnationalmannschaft verfolgten, gemeinsam weinten, das politische System hassten, schrien, gemeinsam beteten, minderwertiges Bier tranken, woher sollte denn unter uns ein neuer Künstler auftauchen? Und der Streit dauert an, zieht sich hin, kaum jemand verfolgt ihn, denn wen interessiert das letztlich schon?

Die Musik – sie ist geordnet durch Melodie und Harmonie, aber mitunter begeistert sie durch die schiere Masse des Klangs, die (für den Verstand) absurde Anhäufung von Tönen, die wunderbare, physisch machtvolle Aktualisierung der materiellen Kraft der Instrumente – wie stellenweise bei Bruckner, wenn wir das Vibrieren der Streicher spüren, das schwere Haar der Cellos fließt zusammen mit dem Bassschrei der Trompeten und Posaunen, wie zuweilen bei Wagner, wie, in unserer Zeit, im ersten Teil der 3. Sinfonie von Henryk Górecki, wo sich der ungeheure Kokon des Orchesters langsam wie das Licht der Morgendämmerung entfaltet – oder wir stellen uns ein anderes Bild vor, den Rumpf eines riesigen Schiffes, das ganz langsam aus dem Nebel hervorkommt. Diese unerhört sinnliche, greifbare und den ganzen Körper ergreifende Klangwand bleibt aber unsichtbar – und womöglich ist es gerade dies, der Kontrast zwischen ihrer durchdringenden Präsenz und der Tatsache, dass sie unsichtbar bleibt, was uns begeistert und für einen Moment in eine andere Welt, eine andere Art des Seins entführt, in der wir nur Gast sein können.

Nochmals zur Ausstellung der Fotografien Witkacys: Sie enthält nicht nur Selbstporträts, auf einem Foto ist Jan Leszczyński zu sehen, ein Philosoph, der zwanzig Jahre jünger war als Witkacy; als junger Mann muss ihn die Persönlichkeit des Narren und Dämonen aus Zakopane fasziniert haben. Er war für Witkacy ein Gesprächspartner in philosophischen Fragen. Leszczyński starb 1990 im Alter von fünfundachtzig Jahren, zwölf Jahre später erschien unter dem Titel *Spór o monadizm* (Streit um den Monadismus) seine Korrespondenz mit Witkacy. Die Aufnahme zeigt vier Personen, neben dem Meister selbst und Leszczyński noch ein anderes Freundespaar. Es ist ein milder Tag, alle außer Leszczyński sind leicht gekleidet, nur er trägt Mantel und Mütze. Warum ich darauf hinweise? Fünfunddreißig Jahre später war Jan Leszczyński der Betreuer meiner Magisterarbeit in Philosophie, und immer, im Winter wie im Sommer, selbst an heißen Tagen, trug er einen dünnen Lodenmantel. Der Leszczyński, den ich kannte, war ein komplett erloschener, abwesender, stiller Mensch. Er betreute zwar meine Magisterarbeit, aber ich habe nie ein tieferes Gespräch mit ihm geführt. Es fällt mir sogar schwer, mir ein solches Gespräch mit ihm vorzustellen. Leszczyński – ich sollte sagen Professor Leszczyński – war ein Schatten unter Menschen. Er schwieg fast immer, und wenn er sprach – etwa in seinen Vorlesungen, in denen er nicht schweigen konnte –, sprach er leise und monoton. Seine Vorlesungen behandelten klassische epistemologische Fragen, er analysierte darin, wenn ich mich recht entsinne, Descartes' Ansichten, die kartesianische Suche nach einem sicheren Standpunkt für unser Denken, doch er sprach darüber so flach, so leidenschaftslos, dass uns Hörern die Erkenntnistheorie als die langweiligste Disziplin der Philosophie erschien. Professor Leszczyński war innerlich tot;

in seinen Lodenmantel gehüllt, huschte er durch das von den Kommunisten besetzte Krakau wie ein Gespenst – oder wie ein Spion. Er, der Witkacys Prophezeiung vom Verschwinden der metaphysischen Gefühle sicher gut kannte, dachte bestimmt, es lohne sich nicht mehr zu leben. Anders als sein älterer Freund nahm Leszczyński sich aber nicht das Leben, wenigstens nicht in der physischen Wirklichkeit. Vielleicht war er neugierig. Als treuer Anhänger von Witkacys Philosophie wollte er vielleicht beobachten, wie exakt sich dessen Prophezeiungen erfüllten; er wurde gleichsam Witkacys Gesandter, sein Botschafter. In der Zeit, in der ich meine Magisterarbeit schrieb, hielt ich ihn für einen Greis, bald erreiche ich sein damaliges Alter. Als Witkacys geheimer Gesandter konnte Professor Leszczyński zufrieden sein – die Weissagung erfüllte sich ziemlich präzise. Nur eines hatte Witkacy nicht vorausgesehen: die Rebellion gegen den Kommunismus, die Revolte gegen den grauen Totalitarismus und die Tatsache, dass der intellektuelle Widerstand gegen den Kommunismus zumindest teilweise den geschmähten, unterdrückten und niedergetretenen »metaphysischen Gefühlen« entsprang. Zwar sollte sich bald zeigen, dass auch das von mutigen Oppositionellen erträumte und herbeigesehnte demokratische System Witkacys »Gefühlen« nicht wohlgesonnen war, im Gegenteil – nicht, dass es sie unterdrücken oder verurteilen will, nein, es hat einfach keine Zeit für sie, es interessiert sich nicht für sie, es ertränkt sie in einem Ozean von Gleichgültigkeit, wie böse Menschen blinde Katzenjunge in einem Eimer Wasser ertränken. Doch Witkacy sah auch nicht voraus, dass sich immer, in jedem Jahrhundert und jedem politischen System, in jeder Generation und in fast jedem Land Männer und Frauen finden, für die ein Leben ohne das, was er »metaphysische Gefühle« nannte, unvorstellbar ist – selbst wenn sie nie von dem Dramatiker und Denker aus Zakopane gehört haben, selbst wenn sie diesen Begriff nicht verwenden oder ihn gar für anmaßend oder überflüssig halten. Sie müssen auch gar keine großen theoretischen Überlegungen anstellen. Es genügt wohl, dass sie aufmerksam Musik hören, dass sie nicht aufhören, sich Fragen zu stellen, auf die es keine Antwort gibt, dass sie sich an Bilder erinnern, die sie im Museum sahen, dass sie das Schweigen der Welt in der Abenddämmerung und die Vogelstimmen im Mai interessant finden, dass sie einen Schauder spüren, wenn sie der Gedanke durchfährt, dass sie leben und dass der Glanz jeder neuen Morgendämmerung ein unaufhörliches Versprechen ist.

Mir ist klar geworden, dass ich jenes »ob er nicht nur so tut« von Witold Gombrowicz entlehnt habe, aus dem offenen Brief, in dem Gombrowicz den feinfühligen Bruno Schulz provokativ fragt, wie er reagieren würde, wenn die Frau Doktor aus der Warschauer ulica Wilcza sein künstlerisches Schaffen mit eben diesen Worten quittierte: dass Schulz »ja nur so tut«. Aber diese Frage hat den Zweiten Weltkrieg überlebt; die ulica Wilcza wurde zerstört und nach dem Krieg wiederaufgebaut, die fiktive Frau Doktor starb vielleicht im Warschauer Aufstand, Bruno Schulz wurde in seiner Heimatstadt Drohobycz ermordet, Gombrowicz war in Argentinien, aber sein lustiger Einfall hat die Kriegskatastrophe überlebt. Und ich denke, dass nicht nur die Frau Doktor aus der ulica Wilcza diese Frage stellt, sondern auch die nur halbwirkliche Jury, die neue Autoren aufnimmt …

Die großen Augenblicke, die Momente des Überschwangs, der kurzzeitigen Gewissheit, des Lichts, des Glaubens; es kommt vor – weil sie naturgemäß schnell vergehen –, dass sie irgendwo am Rande der Erinnerung verschwimmen, dass wir sie nach einer bestimmten Zeit nicht mehr so ernst nehmen, wie sie es verdienen (und wie sie sich uns selbst zeigen, wenn sie unerwartet auftauchen). Zudem bewirkt der allgegenwärtige Nebel der Ironie, die dem spaßhaften Wesen der modernen Welt immanent ist, dass wir mit einigem Abstand beginnen, diese Augenblicke kritisch zu betrachten, als glaubten wir selbst nicht ganz daran, als wollten wir sie beiseite schieben, sie verdrängen, damit sie uns nicht stören, unser ohnehin schon ausreichend komplexes, vielschichtiges Leben nicht noch mehr verkomplizieren. Und doch sind diese Augenblicke die Basis von allem, das Fundament. Von allen Seiten angegriffen, schutzlos (sobald sie vergangen sind), weil ihre »Botschaft« nur schwer zu erklären ist, sind sie der Korrosion durch die überaus intelligente Ironie ausgesetzt, von der wir durchdrungen sind, selbst wenn wir sie »im Prinzip« ablehnen. Freunden und Bekannten können wir kaum etwas über diese Augenblicke sagen, sie haben etwas Dunkles, Stummes, obwohl sie, solange sie andauern, so laut wie sonst nichts zu uns sprechen. Doch wie soll man beim Kaffee, beim Tee, bei einem Glas Wein von ihnen erzählen, wenn schon – ganz unabhängig vom philosophischen Klima einer Epoche – die Tatsache eines Abendessens mit Freunden eine starke Strömung guter Laune erzeugt, eine unverzichtbare und lebenspendende, wiewohl von der wirklichen Lage derer, die sich da amüsieren, völlig losgelöste Fröhlichkeit. Und darüber zu schreiben, über diese großen Augenblicke, ziemt sich eher nicht ... Selbst wenn es sich ziemte, wäre es unmöglich. Wo doch sogar die großen Mystiker uns nur so wenig sagen konnten ... Es gibt keine Form, die es erlauben würde, diese Augenblicke festzuhalten, zu artikulieren. Ich habe aber festgestellt, dass es in unserer Zeit eine Art unschuldige Verschwörung gibt: Diejenigen, die aufmerksam Bach hören – und man kann Bach nicht aufmerksam hören, ohne wenigstens manchmal diese höchsten Augenblicke zu erleben –, haben einen Weg gefunden, eine Chiffre, und statt von momentaner Glaubensgewissheit zu sprechen, können sie sagen: »Ich habe Bach gehört.« Natürlich gibt es unter den Bewunderern und Hörern Bachs auch Ästheten, für die seine Musik nur eine von vielen rein künstlerischen Freuden ist, neben Prokofjew, Britten oder Respighi (der langweiligste Komponist überhaupt). Ich muss also einschränken: Nicht alle, die von Bach sprechen, gehören zu den Eingeweihten. Manche aber doch. Und keineswegs nur Musikwissenschaftler.

Diese Frage (Tut er nicht nur so?) ist übrigens nicht neu und absolut universell. In Julien Greens Tagebuch (Eintrag vom 9. Januar 1932) fand ich folgende Sätze: »Mit der wunderbaren Intelligenz, die nichts und niemanden verschont, spricht Miss Stein erbarmungslos über einen Maler, obwohl sie einige Zeichnungen von ihm in ihren Mappen verwahrt. Sie fragt sich, ob er wirklich der ist, der er zu sein vorgibt, ob er tatsächlich so irreal ist, wie er glauben machen will, oder ob sein Geheimnis nur in einer geschickten Täuschung besteht. Und sie vergleicht seinen Fall mit Fällen, bei denen die Kirche nicht zu sagen weiß, ob es sich um Heiligkeit oder Hysterie handelt.« Julien Green war ein diskreter Autor, er verschweigt den Namen des Künstlers, von dem er spricht, doch wer weiß, vielleicht ist Salvador Dalí gemeint, der damals in Paris lebte (und Green war einer derjenigen, die dem jungen und noch nicht begüterten Maler helfen sollten, indem sie sich verpflichten, regelmäßig Werke von ihm zu kaufen). Jeder neue Autor, Maler oder Komponist muss beweisen, dass er »nicht nur so tut«. Wie kann das gelingen? Menschen, Kunstkenner davon zu überzeugen, ist irrsinnig schwer. Eigentlich fast unmöglich. Die Anerkennung eines neuen Künstlers ist wie die Geburt eines neuen Mythos, Mythen jedoch werden nicht alle Tage geboren und ihre Menge ist strikt begrenzt, so wie die Zahl der Sitze in der Académie française.

Die Arbeit die ich unter der Obhut von Professor Leszczyński verfasste (Obhut! Im Grunde war es ein rein fiktiver Beistand, der Professor, der nur ein Schatten war, der nicht wirklich lebte – und der mich sicher mit dem Verdacht betrachtete, ich sei ein typischer n e u e r M e n s c h ohne jede Substanz –, konnte mir in keinerlei Hinsicht helfen), trug den Titel, ich schäme mich, es zu sagen, *Über das Erkennen des eigenen Körpers.*

Ich stellte mir gern vor, dass es in meiner nüchternen und im Allgemeinen wortkargen Familie, die wie ein alter, aber fleißiger Apfelbaum seit mehreren Generationen für gewöhnlich Lehrer für die unterschiedlichsten Schularten hervorbrachte, von der Grundschule bis zur Hochschule, Lehrer unterschiedlicher Fächer, solide und rechtschaffene, aber im Grunde phantasielose Menschen, dass es in dieser Familie auch jemanden gab, der anders war, jemanden mit dem Temperament eines Künstlers. In Familien, in denen labile Individuen dominieren, Alkoholiker und krankhafte Lügner, träumt man von Solidität, von schulmeisterlicher Regelmäßigkeit. Aber ich suchte nicht bürgerliche Korrektheit, sondern Phantasie, den Mut, aus einem von kleinen Karriereschritten gelenkten Leben auszubrechen. Ich hatte schon einmal so jemanden gefunden: Leopold Zborowski, einen entfernten Cousin, Dichter und Kunsthändler, den große Maler porträtiert haben, darunter Modigliani. Aber ich suchte weiter. In einem bestimmten Augenblick dachte ich, ich könnte eine nichtexistente Figur erfinden, etwa einen Bruder meines Vaters, der in meiner Vorstellung – wozu bin ich denn Schriftsteller, ich kann doch Lücken in meiner realen, schweigenden Familie schließen und ihr etwas Außergewöhnliches hinzufügen – Komponist gewesen wäre. Ich hätte ihm eine Biographie erfunden: Ähnlich wie Witold Lutosławski hätte mein nichtexistenter Onkel väterlicherseits während der Besatzung sein Geld damit verdient, dass er in einem Warschauer (oder Lemberger) Café Schlager auf dem Klavier spielte. Er hätte den Kontakt zu seinen Geschwistern fast komplett abgebrochen, wäre nach Paris emigriert, hätte bei Nadine Boulanger studiert … Aber es gab jemanden in der Familie, nicht väterlicher- sondern mütterlicherseits, der anders lebte als die Anderen, anders als die eher konventionellen Lehrer. Meine Mutter hatte eine Schwester Janina, von der nur selten gesprochen wurde. Mutters Familie war entschieden nationaldemokratisch gesinnt; sie brachte von zu Hause nationaldemokratische Neigungen mit, wurde aber glücklicherweise zum Objekt intensiver Erziehungsarbeit seitens ihrer Angehörigen, also ihres Mannes und ihrer Kinder, und am Ende ihres Lebens war kaum noch etwas von ihren früheren Auffassungen übrig. Janina indes starb sehr früh, noch vor Kriegsausbruch, an Tuberkulose. Ihr kurzes Leben verbrachte sie hauptsächlich in Sanatorien in Zakopane, sie bewegte sich in kommunistisch gesinnten Intellektuellenkreisen. Sie hatte bestimmt mit ihrer Familie gebrochen, deren politische Präferenzen und deren kleinbürgerliches Leben sie unmöglich akzeptieren konnte. Wie für viele Tuberkulosekranke war die Krankheit für sie ein Fluch, eine Last, schlicht ein Unglück, aber auch eine Art von Chance, denn sie befreite sie aus dem engen Umkreis der Routine. In ihr brannte ein Feuer, das Feuer der Tuberkulose, das sie zerstörte, sie aber auch vom banalen Dasein trennte und ihr half, ihre Vorstellungskraft zu öffnen. Es war die bittere Gabe eines beschleunigten Lebens, das rasant aufs Ende zustrebt, wie ein im Schnelldurchlauf abgespielter Film. Vielleicht kannte sie Witkacy … Mit Sicherheit war sie mit vielen Künstlern befreundet. Ich weiß nicht, ob sie selbst ihre Kräfte in der Kunst erprobte. Ihr Mann war Czesław Wieteska, der wie sie mit den Kommunisten sympathisierte. Wie die Nationaldemokraten in der Familie sich vor dem Künstlermilieu in Zakopane geekelt haben müssen … Czesław Wieteska – auch er kämpfte mit der Tuberkulose – war angehender Theaterregisseur und Assistent von Leon Schiller. Er überlebte den Krieg nicht. Er wurde vom NKWD in Lemberg verhaftet, allem Anschein nach zur selben Zeit, als man Aleksander Wat und andere Intellektuelle verhaftete – nach einer Provokation in einem Lokal, in das man sie alle gelockt hatte. Als man ihn holte, hatte er hohes Fieber, er litt an einer schweren Grippe. Wahrscheinlich starb er kurz darauf in der Haft. Noch ein

Schicksal, das unter schrecklichen Umständen vor der Zeit endete. Obwohl wir nie erfahren werden, welche Bilder, welche Träume sein Sterben begleiteten. Vielleicht waren Freudenfunken darin, sich selbst erfüllende Träume. Das können wir nicht wissen. Jedenfalls stellte sich meine nationaldemokratische Großmutter in die Schlange vor dem Brygidki-Gefängnis – dort traf sie Władysław Broniewskis erste Frau Janina –, um ihrem Schwiegersohn ein Päckchen mit Lebensmitteln zu bringen (dass sie trotz allem, ungeachtet all dessen, was sie trennte, ihrem armen Schwiegersohn zu helfen versuchte, der schon Witwer war und bald selbst zu Staub werden sollte, muss ich ihr zu ihren Gunsten anrechnen); nachdem sie sehr lange im Frost gewartet hatte, sagte man ihr: So einen haben wir hier nicht. Wir kennen ihn nicht. Der Nächste. Oder: die Nächste. Und Großmutter kehrte nach Hause zurück. So endete die revolutionär-künstlerische Linie in der Familie meiner Mutter.

Das ist Wilhelm Windelband – auf dem Foto im Lexikon sieht er aus, als hätte er gar keinen Hals; er war sicherlich klein und stämmig; ein enormer schwarzer Bart, gleichsam eine unheilverkündende Hagelwolke, bedeckt sein breites Gesicht. Ehrlich gesagt sieht er aus wie alle Gelehrten seiner Zeit. Alle hatten gigantische Bärte (als wollten sie ihr Gesicht verbergen). Windelband. So hieß ein Philosoph, ein Neukantianer. Er hat wirklich gelebt. In Heidelberg hat der junge Ossip Mandelstam, der wegen der in Petersburg eingeführten Quote für Studenten jüdischer Abstammung noch nicht an der dortigen Universität angenommen worden war, angeblich seine Vorlesungen über Kant gehört. In Heidelberg ist er auf der Straße bestimmt Stefan George begegnet, dem Dichter und Schamanen. Der bärtige Wilhelm Windelband ist als Wissenschaftstheoretiker in die Geistesgeschichte eingegangen, unter anderem durch seine Unterscheidung zwischen nomothetischen und idiographischen Wissenschaften. Erstere forschen nach allgemeingültigen

Gesetzen (Chemie, Physik), letztere (die geisteswissenschaftlichen Disziplinen) befassen sich mit einzelnen, singulären Tatsachen und Ereignissen, ohne nach einer Verallgemeinerung zu streben, die ohnehin nicht möglich wäre. Dafür richten sie größte Aufmerksamkeit auf die Farbe dieser Ereignisse, auf ihren einmaligen Charakter. Sie versuchen zu erfassen, was sich nicht erfassen lässt: das Individuum, das Singuläre, Einmalige. Soviel weiß ich noch aus dem Studium. Die armen, unsicheren, schüchternen, verzweifelten Geisteswissenschaften – wie ein junger Lehrer, der sich sowohl vor den Schülern als auch vor den Vorgesetzten fürchtet. Die unglücklichen Geisteswissenschaften, die neidisch auf die Erfolge der Nomothetiker blicken ... Sie würden gleichfalls gern Gesetze schmieden, Regelmäßigkeiten entdecken, mit mathematischen Symbolen hantieren ... Wenn ich Jarosław Iwaszkiewicz wiederlese, vor allem seine Erzählungen, Reiseskizzen und das Tagebuch (auch manche Gedichte sprechen mich sehr stark an), bin ich gleichsam schockiert, auf positive, wunderbare Weise schockiert: Hier ist ein durch und durch i d i o g r a p h i s c h e r Schriftsteller, ein Erforscher des Konkreten, ein Kenner von Gebäuden, Gemälden und menschlichen Gesichtern, ohne Interesse oder Mitleid für die Theorie. Er kannte sich mit individuellen Dingen aus, individuellen Frauen und Männern, er begriff sehr gut, dass nur das existiert, nur diese einzelne Silberpappel mit dem abgebrochenen Ast und der mit dem Schwanz wedelnde gelbe Hund mit der scheckigen Schnauze, der sich mit den Menschen angefreundet hat, und die junge schwarze Katze, die kühn jeden Baum erklettert, und der sechsjährige Junge mit dem hübschen Mund und den riesigen Augen auf dem Roller, dem wir gestern beim Spazierengehen am Kościuszko-Hügel begegneten und der sich sehr artig mit uns unterhielt (er sagte, er heiße Franio), und die hochbetagte Frau, die ich regelmäßig in unserer Straße in Krakau sehe, tief über ihren Stock gebeugt, die in der Mitte des Bürgersteigs nur mühsam vorankommt, aber die Gestalt alter Dinge in sich birgt, die Gestalt einer verschwundenen Anmut, den Umriss von etwas Edlem, von etwas, das ich nie kennenlernen werde. Es gibt nichts anderes, nur konkrete Menschen und konkrete Dinge, Pappeln und Buchen, Holundersträucher und den Geist, der sie betrachtet, und die Trauer darüber, dass alles zu Ende geht. Menschen, Männer und Frauen, jeder und jede, in ihrem Leben gefangen; wir sehen sie nur für einen Augenblick, auf der Straße, auf dem Heimweg, wenn sie nach Hause gehen, eilig, fast laufend. Manche tragen Taschen mit Einkäufen, und in den Taschen Kartoffeln, Brot, Äpfel, Tomaten, Schinken, Quark. Sie müssen ihrer Vereinzelung Nahrung geben. Sie eilen, sie laufen, um sich wieder in der dunklen Schublade ihrer Vereinzelung zu verstecken. Und es gibt die Erinnerung, die auf so unvollkommene Weise versucht, die Einzigartigkeit derer festzuhalten, die von uns gingen, und die weint, wenn die Gesichtszüge und die Melodie der Stimmen unserer Nächsten zu verschwimmen beginnen. Und die Vorstellungskraft, die Cousine der Erinnerung, aber auch sie verachtet Abstraktionen. Die Vorstellungskraft ist wie eine Witwe in Schwarz, sie sitzt in einem tiefen Sessel und ruft unbeholfen die Toten ins Leben zurück. Dann wird es still. Und noch später, viel später kommt die Schriftstellerei, die versucht, dieses Idiomatische, Einzigartige, Singuläre, Flüchtige einzufangen in Aussagesätzen, die Menschen und Dingen übergeworfen werden wie einem wilden Fohlen das Lasso von einem noch unerfahrenen Cowboy. Aussagesätze sind einfältig, sie sind dazu geschaffen, einfachste Feststellungen zu notieren: Der Mond ist blass, die Linde ist grün, der Fluss seicht, Anna ging zur Schule, die Marquise ging aus dem Haus. Mit diesem Werkzeug, primitiv im Vergleich mit den Instrumenten von Astronauten oder Chirurgen, brechen die Schriftsteller auf zur Expedition in den Dschungel des Lebens. Das ist wirklich lächerlich und pathetisch. Die Schriftstellerei, die etwas Unmögliches, absolut Unmögliches tut, und wenn sie die Löcher in der Wirklichkeit zukleistert, dann allein durch ihre Leidenschaft für die Welt. Denn nur das rettet sie, dass sie verliebt ist in die Welt (dass es eine Liebe ohne Gegenseitigkeit ist, muss ich wohl nicht eigens sagen; die Welt lacht über die Literatur). Sie liebt oder sie hasst; manche Schriftsteller, wie etwa der Österreicher Thomas Bernhard, schrieben nur zornig, nur wütend, Jarosław Iwaszkiewicz verehrte das Konkrete auf fast hysterische Weise; in seinen Büchern wiederholen sich h y s t e r i s c h e Ausbrüche der Liebe zu Menschen und Orten, zu Hunden, zu Kunstwerken. Und zugleich zieh er sich bisweilen der »Armut des Denkens«. In einem Essay über Venedig schreibt er: »… ich bin geschwätzig, weil ich mit dem Geschwätz meine Armut verdecken will, die Armut meines Landes und die Armut meines Denkens.« Armut des Denkens, was für ein Missverständnis, jemand der so nach dem Konkreten dürstet und es so in seinem Schreiben zu fassen weiß, denkt auf die beste, vollkommenste Weise … Gesegnete Armut des Denkens. Wie aber lebte Jarosław Iwaszkiewicz, wenn er sich von seiner Arbeit losriss? Ich werde nie vergessen, dass er während der Besatzung gemeinsam mit seiner Frau außerordentlichen Mut bewies und Juden half, sie beide retteten sowohl Juden als auch Freunde, die nicht den gelben Stern trugen; gegen Kriegsende wohnten in ihrem großen Haus einige Dutzend Menschen, Gestrandete, Flüchtlinge aus den Ruinen Warschaus. Ihr Hof war eine gigantische Arche Noah (nur dass die Iwaszkiewiczs, anders als der biblische Patriarch, nicht nur einzelne Exemplare jeder Gattung retten wollten). Stawisko war eine feste Insel, während ringsum die Wasser der Sintflut langsam zu sinken begannen. Iwaszkiewicz, der die deutsche Dichtung und Musik liebte, der in den späten zwanziger Jahren sogar mit dem Kreis um Stefan George in Kontakt kam, schrieb aus Hass gegen die nazistische Barbarei und als Reaktion auf die Verachtung, welche die Besatzer den Polen gegenüber zeigten, das Wort »Deutscher« eine Zeitlang klein, deutscher, ein Verstoß gegen die Regeln der Orthographie … Orthographie, was ist die Orthographie für jemanden, der das Konkrete liebt. Das Konkrete schert sich nicht um Groß- oder Kleinschreibung. Dass er nach dem Krieg ein für seinen Opportunismus und seine sicherlich gespielte politische Naivität bekannter *homme de lettres* wurde (kurz gesagt: Ein Kaugummi kauender Amerikaner schien ihm eine größere Bedrohung für die Zukunft unserer Zivilisation als ein sowjetischer NKWD-ler), dass er sich als begeisterten Sympathisanten des Kommunismus deklarierte und daraus keinen geringen Nutzen zog – vor allem rettete er sein großes Haus, sein Gutshaus, und er konnte es auch heizen, erhalten, renovieren –, ändert nichts. Maria Dąbrowska erinnerte sich so an ihn (und notierte es in ihrem Tagebuch vom 30. März 1954): »Es wurden auch Toasts ausgebracht, einer auch von Iwaszkiewicz. Sooft ich ihn offiziell reden höre, erfasst mich ein lang anhaltender Ekel vor soviel schmeichlerischer Gespreiztheit und Lakaientum. Dann schäme ich mich für ihn und für die Schriftsteller allgemein.« Doch mitunter dachte und schrieb sie – in demselben Tagebuch – voller Anerkennung, ja Bewunderung über ihn. Die Zeit arbeitet für ihn: Es gibt immer weniger Zeugen seiner Feigheit, seiner Ausweichmanöver, seiner Solidarisierung eher mit dem Politbüro als mit den Schriftstellerkollegen (obwohl er auch imstande war, sie vor dem Schlimmsten zu bewahren, vor Verhaftung, vor Armut). Ein Opportunist, ja, ein absoluter, mustergültiger Opportunist, aber was für ein Schriftsteller! Es handelte sich übrigens auch nicht um ideologische Kollaboration, um ein Ergriffensein vom Marxismus. Der Marxismus zog ihn, ehrlich gesagt, überhaupt nicht an. Der Marxismus kannte das Konkrete nicht, der Marxismus litt an einer Zirrhose des Konkreten – und zuletzt brachte das Konkrete ihn um. Jarosław Iwaszkiewicz war ein Mensch von enormer Kultur – man möchte sagen, von i d e o g r a p h i s c h e r Kultur. Wenn ich ihn lese, wird mir der Abgrund bewusst, der uns von der Schriftstellergeneration trennt, zu der er gehörte (er wurde 1894 geboren). Wie sehr sich Iwaszkiewiczs

Erziehung von der unterscheidet, die späteren Generationen zuteil wurde, meine eigene und die der Jüngeren eingeschlossen. Und das ist nicht die konservative Klage über den Verfall der klassischen Kultur. Iwaszkiewicz bekannte, dass ihm die griechische Welt unverständlich sei – auf Sizilien, in Agrigent notierte er einmal, die Chopin-Walzer, die ein unbekanntes Mädchen dort bei offenem Fenster in einem Haus spielte, an dem er vorüberging, seien ihm sehr viel näher gewesen als die majestätischen griechischen Bauwerke im berühmten Tal der Tempel. Wir führen uns selten vor Augen, wie viel wir dadurch verloren haben, dass im Geistesleben seit fast hundert Jahren S y s t e m e wirken. Im Zeitalter der Ideologien haben sich überall, auch und vielleicht insbesondere an den Universitäten, Systeme eingenistet, zahllose Ismen. Die Spielarten des Marxismus, aber auch die Psychoanalyse, die Avantgarde oder der Strukturalismus, dieser Aristotelismus für Arme, und seine zahlreichen Varianten mit der fatalen Vorsilbe post-, zudem die Modalitäten der sogenannten P o s t m o d e r n e , die Sekten und Subsysteme, von denen jedes seinen Pariser Propheten hatte oder hat (die alle im selben Viertel lebten, im Quartier Latin, und sich im selben Café trafen). Manche Systeme – wie die Psychoanalyse – mögen für die Praxis taugen, als eine Art Kunst des Umgangs mit Menschen, der Unterstützung, Hilfe, Heilung. Aber letztlich sind Systeme Gift für den Verstand, ein Schandfleck des intellektuellen Lebens. Die Systeme haben uns zu Sklaven, zu Zwergen gemacht. Ganz anders dort, wo wir es mit selbstloser Kontemplation der Welt zu tun haben, wie etwa in der *Zweiten Ode* (»Der Geist und das Wasser«) von Paul Claudel, wo der Autor ausruft: »Oh Credo voller sichtbarer und unsichtbarer Dinge.« Und letztlich zählt ja nur das: die selbstlose Kontemplation der Welt, voller Begeisterung oder Entsetzen, oder des einen durchmischt mit dem anderen. Systeme erlauben keine selbstlose Kontemplation der Welt; sie sind Siebe, die sortieren, eliminieren, nivellieren, vereinfachen, verkleinern. Systeme sind wie mnemotechnische Tricks; ideal für Schnellkurse in Abendschulen … Wer eines von ihnen beherrscht – dazu genügen ein paar Monate intensiver Paukerei – ist befreit vom echten Wissen, von der echten, freien, freudigen Gelehrtheit, die offen ist für die Wirklichkeit, aber auch für Dutzende Traditionen, Hunderte Maler, Komponisten, Schriftsteller – die nichts oder fast nichts miteinander verbindet, die sich um nichts in der Welt in ein System »einordnen« lassen, weil jeder auf eigene Faust nach der Wahrheit suchte, schmerzlich, freudig und enttäuscht, melancholisch oder inspiriert, und jeder einen anderen Preis für diese Suche zahlte. Manche begegneten sich und freundeten sich sogar an, wie Delacroix und Chopin, andere wussten nichts voneinander und wissen es auch heute nicht. Wer nur auf die stille Kontemplation der Welt aus ist, gründet keine Künstlervereine, trägt keinen Ausweis bei sich. Er sucht auch nicht nach theoretischer Rechtfertigung für seine Werke. In einem herrlichen Gedicht sagt Gottfried Benn über Chopin: »wenn Delacroix Theorien entwickelte,/wurde er unruhig, er seinerseits konnte/die Notturnos nicht begründen.« Das ist stark: Notturnos begründen! Balladen begründen! Iwaszkiewicz reiste viel in Europa herum, hauptsächlich in Italien, aber auch in Dänemark und in Polen, und in jeder Stadt, sei sie berühmt wie Venedig oder kaum bekannt wie Sandomierz, hatte er seine Lieblingsgassen, -spazierwege, -bilder. Kein System verband diese Städte zu einem Ganzen, jede hatte ihren eigenen Geruch, ihr Unkraut, ihre Rauchschwaden, ihre Schwalben und Spatzen, kleinen Cafés, provinziellen Museen, ihre traurigen Stunden und glücklichen Momente. In jeder war jemand glücklich und jemand verzweifelt. In jeder gab es einen Irren, aber auch eine Person mit einem schönen, edlen Gesicht. Iwaszkiewicz liebte das Individuelle. Er war ein unerhört sinnlicher Schriftsteller, seine Helden werden von Liebe verzehrt, die Liebe erschafft und zerstört sie, es vernichten sie die Zeit und die Achtlosigkeit der Welt. Gleich kommt der Tod. Das Einzige, was bei Iwaszkiewicz irritieren kann: Der Tod erscheint manchmal mit einer solchen Selbstverständlichkeit, so automatisch wie im Hotel das Frühstück, als wäre er vom Autor eingeladen worden, nicht vom Schicksal. Iwaszkiewicz hatte ein großes Talent für den Tod, der Tod half ihm zuweilen aus einem schriftstellerischen Dilemma, er vereinfachte allzu schwer aufzulösende, komplizierte Konstellationen. Ein Beispiel dafür ist die wunderschöne Erzählung Anna Grassi, die jedoch mit einem mors ex machina endet. Iwaszkiewicz hatte ein unfehlbares schriftstellerisches Gedächtnis, er erinnerte sich an frühere Erlebnisse, an Momente, in denen er etwas Schönes oder Besonderes, Klares gesehen hatte, an die kleinen und großen Offenbarungen, die man immer auf Reisen erfährt. Er spielte allem Anschein nach nicht schlecht Klavier. Die Musik ist ihrem Wesen nach idiographisch. Die Musik geht in Iwaszkiewiczs Schreiben ein, selbst dann, wenn er nicht von ihr spricht. Die Musik, die die Königin des Konkreten ist, der Triumph des Konkreten über die Langeweile der Theorie, und die sich nur dem öffnet, der zuzuhören versteht. Die Musik zerstört die Systeme. Und man weiß nicht, warum jemand wie Nabokov, ein großer Kenner des Konkreten, für Musik absolut taub war. Warum? Wir wissen es nicht. Jarosław Iwaszkiewicz las Autoren, die heute fast vergessen sind – Kazimierz Chlędowski und Józef Kremer. Er empfahl jedem die Korrespondenz von Eliza Orzeszkowa. Ihn faszinierte Kierkegaard (den er übersetzte) – der ebenfalls alle Systeme hasste. Eine ähnliche Haltung fand ich bei dem französischen Tagebuchschreiber und Sonderling Paul Léautaud, einem Katzenliebhaber, den ich eine Zeitlang mit großem Eifer las (heute nicht mehr). Léautaud, ein Schriftsteller »von niederem Rang« – dessen rühmte er sich sogar –, attackierte die Generation der Nachkriegsromanciers, die Generation von Sartre und Camus. Er klagte, in der Literatur hätten Philosophieprofessoren das Zepter übernommen, pedantische Verfechter einer einzigen Idee und miserable Stilisten, die den ästhetischen Reichtum des Französischen nicht zu nutzen wüssten; sie seien blind für die Vielfalt der Wirklichkeit, für das Unvorhersehbare, Wilde, Überflüssige, Tragische und Komische, sie erstickten die lebendige Stimme der menschlichen Individualität, die Stimme der besonderen, einzigartigen Empfindsamkeit und Idiosynkrasie. Jarosław Iwaszkiewicz dachte genauso – in einem Brief aus Amerika schreibt er als Randnotiz zu einer Diskussion über Frankreich: »Das Land vergisst langsam seine edelsten Erlebnisse aus der Besatzungszeit und macht, aufgefressen von Angst und Ambition gleichermaßen, [...] einen kranken Eindruck. Seine Gegenwartsliteratur reflektiert diesen Zustand. Ich habe jetzt in Paris sowohl Sartre als auch Camus gelesen. Beide sehr talentiert, aber sie wissen nicht, was die eigentliche Berufung des Schriftstellers ist.« (Gern würde ich Camus in Schutz nehmen ...) Was aber ist die eigentliche Berufung des Schriftstellers, des Künstlers? Iwaszkiewicz beschäftigt sich oft mit dieser schwierigen Frage (die jedes System natürlich sofort und gern beantwortet, perfekt kodifiziert und in fetten Lettern), auch während einer Sizilien-Reise, in Syrakus unweit der Fonte Aretusa, deren seichtes und dunkles Wasser noch immer von Papyrus bewachsen ist. Dort sinniert er über Karol Szymanowski und schreibt: »Ich sehe Gesicht und Gestik dieses Menschen, der seine Liebe zum Leben und die Unzulänglichkeit der menschlichen Bemühungen, dieses Leben auszumessen, zu begreifen und ihm im Schönen die letzte, künstlerische Gerechtigkeit zuteil werden zu lassen, in Klang verwandelt hat. [...] ... nicht messbare, mathematische Gerechtigkeit, die sich auf archimedische Weise abwiegen ließe, sondern jene fundamentale, wenn der Mensch hört oder schaut, liest oder sieht und sagt: Das ist die Wahrheit, das ist das Leben, das ist die Liebe, das ist der Tod.« Auch wir können, wenn wir Iwaszkiewicz lesen, nichts anderes sagen, denn schließlich haben wir nichts Neues gelernt in all den Jahren, die uns von seiner Zeit trennen, der Zeit seiner Wanderungen und Versuche, seiner Entdeckungen und Leiden, wir können nichts erklären. Wir wiederholen nur: Das ist die Wahrheit, das ist die Liebe, das ist der Tod.

Iwaszkiewicz schreibt irgendwo, er »hasse Galizien« (obwohl er schöne Erinnerungen an Krakau hatte, er kam gern hierher). Ebenso »hasst« er Wien. Er »hasst« das Stadtleben, das beengte Leben in Wohnungen, sein Leben lang zehrt er von der Erinnerung und der Legende der ukrainischen Gutshöfe (obwohl seine Eltern in der sozialen Rangfolge des damaligen Landadels eine relativ niedrige Position innehatten). Er ist enttäuscht, als er in Leningrad eine Wohnung besucht, die einst Alexander Blok gehörte, einem für ihn wichtigen Dichter – enttäuscht, weil diese Wohnung im Obergeschoss liegt und nichts Besonderes zu bieten hat, nicht einmal eine außergewöhnliche Aussicht. Er ist überrascht, dass Bloks Vorstellungskraft in eine normale Wohnung passte. Gutshöfe, Gutshäuser, die weite ukrainische Steppe, die Felder Siziliens – ja, dort kann die Poesie arbeiten, nicht aber in einer normalen Wohnung im vierten Stock.

Eine weitere Notiz aus Julien Greens Tagebuch, vom 21. April 1935; der Autor befindet sich in Rom auf dem Petersplatz, wo die Menge, wie es Brauch ist, dem Papst zujubelt. Unter den Tausenden von Menschen auf dem Platz, so Green, »brüllten Hunderte von jungen deutschen Katholiken ›Heil!‹ und streckten den rechten Arm aus.« Und er kommentiert nicht einmal, dass die deutschen Katholiken meinten, mit dem Hitlergruß dem Papst eine Freude zu bereiten.

In der Ausstellung mit Witkacys Fotografien gibt es ein Foto, das einen Mann mit Fliegermütze zeigt, die Unterschrift lautet: »Elzenberg, der Flieger«. Es muss sich um Henryk Elzenberg handeln, den Philosophen, der seinen Platz in der Literaturgeschichte heute vor allem der Tatsache verdankt, dass er der Lehrer und Freund Zbigniew Herberts war. In den stalinistischen Jahren konnte er praktisch nicht lehren, aber er war umgeben von einem Kreis von Studenten, zu dem auch Zbigniew Herbert gehörte. Er verfasste zahlreiche Arbeiten, die von Spezialisten studiert werden, vor allem aber ein intellektuelles Tagebuch, das in den sechziger Jahren des zwanzigsten Jahrhunderts unter dem Titel *Kłopoty z istnieniem* (dt. *Kummer mit dem Sein*) veröffentlicht wurde und bis heute nichts von seiner Kraft verloren hat. Es ist ein außergewöhnliches Buch. Als Philosoph unterlag Elzenberg unterschiedlichen Einflüssen, etwa dem Historismus des neunzehnten Jahrhunderts oder der östlichen Philosophie, er suchte sich unterschiedliche Lehrer, von Goethe bis Gandhi, aber in *Kummer mit dem Sein* zeigt er sich als offener Geist, der sich keineswegs hinter einem philosophischen Panzer verschanzt. Im Gegenteil, es sind Notizen eines wehrlosen Menschen, der über mehr als fünfzig Jahre hinweg seine Beobachtungen und Zweifel ehrlich notiert, Gedanken zu seinen zahlreichen, vielfältigen Lektüren festhält und auf historische Ereignisse reagiert. Ihn beschäftigen die klassischen Fragen der Kulturphilosophie, aber auch Probleme, die in der Geschichte des systematischen Denkens weniger heimisch sind. Eines davon ist das Verhältnis zwischen Poesie und Leben, die Frage, ob man sich nicht vom Leben entferne, wenn man sich auf die Poesie konzentriere … Elzenberg findet keine eindeutige Antwort auf diese Frage, er ringt mit ihr, mal steht er auf der Seite des »Lebens«, mal verteidigt er die Imagination. Während des Ersten Weltkriegs schreibt er, im Streit der Poesie mit dem Leben sei »das Leben der Poesie gegenüber im Unrecht« gewesen, denn »was man so geringschätzig ›Poesie‹ zu nennen pflegte, war eben das Programm eines Lebens, wie es sich heute dank des Kriegs in seiner Fülle, seinem Reichtum, seiner Tragik und Herrlichkeit offenbart.« Dies notiert Elzenberg aber relativ früh, als das Grauen des Stellungskriegs noch nicht offensichtlich war. Auch in den Jahren des Zweiten Weltkriegs, als er in der Hölle lebt (denn das von den Hitlerdeutschen besetzte Polen war eine Hölle), lässt er nicht von seinen Lektüren, von der geduldigen Aufzeichnung seiner Gedanken; er stellt den Wert des Nachdenkens über die Kunst, den Wert der Ideen und der Literatur nie radikal in Frage, und das in einer Zeit, in der andere Schriftsteller und Denker, entsetzt von der Katastrophe des Kriegs und der Shoah, die gesamte europäische Kulturgeschichte verleugnen und sich – wie gekränkte Kinder – dem Nihilismus zuwenden. Er schafft es, angesichts der brutalen Aktualität der Geschichte seine geistige Unabhängigkeit zu bewahren; während der Kampf um Stalingrad tobt, notiert er weiter seine Lektüreeindrücke. Er errichtet kein philosophisches System, er offeriert keine »zentrale Metapher«, er geht nicht ins Pantheon der großen Philosophen ein, aber er hinterlässt ein Buch, dessen größte Stärke gerade seine »Weichheit« ist, das Fehlen eines letzten Resultats, die unaufhörliche, tägliche Auseinandersetzung mit der Welt. In Elzenbergs Tagebuch meint man, jede Nacht lösche alle bisherigen Überlegungen aus und erwecke alle Zweifel aufs Neue – ist der Philosoph also gescheitert? Er beginnt immer wieder von vorn, als habe er sich verboten, seine früheren Notizen anzuschauen, als müsse er die grundlegenden Fragen täglich neu beantworten. Ist das Niederlage oder Triumph? Ist Elzenberg nur ein Räsoneur, unfähig, sich eindeutig für einen Standpunkt zu entscheiden, an einem Ort stehen zu bleiben und sein Terrain energisch zu verteidigen? Bisweilen, ich gebe es zu, hat diese endlose Suche etwas Irritierendes. Dann wieder denke ich, dass Elzenberg einen großen Sieg errungen hat, weil ihm zweierlei gelingt: Er findet zwar keine Antwort, aber er vergisst nicht die Fragen.

Der Autor des Vorworts zu Jarosław Iwaszkiewiczs *Dzienniki* (Tagebücher) zitiert einen wunderbaren Aphorismus von Karol Irzykowski (aus dem Tagebuch des Kritikers): »Man kann alles bis zum Ende durchleben, doch man kann nichts bis zum Ende durchdenken.«

Auf Einladung der Spycher-Stiftung waren wir einige Wochen im Rhône-Tal, in der kleinen Stadt Leuk (im Kanton Wallis, französisch Valais). Das Tal der jungen Rhône ist außergewöhnlich. Vielleicht ist hier die Welt entstanden. Es wirkt, als sei hier noch etwas vom Chaos vor der Erschaffung der Welt erhalten geblieben, manchmal liegt ein riesiger Felsen nicht dort, wo er liegen sollte, stürzt ein Bach aus zu großer Höhe herab. Das Tal ist riesig; weit oben ziehen langsam weißgraue Wolken dahin, darunter kreisen Habichte, ganz unten verrichten Ameisen und Menschen geschäftig ihr Tagwerk. Entlang der Hänge ziehen sich sorgsam gepflegte Weinberge hin, deren Schneisen und Muster so regelmäßig sind wie ein französisches Orthographiewörterbuch. Das mittelalterliche Städtchen Leuk, von der Größe her eher ein Dorf, liegt keine hundert Meter über dem Fluss, der Rhône, im deutschsprachigen Teil. Das ist Rilkes Land; Leuk liegt auf halbem Weg zwischen dem Turm von Muzot, in dem die *Duineser Elegien* entstanden, und der Kirche von Raron, wo der Dichter begraben ist.

Guillaume Apollinaire starb am 9. November 1918 im Alter von gerade einmal 38 Jahren. Sein Organismus, geschwächt von der schweren Verletzung, die der Dichter an der Front davongetragen hatte, konnte die Spanische Grippe nicht abwehren. Während er im Sterben lag, ging der Erste Weltkrieg zu Ende, und Zeitzeugen zufolge skandierte auf dem Boulevard Saint-Germain, wo Apollinaire im ersten Stock wohnte, eine unüberschaubare Menge: »À bas Guillaume« – nieder mit Guillaume, nieder mit Wilhelm, dem deutschen Kaiser.

Mich fasziniert seit langem – neben der *Zone* und einigen anderen Gedichten – besonders ein Werk Apollinaires, *La jolie rousse*, also *Die hübsche Rothaarige*. Es ist eines seiner letzten Werke, eine Art Vermächtnis:

Die hübsche Rothaarige

Bei allen gelte ich als ein Mann mit Vernunft
Der das Leben kennt und vom Tod was ein Lebender kennen kann
Nachdem er die Freuden und Leiden der Liebe erfahren hat
Und manchmal seine Ideen durchzusetzen gewußt hat
Der mehrere Sprachen kennt
Und nicht wenig gereist ist
Der den Krieg bei der Artillerie und der Infanterie mitgemacht hat
Am Kopf verwundet unter Chloroform trepaniert worden ist
Und seine besten Freunde in diesem schrecklichen Ringen verlor
Ich weiß von Altem und Neuem soviel wie ein einzelner davon wissen kann
Und ohne mich heute über diesen Krieg aufzuregen
Unter uns und für uns meine Freunde
Schlichte ich diesen langen Streit zwischen Tradition und Erfindung
Zwischen Ordnung und Abenteuer

Ihr deren Mund gemacht ist nach dem Bilde des göttlichen Mundes
Des Mundes der die Ordnung selbst ist
Seid nachsichtig wenn ihr uns denen vergleicht
Die die Vollendung der Ordnung waren
Uns die wir überall das Abenteuer suchen

Wir sind nicht eure Feinde
Wir wollen euch weite seltsame Reiche schaffen
Wo das Geheimnis in Blüte steht und sich dem Pflückenden schenkt
Es gibt da neue Feuer nie zuvor gesehene Farben

Tausend unwägbare Phantasmen
Denen man Wirklichkeit geben muß
Wir wollen die Güte erforschen gewaltiges Land drin
alles schweigt
Auch ist da Zeit die man verjagen und wieder einsetzen
kann
Mitleid für uns die wir immer an den Grenzen
Des Unbegrenzten und der Zukunft kämpfen
Mitleid für unsere Irrtümer Mitleid für unsere Sünden

Siehe der Sommer kommt die heftige Jahreszeit
Und wie der Frühling ist die Jugend mir vergangen
O Sonne der Vernunft ist glühend aufgegangen
Und ihr geweiht
Will ich die köstliche und edle Form empfangen
Die sie sich wählt daß ich sie liebe immerdar
Sie kommt und zieht mich an wie Eisen der Magnet
Die göttlich vor mir steht
Rothaarig wunderbar

Gold ist ihr Haar man könnte meinen
Ein Blitz der lange währt und schön
Oder ein stolz geflammtes Scheinen
Auf Rosen ehe sie vergehen

Aber lacht nur lacht über mich
Menschen von überall besonders ihr Leute von hier
Gibt es doch so viele Dinge die ich euch nicht zu sagen
wage
So viele Dinge die ihr mich nicht sagen ließet
Habt Mitleid mit mir

Ein schwer zu deutendes, außergewöhnliches Gedicht: Der avantgardistische Dichter bittet um Vergebung, um Mitleid, wo doch der Grundton der Avantgarde meist Arroganz ist. Der zwischen Tradition und Moderne zerrissene Apollinaire, der ein großer Kenner der alten Dichtung ist, aber auch ein Anhänger des Neuen, der Auffrischung des künstlerischen Ausdrucks, der den Streit der Alten und der Neuen kennt, steht hier, in diesem Gedicht, in der Mitte der Welt, am Scheideweg. Es ist ein spätes Gedicht; der Dichter ist schwer verwundet (darauf verweist der Vers über die Schädeltrepanation), er hat nicht mehr lange zu leben. Was bedeutet es, in der Mitte der Welt zu stehen, zwischen dem Archaischen und der Moderne? Vielleicht bedeutet es, dass jemand, der wahres Leid erfahren hat, nicht mehr mit tödlichem Ernst an den Parolen ehrgeiziger junger Künstler festhalten kann. Wer zwischen Leben und Tod steht, vertraut nicht mehr auf Programme und Manifeste.

Gestern beim Abendspaziergang. Ich blieb vor der Markuskirche stehen, einer der ältesten Kirchen in Krakau, und beobachtete die Mauersegler. Die Mauersegler mögen die alte Kirche aus dunkelrotem Backstein; sie bauen dort ihre Nester, es ist ihr Gebäude, ihr Zuhause. In der Abenddämmerung umkreisen sie liebevoll die Kirchenmauern, sie bewegen sich unglaublich schnell, dabei pfeifen sie schrill, beschleunigen bisweilen, ohne die Welt der Menschen zu beachten. Man könnte meinen, es handele sich um einen Sturm auf die Kirche, um ein höchst mobiles Belagerungsheer. Für einen Augenblick überträgt sich das auf mich, ich übernehme für einen Moment die Perspektive der Mauersegler, die durch die langsam dunkler werdende Luft schwirren, ich schaue nach oben, nicht auf die Passanten, ich bewundere die Gewandtheit dieser launisch in alle Himmelsrichtungen schießenden schwarzen Pfeile. Ich weiß, sie sind nur auf der Jagd nach Insekten. Aber jetzt, in der Abenddämmerung, da sie mit ihren Flugbahnen den Kirchenbau umhüllen, vergesse ich das, ich höre nur ihr Pfeifen, ich bewundere die Mauerseglerpatrouillen, die wie Artisten aus dem besten Zirkus Europas in riskanten Loopings durch die engen Gassen des alten Krakau fliegen und dann, wenn die

Dämmerung ihre lange, geduldige Arbeit getan hat, in der Dunkelheit verschwinden, als hätten sie sich in der Nacht aufgelöst.

Wenn ich Romane schreiben könnte, würde ich mich vielleicht an einem Roman über einen Menschen versuchen, der sein Leben nur auf die kurzen, intensiven Momente mystischer Öffnung ausrichtet und der alles verachtet, was sich während der endlos wiederkehrenden Tage und Wochen abspielt, der diese Tage und Wochen für eine Art unerträglicher Fron hält, langweilige Watte, mit der unser Leben ausgestopft ist, was, so dächte mein Protagonist, allein aus banalen dramaturgischen Gründen so sein muss – wir können nicht nur sekundenweise leben, das würde Darwin nicht zulassen. Dieser Mensch müsste nicht unbedingt ein aktiver Künstler oder Denker sein, er könnte sich auf ein intensives Erleben beschränken. Vielleicht würde er Aufzeichnungen machen, in der Hoffnung, sie würden ihn irgendwann zu seinem »Hauptwerk« (um Witkacy zu zitieren) führen. Seine Philosophie bewährt sich in halbwegs ruhigen Zeiten einigermaßen, aber dann bricht der Krieg aus, es erscheinen die unheilvollen Uniformen der SS-Männer oder die kaum weniger unheilvollen Uniformen des NKWD, und unser Mystiker sitzt in der Falle. Er wird zermalmt von der gigantischen Maschinerie der modernen Geschichte, die für ein subtileres Verständnis von Zeit absolut keinen Sinn hat, für die Tage und Wochen zählen, nicht Sekunden. Ein Kandidat für die Rolle des Protagonisten in diesem Roman wäre Henryk Elzenberg, der Liebhaber und Kenner von Marc Aurels *Selbstbetrachtungen*. Elzenberg lebte in gewisser Weise von und in Aphorismen, nicht in der systematischen Abfolge von Ereignissen. Im Jahr 1938 notiert er in seinem Tagebuch: »Der Krieg nahe, er naht, er wird jeden Tag ausbrechen, unangekündigt. Man muß sich seelisch darauf vorbereiten. Der kommende Krieg wird tiefer in unser Leben eingreifen als der vorhergehende. Er wird ein Schlag gegen alles sein, uns alle Grundlagen entreißen. Er wird uns nicht soviel Gelassenheit lassen wie einst, als es noch möglich war, während des Kriegs zu lieben, sich zu streiten und sich zu versöhnen, philosophische Abhandlungen zu schreiben, sie in Akademien vorzutragen, als Stipendiat nach Wien zu fahren und sich wochenlang dem Besuch der Bildergalerien und der Lektüre von Werken über Rembrandt zu widmen. [...] Für jene, die auf das Denken, die Kunst, die Kreativität gesetzt haben, könnte das das Ende – wörtlich – bedeuten.«

Noch einmal zu Iwaszkiewiczs *Tagebuch* – Anfang der sechziger Jahre hält sich Iwaszkiewicz wie üblich in seinem geliebten Sandomierz auf und hört abends einen Teenager Mundharmonika spielen. Mädchen lauschen ihm aufmerksam, Gleichaltrige. Der fast siebzigjährige Schriftsteller (ein vom Regime mit Gunstbezeigungen überhäufter Würdenträger) erlebt einen Anfall von Neid auf die jugendlichen Einwohner von Sandomierz, er beneidet sie um diesen Abend, um das Halbdunkel und die Jugend sowie um die Mundharmonika, das Zeichen von Freiheit und leichter Inspiration.

Ich weiß kaum etwas über Elzenbergs Leben unter der Hitlerbesatzung. Ich weiß nur, dass er es schaffte zu überleben. Ich weiß auch, dass er damals in Wilna lebte, sich an der Geheimuniversität beteiligte und mit Gelegenheitsarbeiten seinen Lebensunterhalt verdiente – unter anderem war er Nachtwächter in einem Schreinereibetrieb. Diese letzte Information ist sensationell: Der Denker als Nachtwächter, ein Wächter mit Hang zum Meditieren, jemand, der gern den Nachthimmel kontempliert. Schließlich hat Elzenberg einmal notiert, jeder Schriftsteller müsse sich entscheiden, ob er den Sternen von seiner Generation erzählen wolle oder seiner Generation von den Sternen ... Als Nachtwächter konnte er nach Herzenslust mit den Sternen sprechen. Damals fuhr er bestimmt nicht nach Wien, verbrachte nicht lange Stunden vor den Gemälden der alten Meister. Doch er überlebte. Und ließ trotz allem nicht davon ab, philosophische Abhandlungen zu verfassen – jedenfalls ließ er nicht von seinem geliebten Tagebuch, in dem er beharrlich, systematisch, nicht täglich, aber doch regelmäßig einen langen, endlosen Brief an uns, an die späteren Generationen schrieb. Er könnte also nicht im wörtlichen Sinne der Held meines Romans werden: Der Krieg zermalmte ihn nicht, auch nicht der Stalinismus. Entgegen der ursprünglichen Prämissen meines ungeschriebenen Romans könnte sich sogar herausstellen, dass sein aphoristischer Lebensstil ihm das Überleben sicherte oder wenigstens dazu beitrug, dass angesichts der massiven Repression, angesichts der ungeheuren Bedrohung die unverzichtbare Unbekümmertheit des für den Augenblick lebenden Menschen ein Vorteil war, die Chance aufs Überleben vergrößerte ... So wie man sich einen Schmetterlingsfänger vorstellen kann, der es teils durch Zufall, teils durch Glück durch eine Kette von Jagdtreibern schafft, weil er unbewusst den chaotischen Flug der Insekten nachahmt, der so ganz anders ist als der schwere, gleichförmige, monotone Marschschritt der Verfolger.

Es gab jedoch viele Ästheten oder Mystiker (es ist nicht immer leicht, die einen von den anderen zu unterschieden), die Elzenberg ähnlich waren und durch Zufälle starben: Sie machten einen unvorsichtigen Schritt, sie betraten gedankenversunken eine Straße, in der eine Razzia stattfand, sie schauten in einer Wohnung vorbei, in der die Polizei eine Falle vorbereitet hatte, oder sie erregten in einer Warschauer oder Lemberger Straße das Missfallen eines gerade an diesem Tag schlecht gelaunten SS-Mannes. Und wenn sie Juden waren, dann war ihre Überlebenschance nahe null.

Elzenberg, der aus einer assimilierten jüdischen Familie stammte, überlebte also den Krieg und wurde bald darauf zum Sklaven des nächsten ideologischen Systems, zum Untertan des Sowjetimperiums. Aber selbst damals, in diesen finsteren Jahren, hatte er Schüler und Freunde. Unter den Schülern war ein pfiffiger junger Dichter, Zbigniew Herbert.

Wegen seines »unverbesserlichen Idealismus« (so Wikipedia) durfte Elzenberg von 1950 an nicht mehr an der Universität lehren. Er erlebte aber noch das Jahr 1956 und die partielle Rückkehr wissenschaftlicher und intellektueller Freiheit. Er starb 1967 im Alter von achtzig Jahren, nachdem er noch den Erfolg seiner wichtigsten Publikation miterlebt hatte, des Buches, das auf meisterhafte Weise die Früchte seiner vielen, vielen Meditationen versammelte und festhielt. Nein, ich werde keinen Roman über ihn schreiben.

Ich weiß nicht, ob die Erinnerung aus meiner späten Kindheit stimmt, aus der Zeit, in der ich anfing, teils zu denken, teils zu ahnen: dass die Welt ein doppeltes Wesen hat, dass es neben der völlig offensichtlichen empirischen Schicht, dieser überaus stattlichen, imperialen Schicht, die fast ausnahmslos die Hauptregungen des Lebens lenkt und die fundamentalen Bestandteile eines halbwegs geregelten Lebens enthält, inklusive Straßenbahnen und Züge (selbst verspätete), Zeitungskioske und Blumenläden, Schulen und Apotheken, dass es daneben noch etwas anderes gibt, etwas Verborgenes, etwas, für das wir keinen Namen haben, etwas, ohne das die Banalität des Alltags verwelken würde, sich zusammenrollen würde wie ein ins Feuer geworfenes Blatt Papier. Ich wohnte sechs oder acht Marschminuten von der Stadtbibliothek, ich war ein äußerst eifriger Leser von Büchern, vor allem Romanen, die – allesamt – in graubraunes Packpapier eingebunden waren, als hätte sie jemand in Uniformen gesteckt, um so ihre nicht zu vereinheitlichende Unterschiedlichkeit zu vereinheitlichen. Zu Hause fehlte es auch nicht an Büchern, aber mir schien, ich hätte schon alle gelesen, ganz wie Mallarmé im Gedicht *Brise marine* schreibt (»j'ai lu tous les livres«). Außerdem waren die häuslichen Bücher zu häuslich, zu vertraut. Ich suchte Unabhängigkeit. Die Bibliothek befand sich damals im städtischen Rathaus; eine solide Tafel an der Rathauswand informierte darüber, dass König Jan III. Sobieski auf dem Weg zur Befreiung Wiens hier übernachtet hatte. Ein König, dachte ich, hat in meiner Bibliothek übernachtet! Und deshalb hatten die graubraunen Bücher für mich etwas Königliches. Ich ging gern in die Bibliothek, täglich oder beinahe täglich. Heute kann ich es kaum glauben, aber damals las ich überaus schnell, wobei ich Naturbeschreibungen meist übersprang. Wie ich aus Gesprächen mit Freunden weiß, war das nichts Ungewöhnliches. Und ich bin überzeugt, dass auch meine Freunde im Lesefieber die Naturbeschreibungen ausließen. Bäume und Wiesen, Fliederbüsche und die in ihnen nistenden Vögel interessierten uns damals nicht. Vielleicht dachten wir, in unserer Umgebung gebe es mehr als genug davon, wir könnten sie in unsere Lektüre streuen, so wie ein Koch Salz ins Nudelwasser streut. Ich habe geschrieben: sechs oder acht Marschminuten, aber es war keineswegs ein Marsch, sondern ein anarchischer Spaziergang. Ich liebte den Moment, in dem ich das Haus verließ, als ich endlich allein aus dem Haus durfte; es war ein Moment des Glücks und der Freiheit, in dem mir eine Sekunde lang meine Familie wie ein Gefängnis erschien, aus dem ich entkam. Und dann der Moment, wenn ich mit den neu ausgeliehenen Büchern in unser Haus zurückkehrte, das nun kein Gefängnis mehr war, ganz so, als habe meine Abwesenheit es gereinigt. Ein neu ausgeliehenes Buch verhieß neue Abenteuer. Bis heute kenne ich den angenehmen Schauer und die Erwartung, die sich mit einem frisch aus einer Bibliothek mitgebrachten Buch verbinden, das Neue, die Verheißung einer Überraschung. Sogar mehr noch als mit einem neu gekauften Buch aus dem Buchladen – als schliche sich hier ein Gefühl von Verantwortung für das Eigentum ein. Die Bibliothek indes ist ein Reich freier Liebe, sie offeriert unverbindliche Affären, flüchtige Beziehungen, launische Lektüren, manchmal Begeisterung, manchmal auch Langeweile, immer jedoch die Möglichkeit schneller Abwechslung. Zum Glück fragt uns niemand, ob wir die Bücher, die wir nach Hause tragen, auch wirklich lesen. Die Bücher bewirkten schon damals, dass die bewegte

Oberfläche der Ereignisse plötzlich stillstand. Nicht nur die Bücher. Bisweilen stand die gesamte Wirklichkeit still. Wenn ich aus dem Haus lief und auf die Straße trat, war ich frei, offen für jedes Abenteuer. Es kam vor, dass es ein unsichtbares Abenteuer war, das sich nur vor meinem inneren Auge abspielte. Die schweren Cumuluswolken bewegten sich nicht von der Stelle, die Uhren blieben stehen. Wir lebten alle in der verstaubten Geschichte der Wochenschauen, in denen die kraftvolle und freudige Stimme des Sprechers suggerierte, um unsere Epoche stehe alles zum Besten, sie dränge voran, entwickele sich, blühe, rase dahin, aber zum Glück konnte man sich der universellen Melodie mitunter entziehen; man musste dazu nicht einmal unbedingt aus dem Haus gehen. Manchmal genügte es, am Fenster zu stehen und eine Gewitterwolke zu erblicken, so finster und unheilverkündend, als käme sie aus dem antiken Rom zu uns. Oder zu sehen, wie der Nachbar im Pyjama in den Hof ging. Oder – ich zog mich vom Fenster zurück – im Radio spielte jemand eine süße Geigenmelodie, die ungeheuer viel versprach und für einen Augenblick die entsetzlich empirische Wirklichkeit des Herbstnachmittags überdeckte. Die Radiostimmen waren wunderbar. Solange man nur diejenigen nicht zu sehen bekam, die durch die mit Stoff überzogenen Lautsprecher zu uns sprachen. Es waren reine Stimmen, ohne Gesicht. Das Fernsehen sollte diesen ungeschriebenen Vertrag brechen, es fügte den Stimmen Gesichter und sogar Bäuche hinzu. Ich mochte Hörspiele, in denen der Wüstenwind wehte und der gefahrvolle Ozean rauschte. Ich ahnte, dass der Ozean in eine Waschschüssel passte und der Wind aus dem Mund eines Schauspielers kam, aber das störte mich nicht. Man musste Wind und Ozean nicht allzu kritisch hinterfragen. Das waren Fixpunkte, Orte, an denen der Autobus des Alltäglichen anhielt. Ich nannte sie nicht so mit zwölf oder fünfzehn, ich benannte sie überhaupt nicht, ich verspürte kein Bedürfnis danach. Heute muss ich sie benennen – oder vielleicht will ich es nur. Heute sehe ich, dass es

Fixpunkte waren. Punkte zeitweiliger Freiheit. Und dass sie immer noch vorkommen können.

Ein paar Tage in Paris – diesmal im Juni, wenn die Stadt am schönsten ist, wenn die Majestät des Grüns ihre höchste botanische Würde erreicht, wenn die Platanen sich triumphal über den Boulevard Saint-Germain erheben, über die lärmenden Autos in den Straßen, so als wüssten die Bäume, dass sie die ständigen Bewohner dieser Metropole sind und nicht jene Phantome von Blechvehikeln, die schnell vergehen und nach kurzer Zeit auf Autofriedhöfen verrosten. Auf dem Platz Saint Sulpice fand der Lyrik-Markt statt (Marché de la Poésie), eine Veranstaltung, der ich früher sehr skeptisch gegenüberstand, weil ich der künstlichen Konzentration von Dichtern nicht traute; eine Veranstaltung, um die ich meist einen großen Bogen machte, solange ich in Paris lebte, doch in diesem Jahr war alles anders, ich war Gast, ich kam aus Krakau, ich sog die Pariser Landschaften und Gerüche ein. Und in der am Platz gelegenen Buchhandlung »La Procure« lasen zwei gut gelaunte junge Männer, sicher Studenten, die an der Kasse arbeiteten – es war Mittag und es gab nur wenige Kunden –, einander Stellen aus Rimbauds Gedichten vor; sie ergötzen sich daran, was für mich ein stärkerer Beweis für die Lebendigkeit der Dichtung war als der offizielle Markt mit seinen Holzbuden und Hunderten Lyrikbänden in teuren bibliophilen Ausgaben, mit seinen Dichtern, die geduldig an kleinen Tischen Dienst taten, öffentlich zum Verkauf ausgestellt und darauf wartend, dass jemand herantrat und ein eben erstandenes Buch signieren ließ. Aber auch ich tat eine Stunde lang Dienst, auch ich ließ mich zum Verkauf ausstellen.

Gleich nebenan erstreckt sich der Jardin du Luxembourg, ein Element jener Magie, die Paris zu einer der wenigen ewigen Städte Europas macht, einer Stadt, die keinen saisonalen Veränderungen unterliegt und – seit wann? seit der Französischen Revolution oder erst seit dem großen Wiederaufbau unter der Herrschaft Napoleons III. und des Barons Haussmann? – eine anderswo selten anzutreffende Einheit des Stils bewahrt. Die Pariser Cafés mit ihren bis vor kurzem noch von Zigarettenkippen übersäten Steinböden, aber auch die Platanen auf dem Boulevard Saint-Germain; eine nervöse Stadt, im Winter sieht man in ihren Straßen Studenten in Cordjacken und Beamte in Anzügen, die einen wie die anderen trotz beißender Kälte ohne Mantel, nur mit einem roten Schal um den Hals, der auf eine Art gebunden ist, deren Geheimnis andere Städte nicht kennen. Der rote Kaschmirschal ist ein sprechendes Symbol: Paris ist eine südliche Stadt, lasst euch von Kälte oder gar Schnee nicht täuschen. Im Jardin du Luxembourg ereignete sich in den dreißiger Jahren etwas, worüber sehr viel später Raymond Aron berichtet. Es war ein schöner Frühlingstag, Raymond Aron machte mit seiner Frau einen langen Spaziergang, und in einer der Alleen des Gartens trafen sie die verweinte Simone Weil (Aron und Weil kannten sich gut, sie hatten zusammen an der École Normale studiert). »Was ist passiert?«, fragten die Arons. »Wie, ihr wisst von nichts, habt nichts gehört?«, erwiderte Simone Weil. »In Shanghai hat die Polizei das Feuer auf die Arbeiter eröffnet!«

Ich höre Tschaikowskis Violinkonzert, das ich nicht gut kenne – ich habe den Komponisten bis vor kurzem grundsätzlich abgelehnt, weil er mir zu sentimental und zu leicht war. Mit dem Alter werde ich allerdings milder … Und nun entdecke ich bei Tschaikowski viel Schönes. Beim Anhören des zweiten Satzes, *Canzonetta. Andante*, habe ich mich daran erinnert, was Svjatoslav Richter im Gespräch mit Bruno Monsaingeon erzählt: Wie er sich während des Kriegs im belagerten Leningrad aufhielt, wo er ein Konzert geben sollte. Er befand sich in einer Stadt, in der so viele Menschen durch Bomben und Geschosse starben, im Winter zudem durch Entkräftung und Hunger, dass an Hauswänden oder auf Kanalbrücken manchmal gefrorene Leichen lagen. Und in dieser armen, gepeinigten Stadt, die komplett radiophonisiert war (eine wenig bekannte Besonderheit der Sowjetunion: Lautsprecher in allen Straßen, die Möglichkeit zur sofortigen Übertragung der Stimmung der Herrschenden in die Seelen der Bürger), ertönte aus jedem Lautsprecher der langsame Satz des Violinkonzerts, *Canzonetta. Andante.* Das will mir nicht aus dem Sinn. Der Gegensatz zwischen der sterbenden, tapferen Stadt, in der Alte und Kranke die Entscheidung der militärischen Führung mit dem Leben bezahlten, und dem langsamen Gesang der Geigen, der Kontrast zwischen den düsteren Straßen, den Ruinen, dem Gestank und der süßen Kantilene lässt mir keine Ruhe. Von jedem Mast, aus jedem Lautsprecher diese hübsche Melodie. In einer toten Landschaft.

Es war wirklich so: Mitte der neunziger Jahre, im Mai, in einer kleinen toskanischen Stadt, in der Schwalben mit unglaublicher Geschwindigkeit durch die Gassen schossen, saßen wir in einem überfüllten Café – wir wollten etwas trinken – und ich sah, dass der deutsche Tourist am Nebentisch ein kleines Buch las, dessen Titel ich nach kurzem Halsverrenken entziffern konnte. Ich bin bestimmt nicht der Einzige, den interessiert, was Menschen lesen, denen man auf Reisen begegnet. Es war *Mystik für Anfänger*, ein Ratgeber für Menschen, die sich nach geistigem Leben sehnen (ehrlich gesagt, ist schon die Idee zu einem solchen Ratgeber recht komisch). Ich werde an dieser Stelle nicht mein Gedicht gleichen Titels abschreiben, aber damals hatte ich eine Erleuchtung: Dichtung ist Mystik für Anfänger. Der deutsche Toskana-Reisende mit dem dummen Büchlein half mir zu begreifen, dass die Dichtung sich grundlegend von der Religion unterscheidet und dass ein wesentlicher Aspekt dieses Unterschieds darin besteht, dass das Gedicht in einem bestimmten Moment stehen bleibt, es unterdrückt seine Exaltiertheit, es geht nicht ins Kloster, sondern bleibt in der

Welt, zwischen Schwalben und Touristen, zwischen sichtbaren und greifbaren Dingen. Es beschreibt Menschen und Dinge, es partizipiert an der konkreten Existenz der Menschen und Dinge, es geht durch regennasse Straßen, es hört Radio und schwimmt in den Buchten des Mittelmeers. Es ähnelt Politikern, die gerne betonen, wie nahe sie am normalen Leben sind, wie gut sie die Preise von Butter, Brot und Busfahrkarten kennen, und ähnlich wie diese Politiker lügt es ein wenig, denn manchmal sehnt es sich doch nach etwas Anderem.

Rue de Servandoni, unmittelbar neben dem Jardin du Luxembourg. Eine meiner Lieblingsstraßen oder eher Lieblingsgassen in Paris: ruhig, so gut wie immer leer. An einer Hauswand informiert eine Tafel darüber, dass sich der von der Revolution zum Tode verurteilte Marquis Nicolas de Condorcet in seinen letzten Lebensmonaten hier versteckte. Als er schließlich sein Versteck verließ, wurde er erkannt, denunziert und verhaftet; kurz darauf starb er im Gefängnis unter ungeklärten Umständen. In den Monaten vor seiner Verhaftung arbeitete er an seinem letzten Werk, der Titel lautete: *Esquisse d'un tableau historique des progrès de l'esprit humain.* Während ihn die Häscher der Revolution verfolgten, schrieb er über den Fortschritt! Er horchte auf Schritte in der stillen Seitenstraße und glaubte gleichzeitig weiter an den Fortschritt. Mit einem Ohr lauschte er auf die Schritte seiner Verfolger, während er das andere Ohr der Musik einer immer vollkommeneren Zukunft zuwandte. Als Zeuge des von den Jakobinern entfesselten Terrors glaubte er weiter an die Vervollkommnung der Menschheit. Ich weiß nicht, was ich mehr bewundern soll, den Mut oder die Blindheit des Philosophen, der sich in dem Haus in der rue de Servandoni versteckte.

Eine der Grenzen der Dichtung: Während des Studiums hatte ich eine Kommilitonin, Hanka Kozarzewska aus Nysa, die ich danach viele Jahre lang nicht sah. Als wir schließlich vor einiger Zeit wieder Kontakt aufnahmen, bat sie mich um meine Meinung zu einem Lyrikband ihres inzwischen verstorbenen Vaters, Jerzy Kozarzewski. Bei dieser Gelegenheit erzählte sie mir die außergewöhnliche Geschichte ihres Vaters; diese fand ich später auch in einer Monographie über Julian Tuwim (verfasst von Piotr Matywiecki; der wiederum beruft sich in dieser Sache hauptsächlich auf Tadeusz Januszewski). Jerzy Kozarzewski, Offizier der Nationalen Streitkräfte (NSZ), einer antikommunistischen Untergrundorganisation von radikal nationalistischer Prägung, wurde 1946 – zusammen mit fünf anderen Personen – von einem kommunistischen Gericht zum Tode verurteilt. Die verzweifelte Familie beschloss, da sie keinen anderen Ausweg sah, sich an Julian Tuwim zu wenden, der damals, nach seiner Rückkehr aus der Emigration, von den kommunistischen Machthabern behandelt wurde, als sei er der Erzengel Gabriel. Tuwim bekam eine Wohnung, eine Villa, ein Auto mit Chauffeur, in der Presse und im Radio wurde viel über ihn gesprochen, man ermöglichte ihm Kontakte zu Leuten von der Parteispitze. Er war für die neue Regierungsklasse ein unschätzbarer Verbündeter. Der vor dem Krieg unglaublich berühmte Dichter, der in den Kriegsjahren eine erhebliche politische Entwicklung durchgemacht hatte und sich als Anhänger der radikalen Linken bezeichnete, hatte sich – als einer der wenigen dieser Generation – entschlossen, nach Polen zurückzukehren und legitimierte dadurch das neue System. Tuwims Mutter wurde von den Nazis ermordet, während ihr Sohn in New York war (es war eine jüdische Familie). Die Nationalen Streitkräfte zeichneten sich nicht gerade durch Sympathie für Juden aus. Dennoch beschloss Julian Tuwim, sich für die Verteidigung des Hauptangeklagten und der anderen fünf Personen einzusetzen. Der Wortlaut seiner Intervention ist bei Bolesław Bierut überliefert, der damals der erste Mann im Staat war. Hier ein Fragment: »Seit zwei Wochen – seit dem Zeitpunkt, da der Zufall wollte, dass ich zur Rettung dieser Menschen beitragen kann – bin ich wie besessen. Ich scheue mich nicht einmal zu gestehen, dass ich mich von einer mystischen Aura umgeben fühle (…) – denn wie könnte ich die Tatsache meiner Existenz auf der Erde besser rechtfertigen als dadurch, denen das Leben zurückzugeben, die dem Tod ins Auge geblickt haben? Denn was ist die Bestimmung des Dichters im endgültigen, wesentlichsten Sinn des Wortes? Es ist seine Bestimmung, Gutes zu tun. Das Gute wird manchmal Schönheit, manchmal Wissen, manchmal Wahrheit genannt. Dieses Gute ruft seit zweitausend Jahren vergeblich vom Kreuz zu den Menschen.«

Wie die hier angeführten Autoren berichten, betonte Tuwim, dass nationalistische Gedanken ihm zutiefst fremd seien; es ging ihm nur darum, das Leben dieser jungen Menschen zu retten. Und es geschah etwas ganz Unwahrscheinliches: Bierut begnadigte sie. Julian Tuwim rettete sechs Menschen, junge Menschen, die das Leben noch vor sich hatten. Mitte der fünfziger Jahre, als das politische Klima sich änderte, wurden sie freigelassen. Meine Kommilitonin musste einige Jahre lang auf ihren Vater verzichten, aber sie verlor ihn nicht. Er starb in fortgeschrittenem Alter, nach einem langen Leben. Hier verläuft eine der Grenzen der Dichtung. Tuwim, ein inspirierter Dichter, wenn auch nicht auf gleichbleibendem Niveau, zur Exaltation neigend, aber auch mit herausragendem Humor begabt (nur dass diese beiden Dinge sich in seiner Lyrik selten begegnen), der sich nach dem Krieg mit einer für einen wahren Künstler unmöglichen Situation abfand, überhäuft mit Ehrungen und Geld, jedoch abgeschnitten von der normalen Solidarität mit all denen, die in dieser Ruinenstadt, wo man aus den verschütteten Kellern immer noch menschliche Überreste barg, keine Villa, keine schöne Wohnung und kein Auto mit Chauffeur hatten, geschweige denn ein Telefon, das sie direkt mit Bolesław Bierut verbunden hätte, das heißt, abgeschnitten vom größten Teil seiner Verwandten und Bekannten, hat etwas

Großartiges vollbracht. Er verlieh der unglücklichen Tatsache seiner künstlichen Erhöhung dadurch einen Sinn, dass er diesen sechs Menschen das Leben rettete. Kurz darauf allerdings, so teilt der Biograph uns mit, gab man ihm zu verstehen, dass jetzt Schluss sei mit den Begnadigungen, dass man ihn keineswegs nach Warschau geholt habe, damit er die Machthaber ständig mit seinen humanitären Interventionen belästige.

Apropos Gutes oder Güte: In Ciorans *Cahiers* gibt es eine Notiz, in der er zunächst bemerkt, welch herrliche Sache die Güte des Menschen sei, und gleich darauf hinzufügt, sie sei nie mit großer Intelligenz verbunden. Sollte dem wirklich so sein, wäre die Welt ein Ort des Entsetzens. Zum Glück gehört diese Bemerkung Ciorans in die Reihe seiner Irrtümer, an denen es im Werk des herausragenden Misanthropen nicht mangelt. Ein Beispiel genügt, um Ciorans These zu entkräften: Józef Czapski. Oder, um einen wirklich Berühmten zu nennen, Friedrich Nietzsche, der den Willen zur Macht und die Verachtung für Schwache proklamierte, im täglichen Leben aber ein hilfsbereiter, sanfter und guter Mensch war (auch Cioran erwähnt dies hin und wieder). Und er fürchtete sich vor der Einsamkeit, obwohl er sie in seinen Schriften rühmte. Man sollte Schriftstellern nicht allzu sehr trauen.

Eine Notiz im Tagebuch von Józef Czapski (vom 4. November 1961). Nachdem er eine Ausstellung Mark Tobeys, eines akstrakten Expressionisten, besucht und den Titel der von Gustave Thibon herausgegebenen berühmten Ausgabe von Simone Weil, *La pesanteur et la grâce* (*Schwerkraft und Gnade*) zitiert hat, charakterisiert er die Malerei des amerikanischen Künstlers wie folgt: »In dieser *grâce* von Tobey, in dieser von religiösem Synkretismus geschürten Kontemplation (…) ist gleichsam eine Fremdheit gegenüber einem wesentlichen Inhalt unseres Lebens, unseres Globus zu spüren. Plötzlich merkte ich, dass das keineswegs eine Versuchung für mich ist, dass meine Welt in der Schwerkraft liegt, in Erde und schwerer Materie, die man wie Rembrandt verwandeln müsste, nicht aber vergessen sollte [sic!], wie das bei Tobey der Fall ist.« Diese wichtige Bemerkung ist mir sehr nahe: Das Gefühl, dass man sich in der Kunst nicht von *la pesanteur* losreißen könne oder solle, von dem, was schmerzlich und sogar hässlich ist, dass jede Suche nach Klarheit, nach Licht sich bei vollem Bewusstsein dessen, was uns hinunterzieht, abspielen müsse. So könnte die Definition der Exaltation aussehen: Exaltation ist das Vergessen von Schmerz, Hässlichkeit, Leiden, das Betonen des Schönen ausschließlich. Exaltierte Werke rufen in mir Widerspruch hervor oder sind mir gleichgültig. Eben der nicht endende Kampf des Schweren, des mit Leiden Verbundenen gegen das Erhellende, das Erhebende ist es, der das Wesen der Kunst ausmacht.

Die Mauersegler lieben auch die St. Katharinenkirche, eine riesige gotische Kirche, deren Geschichte voller Dramen, Brände und sogar Erdbeben ist, so dass das Gebäude nie vollendet wurde – die St. Katharinenkirche hat keine Türme, sie ist ein riesiger Hangar. Mauersegler gibt es dort sogar mehr als an der St. Markuskirche. Ihr Flug ist chaotisch, halb kollektiv – sie fliegen gern in Patrouillen von zehn, zwölf Vögeln – und halb individuell, denn immer wieder sieht man, wie einzelne Mauersegler sich von der Schar ihrer schwarzen Brüder losreißen. Sie kreisen in der warmen Luft des Juniabends, pfeifen, und ihr Pfeifen hat etwas Fremdes, Rauhes, es ist kein Pfeifen aus der menschlichen Welt; so könnte Kaspar Hauser gepfiffen haben.

Czapskis Aufzeichnungen verleiht ein düsterer historischer Umstand Gewicht (Czapski bezieht sich in seinem Tagebuch übrigens auf diese Tatsache, in derselben Notiz, aus der ich ein Fragment zitiert habe). Am 17. Oktober 1961 kam es in Paris zu einem Massaker an Arabern. Das war in einer Zeit, als noch der Algerienkrieg tobte; man fischte Dutzende, vielleicht sogar hundert oder mehr Leichen aus der Seine. Die Historiker sagen, die Polizei habe die toten arabischen Demonstranten von der schönen St.-Michel-Brücke im Herzen von Paris in den Fluss geworfen. Dieses Massaker gehört zu den schändlichsten Ereignissen in der Nachkriegsgeschichte Frankreichs. Polizeipräfekt von Paris war damals der berüchtigte Maurice Papon, derselbe, der während des Vichy-Regimes eifrig mit den Nazis kollaboriert hatte – er war unter der deutschen Besatzung Generalsekretär der Präfektur in Bordeaux gewesen und hatte an der Deportation von über 1600 Juden mitgewirkt. Und eben während Józef Czapski das Massaker noch frisch im Gedächtnis hatte (die französischen Zeitungen berichteten darüber übrigens mit Verspätung, und das genaue Ausmaß des Verbrechens wurde nie aufgedeckt), beurteilte er die elegante Malerei von Tobey. Mit Sicherheit verlangte er nicht von ihm, dass er eine Tragödie dieser Art wirklichkeitsgetreu darstellte. Aber er wollte, dass die »von religiösem Synkretismus geschürte Kontemplation« sich nicht allzu weit vom Schmerz, von der Hässlichkeit der Welt entfernte. Damit die Fäden, die Schmerz und Schönheit verbinden, nicht vollständig zerrissen werden …

In Berlin, in meiner Lieblings-*Gemäldegalerie*, der Erbin des stillen Museums in Dahlem, in das früher, als die Stadt in zwei Zivilisationen geteilt war, nur wenige Touristen fanden – aber unter ihnen viele Male Zbigniew Herbert, der sein Notizbuch mitbrachte und Bilder skizzierte, die er mochte oder liebte. Heute nimmt diese Sammlung ein riesiges Gebäude im Zentrum Berlins ein, gleich neben dem Potsdamer Platz, und seltsamerweise gibt es immer noch nicht viele Besucher, anders als im Louvre, wo man in den Touristenmassen aus allen Kontinenten kaum einen freien Platz findet. Das Museumsgebäude ist hervorragend konzipiert, ideal. Eine riesige rechteckige Halle, vollkommen leer, wenn man die diskrete Wasserinstallation in der Mitte außer Acht lässt, schafft einen Raum der Meditation, in dem der Museumsbesucher seine Gedanken ordnen kann. Hier kann man sich auf eine polierte Holzbank setzen. Von der Halle aus gelangt man in die Säle mit den Kunstwerken. Ich finde bei jedem Besuch ein anderes Bild, das meine Aufmerksamkeit anzieht. Zum Beispiel das dunkle, sachliche Selbstporträt von Poussin, der sich auf diesem Gemälde als ernster Mensch und Fachmann der Malerei präsentiert. Oder das kleine Bild von Breughel, das zwei an eine Wand gekettete Affen darstellt, während sich im Hintergrund ein großer, vor Leben pulsierender Hafen auftut, Segelschiffe fahren und Vögel fliegen (Wisława Szymborska hat ein schönes Gedicht darüber geschrieben). Dieses Bild ist nicht nur Ausdruck hervorragenden handwerklichen Könnens, sondern auch großer Weisheit. »About suffering they were never wrong,/The Old Masters«, sagt Auden in *Musée des Beaux Arts*, einem Gedicht, das ein anderes, den Sturz des Ikarus darstellendes Bild Breughels reflektiert. Die zwei Affen schauen nirgendwohin, ihr Blick bleibt in der Nische verhaftet, die zu ihrem Käfig geworden ist – dem Hafen, den Schiffen, den Vögeln schenken sie nicht die geringste Beachtung. Die alten Meister wussten, was Gefangenschaft ist: mangelndes Interesse an der Welt, an Schiffen und Vögeln, Eingeschlossen-Sein in einem kleinen Raum. Oder ein noch kleineres Bild des späten Rubens, Landschaft mit Galgen. In der Ferne ragt eine Burg auf, schweigend, monumental. Der Wind lässt die Bäume und einen weißen Gehängten schaukeln. Die Wolken sind düster, dunkel, aber am rechten Bildrand sieht man Licht. Wir wissen nicht, ob es Sonnenaufgang oder Sonnenuntergang ist.

Eine der wichtigsten Fragen, die sich sicher – zumindest hin und wieder – jeder Lyrikleser und jeder Autor von Gedichten stellt: Existiert das Poetische, dieses Licht, ohne das kein großes Gedicht entstünde, nur in unserer Phantasie, in den wohltuenden, intensiven Illusionen der Eingebung, der Inspiration, oder hat es eine Entsprechung in der Wirklichkeit? Ist es nur ein Sprung der Vorstellungskraft, eine Feier der Einbildung, ein Festival der Sprache, die ihre unerschöpflichen Vorräte mobilisiert wie ein Athlet auf dem Jahrmarkt, oder ist es auch die Wahrnehmung von etwas, das im Alltag verborgen ist, aber dennoch real existiert? Von der Antwort auf diese Frage hängt viel ab. Ich würde, wenn man mich darauf anspräche, sagen: Ich zweifle oft, und ich fürchte manchmal, dass dieses Licht nur ein Elmsfeuer ist, das auf den Masten unserer Phantasie leuchtet. Aber letztendlich, nach der Befreiung vom Zweifel, von einem reinen und festen Standpunkt aus, würde ich doch meinen, dass das, was in der Dichtung ungewöhnlich, wunderbar (und sehr selten) ist, aus der Wirklichkeit resultiert, aus jener Schicht der Wirklichkeit, die sich nur bisweilen enthüllt, aus jenem Element der Welt, aus dem der Glanz, das Licht kommt.

Jedes Mal, wenn ich jetzt in Paris bin, denke ich an die zwanzig Jahre, die ich dort verbracht habe, zwanzig Jahre abzüglich einiger Monate – und abzüglich einiger Jahre, wenn man meine Aufenthalte in den USA addiert und von der Pariser Zeit abzieht. Nach Paris bin ich wegen M. gegangen – ich war nicht mehr ganz jung, aber ich verhielt mich wie jemand, der sich von Gefühlen leiten lässt und keine durchdachten Entscheidungen trifft. Meine literarischen Kollegen, Teilnehmer der damaligen Oppositionsbewegung, zumindest einige von ihnen, verstanden die Motive meiner Ausreise nicht. »So gestaltet man keine Biographie«, bekam ich zu hören. »Liebe, ja, aber in deinem Alter?« – »Du wirst hier gebraucht und nicht dort.« Ich schätzte diese Stimmen nicht gering, doch ich konnte nicht auf sie hören. Ich wusste, dass ich nie ein politischer Kämpfer sein würde – und schreiben konnte ich überall, auch im Ausland. Ich fuhr also nach Paris, das, wie Jerzy Stempowski schon früher geschrieben hatte, nicht mehr das zentrale Laboratorium der europäischen Kunst und Dichtung war. (Stempowski konnte Frankreich, das er einmal sehr geliebt und dem er viel zu verdanken hatte, den Untergang, der in der Niedertracht des Vichy-Regimes zum Ausdruck kommt, und auch den blutigen Epilog des französischen Kolonialismus nicht verzeihen). In der Zeit, als ich in Paris wohnte, war die Stadt vor allem – obwohl selbst unter diesem Aspekt eine Epoche zu Ende ging – für neue, oder auch erneuerte humanistische Methodologien bekannt. Gerade damals erkrankten die berühmten Methodologen, lagen im Sterben, hielten ihre letzten Vorlesungen, verabschiedeten sich von der Welt. In ihrer Jugend bekannten sich die Methodologen zu linksgerichteten Ideologien, aber in ihrer späten Lebensphase wandten sie sich humanistischen Ansichten zu, verteidigten die Menschenrechte, traten für den Schutz der vietnamesischen *boat people* oder die polnische *Solidarność* ein. Ich konnte an ihrem Werk nie besonderen Geschmack finden, obwohl ich Freunde hatte (oder nur Bekannte), die der Meinung waren, die Methodologen setzten die große französische Tradition des Humanismus fort. Hat nicht ein anderer Methodologe, aber auch großer Dichter, T. S. Eliot, gesagt, es gebe keine Methode, nur die Intelligenz zähle (*»for there ist no method except to be very intelligent«*)? Paris jedoch liebte die Methodologie – und den Roman. Die Methodologen waren wie Schneider, die keine Kleider nähen, sondern nur Traktate über schöne Gewänder verfassen. Wären sie wenigstens wie die Nadel aus dem arabischen Sprichwort gewesen: Die Nadel kleidet die ganze Welt, doch sie selbst ist nackt. Aber im Grunde genommen liebte Paris nur die Romane. Die Methodologen waren für den Export bestimmt, sie sollten Nord- und Südamerika imponieren, Asien und Europa, ganz Europa: Südeuropa, Nordeuropa, Westeuropa und Osteuropa, auch Mitteleuropa genannt, und sicher auch Australien und Neuseeland. Aber ich kann mich nicht erinnern, dass ich in der Metro jemals jemanden gesehen hätte, der in die Methodologie vertieft gewesen wäre. Nein, in den

Waggons der Metro saßen nur Leute, die dicke Romane lasen. Die Romanindustrie existierte schon lange; wer war es doch gleich, der daran erinnerte, wie im neunzehnten Jahrhundert in einer Buchhandlung in Odessa die Kunden auf eine neue Lieferung von Pariser Romanen in ihren gelben Umschlägen warteten? Es sah geradezu danach aus, als bestünden zwischen den Verlagen, die riesige Mengen populärer Romane in gelben oder rosafarbenen Umschlägen produzierten, die sich seit Balzacs Zeit kaum verändert hatten, und der Direktion der Pariser Metro geheime Verträge. Weil die Passagiere der städtischen Verkehrsbetriebe Romane brauchten. Das Netz der Metro wurde größer, neue Stationen entstanden, neue Verbindungen – deshalb wurden die Romane immer dicker. Es kam sogar vor, dass die in die dicksten Bände vertieften Passagiere an den Endstationen gar nicht ausstiegen, sondern weiterlasen. Lyrik wollte fast niemand, Lyrik war keine Hilfe für die Existenz und für die Erzählung, sie hatte nur große Augenblicke zu bieten, Blitze, aber Augenblicke und Blitze erfreuten sich keiner Anerkennung, man glaubte, nichts verbinde sie, sie seien unpraktisch, nur die Erzählung habe therapeutischen Charakter. Die Erzählung heilt Wunden, die Erzählung ist das Pflaster auf ein gescheitertes Leben, auf Schnitt- und Platzwunden, auf Depressionen. Die Erzählung bietet dicke Sinnpflaster, die Erzählung ist wie ein großer Osterschinken, rosig und duftend, man kann sie auf viele Nachmittage und Abende verteilen. Sie ist wie der Himalaya, wie die Anden. Die Erzählung schlägt Brücken zwischen den schwierigen Wochentagen; die Erzählung schöpft aus der Welt der Träume, erzählt von Liebe, von Verlobung, führt den Leser bis zum Tag der Hochzeit und zieht sich dann diskret zurück. Außerdem erscheint ein Roman, ein dicker Roman, in der Metro gelesen, als ein Teil des eigenen Zuhauses, verwandelt den alles andere als gemütlichen Waggon in eine Art Anhang zur eigenen Wohnung. Die Blitze der Gedichte brauchen gesunde Leser, die sind nicht so einfach zu finden. Blitze heilen nicht, sie können bisweilen sogar töten. Blitze können kein Zuhause sein.

Und dennoch weckte vieles im Paris der Methodologie und des Romans meine Begeisterung, ich kann nicht so tun, als sei ich der Stadt böse gewesen. Oft war ich ein einsamer Wanderer; morgens und vormittags arbeitete ich zu Hause, im langweiligen Courbevoie an der Peripherie von Paris, ich schrieb oder versuchte zu schreiben, manchmal konnte ich nur lesen, Musik hören, auf bessere Zeiten warten, auf die Zeit des Schreibens, des Enthusiasmus; nach dem Mittagessen jedoch, ungeachtet dessen, ob es mir am Vormittag gelungen war, das Feuer der Phantasie zu entfachen, fuhr ich fast täglich mit der S-Bahn in die Stadt, mit einem Zug, der nur fünf Minuten zur Gare Saint-Lazare brauchte, die Monet einst gemalt hat (auf dem Bild sieht man unter dem gläsernen Gewölbe des Bahnhofs eine Dampfwolke aus der Lokomotive strömen), und von dort aus brach ich in verschiedene Viertel auf.

Ich schaute mir Pariser Häuser und Kirchen an, Straßen mit dramatischem Profil – zum Beispiel die lange Schlucht der malerischen rue de Lille, die, vor allem gegen Abend im Frühjahr oder Sommer, die Rolle eines nach Westen gerichteten Fernrohrs spielt. Die rue de Lille ist ein ungewöhnliches Beispiel der Pariser Bebauung: Die Häuserreihen zu beiden Seiten der schmalen Straße stehen so nah beieinander, dass sie tatsächlich ein optisches Instrument zu bilden scheinen. Wenn man sich an der Ecke der rue de Lille und der rue des Saints-Pères befand und nach Westen schaute, bot sich ein phantastisches Schauspiel: Meistens war die Straße von übereinandergetürmten Kumuli erfüllt, und am Ende, unter der weißgrauen Masse der imposanten Wolken, leuchtete rot die riesige Sonne, die langsam Richtung Spanien und Portugal wanderte. Der Himmel über Paris – mit Ausnahme von dunklen Regentagen und Tagen mit niedriger, geschlossener Wolkendecke – war durch die relative Nähe zum Atlantik geprägt, der zwar keine herrlichen Segelschiffe mehr auf seinen Wellen trug (wie liebevoll und melancholisch verabschiedete sie in seinen Tagebüchern Delacroix), dafür schickte er Geschwader von Kumuli Richtung Paris, die unterwegs die Form majestätischer Schoner, Fregatten und Briggs annahmen. Was die moderne Technik, die flache Dampfschiffe und später ebenso flache, mit Verbrennungsmotoren betriebene Schiffe favorisierte, zerstört hatte – nicht nur Delacroix, sondern auch viele andere Künstler und Schriftsteller bedauerten das und konnten den Verlust der alten Schönheit, der Welt des Windes und des weißen Leinens, der Tradition Magellans und anderer großer Reisender nicht verschmerzen –, erwachte so fast täglich am hohen Pariser Himmel als unvergleichliche Regatta mehrstöckiger Schiffe zum Leben, die nur noch aus Wasserdampf, nur aus Illusion bestanden. Und sicher zerfielen diese Kumulus-Segler gleich hinter der Grenze von Paris, lösten sich auf wie Soldatentruppen nach Beendigung einer Parade anlässlich des Nationalfeiertags oder des Besuchs eines Königs oder Präsidenten.

Ich lernte das neue und das ewige Paris kennen, das Paris der Tour Montparnasse, die dieses einst geniale Viertel niederdrückt wie ein gigantisches Grabmal des europäischen Modernismus, ich sah das Paris der geduldigen Platanen und der wenigen erhaltenen mittelalterlichen Straßen, die von der Schere des Barons Haussmann verschont geblieben sind. Dieser Baron, dessen aristokratischer Titel umstritten war, gestaltete mehr als die Hälfte der Stadt in seinem pompösen Stil und war zu meiner Zeit immer noch gegenwärtig, wesentlich mehr als Baudelaire oder Rimbaud, denn Genies hinterlassen keine Spuren in der sichtbaren Welt, im Gegensatz zu Beamten und Präfekten. Ich sah das Paris der fast vierzig Brücken, die die beiden Flussufer liebevoll verbinden, Brücken, die sich biegen wie Katzen über dem beweglichen Spiegel der Seine. Dieses alte Paris existierte weiterhin, es gab die reizende Île Saint-Louis (und dort die teuersten Wohnungen), es gab die Cafés und Plätze, getupft vom nervösen Schatten der Pappelblätter, die Tischchen kleiner Restaurants, mit rotkariertem Wachstuch bedeckt, und in der Nähe der Sorbonne Studenten, die darüber diskutierten, was Substanz sei, genau wie zu Zeiten von Abaelard und Heloise, nur dass der Geist des Christentums längst verflogen war. Paris hatte noch die Kathedrale Notre Dame, hatte Kirchen, Mauern, Türme, aber den Äther, der es einst erfüllte, hatte es fast vollständig verloren. Der Boulevard Saint-Germain, eines der Zentren des ewigen Paris, trog mit seiner Schönheit, er schien eine Straße zu sein, die mit ein bisschen Anstrengung fast ein Mensch hätte werden können, so dicht war sie von Buchhandlungen, Cafés, raffiniert gekleideten Intellektuellen wie von Nervenbahnen durchzogen; selbst die Platanen, die neben den Buchhandlungen wuchsen, schienen keine gewöhnlichen Bäume zu sein, in denen gewöhnliche (ungewöhnliche) Säfte kreisten, es war, als könnten sie philosophische Traktate lesen, als tauschten sie an sonnigen Tagen im Rauschen ihrer intelligenten Blätter Bemerkungen darüber aus.

Aber das ewige Paris hatte etwas Trügerisches an sich, war doch sein Reiz selbst unter der Nazi-Besatzung nicht erloschen, ging doch der Hauptmann Ernst Jünger, wie Haussmann Sohn eines Apothekers, so dass man Lust hätte, ihn – angesichts seines aristokratischen Lebens – ebenfalls als Baron zu titulieren, der Schriftsteller, dessen Essays und Tagebücher mir so gefielen (der mich aber auch durch seine Gleichgültigkeit gegenüber Schwachen und Leidenden irritierte), in der Wehrmachtsuniform durch das ewige Paris, die zum Glück alles andere als ewig war, wenn auch, wie M. sagte, leider kleidsam, ähnlich wie andere von den Nazis entworfene Uniformen (was den uralten Streit zwischen Ethik und Ästhetik noch verkompliziert). Auch Jünger bewunderte die Bäume und Mauern dieser Stadt, dieselben, die ich später betrachtete, kaum verändert. Er kannte sich mit Bäumen besser aus als ich, wesentlich besser; vor allem die früh blühenden Paulownien mit ihren violetten Blüten und großen Blättern begeisterten ihn, er liebte die Place des Ternes, auf der viele von diesen Blauglockenbäumen standen. Er erklärte, der Name des aus China stammenden Baums sei eine Huldigung an die russische Fürstin Anna Pawlowna. Jünger beschäftigte sich in Paris mit Pflanzen, während in meiner Heimat ein Völkermord geschah. Jüngers Tagebücher sind ein großer Triumph des Klassizismus, einer diskreten und sparsamen Poetik, die amorphe, wenig elegante, eines gebildeten Autors unwürdige Ereignisse beiseiteschiebt. Aber ich bin ungerecht: Jünger versuchte auch diskret, das Böse zu verstehen. Doch konnte das Böse überhaupt verstanden werden? Ich lese die Tagebücher Jüngers immer noch gern, sie faszinieren und irritieren mich weiterhin, zum Beispiel, wenn er behauptet, am Warschauer Ghettoaufstand hätte auf jüdischer Seite eine Gruppe deutscher Soldaten teilgenommen, was von historischen Quellen leider nicht bestätigt wird, und wenn der hundertjährige Schriftsteller fünfzig Jahre später, von einem Leser gebeten, diese Information zu verifizieren, hartnäckig wiederholt, er habe das von einem Ankömmling aus dem Osten gehört. War dies noch dasselbe Paris? Meines war schon von André Malraux gewaschen worden, die Fassaden kalkig-kakaofarben, nicht mehr schwarz, wie man sie auf Fotografien und Filmen vor der großen Reinigung sehen kann.

In Paris lebte noch Emil Cioran. Ich besuchte ihn sogar einmal in seiner Wohnung rue de l'Odéon 21, oberste Etage, zu der man in einem winzigen Lift hinauffuhr (man konnte kaum atmen, so eng war er). Es wurde keine nähere Bekanntschaft daraus, denn er war alt und ich zu schüchtern, um sein Interesse zu wecken. Später, als die Demenz ihn schon fest im Griff hatte und er kaum noch mitbekam, was um ihn herum vorging, sah ich manchmal, wie seine treue Begleiterin Simone ihn durch dieselben Straßen führte, durch die er einst als wachsamer und ironischer Flaneur spaziert war. Ich ertrug den Anblick nicht, die toten Augen dieses Menschen passten nicht zu dem scharfen Intellekt des Autors Cioran. Ähnlich muss es Besuchern Nietzsches in dessen letzten Jahren gegangen sein, als sie statt des genialen Philosophen einen vor sich hin lallenden Irren antrafen. Dafür hatte ich, zum Glück, Józef Czapski, in dem sich Intelligenz und Großmut vereinten, Czapski, der in Maisons-Laffitte wohnte und den ebenfalls langsam und unerbittlich das Alter erfasste. Und es gab andere, jüngere Freunde, es gab Bücher und Spaziergänge. Paris faszinierte mich, trotz allem, das ewige wie das alltägliche, und ich spürte auf immer neuen Wegen der Vergangenheit und den Monumenten der Moderne nach. Ich wollte alles sehen, die alten Gebäude und die neuen Plätze, die sozrealistisch anmutende Place de Barcelone genauso wie die Marmortafeln mit den Namen der zahllosen Sonderlinge, Hungerkünstler und Genies, die Paris hatten erobern wollen und meist gescheitert waren. Selbst Mozart und Wagner litten hier, ohne zu ahnen, dass einst Steintafeln an ihre unglücklichen Aufenthalte erinnern, im Einklang mit dem universellen Gesetz der Heuchelei ihre Niederlagen aber gnädig verschweigen würden. Chopin erging es besser; ich schlich mich gern auf den Square d'Orléans im 19. Arrondissement (schlich, weil das Haus, in dem Chopin wohnte, heute von einem Wohnblock umgeben ist, in dessen Eingang ein unsympathischer Cerberus wacht) und lauschte den monotonen Klängen des Springbrunnens, die eher an Gregorianik als an Chopins dramatische Balladen erinnerten. Der Square d'Orléans war die letzte Pariser Adresse des Komponisten, aber er starb in der Wohnung von Delfina Potocka an der Place Vendôme.

Ich kannte und traf so gut wie keine Pariser Dichter. Alles hatte sehr unglücklich begonnen, gleich nach meiner Ankunft, als M., die meine Gedichte ins Französische übersetzen wollte, einen Dichter meines Jahrgangs um Mithilfe bat, ohne mit größerem Widerstand zu rechnen. Der Dichter bat um die bereits vorhandenen Übersetzungen und verabredete sich mit M. für ein Treffen einige Tage später, bei dem er ihr mitteilen wollte, ob er mit ihr zusammenarbeiten werde. Bei diesem Treffen sagte er, er könne ihr auf keinen Fall helfen, die Gedichte gefielen ihm nicht. Sie enthielten nämlich, so nannte er es, historische Zeit – der erste Vers des Gedichts »Schopenhauer weint« etwa die Lebensdaten des Danziger Philosophen (1788–1860). Das sei völlig inakzeptabel. Die Lyrik stehe jenseits der Zeit, sie sei Befreiung von der Zeit, von der Geschichte. Wir schrieben und läsen Gedichte, um der Zeit zu entfliehen. Die Lyrik sei etwas Reines, Jungfräuliches. Nehme man die historische Zeit hinein, verderbe und vernichte man sie. Deshalb gefielen ihm diese Gedichte nicht und deshalb wolle er nicht an der Übersetzung mitarbeiten. Er werde auf keinen Fall Gedichte mit übersetzen, die historische Zeit enthielten. Ich glaube, das war im Jahre 1983 (ich bringe hier heimlich historische Zeit hinein). Immerhin, er sagte es freiheraus. Die Zeit korrumpierte mich, und ich korrumpierte die Dichtung. Die französische Lyrik – mit wenigen Ausnahmen – negierte die Zeit, sie negierte die Geschichte, Vichy, die Völkermorde, sie negierte Verrat und Niedertracht, das Altern und die Demenz. Sie negierte mich.

Neulich traf ich in der englischsprachigen Buchhandlung »Massolit« in Krakau zufällig auf ein Buch über das Schicksal des polnischen Jungen, der der Prototyp des schönen Tadzio in Thomas Manns berühmter Novelle *Der Tod in Venedig* war. Der Autor des Buchs, der in der Gegend von New York lebende Amerikaner Gilbert Adair, hat viel Mühe investiert, das Schicksal dieses Menschen zu verfolgen. Unter anderem hat Adair entdeckt, dass der Junge, als er noch kleiner, nämlich sechs Jahre alt war, großen Eindruck auf Henryk Sienkiewicz gemacht hat. Dass er das Modell für die Figur in Thomas Manns Novelle war, dass der Münchner Schriftsteller in Venedig tatsächlich eine polnische Adelsfamilie getroffen hatte und in Tadzios Bann geraten war, wusste man schon lange; er war verliebt in ihn, wenn es sich auch, wie die Biographen betonen, wie immer im Leben Thomas Manns um eine rein platonische, behutsame Faszination handelte – ohne den Versuch, Kontakt zu dem Helden der potentiellen Romanze aufzunehmen. Die Identität des Jungen fand man in den sechziger Jahren des 20. Jahrhunderts heraus. Er hieß Władysław, nicht Tadeusz, aber die Familie nannte ihn »Adzio«, daher der Name, den ihm der deutsche Schriftsteller gab. Władysław Moes war Baron, ein e c h t e r Baron (nicht wie der Präfekt von Paris, Herr Haussmann, der sich gern mit diesem Titel schmückte), und verbrachte die erste Hälfte seines langen Lebens in Wohlstand. Er hatte nichts von einem Künstler oder Intellektuellen, er liebte Pferde, Pferderennen, elegante Kleidung, Bälle, Empfänge, Kartenspiele, er war also eine hervorragende Verkörperung der vulgären Version des Aristokraten, so wie sich Autoren von Unterhaltungsromanen einen Aristokraten vorstellen – und manchmal haben sie, wie man sieht, damit recht. Er verfolgte die »hohe«, die echte Literatur nicht, er jagte keinen »metaphysischen Gefühlen« nach, auch Politik interessierte ihn nicht, er lebte in einer anderen Welt, einer Welt sorgloser Annehmlichkeiten, und dennoch wurde ihm mit einiger Verspätung klar, dass er zum Modell des schönen Jungen im *Tod in Venedig* geworden war. Genau genommen müsste man sagen, er bekam Kenntnis von dieser Tatsache, denn ich glaube nicht, dass er selbst aktiv versuchte, irgend etwas über sich herauszufinden, über sich in Venedig, in dem Hotel auf dem Lido, wo er bestimmt den hartnäckigen und aufmerksamen Blick des nicht besonders großen Mannes in mittlerem Alter gespürt hatte, des eleganten deutschen Bourgeois. Mit Sicherheit hat ihm die Nachricht geschmeichelt. Er war ein gewöhnlicher Mensch, das, was man im Französischen einen *homme moyen sensuel*, einen Durchschnittsmenschen nennt, und plötzlich erfuhr er, dass sich in ihm eine mythische Gestalt verbarg. Sicher stand er lange vor dem Spiegel und versuchte in seinem Gesicht eine Spur des mythischen Wesens zu entdecken, vergeblich … Später, viel später, als in der europäischen Presse Artikel erschienen, die seinen Namen nannten, als man seine Identität preisgab, versuchte er sogar zu prozessieren, um seine Privatsphäre zu schützen – als hätte seine kümmerliche Privatsphäre des Schutzes bedurft, als hätte die relative Unsterblichkeit, die Thomas Mann ihm geschenkt hatte, in irgendeiner Weise seine brüchige Würde bedroht. Er hatte nach dem Krieg alles verloren, was er besessen hatte, er hielt sich mit dem bescheidenen Einkommen eines Übersetzers über Wasser; seine Fremdsprachenkenntnisse, vor allem seine Französischkenntnisse, waren jetzt das einzige Überbleibsel einer besseren Vergangenheit. Alles in allem hatte er eine schwierige Existenz, nicht tragisch, aber traurig – aus der Perspektive eines fernen Beobachters scheinen die Ferien auf dem Lido der Höhepunkt seines Lebens gewesen zu sein … Und nicht nur, weil sie in der Weltliteratur festgehalten wurden. Und dann noch Viscontis Film (mit dem obsessiv wiederholten Adagietto aus der Fünften Symphonie von Gustav Mahler) aus dem Jahr 1971, mit dem hübschen jungen Schweden in der Rolle des polnischen Jungen. Auch wurden – was für den alternden Władysław Moes peinlich gewesen sein muss, falls er es erfuhr und falls ihm immer noch an der Legende seiner frühen Jugend lag – Fotografien aus der Zeit seines Venedig-Aufenthalts publiziert, und es tauchten gehässige Kommentare dazu auf: dass er so schön nun auch wieder nicht gewesen sei, dass der blutjunge schwedische Schauspieler ihn um Längen schlage … Aber sagten die Fotografien vom Anfang des 20. Jahrhunderts die Wahrheit über die Gesichter der Menschen (hier muss ich den Baron verteidigen)? Es wird schmerzhaft gewesen sein: Man wollte ihm den einzigen Schatz nehmen, den er hatte, die Legende seiner Schönheit, seiner Anmut … Am meisten aber schockierte mich, dass »Tadzio« den zweiten Weltkrieg in einem deutschen Offizierslager verbracht hatte. »Tadzio« im Oflag! Man muss sich diesen Mann, den ehemaligen Epheben aus Thomas Manns

Novelle, einen etwas verwöhnten Adligen, im Gefangenenlager vorstellen! Eine weitere Begegnung mit Deutschen, diesmal mit anderen, plebejischen, die eine gemeine Sprache sprachen, in der das am häufigsten gebrauchte Wort das einsilbige *raus* war. Ich stelle mir die eintönige Existenz im Lager vor: die Rübensuppe, das Kochgeschirr, die gestopfte graue Unterwäsche, seltene Briefe von zu Hause, die Langeweile, immer mit denselben Schicksalsgefährten zusammenzusein, die man täglich sah, deshalb vielleicht sogar hasste, Frost, Schnee, Hitze, die vier Jahreszeiten, die öde, regelmäßige Kreise über den Baracken zogen, wie eine Schar Geier, die fehlende Intimsphäre, das Fehlen jeder Möglichkeit, sich für einen Moment abzusondern, zu schützen. Pferderennen, Abendempfänge, elegante Garderobe – alles vergessen, irreal. Und früher die Helligkeit des Lido, die Spiele am Strand, kurze Momente eines Glücks, von dem wir zufällig erfahren haben, dank des Blicks und des Talents von Thomas Mann. Mann hat, wie wir wissen, die Kriegsjahre in Kalifornien verbracht und interessierte sich schon lange nicht mehr für »Tadzio«, der gehörte jetzt der Geschichte, der Philologie an, hatte sich nach einigen Jahrzehnten in einen literarischen Helden wie Tonio Kröger, Clawdia Chauchat oder »der kleine Herr Friedemann« verwandelt, die jedoch, im Gegensatz zu dem Mann, der »Tadzios« Prototyp war, nur auf dem Papier existierten. Der berühmte Romanautor begegnete jetzt anderen hübschen Jungen, betrachtete sie ebenso aufmerksam und notierte diese Begegnungen, die zu keiner Intimität führten, in seinem pedantischen Tagebuch. Und Tadzio? Er überlebte den Krieg, kam aus dem Oflag nach Hause, aber sein Zuhause war inzwischen von den Kommunisten konfisziert worden – es blieb nur Not, grauer Alltag, der Kampf um eine Stellung in einer der westlichen Botschaften in Warschau, denn nur sie waren noch Inseln einer anderen Welt, Inseln, die von den seltsamen Menschen des Zentralkomitees toleriert wurden, ungebildeten Menschen mit Quadratschädeln, die die leeren

Stellen in der Utopie von Marx ausfüllten (die Unbestimmtheitsstellen, wie ein Krakauer Philosoph sagen würde). Schließlich, gegen Ende, Krankheit, Aufenthalte in Sanatorien, Krankenhäusern. Überfüllte Säle (wie im Oflag) und der letzte Tag, der Tod, von dem wir nichts wissen; deshalb können wir nicht sagen, ob er dieses Leben jäh erstrahlen ließ, in einem noch helleren Glanz als der Lido, oder ob er nur nachlässig das Flämmchen der schon erlöschenden Kerze ausblies und zum nächsten Patienten ging.

So viele Jahre in Houston – wenn ich alle kürzeren Aufenthalte hinzufüge, werden es über fünf Jahre sein; aber nie länger als vier Monate, als ein Semester (immer im Frühjahr). Als ich das erste Mal hinfuhr, hatte ich nur eine sehr vage Vorstellung von der Stadt. Ich dachte, sie sei eine braune Ödnis, wüstes Land. Ich musste dorthin fahren, ich musste die Einladung annehmen, die ich im Sommer 1987 von Edward Hirsch erhielt, es reichte einfach nicht mehr zum Leben in Frankreich. Ich wusste noch nicht, wie wichtig, wie lebensspendend das amerikanische Abenteuer für mich sein würde. Mein Englisch war damals nicht besonders, aber ich leitete von Anfang an eine sogenannte Lyrik-Werkstatt, das heißt, ich beurteilte Gedichte junger amerikanischer Lyriker und sollte Änderungs- oder Korrekturvorschläge machen. Beim ersten Aufenthalt nahm ich ein englisch-deutsches Wörterbuch mit, da ich damals gut deutsch sprach und ein englisch-polnisches in Paris nicht finden konnte. Erst nach einiger Zeit begriff ich, dass hervorragende englisch-englische Wörterbücher ganz billig sind. Die Gedichte der Studenten studierte ich am Tag vor der Veranstaltung, mithilfe meines gelben Wörterbuchs. Ich durchlebte eine große Krise: Würde ich dieser Herausforderung gerecht werden? In solchen Situationen kommt es vor, dass wir völlig vergessen, was wir in uns haben, welche Ressourcen wir besitzen. Gustaw Herling-Grudziński zitiert Lichtenberg, der gesagt haben soll, die Erfahrung nütze uns nicht allzu sehr, weil wir jede neue Verrücktheit in neuem Licht sehen. Aber in der Welt der Introvertierten kann man das anders formulieren: Wir sehen jede neue Schwierigkeit in erschreckendem Licht, weil wir uns nicht erinnern, dass wir mit einer ähnlichen Bedrohung schon fertiggeworden sind. Und das, »was wir in uns haben«, wenn es wirklich da ist, existiert im Allgemeinen nicht für uns, sondern offenbart sich nur gegenüber anderen, also können wir es leicht vergessen, wenn wir in einem leeren Zimmer sitzen und nervös an den Fingernägeln nagen. Edward holte mich am Flughafen ab, und so sollte es während vieler weiterer Jahre sein. Normalerweise hatte er mindestens zwei Bücher dabei, für den Fall, dass mein Flugzeug große Verspätung hätte – dann hätte eines nicht ausgereicht ... Und es waren immer Lyrikbände oder Bücher über Lyrik. Das erste Mal musste ich auf dem Weg von Paris nach Houston in New York umsteigen und schnappte unterwegs ein paar neue englische Ausdrücke auf. (In Newark auf dem Flughafen stellte sich heraus, dass mein Flug nach Texas Verspätung hatte, worauf jemand sagte: »They screwed it up again.«) Am nächsten Tag hatte ich eine der schlimmsten Migränen meines Lebens, ich verstand nicht so recht, wo ich hingeraten war, aber dennoch sah ich schon damals vom Fenster meiner recht großen Wohnung aus die gigantischen Bäume, ewig grüne Eichen, mit »spanischem Moos« bewachsen, die aussahen wie urtümliche Wisente. Schnell begriff ich, dass Houston eine sehr grüne Stadt war, und die ewig grünen Eichen sein ganzer Stolz. Schon das Wörtchen »ewig«! Bereits im Februar blühten die Azaleen, größer als in Europa, aber das Wort »Frühling« hatte in diesem Klima nicht viel Sinn. Die ewig grünen Eichen verhielten sich wie vorsichtige Rentiers: Nicht für einen Moment verloren sie ihre Blätter vollkommen, sondern erneuerten sie systematisch, unter den Blättern des Vorjahrs wuchsen neue und verdrängten dann erbarmungslos die alten – ein Bild des Generationenkampfes in reinster, typischer Form, eigentlich erschreckend; so war der Baum nie nackt. Das Semester begann Ende Januar, aber die Temperatur erinnerte eher an den Mai oder Juni in meiner Heimat. Während dieses ersten Aufenthalts – Frühling 1988 – hatte ich kein Auto, ich lernte relativ kleine Teile der sehr ausgedehnten Stadt zu Fuß und mit dem Fahrrad kennen, das ich von Karl Kilian geliehen hatte. Zu den Veranstaltungen fuhr mich in der Regel einer der Studenten. Edward Hirsch wurde bald einer meiner besten Freunde. Zu Anfang waren wir beide schüchtern, aber innerhalb kurzer Zeit fühlten wir uns wohl zusammen. Ich lernte seinen herrlichen Humor schätzen, seine Liebe zur Dichtung. Rasch erkundete ich den Campus der Rice University, in deren Nähe ich wohnte, vor allem die hervorragende Bibliothek; ich verbrachte berauschende Stunden dort, aus dem Leben gefallene Stunden, in denen ich Texas vergaß; erst nach dem Verlassen der Bibliothek entdeckte ich die Arabesken der alten Eichen wieder, und mir wurde bewusst, wo ich war. Die Rice University ist zwar nicht auf Geisteswissenschaften spezialisiert, eher auf Ingenieurswesen, aber ihre Bibliothek hat trotzdem eine glänzende Sammlung europäischer Literatur. Die langen Regale sind gefüllt mit meist vergessenen Autoren, die sich ihr Leben lang abgemüht haben – vielleicht vergeblich, da die verstaubten Bände ihrer Prosa oder Lyrik jetzt in den klimatisierten Sälen der Bibliothek schlummerten? Aber von Zeit zu Zeit gab es einen Autor, der immer noch gelesen wurde und lebendig war. Und ich sehnte mich vom ersten Augenblick an, den ich in Texas verbrachte, nach Europa und seiner Kunst. In erster Linie las ich die Franzosen und die Deutschen – polnische Literatur war dort selten; doch ich fand Bücher, die ich in den Pariser Bibliotheken lange vergeblich gesucht hatte. Die amerikanischen Bibliotheken waren wesentlich besser als die europäischen, vielleicht, weil in Europa das Gedächtnis in die Struktur der Städte, in die Urbanistik eingedrungen ist, sogar die Felder und Wiesen auf dem Land sind nach archaischen Mustern angelegt, die Schichten der Erinnerung sind sichtbar in der

Welt, unter freiem Himmel, Regen und Wind ausgesetzt, eingeschrieben in die Anordnung der Straßen, in die architektonischen Details alter Häuser; in den USA dagegen wird die Erinnerung nur in Bibliotheken und Museen bewahrt, die Städte leiden überwiegend an Amnesie, die alten Gebäude werden erbarmungslos zerstört, und an ihrer Stelle schießen alle zwanzig Jahre funkelnagelneue aus dem Boden. In der fast leeren, bequemen Bibliothek der Rice University habe ich viel Zeit verbracht, ich hatte immer eines meiner kleinen gelben französischen Notizbücher bei mir, und manchmal gelang es mir bei der Lektüre eines lyrischen oder philosophischen Werks, ein paar Worte zu notieren, eine Gedichtzeile oder einen Gedanken, eine Beobachtung, die vielleicht für eine Skizze nützlich sein könnten. Der inzwischen verstorbene Roger Straus, der große New Yorker Verleger und Gentleman der Literatur, lächelte spöttisch, wenn ich ihn hin und wieder in New York traf und Houston erwähnte, und verkündete, er sei nie in Texas gewesen und habe auch nicht die Absicht, jemals dorthin zu reisen. Und er fragte scherzhaft, ob ich sicher sei, dass Texas tatsächlich zu den Vereinigten Staaten von Amerika gehöre. An der Ostküste hielt man Houston für eine Art schwarzes Loch, für Antimaterie. Meine New Yorker Freunde hatten Mitleid mit mir, wenn ich in den Dschungel des Südens zurückkehren musste. Zu ihnen gehörte auch Susan Sontag, die New York liebte und sich ein Leben in der amerikanischen Provinz nicht vorstellen konnte, obwohl (oder vielleicht gerade weil) sie ihre Kindheit in Arizona, in Tuscon verbracht hatte. Nach und nach lernte ich immer mehr Leute kennen, viele von ihnen sehr herzliche Menschen – auf eine für den amerikanischen Süden typische Weise. Nicht nur die Rice-Bibliothek war mir also ein Trost. Später entdeckte ich auch noch einige andere Orte, die mir gefielen, zum Beispiel die Menil Gallery und ihre Umgebung – damals lebte noch die schon sehr betagte Frau de Menil, geborene Schlumberger, eine schöne, schlanke Dame aus einer reichen protestantischen französischen Familie, die Gründerin des Museums, dessen Gebäude, von Renzo Piano entworfen, ein Wunder der modernen Architektur ist. Es ist eine Variation auf den alten Stil der Südstaaten, eine ferne Replik auf die Paläste der Kolonialzeit, nur dass hier keine schwarzen Bediensteten und ihre weißen Herren mehr wohnen, sondern Kunstwerke die Räume füllen. Der Campus der Universität, an der ich lehrte, der University of Houston, war nicht so attraktiv, und ihre Bibliothek konnte mit derjenigen der Rice University, die ich gleich zu Anfang des Semesters kennengelernt hatte, nicht mithalten. Edward lachte schallend, als er mich nach dem ersten Besuch von M. in Houston fragte, was ich ihr gezeigt, wo ich sie hingeführt hätte, und ich antwortete, weißt du, ich habe ihr die Rice-Bibliothek gezeigt. M.s erster Besuch fiel zeitlich mit einem kurzen Aufenthalt von Joseph Brodsky zusammen, der von der Rice University zu einer Lesung eingeladen war. Joseph hatte damals gerade den Nobelpreis bekommen. Michael Maas, Historiker, Professor der Rice University und Spezialist für Spätantike, der sich während eines gemeinsamen Aufenthalts in Rom, in der American Academy, mit Joseph angefreundet hatte, erzählte mir von seinem Gespräch mit dem Rektor, dem er vorgeschlagen hatte, den berühmten Dichter einzuladen. Als er ihm sagte, er kenne Brodsky gut, soll der Rektor ungläubig, fast verächtlich erwidert haben: »SIE kennen IHN?« Michael und ich holten Joseph vom Flughafen ab, beide in kurzärmeligen Hemden, was unseren Gast überraschte, der aus dem kalten New York kam. Ich erinnere mich, dass er damals eine wollene Krawatte trug, in der Mottenlöcher waren. Das gefiel mir. Die Motten verschonten niemanden. Brodsky war kein Dandy. Einmal schenkte er mir ein schönes Jackett aus Kaschmir, das ihm etwas zu klein war; ich trage es immer noch. Joseph bat darum, man möge ihn zur NASA bringen. Dieser Tag, der Ausflug zur NASA mit ihren imponierenden Gebäuden, zwischen denen man lässig verstreute, pensionierte Raketen bewundern konnte, Raketen, die vom Luftstrom bei der Rückkehr zur Erde rußgeschwärzt waren, ist mir als eines der schönsten Ereignisse in Erinnerung geblieben, als ein Moment der Freundschaft und Sorglosigkeit. Als wäre für kurze Zeit der Zustand der Schwerelosigkeit auf uns übergegangen, den die zukünftigen Astronauten der NASA bei ihrem langen Training und später bei den Weltraumflügen erlebten.

Es gab eine Zeit während meiner Semester-Pilgerfahrten nach Houston, in der ich direkt neben der Menil Gallery wohnte, in einem der grauen Holzhäuschen, die das cremefarbene Museum umgaben. Leider hatte ich dort – bei ganz dünnen Wänden – sehr laute junge Nachbarn, Barbaren, die imstande waren, mitten in der Nacht die Musik voll aufzudrehen, Musik, die dem Zeitgeist entsprach, also elektrische Gitarre und Schlagzeug. Meine Rettung war der damalige Museumsdirektor, der mir, nachdem er meine Klagen gehört hatte, ein anderes, leeres Häuschen zur Verfügung stellte, das – zum Glück nur selten – als Gästehaus diente. Er bat mich nur, das *guest house* ausschließlich als Arbeitsort zu nutzen und nicht ganz dorthin zu ziehen. Der Kontrast zwischen dem ersten Haus, wo jeden Moment die Explosion des Zeitgeistes drohte (nicht nur entsetzlich laute Musik, sondern auch plötzliche Invasionen von Freunden meiner Nachbarn, die nach Mitternacht in eine Diskothek oder Bar aufbrachen und sorglos kundtaten, dass sie sich köstlich amüsierten – »having fun« beruht auch darauf, dass alle anderen erfahren, »we have fun«), und der idealen Stille meines neuen »Arbeitszimmers« war gigantisch. Zwischen den beiden Häuschen lag nur eine kleine Wiese, die ich oft durchquerte, wenn ich in die eine oder andere Richtung ging, am Tag oder in der Nacht. In gewissem Sinn stellte dieses räumliche Arrangement ein ideales Bild der Topographie dar, die intensiver geistiger Arbeit oft eigen ist – das Wohnen in zwei Wirklichkeiten, einer nervösen und lauten und einer zweiten, die von Ruhe oder Musik erfüllt ist – aber von Musik, die wir uns selbst aussuchen. Die Ankunft eines Gastes der Stiftung von Frau de Menil, oft eines Buddhisten, eines tibetanischen Mönchs (denn die schöne ältere Dame hatte gegen Ende des Lebens eher geistige Interessen, neigte mehr zur religiösen als zur ästhetischen Suche), beraubte mich für ein paar Tage meines Arbeitszimmers, meiner idealen Stille, meiner Musik, was mich zur Verzweiflung brachte, weil ich dann wieder obdachlos und den Launen meiner idiotischen Nachbarn ausgeliefert war. Und es tröstete mich keineswegs, dass der Gast, der sich *in meinem Zimmer* seinen östlichen Praktiken hingab, sich nicht dessen bewusst war, dass seine asiatische Kontemplation auf meine Kosten ging, in gewisser Weise aus dem Tuch meiner westlichen Einsamkeit geschnitten war. Umso größere Freude empfand ich, wenn ich endlich wieder in das Häuschen zurückkehren und die Stille und Freiheit, bisweilen auch Augenblicke der Erleuchtung genießen konnte.

Noch einmal zu Tadzio – dem Jungen, der sich einige Eigenschaften von dem uns schon bekannten Władysław Moes, dem wenig glücklichen Baron, geliehen hat, dem Helden der Novelle *Der Tod in Venedig*, die bis heute ihre Leser radikal in zwei Lager zu teilen scheint, in leidenschaftliche Anhänger und erbitterte Gegner von Thomas Mann. Die Erzählung ist stellenweise vielleicht etwas pathetisch geschrieben (im deutschen Original ist der Rhythmus des Hexameters zu spüren, es finden sich Zitate von Platon …), aber sie enthält eine interessante Geschichte: die eines berühmten Schriftstellers, hoffnungslos verliebt in einen schlanken Jüngling, so sehr verliebt, dass der herausragende Intellektuelle sein Handwerk, seine leidenschaftliche literarische und geistige Arbeit, seine jahrelange Suche nach Wahrheit und Form aufgibt und zugrunde geht, erbärmlich zugrunde geht, wie ein armer Obdachloser, ein anonymer Bettler, dass er stirbt, fast wie von ihren Besitzern ausgestoßene Tiere krepieren, wie ein Wurm. Die Geschichte kann immer, überall und jedem (fast jedem) passieren. Gustav von Aschenbach, der berühmte Autor, Kenner des menschlichen Herzens und der europäischen Geschichte, der sich offensichtlich sehr wohlfühlt in der Abgeschiedenheit seines Arbeitszimmers, einer, der liebevoll über Bücher streicht und sich an Ideen berauscht, den eigenen, aber auch fremden, mehr noch, der von und für Ideen gelebt hat, der für das Schreiben gelebt hat, den das Schreiben viele Jahrzehnte lang wiegte und trug wie der Ozean die Segelschiffe trägt, dieser Mann wird plötzlich, das heißt von dem Moment an, da er den schönen Jungen gesehen hat, verrückt, völlig verrückt, und die reiche Welt der intellektuellen Disziplin, die ihm bisher täglich oder fast täglich ihre Gastfreundschaft geschenkt und ihn zu weiterer Produktion ermuntert hat, verliert für ihn jeden Reiz. Innerhalb weniger Tage verschwindet das – so könnte man meinen – solide Gebäude von Bildung und künstlerischem Schaffen, von Verstand und Inspiration, von Würde und Risiko, versinkt im Sumpf des Vergessens, und wichtig wird etwas anderes, wichtig ist nur noch die Verfolgung Tadzios, wichtig ist es, ihn aus sicherer Entfernung zu betrachten, seine Bewegungen, Spaziergänge, sein Laufen am Strand, seine Spiele mit Gleichaltrigen zu beobachten, ungeduldig zu lauern, bis der Junge wieder erscheint, zuerst im Hotelrestaurant, im Kreis der Familie, später auf dem Sand des Lido, wo der bekannte Autor in einem bequemen Strandkorb zunächst noch zu arbeiten versucht, aber über den Manuskriptseiten immer häufiger nach Tadzio, nach dem Jungen schaut, wo er ihn anschauen m u s s und spürt, wie sein Interesse an dem, was er schreibt, besser gesagt, was er zu schreiben versucht, allmählich erlischt. Aschenbach hat ein großes Unglück getroffen – er hat sich verliebt. Er hat sich hoffnungslos in ein junges Geschöpf verliebt, in ein Geschöpf, das den Reiz der Jugend besitzt, in einen Jungen, mit dem ihn keinerlei anständige Formel des Zusammenlebens hätte verbinden können, deshalb wurde er verrückt, vollkommen verrückt, deshalb verlor er den Verstand und kurz darauf sein Leben. Und wo sind die zahllosen Tugenden und Annehmlichkeiten der geistigen Arbeit geblieben, die aufmerksame und nahrhafte Lektüre an Wintertagen, wenn vor dem Fenster die weiße Stadt schlummert und im Kamin das Holz knistert, wo das Schreiben von Notizen mit dem Füllfederhalter auf sauberem Papier, und vor allem der süße Moment, da ein neuer Gedanke sich einstellt, da von irgendwoher eine neue Idee auftaucht, eine neue Sicht auf das Thema, über das man lange nachgedacht hat, und plötzlich nimmt es neue Gestalt an und bringt neue Energie, einen Augenblick der Begeisterung, der sich dann verlängert, einige Stunden anhält und in den Rhythmus ruhiger und gleichwohl enthusiastischer Arbeit einfließt? Niemand weiß, wo sie geblieben sind, diese Momente, wo sie versunken sind, denn jetzt sind sie vergessen, man könnte geradezu über sie spotten, so ärmlich, so bescheiden wirken sie angesichts der einzigen Sache, die den fünfzigjährigen Aschenbach gegenwärtig beherrscht, das heißt, angesichts der wilden Leidenschaft, angesichts der Verfolgung des schönen Knaben, obwohl sich in diesem Knaben keine Idee verbirgt, obwohl er bestimmt nicht viele Bücher gelesen hat, obwohl er Platon nicht kennt und mit Sicherheit kein interessantes Gespräch zu führen vermag, weder über die griechischen Tragödiendichter noch über die durch den Fortschritt der Wissenschaften und den Triumph des Positivismus hervorgerufene Krise in der zweiten Hälfte des 19. Jahrhunderts, noch über die Überwindungsversuche durch Bergson und andere Denker und Künstler, die an der Leere der wissenschaftlichen Welt zu verzweifeln drohten. Doch es zählt nicht, dass man mit Tadzio keine interessante Konversation führen kann, es hat nicht die geringste Bedeutung, Ideen und gelehrte Gespräche sind nur Schatten, langweilige Schatten der einzigen echten Wirklichkeit, der brennenden Wirklichkeit von Verlangen, Liebe und Begierde, Begierde und Liebe. Ein Lächeln des Epheben wird von nun an wichtiger sein als alle Bilder von Rembrandt, als die Gedichte von John Keats, die *Duineser Elegien* von Rilke, die Klavierkonzerte von Mozart, als die Stücke des großen Engländers, als die *Caprichos* von Goya; wenn er über den Sand läuft, zählt nur das, nämlich dass er durch den Sand läuft, und sein schlanker Körper, von Sonne überflutet, leicht gebeugt, so dass er mit der Oberfläche des Planeten einen spitzen Winkel bildet, erscheint als etwas äußerst Kostbares, ganz Wunderbares, Zerbrechliches, aber auch Endgültiges, Einzigartiges. Der schlanke Körper ist das Wichtigste, nicht die Bibliotheken und Museen, nicht die Konzerte, bei denen sich die Pianisten so große Mühe geben, mit denen sie die empfindlichen Seelen ihrer Zuhörer so sehr zu berühren vermögen. Deshalb muss Aschenbach, der nicht nur in seinem Land geschätzt, der in ganz Europa bewundert wird, ausgezeichnet mit so vielen Preisen und Ehrungen – aber wo sind sie jetzt, diese lächerlichen Preise und Ehrungen? –, deshalb muss Aschenbach sterben, sterben wie die Obdachlosen in der Großstadt, die man schnell in einem anonymen Grab verscharrt, damit sie das Wohlbefinden der selbstzufriedenen Bürger nicht stören; er, dessen Name viele Jahre für Intelligenz stand, als Symbol der Weisheit galt, er verliert diesen Namen allmählich, täglich, der Name wird kleiner, schrumpft und versinkt in demselben Abgrund, in dem mit leisem Geräusch schon alle Preise und lobenden Rezensionen, Gratulationsbriefe und Ehrendoktorwürden verschwunden sind. Und er weiß oder spürt eher – denn mit dem Wissen ist es nicht mehr weit her –, dass er sterben muss, es gibt keine andere Möglichkeit, schließlich verbindet ihn nichts mit diesem Jungen, daran führt kein Weg vorbei, und er kann auch nicht mehr ohne Tadzio leben, ohne ihn zu betrachten, und als die polnische Familie aus Angst vor der Seuche, über die alle sprechen, den Ort verlässt und den hübschen Jüngling mitnimmt (er wird sich später vage erinnern, dass ein älterer Herr ihn intensiv beobachtet hat), da gibt es für den großen Schriftsteller nur noch einen Ausweg, wenn man das einen Ausweg nennen will: zugrunde gehen, verschwinden, sterben. Und so geht sein großes Unglück dem Ende zu, seine Katastrophe verdampft wie eine kleine Pfütze, Überbleibsel eines kurzen Regens an einem heißen Tag, sein Schmerz erlischt; sein Name wird für einen Augenblick wiedererweckt und ziert für ein paar Tage die europäischen Zeitungen, die Nachricht vom Tod des Literaturgiganten überrascht die Leser schmerzlich (ja – aber ehrlich gesagt, die interessante Neuigkeit berührt sie auch angenehm, die Nachricht bewirkt, dass sie sich ein wenig besser fühlen, wenn sie ihren Morgenkaffee trinken, es tut sich etwas, denken sie, das ist traurig, aber auch sehr interessant), doch danach wird sein Name sein wie ein in der Sonne vertrockneter Schmetterling, wie ein blinder Falter, wie eine Fliege auf dem Fenstersims, auf dem Rücken liegend, die Beinchen wie zum Gebet gefaltet.

Der Autor der Novelle dagegen, Thomas Mann, der das gleiche wie Aschenbach – besser gesagt, nicht das gleiche, sondern etwas ähnliches – erlebt hat, überwindet die Krise hervorragend, er kommt zurecht. Er leidet wohl ein wenig, aber im Gegensatz zu dem Literaten, den er zum Helden und Märtyrer seiner Erzählung gemacht hat, besitzt er ein ungewöhnlich starkes Gefühl für das *decorum*, also würde er um nichts in der Welt so tief sinken, wie dies Aschenbach passiert ist. Er war mit seiner Frau in dem vornehmen Hotel, nicht allein, seine Beobachtung des Epheben muss also heimlich stattgefunden haben, er muss Theater gespielt haben, muss es vor seiner Frau verborgen haben. Aber gerettet hat ihn etwas anderes, gerettet hat ihn das Schreiben, diese seltsame Tätigkeit, die es bisweilen schafft, Schmerz in Freude umzuwandeln, diese chemische Verwandlung, die bewirkt, dass das Leiden trockengelegt und in die schwarzen Zeichen der Buchstaben transponiert wird.

Kehren wir noch einmal kurz zu dem zentralen Laboratorium zurück – ein Pseudonym, mit dem Jerzy Stempowski gerne Paris, die Hauptstadt der Avantgarde und der künstlerischen Erfindung, bezeichnete: *Le laboratoire central* ist der Titel eines Gedichtbands von Max Jacob aus dem Jahr 1921, vermutlich die Quelle von Stempowskis Metapher. Das Schicksal Max Jacobs, der jüdischer Herkunft war, könnte man als Parabel für die Geschichte der europäischen Avantgarde betrachten. Wie man weiß, war Jacob einer ihrer aktivsten Vertreter; befreundet mit Apollinaire und Picasso, kannte er alle und inspirierte viele. Ab 1921 wohnte er in der romanischen Abtei Saint-Benoît-sur-Loire. Einige Jahre zuvor war er aufgrund einer Vision konvertiert. Er kam immer noch nach Paris, traf sich mit Freunden, kehrte aber immer wieder in seine an der breit fließenden Loire gelegene Abtei zurück. Jemand muss ihn als Juden denunziert haben, die Tatsache seiner Konversion hatte für die Nazis natürlich keine Bedeutung, das religiöse, geistliche Leben interessierte sie nicht. Am 24. Februar 1944 wurde Max Jacob verhaftet und in das Übergangslager Drancy in der Nähe von Paris transportiert. Von dort aus gingen Transporte nach Auschwitz und in andere Vernichtungslager. Aber Max Jacob starb, bevor man ihn wegbringen konnte, an Lungenentzündung, am 5. März. Es wird angenommen, dass seine engsten Freunde, Picasso und Cocteau, nicht alles getan haben, was in ihrer Macht stand, um den Dichter zu retten – vor allem Picasso, denn Cocteau soll einen Versuch unternommen haben; dabei hatten beide einflussreiche Freunde unter den Deutschen. Und so ging es zu Ende mit dem zentralen Laboratorium, nicht in Flammen, im Feuer, sondern nur durch Nachlässigkeit, Unterlassung, durch Kaltherzigkeit.

Im Gegensatz zu den Passagieren der Pariser Metro, die unterwegs umfangreiche Romane bei sich hatten, gefielen mir kleine Bändchen, die man ohne Problem in die Tasche stecken konnte. Bücher in der Art von Bänden gesammelter Werke, dick wie Bauersfrauen in Winterpelzen, mochte ich gar nicht, auch die eleganten Bände der französischen Elite gefielen mir nicht mehr besonders, deren biblisches Papier weltlichen Autoren die Autorität und Aura des Propheten Jeremias oder Samuel zu verleihen schien. Schließlich konnte man die schweren Bände gesammelter Werke auf keinen Spaziergang mitnehmen … Und Bücher sollten mobil sein, wie Gedanken. Dafür bewunderte ich die Erfindung des *livre de poche* oder *pocket book*, des Taschenbuchs. Die dünnen Bändchen schlugen – im Gegensatz zu den langen Romanen – keine Brücken zwischen den einzelnen Tagen, sie erforderten sogar kaum die Benutzung von Lesezeichen. (Wer schreibt endlich eine tiefgründige Doktorarbeit über Lesezeichen? Die Passagiere der Metro hatten sehr interessante Lesezeichen, und deren Leben war fast immer länger als das der Bücher; ein einmal gelesener Roman verliert an Wert, das Lesezeichen dagegen zieht triumphierend ins nächste Buch um, wie ein in einen fremden Organismus verpflanztes Organ.) Dünne, schmale Bücher sind leserfreundlich, ja mehr als freundlich, sie eröffnen dem Leser manchmal unbekannte Bilder, beleuchten wie eine Laterne neue Gegenden, schenken ihm aber nur einzelne Momente; sie sind keine Brücken, sondern leichte Stege, über einen Bach in den Alpen gespannt. Eine Ausnahmestellung nimmt hier der große Roman von Marcel Proust ein, der eine durchdachte Erzählung entwickelt, eine Erzählung, die nicht nur die Fahrgäste der Metro, sondern selbst die Passagiere der Transsibirischen Eisenbahn befriedigen kann; doch wenn wir schließlich, nach Tausenden von Kilometern, zum letzten Band kommen, zur »Wiedergefundenen Zeit«, zur Schlussfolgerung, dann stellt sich heraus, dass der wahre Held dieses Epos der Augenblick ist, der Moment, der Augenblick der Vision, der Augenblick der wiedergefundenen Erinnerung, ein Augenblick des Glücks, des mystischen Taumels. Die riesige Maschinerie der Erzählung dient dem Ruhm des Augenblicks! Proust muss von ernsthaften Anhängern der epischen Literatur, von den Passagieren der städtischen Verkehrsbetriebe sowie der internationalen Kommunikationsmittel, von denjenigen, die in Flugzeugen und Arztpraxen lesen, als Verräter betrachtet werden: Schließlich hat er das Arsenal der Narration in die Hände der Gegner der endlosen Erzählung gegeben, er hat sich auf die Seite des Augenblicks geschlagen, des Feuers, der Erleuchtung, die per definitionem nicht lange dauern können. So viele Bände, so viele Schicksale, und zum Schluss eine Hymne auf den Augenblick … Da müssen die episch veranlagten Leser doch wütend werden. Sie erwarten eine bitter-süße Lawine von Generationen, von Wiegen und schwarzen Sternen darüber, sie erwarten Verzweiflung und Trost – und dann kommt der Augenblick! Nicht nur Proust enttäuscht seine Leser: Auch von *Krieg und Frieden* haben wir vor allem die außergewöhnlichen Momente in Erinnerung, zum Beispiel als Fürst Andrej den Himmel und die Wolken betrachtet und auf diese Weise die Schlacht und die Geschichte, die Russen und die Franzosen verlässt … Ich hatte in meiner chaotischen Bibliothek eine spezielle Abteilung von kleinen Büchern, von mobilen Bändchen, in denen Gedichte, Aphorismen, Beobachtungen, kurze Essays, Tagebuchnotizen wohnten. Zum Beispiel eine Miniaturausgabe der Gedichte von Gottfried Benn, dieses Pyknikers, dessen Temperament – die Verbindung einer gewissen Indolenz (ein mittelmäßiger Arzt, der seine Arbeit im Krankenhaus verlor, weil er nicht solide genug war, aber auch ein recht unsystematischer Leser in der Berliner Nationalbibliothek und Besucher billiger Bierstuben) mit seltenen, aber äußerst überzeugenden Ausbrüchen von Genialität – den Autor zu einem hervorragenden Begleiter langer Spaziergänge machte. Hier gab es keinerlei Narration, nur den Dienst am Augenblick, das Bekenntnis zu einem intensiven und kurzen Erleben der Welt, Explosionen, heftige oder sanfte (wenn es sanfte Explosionen gibt …), wie zum Beispiel in dem Gedicht *Astern*. Wie geschaffen für die Straßen und Boulevards von Paris, aber auch in anderen Städten nützlich, auch in Krakau. Außerdem nahm ich kleine Bände von Eugenio Montale auf meine Spaziergänge mit. Montales

Gedichte haben etwas Eiliges an sich, ich mochte – und mag immer noch – ihre Geschwindigkeit, die schon in seinem ersten Buch, *Ossi di seppia*, zu spüren ist, ihre Ungeduld, ihre einfallsreiche Metaphorik, die Magie der Namen (Dora Markus), erfundener Namen, die jedoch zu Menschen gehören, die wirklich einmal gelebt haben, ich mochte die Bilder, die sich in das Gedicht drängen – so wie die unerwarteten Schakale, die in einem Gedicht aus dem Zyklus *Motetten* an der Leine geführt werden. Auch liebte ich Montales Diskretion, seine Wahl des Unausgesprochenen, beziehungsweise der Litotes. Die Literaturwissenschaftler sagen uns, Montale habe sich gegen die Hyperbeln in der Lyrik von d'Annunzio aufgelehnt. Aber später griff ihn eben für seine Diskretion Pier Paolo Pasolini an, der in der Rezension des Bandes *Satura* behauptete, Montale habe sich seinerzeit nicht entschieden genug dem Faschismus widersetzt. Das war ein absurder Vorwurf, der sich jedoch den Anschein durchdachter Kritik gab. Absurd deshalb, weil jemand, der großartige elliptische Gedichte schreibt, nicht in der ersten Reihe der gegen den Tyrannen kämpfenden Helden stehen kann. Elliptische Dichter können mit ihren Poemen keine Tyrannen angreifen. Was im übrigen schmerzlich ist; eigentlich hätten wir ja gerne Künstler, die schöne Werke schaffen und zugleich ihr Leben riskieren. Doch wenn sie umkämen, hätten wir keine schönen Werke mehr, also musste man sich entscheiden, und hier entschied nicht der Verstand, sondern die Substanz. Pasolinis Vorwurf muss den Dichter sehr verletzt haben; er hat sich mit einem für seine Verhältnisse außergewöhnlich brutalen Gedicht gerächt, *Brief an Malvolio*, darin stehen folgende Zeilen: »Nein, du hast nicht unrecht, Malvolio, die Wissenschaft des Herzens,//sie ist noch nicht geboren, ein jeder entdeckt sie, wie er mag.« Aber nicht diese Zeilen sind brutal, nach Pasolinis tragischem Tod mag man Montales Gehässigkeiten gar nicht zitieren, wenn sie auch sehr zutreffend klingen. Ein anderes Bändchen zum Spazierengehen: die in Polen im Untergrund publizierten

Fragmente aus Józef Czapskis *Tagebuch*. Das Schriftbild war sehr undeutlich, manchmal kaum lesbar, aber welche Freude bereitete die Lektüre dieser Aufzeichnungen; Czapski war ein hervorragender Beobachter, Künstler und Mensch von großer Intelligenz und absoluter Wahrheitsliebe, zerbrechlich wie alle Menschen, aber er schämte sich dieser Zerbrechlichkeit nicht. Und er war einer der ganz Großen unserer Emigration – die Großen unserer Emigration konnten in der Regel ihre Zerbrechlichkeit nicht zeigen, denn sie waren ernsthafte Aktivisten mit politischen Ambitionen. Czapski war kein ernsthafter Aktivist, er hatte zum Glück auch keine politischen Ambitionen und spielte nicht den Titanen, im Gegenteil, er warf sich oft irgendeine Sünde oder ein Versäumnis vor. In seinem Tagebuch war er streng zu sich selbst und entblößte sich, er nahm weder das Privileg des Aristokraten noch das Privileg des herausragenden Emigranten in Anspruch. Unter den Pariser Emigranten beeindruckte er durch eine Eigenschaft, die man absolute Einfachheit nennen könnte. Czapski täuschte nichts vor, er bekannte sich gern zu seiner Ignoranz. Wie viele sehr gebildete Menschen liebte er die Ignoranz. Er hatte ein mystisches Temperament, das durch das ehrliche Interesse an anderen gemildert wurde, durch die Neugier auf die Welt. In den Fragmenten aus Czapskis Tagebuch gab es Notizen über seine Pariser Spaziergänge, Aufzeichnungen über die Bilder, die Farben und das Grau der Stadt von damals – und ich las sie während meiner Pariser Spaziergänge, mitten im Grau und in den Farben meiner eigenen Stunden, sein Tagebuch legte sich über die reale Stadt wie eine Kopie über das Original. Zu den Lieblingsautoren meiner Ausflüge in die Stadt gehörte auch Antonio Machado, der große spanische Dichter, der in Polen leider wenig bekannt ist. Ich habe ihn in Übersetzungen gelesen, hauptsächlich in französischen und englischen, erst später fand ich ein polnisches Bändchen der »Zelophan-Reihe«. Hervorragend geeignet für meine Zwecke war eine Auswahl der »Imitationen« Machados von Don Paterson, *The Eyes*, herausgegeben von Faber & Faber. Jetzt tue ich etwas Barbarisches und übersetze ungeschickt (denn ich habe leider kein Talent zum Übersetzen) eine der Imitationen von Machado/Paterson, *Das Nichts*: »Muss dieser magische Ort mit uns zusammen sterben//Die Welt, in der die Erinnerung noch//den Atem deiner Kindheit bewahrt//den weißen Umriss der ersten Liebe//die Stimme, die sich hob und senkte//in deinem Herzen, die Hand//die du im Traum gedrückt …//All die geliebten brennenden Momente//die uns überkamen//und unsere inneren Räume erleuchteten?//Muss diese ganze Welt mit uns untergehen//das Leben, das wir neu gestalteten//Haben die Mörser und Ambosse unserer Seele//nur für den Wind, für den Staub gearbeitet?« Aber ich kann ja nicht alle meine Taschenbücher erwähnen, diese Gefäße großer Augenblicke. Wie große Augenblicke in dünnen Bändchen Platz finden können, wissen wir nicht. Noch eines – *The Quest for Corvo* von A. J. A. Symons, ein sehr interessantes Buch, das meiner Generation von den Autoren der älteren Generation, von Konstanty Jeleński und Gustaw Herling-Grudziński, empfohlen wurde. Es verfolgt die biographischen Spuren von Frederick Rolfe, eines Originals, eines Schriftstellers, der in Venedig verliebt war und in dieser seltsamen, schönen, auf Pfählen gebauten Stadt jahrelang in Armut lebte, der allen möglichen und unmöglichen Arbeiten nachging, dabei aber ein wirklicher Schriftsteller war, der Sätze von großer Kraft schrieb. Der Nachteil von Symons Buch jedoch war, dass man die Lektüre nicht endlos wiederholen konnte, wie es sonst häufig bei Gedichten, Aphorismen oder Tagebuchfragmenten der Fall ist. Denn hier waren wir, während wir Symons biographische Suche und Corvos Schicksal verfolgten, nahe an der Erzählung, und die Erzählung können wir im Prinzip nur einmal annehmen und erleben – es sei denn, es handelte sich um Homer oder Tolstoi; danach langweilt sie uns leider, je sensationeller die Erzählung, desto mehr langweilt sie uns beim Versuch des zweiten Lesens, ganz zu schweigen vom dritten oder vierten. Man könnte sich geradezu ein raffiniertes Strafvollzugssystem vorstellen, bei dem die Strafe darin bestünde, dieselben Romane sieben, acht oder neun Mal zu lesen – unter der Aufsicht speziell vorbereiteter Wächter mit besonders starken Brillen. Diese Schwierigkeit könnte übrigens auch die Frage nach der Reinkarnation neu aufwerfen. (Würde die Seele sich nicht langweilen, wenn sie wieder und wieder lebte? Wenn sie dieselben Romane ein zweites, drittes, viertes Mal lesen müsste, zwar in einem anderen Körper, aber sie müsste doch die gleichen, unverzichtbaren Etappen noch einmal durchlaufen?) In den neunziger Jahren erschien in der Reihe Nike, in idealem Taschenformat, das hervorragende Buch *Das Rauschen der Zeit* von Ossip Mandelstam in der Übersetzung von Ryszard Przybylski. Hier reißt die Erzählung immer wieder ab und teilt sich in Augenblicke, deshalb besteht nicht die Gefahr der Wiederholung, und die Dichte wunderbarer rhetorischer Ideen ist ganz ungewöhnlich. Nein, dies ist kein bibliographischer Ratgeber, ich kann schließlich keine langen Bücherlisten vorschlagen. Mir fallen noch die Werke von André Frénaud ein, eines Dichters, der kurz vor dem Zweiten Weltkrieg als Französischlehrer ein Jahr in Lemberg verbrachte. Aber nicht dafür bewunderte ich ihn, nicht weil er einige Zeit in Lemberg verbrachte, obwohl mich sein Aufenthalt in dieser Stadt durchaus interessierte; schließlich hätte er in einem Lemberger Café neben meinem Großvater sitzen können, neben meinen Eltern, neben meiner Tante, die das Klavierspiel studierte. Das Bändchen, das gut in die Tasche passte, war von zwei Dichtern übersetzt, von Artur Międzyrzecki und Zbigniew Herbert. Ich habe André Frénaud nie kennengelernt, er lebte noch während meiner Pariser Jahre, ich weiß sogar, dass er in der rue de Bourgogne wohnte; er, der aus Burgund stammte, wohnte in der Burgunder Straße, in der Nummer 7.

Ende Juni, die Natur in der Krise – der Frühling, der einige Monate lang galoppiert ist, bleibt stehen, die Stille beginnt, ein Waffenstillstand, der einige Monate dauern wird, bevor dann die Herbststürme beginnen. Amseln und andere Vögel verstummen allmählich, die Stadt wird langweilig wie eine Bahnstation in der Provinz, nur die primitive Musik, die aus einigen Autos dröhnt, belebt hin und wieder den Raum der verwaisten Straßen. Abends marschieren geschminkte Mädchen auf sehr hohen Absätzen in die Diskotheken. Gelangweilte Enten fliegen von einer Stelle zur anderen, ohne jede Notwendigkeit, wie man meinen könnte. Nur die Mauersegler und die Schwalben geben sich noch nicht geschlagen, sie kreisen mit großer Geschwindigkeit in der warmen Luft, als wollten sie trägeren Geschöpfen zeigen, dass das Leben trotz allem weitergeht. Auf den Feldern um die Stadt steht das Getreide und wartet geduldig auf die Mähdrescher. Die große Stille des Sommers beginnt. Die Stille schwerer Augusttage, wenn die Natur wie eine dicke Türkin im Harem des Sultans auf dem Sofa (auf der Ottomane) liegt und seufzt, in Erinnerung an ihre frühe Jugend. Die Felder gelb, reif. Manchmal zieht ein heftiger Sturm heran, der Wind wirbelt Staub von den Feldwegen auf und wirft ihn gegen die Steinmauern der Gärten. Langeweile des Sommers. Langeweile der Sattheit.

In den *Cahiers* schreibt Cioran an einer Stelle, welch überwältigenden Eindruck auf ihn das Klavierkonzert G-Dur von Mozart (Nummer 17, Köchelverzeichnis 453) gemacht hat. Wir wissen nicht, in welcher Interpretation er es gehört hat. (Ich habe mir jetzt eine Aufnahme mit dem Pianisten Murray Perahia angehört.) Einige Tage lang steht er im Bann dieses Konzerts, kommt immer wieder darauf zurück, bewundert dessen Melancholie. Schließlich – und hier sieht man, wie sein außergewöhnlicher Geist arbeitet – versucht er eine Definition der Melancholie. Er sagt, Melancholie sei eine Eigenschaft »religiöser Seelen, die nicht an Gott glauben können«. Aber das ist noch nicht alles. Einige Tage vergehen (was wir nur erraten können, denn die Aufzeichnungen in den Heften sind in der Regel nicht datiert), und er fügt hinzu: »Es gibt in Mozart eine Erinnerung an eine *andere Welt*, an etwas, das im Gedächtnis von uns anderen keine Spur hinterlassen hat.« Offensichtlich ist er mit seiner Definition der Melancholie nicht zufrieden – oder vielleicht ist es eher so, dass ihn Definitionen und Formeln anwidern, die die Wirklichkeit in einen Käfig von Begriffen einschließen. Und doch hatte er ein phänomenales Talent zum Definieren: Er kann also zuerst nicht widerstehen, die Definition niederzuschreiben, danach will er sie vernichten … Und später kommen andere Themen, andere Reflexionen, andere Definitionen und Zerstörungen.

Vor einiger Zeit erfuhr ich Folgendes: Doktor P., der mein Ethiklehrer war, als ich Philosophie studierte, hat sich dazu bekannt, dass er aktiver Mitarbeiter der politischen Polizei war, er war, wie es heute heißt, IM. In Polen agierte eine Zeitlang – und tut dies immer noch – eine Gruppe von Fanatikern, deren einziges Ziel zu sein schien, eine möglichst große Anzahl von IM zu demaskieren, in jedem Bereich des Lebens. Ich habe nie zu dieser Gruppe gehört, ihre Mission, engstirnig und hasserfüllt wie die eines Hundefängers, hat mich nie überzeugt, weckte im Gegenteil meinen Widerspruch. Aber die Doktor P. betreffende Information war etwas ganz anderes. Die Nachricht traf mich. Schließlich hatte er uns in Ethik unterrichtet. Doktor P. hatte unter den Studenten nie als genialer Professor gegolten. Er hatte eine andere Art, seine Vorlesungen zu halten, als seine Kollegen von der Philosophie. Er verfügte über ein ganzes Arsenal an Zetteln und Kärtchen, über ein dilettantisches System von Heften und Notizbüchern, in denen Einträge mit verschiedenfarbiger Tinte standen (das konnte man sehen). Mit anderen Worten, man hatte den Eindruck, dass er hauptsächlich aus seinen eigenen Aufzeichnungen las und zitierte.

Selten berief er sich auf die großen philosophischen Autoritäten wie Kant oder Platon, er gefiel sich eher darin, den Eindruck zu erwecken, er selbst sei der Autor der Kategorien und Begriffe, die er uns präsentierte und die wir gehorsam in unsere Hefte übertrugen – wenn auch nicht ohne spöttische Kommentare nach dem Ende der Veranstaltung. Er war nicht beliebt, aber verhasst war er auch nicht. Es war offensichtlich, dass ihm in der großen Armee der Philosophen, die behutsam und ungeschickt durch die Wälder und Wiesen verschiedener Kontinente schritt (dass Ontologen sportlich sind, darf man wohl kaum erwarten), nur ein Unteroffiziersgrad zukam. Er schien ein Feldwebel der Ethik zu sein. Wir fanden uns damit ab, im übrigen hatten wir keine Wahl. Doktor P. selbst muss sich seiner Beschränkungen bewusst gewesen sein, er schien sie durch ein Verhalten ausgleichen zu wollen, das suggerieren sollte, er sei im Grunde genommen unser Kumpel, einer von uns, er erhebe sich nicht über die Schüler; er liebte den vertraulichen Ton, den Ton, den vermutlich Basketball- oder Volleyballtrainer benutzen, wenn sie es mit jungen Leuten aus der Intelligenz, mit Gymnasiasten oder Studenten zu tun haben. Sein bebrilltes Gesicht verzog sich oft zu einem Grinsen, das zu sagen schien: Wir sind ebenbürtig, ich erhebe mich nicht über euch. In einer etwas ausgefallenen anthropologischen Klassifizierung könnte man ihn zum Typ des Schlaubergers zählen, der im Allgemeinen mit sich zufrieden ist. Aber er war Professor der Ethik, er war in gewisser Weise ein Gesandter des Guten, besser gesagt – er hätte es sein sollen. Er hätte uns zeigen sollen, wo die Grenze zwischen Gut und Böse verläuft, wie man sie erkennen und benennen kann. Er hat uns enttäuscht. Ein Informeller Mitarbeiter lehrte uns Ethik. Ein grinsender Mitarbeiter schrieb fleißig seine Notizen und Berichte – und sagte uns, wie wir leben sollten.

Ich komme noch einmal auf meine private Bibliographie der für große Spaziergänge geeigneten Bücher zurück. Über längere Zeit hatte ich einen Gedichtband des tschechischen Dichters Vladimir Holan in der Tasche. Diese bisweilen scharfen, manchmal mit unpassenden, sogar vulgären Metaphern überraschenden Gedichte weckten mein Interesse; Holan bewegte sich immer auf zwei Ebenen: Er war ein religiöser Dichter, den die Sprache des einfachen Volkes interessierte, er war wie ein Pfarrer, der ehrbare Universitätsprofessoren, aber auch Zwiebel- und Karottenverkäufer unter seiner Obhut hatte, Notare, die französische Weißweine schlürften, aber auch Kutscher, die Bier tranken, ausschließlich Bier, gelbes Bier. Im Vorwort zu diesem Band war die Rede von fünfzehn Jahren, in denen Holan seine Wohnung nicht verlassen hat. Später begriff ich, dass es eher um ein metaphorisches Einschließen im eigenen Haus ging und die fünfzehn Jahre den Zeitraum meinten, in denen der Dichter in Tschechien nicht publiziert wurde, aber ich zog es vor, dies wörtlich zu verstehen: dass er wirklich nicht aus dem Haus ging und nur durchs Fenster die Jahreszeiten betrachtete, Schnee und Regen und die Streifen des Sonnenlichts im April. Wesentlich später las ich irgendwo, Holan sei Antisemit gewesen; das tat mir weh, aber ich hörte nicht auf, seine Gedichte zu lesen. Da wir beim Buchstaben H sind: noch ein kleines Buch, eine Auswahl der Tagebücher von Friedrich Hebbel. Karol Irzykowski hat zahlreiche Fragmente dieser Tagebücher übersetzt. Hier einer von Hebbels Aphorismen: »Wenn ein Baum, auch im schlechtesten Boden, ausgeht, so geschieht es nur, weil er die Wurzeln nicht tief genug schlägt: Die ganze Erde ist sein.« Dann ein Gedichtband von Boris Pasternak. Und eine kleine Gedichtauswahl von Blake (*Mock on, mock on, Voltaire, Rousseau*). Und die Bändchen von Emil Cioran, dessen Aphorismen mit den besten Gedichten der großen Lyriker jedoch nicht zu vergleichen waren. Ciorans Aphorismen sind immer ernüchternd, immer witzig, sie bringen uns immer wieder auf die Erde zurück, auf die Pariser Erde, auf die Kieswege des Jardin du Luxembourg, in dem der rumänische Schriftsteller seine abendlichen Runden drehte. Aber um auf die Erde zurückgeholt zu werden, muss man zuerst etwas weiter oben sein, muss in der Luft schweben. Cioran lebte in einer zynischen Stadt, direkt in ihrem Zentrum (rue de l'Odéon), vielleicht schützte er sich mit seiner Ironie gegen den Zynismus anderer. »Ich stürzte mich in Skeptizismus, wie andere sich in Ausschweifung oder Askese stürzen«, sagt er in den *Cahiers*. Aber er suchte auch nach anderen Dingen: »Noch immer zum Konzert von Mozart. Es ist außerordentlich, in welchem Maß die Melancholie *erfüllen* kann! Gemessen an ihr zählt nichts.« Ich bewunderte Ciorans Scharfsinn, aber in gewisser Weise war mir manchmal ein Gedicht zum Beispiel von Trakl (denn auch ein Bändchen von Georg Trakl trug ich hin und wieder bei mir) oder von Emily Dickinson oder Józef Czechowicz (des Autors des großartigen Gedichts *Żal*) lieber als Ciorans intelligente Boshaftigkeit; ich musste nicht auf die Erde zurückgeholt werden, es fehlte mir nicht an Nüchternheit oder Skeptizismus, ich war eher auf der Flucht vor meiner eigenen Ironie, ich suchte in der Dichtung nach leichten Vehikeln, die mich für einen Moment erheben würden, ich suchte Inspiration, Begeisterung, an Erde und an Kies fehlte es nicht. Ich suchte Begeisterung, obwohl ich, hätte mich jemand darauf angesprochen, was das sei und warum ich die sogar etwas amorphe Begeisterung einer witzigen sardonischen Bemerkung vorziehe, sicher nicht gewusst hätte, was ich antworten sollte. Mozarts Melancholie beglückte auch mich, ebenso wie Schuberts Melancholie. Manchmal zog ich eine Zeile von Montale den Aphorismen von Cioran – unseres zeitgenössischen La Rochefoucault – vor. Die Poesie ist wehrlos gegenüber den Ironikern, Aphorismen erinnern an eine scharfe Schere, sie kommen nicht ohne Pointe aus. Gedichte wollen keine Pointe haben, sie wollen niemanden verletzen, sie müssen nicht scharf sein, deshalb wissen junge Lyriker nicht, was sie mit den Händen machen sollen, wenn sie mit einem berühmten Satiriker an einem Tisch sitzen. Doch auf der anderen Seite, wenn Ossip

Mandelstam, mein geliebter Mandelstam sagt: »Und das Wolfshund-Jahrhundert, es springt auf mich los,//Doch ich bin nicht von wölfischem Blut//Stopf mich Mütze hinein in den Ärmel getrost//In den Pelz der sibirischen Glut«, da gehen die Ironiker auf Zehenspitzen aus dem Zimmer und lächeln entschuldigend. Meine kleinen Büchlein sollten mich in die Höhe führen. Aber Cioran brauchte ich auch, Cioran, der nie mit sich selbst im Einklang war und auch einen solchen Satz schreiben konnte: »Bei Simone Weil gibt es eine Antigone-Seite, die sie vor dem Skeptizismus bewahrt und der Heiligkeit nähergebracht hat.« Das erinnert mich daran, dass auch Simone Weil mich auf langen Spaziergängen begleitete, ich las sie entweder auf Polnisch in der Übersetzung von Czesław Miłosz oder auf Französisch; die Auswahl ihrer Gedanken, *La pesanteur et la grâce*, herausgegeben von Gustave Thibon, erfüllte die Bedingungen eines in die Tasche zu steckenden Spazierbuchs. Wenn ich im Jardin du Luxembourg vorbeischaute – und das tat ich häufig, denn es gibt dort wunderbare Metallsessel, die Lektüre und Meditation begünstigen, man muss sie nur an einen ruhigen, schattigen Platz stellen –, dann kehrte die große Mystikerin, eine im empirischen Leben unbeholfene, fast lächerlich wirkende Person, in gewisser Weise heim, lebte sie doch vor dem Krieg direkt an diesem eleganten Park, in einem massiven Haus an der rue Auguste Comte, und dort kanzelte sie einst Trotzki ab, sie, ein junges Mädchen, griff den »großen Revolutionsführer« an und warf ihm den mit der Niederschlagung des Kronstädter Matrosenaufstands einhergehenden Terror vor. Simone Weil schrieb einmal in den *Cahiers* (denn auch sie führte ihre *Cahiers* – ein Vergleich mit Ciorans Heften würde uns viel über die Geisteshaltung des modernen Menschen sagen): »Die Schönheit des Gedichts entspricht genau dem Umstand, ob und wie unsere Aufmerksamkeit während des Schreibens sich an dem orientierte, was nicht auszudrücken ist.« Dieser Satz gehört zum Wichtigsten, was über die Dichtung je gesagt wurde. Simone Weils Aufzeichnungen in den *Cahiers* sind nie komisch, häufig haben sie keine Pointe. Weil war eine große Stilistin, aber ihr Stil offenbart sich nicht in offensichtlicher Weise, er kokettiert nicht, wir müssen nie lachen, wenn wir sie lesen. Viele der Notizen haben vorläufigen Charakter, Arbeitscharakter. Sie treten in unser Leben, wenn sie auch nicht auf einem Muster basieren, wenn sie auch manchmal eher Geflüster als vollendeter Aphorismus sind. Auch für Cioran hatten seine Hefte im Prinzip Arbeitscharakter, doch die Macht seines Stils, die Macht des Musters dringt in sie ein, dessen war der Autor sich übrigens eindeutig bewusst. Simone Weils Notizen sind aufgeschrieben in dem Gedanken an das, was nicht auszudrücken ist. Deshalb haben sie keine Pointe. Ein pointierter Aphorismus kann nicht zum Unartikulierbaren führen. Was in Richtung des Unartikulierbaren geht, hat etwas Verschwommenes, etwas nicht Ausgesprochenes an sich. Ein verträumter Mensch sucht keine Pointe. Cioran ist ein großer Meister des Artikulierbaren. Simone Weil dominiert dort, wo es um das Unartikulierbare geht.

Schriftzug an der Mauer eines alten Hauses in Krakau (wo seit Jahren ein unerbittlicher Krieg zwischen zwei Fußballklubs, *Wisła* und *Cracovia*, tobt): »Ich habe lieber eine Schwester im Bordell als einen Bruder bei Cracovia.«

Es gibt auch edlere Aufschriften, wie diejenige, auf die Alissa einmal hingewiesen hat und die langsam verblasst, aber immer noch lesbar ist, auf einer Mauer an den Planty, unweit des Wawel: »Wir werden Herberts Testament erfüllen.«

Dort, auf den Planty, in der Nähe des Wawel, wächst auch einer der schönsten Bäume Krakaus: eine riesige rotblättrige Buche. Ihre Krone wächst nach allen Seiten, kein anderer Baum schränkt sie ein. Sie hat eine fast ideale kreisrunde Form erreicht. Unter der Buchenkrone ist die Erde wie ausgebrannt, ein wüstenartiger Kreis.

Apropos Cioran – unlängst habe ich ein Buch von Alexandra Laignel-Lavastine gelesen, *Cioran, Eliade, Ionesco: vom Vergessen des Faschismus.* Die Autorin sammelt und synthetisiert Fragmente des verstreuten historischen Wissens bezüglich der Beziehungen von Eliade und Cioran (denn Ionescos Position war eine völlig andere) zur rumänischen Eisernen Garde, dieser abscheulichen, extrem faschistischen und stark antisemitischen Organisation. Man wusste davon schon so manches, aber die Studie der französischen Forscherin vermittelt ein besorgniserregendes Bild von Eliades und Ciorans Verstrickung in die Rhetorik des Hasses. Ein radikaler Verrat. Wer diese Arbeit liest, wird die Sätze, die diese durchtriebenen Intellektuellen in den dreißiger und vierziger Jahren von sich gaben, nie vergessen können, auch wird er nicht vergessen, mit welch systematischer Gerissenheit (Niedertracht) Eliade bei dem Versuch, die Spuren seiner unrühmlichen Vergangenheit zu tilgen, Haken schlug und log. Cioran wählte eher das Schweigen, die enigmatischen Aufzeichnungen in seinen *Cahiers* und die Verzweiflung des geistreichen Nihilisten.

Indessen schrieben beide später wichtige Dinge, auch waren beide wirkliche Intellektuelle und keine oberflächlichen Parteischriftsteller; es war nicht so, dass sie das Interesse an wesentlichen Fragen und Dilemmata nur »geheuchelt« hätten, nein, sie litten leidenschaftlich und authentisch an den großen Problemen. In Eliades Fall ist es komplizierter, da man seine Liebe zum »Archaismus«, zum »balkanischen Bauern« und zu vorchristlichen Religionen, die ihn bis ans Ende seines arbeitsreichen Lebens begleitete, als Faden betrachten kann, der selbst seine späten Arbeiten mit den Verirrungen der Jugend verbindet.

Die schlesische Stadt, die ihre eigene, bis ins frühe Mittelalter reichende Geschichte hatte, die einst Verteidigungsmauern und alte Kirchen besaß, musste zu einem bestimmten Zeitpunkt Vertriebene aus Lemberg und Umgebung aufnehmen (die Verteidigungsmauern stellten kein ausreichendes Hindernis dar) – und gleichzeitig musste sie die deutsche Bevölkerung verdrängen, hinauswerfen, beseitigen, die deutsche Grammatik, die deutsche Küche (wenn es so etwas gibt), die deutschen Ansichtskarten und Schulbücher loswerden. Gut, das geschah vor vielen Jahren. Und was ist jetzt? Was geschah danach? Darauf gibt es zwei Antworten, eine sehr einfache und eine zweite, komplizierte. Die erste lautet folgendermaßen: Die ältere Generation der Einwanderer ist tot. Um die Wahrheit zu sagen, es sind schon mindestens zwei Generationen gestorben. Die jüngeren Generationen sind älter geworden und werden ebenfalls in fernerer oder näherer Zukunft sterben. Die jüngste Generation will von all dem nichts wissen. Gar nichts. Sie ist mit ihren eigenen Dingen beschäftigt, hockt vor dem Computerbildschirm und hört Lieder, die aus englischen Wörtern bestehen oder mit amerikanischem Akzent gesungen werden. Das ist die einfache Antwort, die sehr einfache. Die schwierigere Antwort ist sehr schwierig. Unsichtbar. Vermutlich wurden irgendwelche Rituale abgehalten. Jemand betete, jemand weinte, jemand schrieb Gedichte. Jemand trauerte den alten Zeiten nach, jemand anders ertränkte die alten Zeiten in Alkohol. Wie soll man leben, wenn man über einen Abgrund gehen muss. Denn sie lebten am Abgrund. Erhoben sich über den Abgrund. Sie hatten nichts hier. Am Anfang gab es nichts, nur das schwarze Loch des Kriegs, der soeben zu Ende gegangen war, und Straßen mit seltsamen Namen. Sie müssen sich Rituale geschaffen haben. Sie brauchten symbolische Gesten. Meine Großmutter, die Mutter meines Vaters, hatte aus der *Stadt* eine kleine Anzahl von Küchengeräten mitgebracht, darunter eine bestimmte Pfanne, die mir magisch erschien: Die in ihr gebratenen Kartoffeln schmeckten wunderbar. Andere Pfannen konnten sich mit dieser nicht messen, sie hatten nicht das gewisse Etwas, das, wie die Franzosen sagen, *je ne sais quoi.* Die anderen Pfannen waren gewöhnliche Pfannen. Meine Großmutter freute sich sicher über meinen Enthusiasmus. Ich aß gern bei den Großeltern – nur sie hatten diese magische Pfanne. Tante Wisia, die unverheiratete Schwester meiner Großmutter, die sehr lange leben sollte, hatte eine riesige Menge kleiner, eleganter Gegenstände aus alten Zeiten mitgebracht: kleine Scheren, die man beim Sticken benutzte, Spiegelchen in hübschen Rahmen, silberne Bleistifte. Ich stelle mir vor, dass sie bisweilen ihre freie Zeit damit verbrachte, am Schreibtisch zu sitzen und diese Schätze durch ihre Hände gleiten zu lassen. Vermutlich hatte sie dabei die Augen geschlossen, nur ihre Hände badeten in diesen Gegenständen, in diesem Nippes, in Metall und Elfenbein. Ich denke, sie konnte stundenlang so sitzen. Auch hatte sie große Mengen kleiner Münzen von früher mitgebracht, winzige Kupfermünzen, aber auch einige silberne, schöne Stücke, mit Segelschiffen und anderen eleganten Wappen verziert. Vielleicht waren diese Münzen – die natürlich nicht mehr in Umlauf, sondern durch billige Aluminiummünzen ersetzt waren, hergestellt in einer kommunistischen Prägeanstalt und ohne die Würde der alten Zahlungsmittel –, im Falle eines Falles, im Falle einer plötzlichen Änderung der internationalen Situation, für die Bezahlung der Rückreise in die *Stadt* vorgesehen, inklusive Schmiergeld für Wächter und Bahnangestellte … Das silberne Segelschiff der Vorkriegsmünze sollte Wisia an Bord nehmen und sie nach Lemberg bringen. Sie wartete. Jeder hatte ein anderes Rezept zu überleben (und in die *Stadt* zurückzukehren).

Eine gewisse Dame, eine Bekannte meiner Eltern, komponierte musikalische Werke, die sie dann an berühmte Persönlichkeiten schickte, an den Papst, an die englische Königin, an den Präsidenten der Vereinigten Staaten, an den Präsidenten von Frankreich. Niemand führte diese Kompositionen jemals auf, aber all diese berühmten Personen, die Stäbe von Sekretären und Sekretärinnen angestellt hatten, bedankten sich bei Frau L. für ihre Werke. Und Frau L. las ihren Freunden und Bekannten die Briefe mit den Dankesworten vor, die Briefe des Papstes, der englischen Königin, des amerikanischen Präsidenten. Die Dankesbriefe waren zwar nur von den Sekretären und Sekretärinnen der herausragenden Persönlichkeiten unterschrieben, nicht von diesen selbst, aber dafür waren sie auf schönem Briefpapier geschrieben, auf so schönem, dass allein sein Eintreffen in der bescheidenen schlesischen Stadt ein großes Ereignis war. Man muss nur daran denken, wie ärmlich das Papier aussah, das man in einem Schreibwarengeschäft in der Stadt kaufen konnte, wie hässlich das Papier war, auf dem mein Vater seine Erinnerungen schrieb ... Die Tatsache, dass das Papier der Antwortbriefe, die den Empfang von Frau L.s Kompositionen bestätigten, so außergewöhnlich war, dass es, gegen das Licht gehalten, geheimnisvolle, die Authentizität der Sendung garantierende Wasserzeichen offenbarte, die Tatsache, dass der Unterschrift in der Regel ein Stempel zur Seite stand – ein runder Stempel, und darin saß wie in einem Nest ein Adler, eine Eule oder ein Habicht, stolze, mythische Wappentiere, die in nichts an ihre armen Cousins aus der realen Welt, aus einem normalen Wald erinnerten –, diese Tatsache verwandelte die Niederlage in einen Sieg. Die Niederlage? Warum Niederlage? Frau L. wollte gar nichts anderes. Sie besaß ihre Dankesbriefe aus den Kanzleien der Mächtigen dieser Welt. Ihre Werke wurden nirgends aufgeführt, aber das hatte auch seine Vorteile: Kein Kritiker konnte sie malträtieren. Sie war unabhängig von der Kritik, sie stand über ihr. Sie korrespondierte nur mit großen Persönlichkeiten, dieses komische Völkchen von Kritikern, Rezensenten, von boshaften und gemeinen Menschen, gescheiterten Künstlern, neiderfüllten Journalisten konnte ihren Arbeiten nichts anhaben. Sie thronte über ihnen, bewegte sich in einer höheren Sphäre. Der Papst, die Präsidenten. Vielleicht noch ein Generalsekretär der UNO. Das war ihr Publikum. Sie hatte ein erfülltes Künstlerleben, obwohl niemand ihre Werke aufführte. Sie hat eine neue Art erfunden, in der

Kunst zu existieren – den Sprung von der fertigen, aber nie aufgeführten Arbeit ins Lob. Frau L. betrieb Konzeptkunst. Die Zwischenetappen (all die Proben, Konzerte, der Beifall, die Pfiffe) waren unnötig. Wenn sie Gäste bei sich empfing, Leute mit Niveau, die sich in der Hierarchie dieser Welt auskannten, nahm sie jene Briefe aus einer speziellen Schublade und las sie vor. Die Gäste waren gerührt; plötzlich, dank der verzierten, feierlichen Briefe, traten sie für einen Augenblick in eine höhere Sphäre ein, in die höchste Sphäre. Schließlich lebten sie in einer Provinzstadt, die für nichts berühmt war – nur die Tatsache, dass hier in gewissem Sinn der Zweite Weltkrieg begann, der sogenannte »Überfall auf den Sender Gleiwitz«, zeichnete unsere Stadt aus, doch das war ein etwas zwiespältiges Ruhmesblatt. SS-Männer in polnischen Uniformen, die einen Angriff auf die örtliche deutsche Radiostation starteten, auf ungeschickte Art und Weise, indem sie nicht einmal die Befehle ihrer Chefs ausführten, unvorbereitet – sie wussten nicht, dass dieser provinzielle Rundfunksender im Prinzip nur ein Breslauer Programm sendete und infolgedessen die Mitteilung über den angeblichen polnischen Überfall gar nicht bringen konnte –, nein, das war nicht ernst zu nehmen. Frau L. war Vertriebene, und ihr war Erfolg zuteil geworden: Sie besaß Briefe von wirklich bedeutenden Menschen. Sollten die Kritiker sich doch an anderen Komponisten austoben, an gewöhnlichen Komponisten, an denen, die Frau L.s Geheimnis nicht kannten: etwas zu schaffen, ohne sich den vulgären Kommentaren der Musikjournalisten auszusetzen.

Wenn ich heute an sie denke, muss ich lächeln, die Komik dieser Situation erheitert mich. Damals jedoch war ich, wenn ich mich richtig erinnere, von Frau L.s Errungenschaften zumindest teilweise beeindruckt, obwohl ich die Briefe und deren feierliche Lektüre nur aus den Erzählungen meiner Eltern kannte; ich war zu jung, als Kind war ich zu den Abendessen bei Frau L. nicht eingeladen. Meine Eltern erzählten amüsiert von den Seancen mit den Dankesbriefen, aber man spürte, dass dieses Amüsement mit Respekt gemischt war. Ob Frau L.s Methode in irgendeiner Weise ihrer Situation entsprang, der Situation einer Vertriebenen? Ich weiß es nicht. Dagegen weiß ich, dass wir damals – ich erlaube mir, mich auf den großen *pluralis* der Vertriebenen, der Menschen aus dem Osten zu berufen – von der Vergangenheit abgeschnitten waren. Die Gräber waren dort geblieben, im Osten, die Vergangenheit lag im Osten. Wo sich die Zukunft befand, wusste niemand. Und ob es sie überhaupt gab. Wir waren Gäste in der Wirklichkeit, in deutschen Mauern, in soliden deutschen Häusern. Am Anfang hatten wir nichts, nichts, was der Solidität des preußischen Backsteins gleichgekommen wäre. Unsere eigenen Gebäude, unsere eigenen Werke, unsere eigenen Backsteine mussten wir erst herstellen. Frau L. war gewissermaßen unsere Künstlerin. Man kann in ihr den ersten Versuch sehen, etwas Eigenes zu schaffen. Leider wurden ihre Werke nie aufgeführt. Es war Konzeptkunst, aber ich denke nicht, dass die Künstlerin diese Art von Kunst bewusst gewählt hatte. Vielleicht waren ihre Kompositionen außergewöhnlich. Vielleicht auch nicht.

Die Vertriebenen brauchten etwas, was sie in der neuen Erde verwurzeln konnte. Ein Verbündeter von ihnen, ein verdächtiger Verbündeter, war die Zeit; die Zeit dezimierte ihre Reihen, doch gleichzeitig bestätigte jedes vergangene Jahr ihr Recht, hier zu leben. Doch die Vertriebenen brauchten mehr: Sie brauchten symbolische Gesten – Kunst, unsichtbare symbolische Netze, an Bäumen und Kirchtürmen aufgehängt. Frau L. entsprach diesem Bedürfnis auf leicht karikaturhafte Weise. Sie besaß lediglich Briefe von Sekretären und Sekretärinnen herausragender Persönlichkeiten. Mein Vater sprach immer ironisch von Frau L.s Erfolgen. Er war anders, ganz anders. In gewissem Sinn das vollkommene Gegenteil von Frau L. Bescheiden und schüchtern, wie er war, neigte er in der Regel dazu, seine Verdienste zu schmälern. Selbst wenn er Musik komponiert hätte, hätte er mit Sicherheit seine Werke nicht an den Papst, den Präsidenten der Vereinigten Staaten oder an die englische Königin geschickt.

Aber er komponierte keine Musik, er schrieb keine Gedichte; die einzige literarische Gattung, in der er es zur Perfektion brachte, waren Postkarten, Ansichtskarten oder gewöhnliche Postkarten. Mein Vater war ein Aphoristiker. Als er wesentlich später, auf meine Bitte hin, seine Erinnerungen niederschrieb, muss er sich – er hat mir das nie gesagt, aber es genügte, sie zu lesen, um zu diesem Schluss zu kommen – gefühlt haben wie ein hervorragender Sprinter, den man zu einem Marathon zwingt. Das war nicht seine Distanz. Ihm entsprach der kleine Raum einer Ansichtskarte oder Postkarte; ganz besonders liebte er es, mit leichter Ironie (aber nie spöttisch) dem etwas hinzuzufügen, was Mutter vorher geschrieben hatte. Er war also nicht nur lakonisch in seinem Schreiben, sondern er mochte auch die Situation des Kommentators, er liebte es, auf einen schon existierenden fremden Text zu reagieren und diesen mit einer scherzhaften Glosse zu versehen. Mama gab in ihrer Korrespondenz gutmütig Informationen weiter – über das Wetter, über Krankheiten von Angehörigen, über Besuche von Bekannten und Verwandten, ihre Briefe und Karten waren klassische Mitteilungsblätter der Familie. Und unter ihrer etwas altertümlichen Schrift erschien gewöhnlich eine vom meinem aphoristischen Vater verfasste, immer sehr kurze Notiz. (»Skierka war boshaft …«) Vaters Schrift hatte etwas Modernes an sich, so müssen die Bauhaus-Künstler geschrieben haben, Liebhaber einer Architektur, die so einfach, so funktional wie möglich ist. Vater bediente sich oft der Stenographie, die er auf Empfehlung seines Vater gelernt hatte, und auch seine nicht-stenographische Schrift schien etwas von der geometrischen Übersichtlichkeit des Stenographischen bewahrt zu haben. Nach Mutters Tod kamen nach wie vor Karten von ihm (seltener Briefe), es war also nicht so, dass er unbedingt einen Ursprungstext (das Mitteilungsblatt meiner Mutter) gebraucht hätte für seine ironische Arbeit, die ja von Natur aus darauf angewiesen ist, bei einer affirmativen Aussage zu schmarotzen …

Im Tagebuch von Gustaw Herling-Grudziński, dort, wo er über seine Begeisterung für Vermeer schreibt, fand ich folgendes Zitat aus Huizinga: »In allem, was Vermeer malt, ist immer auch die Atmosphäre der Kindheitserinnerungen spürbar, die Ruhe des Schlafs, eine völlige Unbewegtheit und elegische Helligkeit, die zu subtil ist, als dass man sie Melancholie nennen könnte. Vermeers Realismus führt uns weit über die vulgäre und nackte Alltagswirklichkeit hinaus.«

Huizingas Beobachtung erfasst hervorragend, was wir bei einigen großen Malern, aber auch bei bestimmten großen Dichtern finden können: ein Betrachten der Welt, das den Eindruck erweckt, als sei es möglich, zugleich mit den Augen des Kindes und den Augen des Erwachsenen zu schauen, mit dem Blick des Schlafenden, Träumenden und doch einem vollkommen nüchternen Blick, melancholisch und freudig zugleich. Das ist unmöglich, wird ein Rationalist sagen. Natürlich ist es unmöglich, aber es geschieht trotzdem. In bestimmten Kunstwerken wächst der Mensch für einen Moment zu einem Ganzen zusammen, ruft Kindheit, Traum und Vernunft zu Hilfe, Traurigkeit und Exaltation, Bewegung und Unbewegtheit. So entsteht für einen Augenblick ein vollständiger, ein erfüllter Mensch, glücklich und traurig zugleich.

Aber ich darf meine ersten Monate in Paris nicht vergessen, gleich nach der Ankunft, die Monate des Trunkenseins von dieser Stadt, des Trunkenseins von der Fremde. Ich wohnte in einem schrecklichen Loch in Levallois, in einem Gebäude, das einmal ein billiges Hotel gewesen sein musste, aber so umgebaut worden war, dass es viele mikroskopisch kleine Wohnungen hergab. Sie wurden von Leuten gemietet, die nicht viel Geld hatten, hauptsächlich von jungen. Überall hing der Geruch der Armut; die Flure und das Treppenhaus klebten von einer dünnen Schmutzschicht. In meinem Zimmer erschienen häufig überhebliche Kakerlaken. Also kaufte ich eine Bombe Insektizid und besprühte die Wände. Die Antwort der Kakerlaken erfolgte auf der Stelle – so sollte sich jedes Großreich verhalten, das von Nachbarn belästigt wird, die seine Macht unterschätzen: Plötzlich tauchten sie überall auf, an der Decke, an den Wänden, eine riesige Armee. Die Kakerlaken liefen in alle Richtungen, wie die römischen Legionen. Meine Aktion hatte sie gereizt, und sie waren zu viele, als dass eine einzige, bescheidene Bombe mit Insektenvernichtungsmittel ihnen den geringsten Schaden hätte zufügen können. Ich begriff, dass ich diesen Krieg nicht gewinnen konnte, und beschränkte mich seit der Zeit auf kleinere Gefechte mit diesen ekelhaften Insekten. Oft ging ich aus dem Haus, ich flüchtete geradezu. Zum Glück wurde es allmählich Frühling, das Wetter erlaubte immer längere Spaziergänge. M. konnte mich damals nicht begleiten, sie hatte ihre Arbeit, ihr Büro gleich neben dem neoklassizistischen Gebäude der Madeleine-Kirche. Auch diese nicht besonders schöne Kirche, ursprünglich als weltlicher Tempel gedacht, als Soldatendenkmal der Großen Armee Napoleons, und erst nach dem Untergang des kleinen Kaisers, in der Zeit der Restauration, den französischen Katholiken zurückgegeben, hatte ihre Geschichte: Hier versammelten sich nach dem Tod Chopins dreitausend Menschen, um die Trauermesse zu hören, Mozarts *Requiem*. Ich streifte also durch Paris, floh aus meinem Zimmer, zog meine Kreise durch die Stadt, schaute im Jardin du Luxembourg vorbei, entdeckte auch – damals oder vielleicht etwas später – einen innerhalb des Palais Royal versteckten Garten, einen ruhigen, idyllischen kleinen Garten, ein mit Kies bestreutes Rechteck zwischen den Häusern, in denen einst Colette und Cocteau wohnten; dies schien mir ein wunderbarer, geradezu idealer Ort zum Wohnen, mit dem Blick auf den Platz, mit der Stille, die dieses Viertel dank seiner Trennung von der belebten Avenue de l'Opéra bot. Ich ging die Boulevards entlang, kehrte wieder an die Seine zurück, schaute mir die Platanen an, ihre Äste, an denen sich feuchte Knospen öffneten, die eine in langen Winternächten sorgfältig vorbereitete Architektur fünffingriger Blätter in sich bargen. Ich war ein wenig obdachlos (weil ich den Krieg gegen die Kakerlaken verloren hatte), ich gehörte nicht zu dieser Stadt, ich hatte kein Büro, ich hatte kein Geld (jedenfalls nur sehr wenig), und dennoch erlebte ich Augenblicke des Glücks. Ich war frei. Mir kam es damals so vor, als sei gerade ich, der mittellose Tourist, der Besitzer dieser Stadt, die sich vor mir nicht als realer Arbeitsplatz auftat, nicht als große Metropole mit ihren Zentren von Finanz und Politik, sondern einfach so, als wäre sie ein Bild, ein Fresko, als wäre sie nur mit dem Frühling und dem langsamen Wachsen der Platanenblätter beschäftigt, und mit meinem Blick. Paris gehörte mir, nicht den Bürokraten, die sich in ihren Arbeitszimmern verschanzten. Eine Stadt besitzen kann nur derjenige, der ihre Straßen und Plätze kennt. Es war, als wäre diese reiche Stadt mit ihrer überwältigenden Geschichte zufrieden damit, dass sie sich vor jemand vollkommen Belanglosem öffnen konnte; gelangweilt von den Würdenträgern und Ministern, die nur selten ihre schwarzen Limousinen verließen, wandte sie sich mir zu. Zwar wiederholten die Antiquitätengeschäfte in der rue Bonaparte, die Geschäfte mit den dunklen, geheimnisvollen Räumen, angefüllt mit alten Möbeln und vergoldeten Statuen, stets nachdrücklich: Uns fehlt es an nichts, und selbst die deutsche Besatzung hat uns nicht unserer Schätze beraubt, die wir über Jahrhunderte angehäuft haben, sie konnte uns unsere schweren Kommoden mit dem wertvollen Familiensilber nicht nehmen, unsere chinesischen Vasen, unsere Leuchter, unsere Engel und die Putti von den Altären, vor denen niemand mehr betet. Doch das änderte nichts daran, dass die Antiquitätenhändler machtlos waren gegen meine Freiheit, gegen meine Beweglichkeit; dass sie gerade die rue Bonaparte gewählt hatten, wunderte niemanden: Schließlich war es Bonaparte, der so viele Schätze nach Paris gebracht hatte! Und ich befand mich an einem Punkt meines Lebens, an dem nichts sicher war; ich erinnere mich, dass mich während meines dreimonatigen Aufenthalts in den USA im Jahre 1981, in der Künstlerkolonie MacDowell im Staat New Hampshire, jemand nach meinen Lebens- und Berufsplänen fragte, das heißt, nach dem, was die Amerikaner, die im Gegensatz zu den Franzosen in ihrer literarischen Tradition keine Moralisten hatten, so gern mit dem Wort Karriere beschreiben, und mich – angesichts der offensichtlich mangelnden Realität meiner Situation und der ebenso mangelnden Perspektive (das jedenfalls dachte mein Gesprächspartner, und er hatte recht) – einen *desperado* nannte. Um so mehr hätte ich hier, in den Straßen des reichen Paris, ein *desperado* sein müssen, aber nein, ich erlebte Momente der Freude; der März in Paris, dann der April und die Tatsache, dass ich mich am Abend mit M. traf, machten aus mir eher einen *esperado*.

Fast alle Vertriebenen waren Menschen mit – wie soll man sagen – erloschenem politischem Temperament. Denn der Kommunismus verstand sich nur auf eines hervorragend: die menschliche Verschiedenartigkeit zu unterdrücken, die bunte Wirklichkeit zu zermalmen und mit grauer Tarnfarbe zu übertünchen. Wer in früheren Zeiten die vielfältigsten Meinungen geäußert hatte, bisweilen wilde und phantastische, der schwieg jetzt, untersagte sich jeglichen Ausdruck seiner früheren Überzeugungen. Die Angst funktionierte wie das perfektionierte Skalpell von Ockham, dessen Regeln alle Philosophiestudenten lernen: Ockham war der Meinung, man solle in der Ontologie, in der Lehre vom Sein, sehr sparsam vorgehen, man dürfe »Entitäten nicht über das Notwendige hinaus vermehren«. Ganz ähnlich wirkte die Angst: Diejenigen, die früher alle möglichen Dinge vertreten hatten, waren jetzt um größte methodologische Einfachheit bemüht. Ihre früheren Überzeugungen legten sie ab.

Vielleicht meldeten sie sich nur im engsten Freundeskreis zu Wort. Vielleicht auch gar nicht. Vorsicht war das oberste Gebot, die wichtigste Tugend dieser historischen Epoche. Man hätte meinen können, wir hätten in einer völlig apolitischen Zeit gelebt: Keiner hatte irgendwelche Ansichten, das Leben war eintönig, aufgeräumt, langweilig, aseptisch. Vielleicht arm (natürlich arm), doch gereinigt von dem, was Dickens und andere Schriftsteller so schmerzte (so dachte ich jedenfalls). Gereinigt. Man sah keine grausamen, brutalen Kaufleute mit hässlichen Gesichtern mehr, wie ich sie aus den Illustrationen von Dickens' Romanen kannte und wie sie jedem im Traum erscheinen konnten, der viele Stunden über Dickens' Büchern verbrachte (ich verbrachte sehr viele Stunden mit deren Lektüre). Gereinigt, so schien es. So konnte es jungen Menschen erscheinen, so war das gedacht: Man wollte suggerieren, dass bestimmte schreckliche Dinge aus der Vergangenheit sich nie mehr wiederholen würden, dass es diese brutalen Typen, diese Gesichter, in denen Hass und Gier geschrieben stehen, nicht mehr geben würde. Nach einiger Zeit begriff ich, dass die Operation der Reinigung nicht nur Dickens' Ungeheuer amputiert, sondern uns auch schöner, wunderbarer Dinge beraubt hatte. Ganz zu schweigen davon, dass sie uns der Möglichkeit beraubt hatte, zwischen dem Hässlichen und dem Wunderbaren zu wählen. Nach einer gewissen Zeit begann ich – und nicht nur ich –, mich nach dem zu sehnen, was gereinigt, was verworfen worden war, nach der rauhen Wirklichkeit vor der großen, rücksichtslosen Operation. Aber dennoch konnte nicht alles aus dieser alten, bunten Welt, die von den Kommunisten übertüncht worden war, aus dieser Welt, nach der wir uns sehnten, Gefallen erregen. Ich zum Beispiel konnte, aus zum Teil unverständlichen, zum Teil auch sehr einleuchtenden Gründen – hier muss ich von meiner Großmutter erzählen, der Mutter meiner Mutter, einer unangenehmen Person, die sich in der Familie im Allgemeinen keiner großen Beliebtheit erfreute und außerdem politische Ansichten vertrat, an deren Spitze eine auch durch den Holocaust nicht gebremste Abneigung gegen Juden stand – die Mentalität der Endecja, der Nationaldemokratie, nicht ausstehen. Das Wort »Endecja« selbst kannte ich noch nicht, aber dank der lebendigen und recht aggressiven Gegenwart meiner Großmutter, die – im Gegensatz zu den anderen – nicht schwieg, die nicht »ausgelöscht« worden war, sondern ihre Aversionen gern mit anderen teilte, erfuhr ich die Endecja-Mentalität empirisch, lange bevor ich das Wort kennenlernte, das diese Mentalität in prägnanter Kurzform beschrieb. Meine Großmutter glaubte sicher, dass ihr, einer alten, schwachen Frau, die sich in ihrer privaten Existenz versteckte und ihr Leben abwechselnd bei ihrem Sohn in Rzeszów und bei ihrer Tochter in Schlesien verbrachte, nichts passieren könne, dass sie ihre politischen Leidenschaften in aller Ruhe offenbaren dürfe, da diese Leidenschaften ohnehin nicht mit einer gesellschaftlichen Institution kommunizierten und gewissermaßen uneigennützigen Charakter hatten.

Die Nationaldemokratie bestand hauptsächlich aus Abneigungen und Aversionen und kulminierte im Antisemitismus. Eines wollte mir nicht einleuchten: Wie konnte man sich nach dem Holocaust so verhalten; nachdem jeder von ihnen, jeder ausgelöschte Nationaldemokrat, das Unglück der Juden während der Okkupation gesehen hatte, gesehen haben musste, und zwar aus der Nähe, so nah, dass die politischen Vorurteile im Feuer des Schmerzes der Juden hätten schmelzen müssen, eines Schmerzes, der den anderen so nah war, dass man hätte denken müssen, dass die ideologischen Filter nicht mehr ausreichten, um ihn zu verdecken, um vor der Strahlung dieses Schmerzes zu fliehen. So hätte man denken können. Aber schauen wir hin. Einer der näheren Bekannten meiner Eltern war Herr D. Herr D. war, wenn ich mich richtig erinnere, ein Studienkollege meiner Mutter. Von der Ausbildung Jurist, arbeitete er nach dem Krieg in irgendeinem Unternehmen als juristischer Rat, jedenfalls war das seine Berufsbezeichnung. (Wozu man in einer gesäuberten und ausgelöschten Gesellschaft einen juristischen Rat brauchte, weiß ich nicht – meiner Meinung nach brauchte man keinen.) Jedenfalls war Herr D. aus meiner Sicht ein selbstzufriedener, alternder Mann, einer jener Männer, auf deren Gesicht oft ein fast unmerkliches Lächeln der Selbstzufriedenheit steht, ein kleiner Funken. Er machte gern ironische Bemerkungen und glaubte an ihre Bedeutsamkeit. Er war überzeugt von seinem Humor. Als Vertriebener erfüllte er alle Kriterien, er war aus Lemberg nach Schlesien gekommen und hatte in Gleiwitz ein neues Leben anfangen müssen. In der Wohnung meiner Eltern erschien er mit seiner Frau ein paar Mal im Jahr, in der Regel, wenn auch nicht ausschließlich, anlässlich eines Namenstages, vor allem des Namenstages meines Vaters im Oktober, wenn alle Bekannten schon aus den Ferien zurück waren – im Gegensatz zum Namenstag meiner Mutter, der auf den August fiel, da nur wenige die Genüsse der Feriendiaspora aufgeben und in die wohlbekannten grauen Mauern der Stadt zurückkehren wollten. Dieser Herr D. machte um das Jahr 1968 eine unangenehme Wandlung durch, als die Zeitungen nach all den Jahren auferlegter Abstinenz sich plötzlich in systematisch dosierten antisemitischen Spitzen gefielen – wobei sie sich die Erlaubnis oder sogar die Anordnung der höchsten Staatsbehörden zunutze machten. Herr D. las mit Sicherheit Zeitung. Der Wortschatz seiner eleganten Konversation änderte sich plötzlich; Wörter wie »Itzig« tauchten jetzt auf. Ich betrachtete ihn mit Erstaunen. Hatte ich doch in den vergangenen Jahren aus seinem Mund niemals dieses abschätzige Wort gehört, das – wie ich dachte – einer längst vergangenen Zeit angehörte. Ich dachte, für dieses Wort müsse man sich schämen. Aber der zu Scherzen aufgelegte Herr D. schämte sich keineswegs. Die »Auslöschung« war zu Ende. Herr D. hatte aufgehört, ein Vertriebener zu sein. Zumindest in meinen Augen – sah ich doch in dem Schicksal, in der Würde, die die Vertriebenen mit den Verbannten der ganzen Welt teilten, nicht nur das Leiden, sondern auch eine Auszeichnung, einen Grund zum Ruhm. Vielleicht zu einem bescheidenen, nicht allzu großen, aber doch unbestreitbaren Ruhm.

Ich könnte mir jemanden vorstellen, einen leidenschaftlichen Leser, der sein Leben zwischen zwei Büchern verbringt: zwischen den *Cahiers* Simone Weils und den *Cahiers* Emil Ciorans, wobei er sich abwechselnd über die einen und die anderen lustig macht, die einen wie die anderen bewundert (aber nie im selben Augenblick), vor beiden flieht, sich vor ihnen versteckt und immer wieder zu ihnen zurückkehrt, aber jeweils nur zu einem von beiden. Für Dichter sollte das Studium der Hefte von Cioran, denen – außer der Musik von Bach, Händel und Mozart – nichts heilig ist, Pflichtlektüre sein. Die Dichter runden gern ein wenig auf, vergrößern gern ein bisschen. Selbst die wahrhaftigste Inspiration kann in eine gewisse Exaltation ausarten. Es ist auch schwer, einen Mittelweg zu finden, sich ein ruhiges, ausgeglichenes, objektives, olympisches Einrichten in einer mittleren, gemäßigten Zone vorzustellen. Es gibt nur Cioran oder Simone Weil, Spott oder das Heilige und das Gebet. Für Dichter ist die Hyperbel anziehender als die Litotes. Und Cioran benutzt eine Geometrie von spitzen und schmerzhaften, unangenehmen Winkeln, horizontal. Wenn man das Vertikale sucht, muss man zu Simone Weil gehen.

Kathedralen waren damals unmodern. Das Gebet war unmodern. Modern waren die Schriften der Methodologen, einige Filme, einige Bücher und Gedanken. Ich bewunderte die Kathedralen trotzdem. Und das resultierte nicht aus irgendeiner Theorie. Ich bewunderte die französischen Kathedralen mit ihren riesigen Mosaikfenstern. Und auch die kleinen ländlichen Kirchen, romanische Kirchen, die fast jedes Dorf in der Île-de-France schmücken. Manchmal so klein, dass man sie für die Welpen der Kathedralen halten könnte. Die am nächsten gelegene war – als ich in Frankreich lebte – die Pariser Notre Dame, aber sie war schon zu sehr geglättet von dem verrückten Genius der Restaurierung im 19. Jahrhundert, Viollet-le-Duc. Eugène Viollet-le-Duc errichtete auf der Notre Dame ein vorher nicht existierendes feines Türmchen, fügte einige Skulpturen hinzu und machte aus ihr eine h ü b s c h e Kathedrale. Er bedeckte sie mit einem feinen Make-up. Sie war jetzt so hübsch, dass sie das innerste Zentrum von Paris schmücken konnte. Natürlich ist die Notre Dame schön, das wird niemand bestreiten, aber etwas zu aufgeräumt, zu elegant und ganz darauf angelegt, dass sie im Zentrum der europäischen Hauptstadt nicht die herrschende Mode stört, dass die finsteren Launen des Mittelalters den modernen Damen und Herren nicht die heitere Stimmung verderben, dass die boshaften Chimären mit dem kleinen Gehirn keinen Schatten auf die lachenden Passagiere der Cabriolets werfen, die an sonnigen Sommertagen an der Seine entlangrasen. Völlig anders ist die Kathedrale in Chartres, etwas vernachlässigt, ja sogar wild. Chartres ist eine Provinzstadt, die sich um die Mode nicht schert. Hierher dringt die Mode nicht vor; Paris ist zwar nicht weit, aber ich wette, man kann schon in Chartres das Schild eines Friseurs oder Hutmachers finden, das das Wort »Paris« als Köder benutzt. Im übrigen hat die Stadt Chartres nicht viel zu sagen, nur die Kathedrale spricht. Aus dem steinernen Dach der Kathedrale von Chartres wachsen bisweilen Grashalme oder kleine Büsche. Das wäre in Paris unvorstellbar. Viollet-le-Duc ist glücklicherweise nicht bis Chartres vorgedrungen und hat die Kathedrale nicht gezähmt, ihr kein neues Türmchen aufgesetzt. Ich bin mit M. mehrmals nach Chartres gefahren, in der Regel mit dem Auto, manchmal mit dem Zug; schon mehr als zehn Kilometer vor der Stadt zeichneten sich die Türme der Kathedrale am Horizont ab. Je näher wir der Stadt kamen, desto mächtiger wuchsen die dunklen Türme an, sie wurden zu Riesen. Und die Stadt wurde klein. Die Kathedrale beherrscht die kleine Stadt, die in ihrem Schatten ihr Handwerk treibt, ihre Marktstände aufstellt und auf den Tischen ihre Melonen, Artischocken, Tomaten, Fische und ihren Käse ausbreitet. In Chartres wohnen bedeutet, im Schatten der Kathedrale zu leben. In Chartres aufwachen heißt, in der Nähe der Kathedrale aufzuwachen. Ein Notar aus Chartres wird immer ein Notar in der Nähe der Kathedrale sein. Ein Schneider aus Chartres wird ein Schneider in der Nähe der Kathedrale sein. Die Kathedrale ist ein großes vorsintflutliches Tier. Ihre Steine sind schwer und bemoost. Die Stadt liegt demütig am Fuße der Kathedrale wie ein Stempelkissen unter dem Stempel. Der gigantische Stempel der Kathedrale erhebt sich auf der Spitze eines Hügels. In der Kirche herrscht bläuliches Zwielicht. Alles hängt davon ab, ob es ein sonniger oder bewölkter Tag ist. An grauen Tagen haben auch die dunklen Glasmalereien keine Eile, sie müssen nicht jeden Tag leuchten und sind nicht auf die Menge der begeisterten Besucher angewiesen; sie ziehen sich zurück, werden introvertiert, schweigen und warten in aller Ruhe. In ebensolches – nur noch tieferes – Schweigen verfielen sie sicher während des letzten Kriegs, als sie aus ihren großen Fenstern herausgenommen und aus Chartres weggebracht und versteckt wurden. Das muss schwer für sie gewesen sein, dieser Mangel an Helligkeit, der Mangel an Aufmerksamkeit, die Trennung von den alten Mauern. Wenn jedoch die Sonne scheint, beleben sich die Glasmalereien und strömen einen blauen Schein aus. Die Glasfenster sind groß und gelassen. Wie Riesen. Man könnte meinen, sie seien schläfrig, aber wenn man genau hinsieht, wimmelt es in ihnen von Leben; Arbeiter sind damit beschäftigt, Wein anzubauen, bauen Kapellen und Kirchen, auch die Heiligen sind nicht müßig, sondern heilen Kranke, der Jessebaum wächst ruhig, aber stetig, ohne auf die Jahreszeit zu achten, die Propheten verkünden ihre zornigen Reden, Generationen hören ihnen unaufmerksam zu und nehmen ihren entsprechenden Platz in Nischen der langen Weltgeschichte ein, in den für sie bestimmten Zimmern, im Motel der Historie. Thomas Becket verlässt das Schiff, das an der englischen Küste angelegt hat. Der heilige Eustachius sieht einen Hirsch, in dessen Geweih die Gestalt Christi leuchtet. Der gute Samariter rettet einen Verletzten. Die Bauern sind an den Pflügen, die Maurer auf der Baustelle, die Fürsten in ihren Schlössern, die Heiligen in ihren Biographien. Die Welt der Glasfenster ist geordnet, aber nicht langweilig. Wie auch auf Briefmarken, in Miniatur, sind die Leute mit ihrer Arbeit beschäftigt und haben keine Zeit für Müßiggang. Schon eher sind die Touristen, die sich am Wochenende in der Kathedrale drängen, Müßiggänger. Die Welt der Glasfenster arbeitet ohne Pause. Die Weber an den Webstühlen, die Bauern im Feld. Die kleinen mittelalterlichen Gestalten, Frauen und Männer, sind mit Arbeit oder mit dem Heiligen beschäftigt; das Heilige scheint aus dem Alltäglichen zu erwachsen. Aber die Mutter Gottes ist wesentlich größer als die gewöhnlichen Heiligen. Die Glasfenster muss man sehr aufmerksam betrachten, man könnte leicht denken, sie schliefen. Weit gefehlt. Die Touristen fotografieren sie ununterbrochen und sehen nicht, wie sehr die Figuren auf den in Blei gefassten Scheiben mit ihrem Handwerk, mit dem Prophezeien oder Heilen beschäftigt sind. Die Kathedrale ist offen für die Menschen wie ein Bahnhof, wie einer dieser zu großen, gigantischen Bahnhöfe, gebaut in Zeiten, da die Bahnverbindungen entscheidende Bedeutung für die Wirtschaft hatten, und jetzt sind die Züge anachronistisch wie die Droschke oder die Drehorgel. Die Bewohner von Chartres kürzen oft ihren Weg ab und durchqueren, statt um den weitläufigen Klotz der Kirche herumzugehen, die Kathedrale von Süden nach Norden oder von Norden nach Süden, gehen durch das Seitenschiff, queren das Hauptschiff, wobei sie manchmal das Heilige Sakrament grüßen, manchmal nicht – und laufen so zu ihren Beschäftigungen, und darin liegt keine Majestätsbeleidigung, im Gegenteil, es ist gut so, denn sie tragen in die Kathedrale Regen und Wetter, Winter oder Sommer. Sie bringen ihr Leben in die Kathedrale, ihre Eile, ihre Unaufmerksamkeit, und das ist nichts Unangebrachtes, ganz im Gegenteil, man sollte eher bedauern, dass andere Kirchen in anderen Städten ihren Einwohnern die Möglichkeit solcher Abkürzungen nicht bieten – weil sie nicht gar so riesig sind, weil sie den Weg nicht versperren, weil sie keine gutmütigen Giganten sind und nicht im Herzen der Stadt liegen. Der rasche Durchmarsch der Bevölkerung bringt der Kathedrale die neuesten Informationen aus der Welt, aus dem Jahrhundert, das sich außerhalb ihrer Mauern erstreckt, immer wieder ein anderes. Die Kathedrale kann nicht wissen, welches Jahrhundert draußen ist. Und die Bewohner von Chartres machen sich gar nichts daraus, was die Kathedrale denkt, schließlich haben nicht sie dieses Gebäude errichtet, nicht sie haben diese Steine behauen, nicht sie sind von den Gerüsten gefallen. Sie haben die Kathedrale geschenkt bekommen, haben sie geerbt, sie fürchten sie, lieben und hassen sie, sie vergessen sie, behandeln sie wie eine große Halle, die man durchquert, um den Weg abzukürzen.

Und Besucher, wie sollen sie mit der Kathedrale umgehen? Ich denke folgendermaßen: In der Kathedrale von Chartres sollte man sich länger aufhalten, man darf es nicht so eilig haben wie manche Touristengruppen; man sollte sich setzen, sich aufmerksam die Glasfenster ansehen, dann aufstehen, lange umhergehen und vergessen, dass man in der Kathedrale ist; später sollte man sich wieder daran erinnern, und nach einiger Zeit wird man etwas spüren, was nicht in den Reiseführern steht, eine Art starkes Verlangen, ein Begehren, das weder in den Mauern noch in den Glasfenstern steckt, sondern in der Luft der Kathedrale, in ihren Lungen. Nach einiger Zeit, nachdem man das Gebäude mehrmals umrundet und Zonen von Helligkeit und Schatten durchschritten hat, treten die visuellen Eindrücke in den Hintergrund, und in den Vordergrund schiebt sich ein immer stärkeres Verlangen. Wir wissen nicht, warum die

Kathedrale in uns ein großes Verlangen weckt. Warum aus ihrem dunklen Inneren ein Verlangen geboren wird.

Was wissen eigentlich die Dichter? Und was wusste Mozart?

Manchmal passiert es mir, vor allem, wenn mir eine Rezension über einen der zynischen Dichter in die Hände fällt (diese Woche las ich einen Artikel, dessen Protagonist ein bekannter New Yorker Lyriker ist), dass ich eine Zeitlang eine schmerzliche Enttäuschung verspüre, dass mir schwindlig wird und ich tiefe Verwirrung empfinde. Diese zynischen Dichter stellen keinen erheblichen Anteil dar – ein Klassiker dieser Gattung im 20. Jahrhundert war Philip Larkin, ein wirklich großer Dichter –, aber es gibt sie, und allein ihre Existenz stellt ein gewisses Problem dar. Sie lachen über die Menschheit (was nicht so schlimm ist), loben das leichte, bequeme, luxuriöse, sinnliche Leben, weisen das, was man gewöhnlich als politische Korrektheit bezeichnet, vollkommen von sich, ebenso wie das Mitgefühl für andere, den brüderlichen Instinkt, und sie spotten über vertikale Sehnsüchte. Diese Dinge gibt es nicht, hört auf, so zu tun, scheinen die zynischen Dichter zu sagen. Sie scheinen sich eher an ihre Kollegen, die nicht-zynischen Dichter, zu wenden als an den klassischen vermeintlichen Leser. Für einen Moment bin ich dann unsicher, ob sie nicht vielleicht recht haben, und alle anderen Dichter, die einen verschlungeneren Weg gehen, die trotzig auf den hohen Berg der Wahrheit zu klettern versuchen, mühsam das Licht suchen, an einen verborgenen Sinn des Lebens glauben, den religiösen Impuls, das Geheimnis nicht von sich weisen – dass sie alle vielleicht nur Dummköpfe sind oder, schlimmer noch, Heuchler, und sich zudem verhalten wie jemand, der schwimmend einen gefährlichen Gebirgsfluss überqueren will, als würde er nicht bemerken, dass sich direkt daneben ein bequemer Steg befindet, über den man in einer halben Minute trockenen Fußes auf die andere Seite laufen kann. Dass man, fast ohne die guten Restaurants zu verlassen, ganz gemütlich und angenehm leben, über die Naivlinge lachen, auf einer Serviette ein witziges Gedicht notieren, beim Einschlafen boshaft lächeln und vielleicht im Sterben noch leise kichern kann …

In der ulica Karmelicka hörte ich einen Gesprächsfetzen zweier junger Frauen: »Ich schreib ihr brav, aber unverschämt zurück.« Und ein andermal, ein anderes junges Mädchen zu ihrer Begleiterin: »Und weißt du, da hab ich den Publikumspreis bekommen.«

Juli in Krakau. Die Wochenenden im Stadtzentrum sind laut, aber in abgelegeneren Vierteln baden nach einem kurzen, heftigen Regen in aller Ruhe Spatzen in den Pfützen.

Mai und Juni sind die schönsten Monate. Aber im September gleichen sich Traum und Wachzustand an.

In der Buchhandlung »Massolit«, in der man auch einen Kaffee oder Wein trinken kann, hörte ich neulich ein Gespräch zweier sehr junger amerikanischer Studenten. Das Mädchen sagte zu dem Jungen: »Weißt du, Krakau hängt mir schon ein bisschen zum Hals raus. Heute habe ich einen Brief nach Hause geschickt, und weißt du, die haben keine selbstklebenden Briefmarken hier, man muss sie ablecken, das ist ja eklig.«

Paul Claudel ist heute weitgehend vergessen, selbst in Frankreich. An ihn erinnern sich die Verehrer seiner Schwester Camille, und manchmal beschuldigen sie den Bruder, die unglückliche Bildhauerin verfolgt zu haben. Bisweilen kommt es auch vor, dass man eines seiner Dramen auf der Bühne auferstehen lässt. Aber die Gesamtheit seines Werks, der große Atem seiner Poesie, die Kraft seines Verstandes, die Essays, wecken heute kein großes Interesse, wahrscheinlich erscheinen sie zu solide, zu monumental; es fehlen ihnen Angst und Zweifel, also wirken sie anachronistisch. Die Sicherheit seiner Überzeugungen scheint etwas Kompromittierendes zu haben, das nicht in die heutige Zeit passt. Auden suggerierte in seiner berühmten Elegie für Yeats – Claudel findet sich dort wahrscheinlich wegen des Reims »Claudel« und »well« –, dass der französische Dichter zwar gut geschrieben habe, aber man müsse ihm zuerst etwas verziehen haben (irgendeine politische Entgleisung – wahrscheinlich, dass er, rein theoretisch, im spanischen Bürgerkrieg die Frankisten unterstützte), um die Lektüre seiner Bücher genießen zu können. Während des Zweiten Weltkriegs sprach sich Claudel – damals schon als pensionierter Botschafter im Schloss Brangues wohnend – einmal für Pétain aus und schrieb sogar eine Ode auf ihn (eine kleine Ode, im Gegensatz zu den fünf großen), aber bald zeigte er sich vom Vichy-Regime enttäuscht; er war erschüttert über die Tragödie der französischen Juden und richtete im Dezember 1941 einen mutigen Brief an den führenden Rabbiner Frankreichs, in dem er die Verfolgten in Schutz nahm. Die Wahrheit ist, dass Claudel auch eine andere, nicht besonders angenehme Seite hatte, eine hasserfüllte, inquisitorische – wenn er auch kein Amt ausübte; beispielsweise glaubte er, jeder Protestant werde im Höllenfeuer schmoren allein dafür, dass er Protestant war. Er mochte Deutschland nicht, der Anblick der Bratwürste verzehrenden und Bier trinkenden Bewohner dieses Landes erfüllte ihn mit wahrhaft gallischem Abscheu. Dagegen gehörte er zu den Bewunderern Polens, des katholischen Polens. Als Mensch war er anscheinend nicht besonders einnehmend. Iwaszkiewicz, der ihn schätzte und übersetzte, traf ihn einmal und war betroffen von Claudels Künstlichkeit. Iwaszkiewicz benutzt das französische Wort *facticité* (einen ähnlichen Eindruck machte Paul Valéry auf ihn). Das erleichtert uns nicht gerade den Zugang zu seinem Werk. Ein Gesicht Claudels: Claudel verurteilte schnell, verwarf und verachtete sogar schnell, er verachtete sowohl Eliot als auch Rilke, und außerdem wirkt er auf Fotos – denken wir an seinen Zorn – beinahe physisch abstoßend, zu massiv, ohne Hals, ein kleiner, dicker Mann, aus einem Stück Holz geschnitzt, ein niemals lächelnder Bourgeois in der Uniform eines Botschafters, mit Tressen behängt. Nach dem Zweiten Weltkrieg wurde dieser humorlose Dramatiker und Lyriker, sicher nicht ohne Mühe, in eine andere Uniform gezwängt, in die der Académie française, ebenfalls behängt, und er wurde mit einem Degen bedacht, der in der Regel nur symbolische Bedeutung hat, aber im Falle dieses cholerischen Akademiemitgliedes theoretisch auch dazu hätte dienen können, echte Hiebe auszuteilen – zum Beispiel gegen die Protestanten. Und dennoch erliegt jeder, der unvoreingenommen seine großen Oden, *Cinq grandes odes*, oder Fragmente seiner Dramen liest, beispielsweise die Szene auf dem Deck des Schiffes in *Partage de midi*, auf der Stelle der großen poetischen Magie dieses Zauberers, der sich im Alltag hinter Uniformen und Tressen versteckte. Auch das Tagebuch Claudels, sein *Journal*, in der zweibändigen Ausgabe der *Bibliothèque de la Pléiade*, ist ein schönes Buch, eigentlich ein großes Poem in Prosa, ein Poem, das auf einigen hundert Seiten, nicht immer gleichwertigen, versteht sich, abwechselnd langweilige Auszüge aus lateinischen theologischen Traktaten und begeisternde poetische Notizen enthält, Früchte reinster Inspiration.

Im Berliner Pergamonmuseum: der Apollo aus Bronze, im Meer gefunden. Sein Leben unter Wasser, seine Gespräche mit Poseidon, das lange Warten auf die Rückkehr ans trockene Land.

Was für Bücher findet man an einem Ort, an dem man zufällig ein paar Urlaubswochen verbringt? Vor zwei Jahren habe ich mir in Rapallo, in einer Wohnung mit herrlichem Blick aufs Meer, die angeblich einst einer deutschen Nonne gehörte und nun an Urlauber vermietet wird, die Titel notiert. Hier die interessantesten: Edmund Gosse, *Father and Son* –

Erinnerungen des englischen Literaturkritikers an seine Kindheit und an die Kämpfe mit den dogmatischen Eltern, die einer protestantischen Sekte angehörten; Paul Rohrbach, *Der deutsche Gedanke in der Welt* (von 1911) – eine historisch-politische Abhandlung darüber, warum Deutschland Kolonien benötige; *Das Leiden am Ich* von Wilhelm Michel (der auch eine bis heute lesenswerte Hölderlin-Biographie verfasste) – 1930 erschienene Überlegungen zum Verhältnis von Welt und Geist; Ferdinand Gregorovius, *Römische Tagebücher* – Notizen des Historikers und Italienfreundes, vornehmlich zur politischen Situation im Italien des neunzehnten Jahrhunderts und zum Ringen um einen modernen italienischen Staat; Kazimierz Wierzyńskis *Chopin* in italienischer Übersetzung und schließlich die ersten Bände von Malwida von Meysenburgs *Memoiren einer Idealistin* über ihre erste Zeit in London, die ich in dieser Bibliothek erstmals entdeckte – in Rapallo, dort, wo Nietzsche während seiner Wanderungen in den nahen Hügeln der Übermensch begegnete. Zuvor begegnete ihm aber die weitaus wirklichere Frau Meysenburg.

Joanna Ronikier, die vor einigen Jahren unter dem Titel *Im Garten der Erinnerung* die Geschichte ihrer weitverzweigten (jüdischen) Familie vor dem Zweiten Weltkrieg und während der Shoah veröffentlichte, sagte uns einmal, sie hätte lange nicht an diese Zeit zurückgedacht (Nonnen hatten sie in einem Kloster bei Warschau versteckt). Sie erklärte das so: Sie habe sich voll und ganz dem Kabarett verschrieben, der »Piwnica pod Baranami«, sie habe so engen Kontakt mit den Künstlern gehabt, sich dort so heimisch gefühlt, dass das Lachen die Erinnerung verdrängt habe. Ich fand das hochinteressant: Eine solche Macht hatte das Lachen! Man konnte fast die gesamte kommunistische Ära in Polen unter dem Schutz eines befreienden Lachens verbringen. Und selbst bei jemandem, der – wenngleich als Kind – täglich in Todesgefahr gelebt hatte, verdeckte das Lachen den Schrecken der Erinnerung und ließ vergessen, was das Wesen eines früheren Lebensabschnitts ausmachte. Doch als der Kommunismus vorüber war und die Kraft des Kabaretts erlosch, wandte Joanna sich ihren Erinnerungen zu und schrieb ihr großartiges und wichtiges Buch.

In Rapallo verbrachte ich viele Stunden mit Massimo Bacigalupo, einem italienischen Amerikanisten, Professor an der Universität Genua (und ein reizender Mensch). Er erforscht mit großer Leidenschaft die Lyrik Ezra Pounds. Massimo ist Sohn des Arztes, der Ezra Pound betreute, und deshalb kannte er als Kind und junger Mann den Dichter sehr gut. Als er uns einmal auf eine kleine Tour mit seinem Segelboot mitnahm, zeigte er auf einen Platz im Bootsinneren und sagte: Da saß Ezra. Er zeigte uns auch den kleinen Strand, an dem Ezra badete. Und das Haus, in dem er wohnte. Und das Haus, in dem Olga Rudge wohnte. Doch als ich ihn fragte, worüber er mit dem Dichter gesprochen habe, sah er mich verwundert an und antwortete: Ezra hat nicht gesprochen. Er hat sich in Schweigen gehüllt. Ich stellte es mir vor: der schweigende alte Dichter und der junge Massimo. Wenn ich mich jetzt noch mit Pounds Lyrik anfreunden könnte. Ich würde es gern, schon um Massimo eine Freude zu machen, der – ganz im Einklang mit der Idee seines Namens – alles tut, um für »Ezras« Werk Freunde zu gewinnen. Ich gebe mir Mühe, aber es gelingt mir nicht, nicht nur aus politischen Gründen.

Die bescheidenen Wiederkünfte der Toten: Helmut Kajzar starb 1982 an Krebs, nach kurzem erbittertem Kampf gegen die Krankheit. Er wurde vierzig Jahre alt. Er war Dramatiker und Theaterregisseur, ihn interessierte das Neue im europäischen Theater, er las aufmerksam insbesondere die deutsche Literatur. Er hatte damals einige Erfolge als Autor und Regisseur. Zu seinen Lebzeiten war sein Name bekannt, nun aber, wie es meistens geschieht, ist er vergessen. Fast vergessen. Seine Freunde erinnern sich an ihn, sicher auch seine Familie. Ich habe ihn über Jerzy Kronhold kennengelernt. Er stammte aus einer protestantischen Familie aus einem Ort in der Nähe von Cieszyń. Er starb im Sommer. Als ich damals Vater davon erzählte, fragte er mich, ob Kajzar jung gewesen sei. Und ich, einige Jahre jünger als Helmut und unsicher, was die Perspektive meines Vaters betraf, zögerte und sagte: Er war vierzig, also wohl recht jung. Bisweilen kehrt er in meinen Gedanken zurück, auf Zehenspitzen, leise. Als er noch lebte, haben wir manchmal gestritten. Es war die Zeit, als sich in Polen die Opposition formierte, mit der ich mich in großem Maße identifizierte, es war die Phase meiner radikalen oppositionellen Rechtgläubigkeit. Zumal gegenüber Personen, die dieser Bewegung gleichgültig oder ablehnend gegenüberstanden, war ich ein überzeugter Dissident, denn gegenüber den Freunden aus dem Inneren der Opposition war ich oft kritisch (wie immer war ich nicht hundertprozentig sicher, dass ich das Richtige tat). Helmut dagegen propagierte offen den Eigensinn, er wollte in jeder Frage als »Künstler« auftreten, ganz so, als lebe er in der Kunst und nicht im damaligen Polen, einem Land, das von Quadratschädeln regiert wurde. Er war mit Tadeusz Różewicz befreundet, der bekanntlich ebenfalls unwillig auf die revoltierenden Intellektuellen und Studenten blickte. Helmut vernahm meine Berichte von den »Untergrund«-Vorlesungen oder Lesungen, die in Privatwohnungen oder Kirchen (katholischen!) stattfanden, meist mit Distanz. Ich war an solchen Veranstaltungen übrigens selten als Hauptdarsteller beteiligt, ich saß gern im Publikum, nur sehr selten las ich Gedichte vor, weil ich damals wenig schrieb, ich brachte nicht viel zu Papier. Meine Leidenschaft reichte nicht tief, oder besser gesagt: Mein politischer Eifer wollte sich nicht mit meiner poetischen Leidenschaft mischen. Ich war nicht ganz davon überzeugt, dass die Lyrik zum Propagandawerkzeug einer politischen Bewegung werden sollte, und sei es einer noch so edlen. Die Bewegung selbst hatte aber etwas überaus Schönes, Wunderbares. Ich lernte dort außergewöhnliche Menschen kennen, ich erlebte unvergessliche Augenblicke, ich lernte viel. Nur dass die Lyrik, so schien es mir, sich nicht einfach an diese neue politische und gesellschaftliche Bewegung anschmiegen konnte wie eine Eidechse an einen von der Sonne erwärmten Felsen. Aber das ist jetzt nicht mehr wichtig. Jetzt streite ich nicht mehr mit Helmut, wenn er mir in den Sinn kommt. Jetzt ist er bei den Toten, und die Toten legen Ironie und Eigensinn ab. Die Toten tragen dunkle Anzüge und sind unendlich ernst. Auch jetzt sehe ich, was an ihm anders war. In einem katholischen Land ist jeder Protestant ein wenig anders. Helmut hatte etwas, das mich faszinierte, schon in der Art, wie er redete, ganz eigen, elegant, durchdacht. In Berlin machte ich mit ihm einmal einen Spaziergang zum Olympiastadion, und dort, an dem Ort, wo einst Hitler die siegreichen deutschen Athleten grüßte, zeigte mir Helmut einige Elemente des Schauspieltrainings im modernen Theater, darunter eine Übung, die auf einem unnatürlich langsamen Gang beruhte, auf der Verlangsamung aller Bewegungen. Damals dachte ich noch nicht daran, aber später ging mir durch den Kopf: So langsam gehen ganz bestimmt die Toten. Sie gehen mit kleinen Schritten, setzen Fuß vor Fuß. Sie gehen sehr vorsichtig, langsam, schauen zu Boden.

Dave Brubeck – ich höre die Platte *Jazz at Oberlin*. Das heißt, die CD, auf die man die alte Vinylplatte überspielt hat, eine Aufnahme, wie das Beiheft informiert, aus dem Jahr 1953. Während ich den irrsinnigen Improvisationen von Brubeck und Paul Desmond lausche, spüre ich wieder den großen Schauder der Freude und der Befreiung von vor Jahren. Das war eine meiner schönsten Jazzplatten, ein Kleinod meiner nicht besonders umfangreichen Sammlung noch zu Schulzeiten, also muss es zehn Jahre nach der Aufnahme des Konzerts im Oberlin-College im US-Bundesstaat Ohio gewesen sein. Diese Improvisationen, die aberwitzigen Klangblöcke

Brubecks, der auf den Akkorden des Klaviers den höchsten Gipfel zu erklimmen scheint, sind überhaupt nicht gealtert. Heute sind diese Studenten bestimmt wohlhabende Rentner, leben in Florida und langweilen sich.

Ich erinnere mich noch einmal an den komischen Aufsatz meines Vaters über die Figuren in Słowackis *Balladyna*: Skierka war fleißig, Chochlik war boshaft. Und ich schreibe ein ganzes Buch über ein ähnliches Thema ... Unsere Skierka ist der Ernst, unser Chochlik – die Ironie. Wir brauchen beide.

Wir kennen alle das Schema des Kampfes von Gut und Böse, das in den meisten Hollywood-Filmen unverändert auftaucht, neuerdings auch in Computer- oder Videospielen, in denen, bisweilen in ästhetisch eher abstoßender Gestalt, der klassische Konflikt immer wieder neu belebt wird. Intellektuelle aus aller Welt sind meist angewidert von der Primitivität dieses Streits und setzen große Anstrengung daran, Theorien zu entwickeln, die ohne Gut und Böse auskommen. Aber ist es nicht doch so, dass in jedem von uns ein ähnlicher Kampf tobt, auch wenn man weitaus subtilere Begriffe braucht, um ihn zu beschreiben?

Mein Vater ist seit Jahren krank, er baut zusehends ab, schwindet dahin; seit gut einem Jahr ist er praktisch nicht mehr von dieser Welt. Er stirbt langsam, obwohl alle wichtigen Organe seines unverwüstlichen Körpers – er ist jetzt 97 – noch gut arbeiten. Er hat komplett die Erinnerung verloren und verlässt das Bett nicht mehr. Er erkennt niemanden mehr. Man muss ihn füttern und waschen. Ich denke daran, wie er früher war, ein hilfsbereiter, gütiger, humorvoller Mensch. Unwillkürlich fällt mir ein Satz von ihm ein aus einem Gespräch für die Monatsschrift »Śląsk« (Schlesien). Hauptthema war die Übersiedelung (Deportation) aus Lemberg, die ihn und andere Mitarbeiter des dortigen Polytechnikums aus der barocken Stadt der Hügel, der orthodoxen und katholischen Kirchen, nach Schlesien und in die preußischen Backsteinmauern von Gleiwitz oder Breslau verschlagen hatte. Vor gut zehn Jahren, als das Gespräch stattfand, war Vater schon einer der letzten lebenden Zeitzeugen dieser großen, unfreiwilligen Völkerwanderung. Doch damals, als die große Reise im Gang war, stand er am Anfang seiner akademischen Laufbahn und war im Zug der Deportierten zwischen verdienten Professoren und Dozenten einer der Jüngsten. Der Interviewer kannte offenbar auch meine Bücher und fragte Vater nach seiner Meinung zu einer bestimmten Passage in meinem Essay »Zwei Städte«, in denen ich über Einheimische, Emigranten und Unbehauste spreche, unter anderem über ihr Verhältnis zu Malerei und Musik, der am wenigsten an einen bestimmten Ort gebundenen Kunst (wörtlich heißt es dort: »Musik wird für Unbehauste geschaffen, denn sie ist von allen Künsten am wenigsten an einen Ort gebunden … Malerei ist die Kunst Einheimischer, die über ihre Region sinnieren. Porträts bestärken die Menschen in der Überzeugung, daß sie wirklich leben …«). Vater konnte mit Metaphern nichts anfangen. Er war – ich spreche in der Vergangenheit, denn sein Geist ist schon erloschen – ein Empiriker, dem philosophisch wohl der Positivismus und der strenge Wiener Kreis am nächsten waren und der am liebsten über Dinge sprach, die sich exakt vermessen ließen. Er war ein nüchterner Ingenieur, der aber gern historische Bücher las und sich sehr für Malerei interessierte. Er mochte die Malerei, ja er liebte (selbst hätte er dieses Wort nie verwendet, er konnte nicht einmal seinen Kindern sagen, dass er sie liebte) die Werke der Impressionisten, ihre blühenden Wiesen und stillen Pariser Vororte. Ich dagegen schrieb mit großer Hingabe Gedichte und Essays voller poetischer Bilder. Das wird ihn bekümmert haben, weil er (wie ein gar nicht mal so kleiner Teil der Menschheit) meinte, eine etwas reichere, mit Vergleichen gesättigte Sprache sei die Sprache von Betrügern oder könne jedenfalls dazu werden. Wer die Sprache rhetorisch ausschmücke,

Emotionen zeige, Neues und Improvisiertes einführe, wer sie zum Schwingen bringe, wie man einen Baum zum Schwingen bringt – der nähere sich gefährlich der Lüge. Vater war ein anständiger, durch und durch rechtschaffener Mann. Er war die Rechtschaffenheit in Person – so schätzte man ihn am Gleiwitzer Polytechnikum, und so erinnern sich seine zahllosen Studenten an ihn. Er las viel, insbesondere Memoiren – tonnenweise Erinnerungen und Memoiren von Generälen, Ingenieuren, Bankiers oder Ministern –, aber auch historische Abhandlungen und Romane. Ich bin mir jedoch sicher, dass er alle Passagen übersprang, in denen die Autoren, stolz auf ihre Kunst, Hyperbeln, Vergleiche und Synekdochen anhäuften, und erst weiterlas, wenn sie sich wieder gesammelt und zur Handlung zurückgefunden hatten. Deshalb kann ich mir gut vorstellen, in welche Bredouille die Frage des Journalisten meinen Vater brachte. Er konnte ja die Äußerung seines Sohnes nicht einfach abtun, zumal er wusste, seine Antwort würde irgendwann veröffentlicht werden. Wir hatten ein sehr gutes Verhältnis, und es störte ihn nicht, dass ich mich in Kreisen bewegte, in denen man Metaphern benutzte. Ich glaube, er freute sich sogar darüber, wenn auch auf seine Art, das heißt im Stillen. Doch der »Umgang« des Sohnes war eine Sache, das literarische Zitat, das er kommentieren sollte, eine andere. Vermutlich wird er schweigend nachgedacht haben, während der Journalist höflich wartete und womöglich sogar schon den Rekorder ausschaltete, weil er nicht mehr mit einer Antwort rechnete. Irgendwann sagte Vater dann, wohl mit ein wenig rauher Stimme, wie immer, wenn er verlegen war: »Das ist eine leichte Übertreibung.« Eine leichte Übertreibung. Ich musste laut lachen, als ich das las – so prägnant, so perfekt beschrieb dieser Satz Vaters Haltung zur Dichtung, zu dieser ganzen seltsamen Welt, in der sein Sohn aufging. Eine leichte Übertreibung. So denken Ingenieure über Dichtung. Es ist nichts Schlimmes an ihr, denken die Ingenieure, sie muss nicht unbedingt – kann aber – zu Lüge, Schöngeisterei und

Verweichlichung führen. Dennoch ist sie vor allem eine Übertreibung. Eine leichte Übertreibung. Sie ist eine Übertreibung, sie verbreitert unnötigerweise die Striche und Linien der Wirklichkeit, sie macht, dass die Wirklichkeit zu fiebern, zu tanzen beginnt.

Eine leichte Übertreibung – das ist eigentlich eine gute Definition der Dichtung. Sie passt für kalte und neblige Tage, Tage, an denen die Dämmerung spät anbricht und uns vergeblich das Erscheinen der Sonne verheißt. Dichtung ist eine leichte Übertreibung, solange wir nicht darin heimisch sind. Denn dann wird sie zur Wahrheit. Und wenn wir aus ihr heraustreten – niemand kann für immer in ihr leben –, ist sie wieder eine leichte Übertreibung.

Vater hatte ein eher skeptisches Verhältnis zur Dichtung, aber als junger Mann las er Gałczyński, wovon einige von ihm hinterlassene Gedichtbände dieses großen Lyrikers zeugen, der sich in seinen Werken offen zu seiner Charakterschwäche bekannte (»zu starker Wind für meine Wolle«). Und in den achtziger Jahren geschah etwas Unerwartetes; ich erfuhr es erst viele Jahre später: Vater tippte für seine Freunde und Bekannten mein Gedicht »Nach Lemberg fahren« ab. Ich habe darüber ein Gedicht geschrieben:

Er dachte nicht an Ästhetik

Als Vater in den achtziger Jahren für Bekannte
mein Gedicht »Nach Lemberg fahren« abschrieb
(er erzählte mir davon viel, viel später,
ein wenig verlegen), dachte er wohl nicht an Ästhetik,
an Metaphern, Silben, tiefere Bedeutung,
sondern nur an die Stadt, die er liebte und verlor, an die
Stadt,
in der – wie Geiseln – seine Jugend, seine Erleuchtungen,

seine Begegnungen mit der Welt festgehalten wurden,
und sicher schlug er in die Tasten seiner alten, treuen
Schreibmaschine mit solcher Kraft, dass wir, wenn
wir mehr vom Energieerhaltungssatz verstünden,
auf dieser Grundlage vielleicht zumindest
eine Straße rekonstruieren könnten,
die seine erste Begeisterung sah.

Bis heute weiß ich nicht, was Vater empfand, dieser so sachliche, leicht ironische Mensch, als er das Lemberg-Gedicht abtippte, in dem es ja nicht an Metaphern und Metonymien mangelt. Womöglich dachte er daran, dass es die Zeit der Konspiration war, und fühlte sich als Teil der großen Maschinerie zur Produktion von Untergrundliteratur. Vor allem wird er an Lemberg gedacht haben, das er so viel besser kannte als ich. Als ich ihm 2001 gleich nach der Rückkehr von einer Reise die Fotos zeigte, die ich dort gemacht hatte, erkannte er sofort jeden Ort, blitzartig, als hätte er ihn noch am Vortag gesehen. Und dabei war schon über ein halbes Jahrhundert vergangen, seit er die Stadt verlassen hatte. Damals begriff ich, dass er nie aus Lemberg weggegangen war, obwohl er nach dem Krieg ein überaus aktives Leben geführt und in seinem Beruf sogar eine Art Karriere gemacht hatte. Als seine Erinnerung zu schwinden begann, sagte er einmal zu Frau Ula, die sich um ihn kümmerte: »Wissen Sie, ich fahre bald zu meiner Frau, nach Lemberg.« Meine Mutter lebte damals schon nicht mehr.

»Heitere Musik? Ich kenne keine heitere Musik!« Diese Sätze werden Franz Schubert zugeschrieben. Man muss ihm nicht zustimmen, sollte aber nicht vergessen, dass er ein großer Meister war und mit Sicherheit wusste, was er sagte.

Wir leben zwischen Hyperbel und Litotes (die Litotes ist das Gegenteil der Hyperbel, Untertreibung, nicht Übertreibung). Das sind Namen von rhetorischen Figuren, aber ihre

Bedeutung reicht über akademische Lehrbücher hinaus. Wir müssen ja immer über- oder untertreiben, wenn wir sagen wollen, was wir sehen, was uns begegnet, was uns verletzt oder uns Freude bereitet. Wie schwer es doch ist, den Ort zwischen Hyperbel und Litotes zu finden, an dem unsere Erfahrung situiert ist.

Wem die Gabe der Poesie zuteil wurde, sei es als Schreibendem oder als Leser, der muss alles auf sie bauen, sollte zugleich aber sorgsam mit ihr umgehen, um nicht andere Kräfte, die in ihm schlummern, zu ersticken und um diese Gabe in ungezwungenen Dialog mit den verschiedensten Lebensbereichen treten zu lassen. Wir sollten uns die Bäume zum Vorbild nehmen; sie wissen, wie sie zu wachsen haben – nicht nur durch den einen zentralen Stamm, auch durch die Nebenäste, die komplexe Harmonie und das Gleichgewicht zwischen ihnen. Manch alte Esche nimmt die Form einer Leier an, alte Linden stützen ihre Wirtschaft bisweilen auf einen mächtigen, aber recht weit unten gespaltenen Stamm. Nur italienische Pappeln kümmern sich nicht um seitliche Verästelungen und wachsen, anorektischen Teenagern gleich, gerade in die Höhe. Aber schon ihre Cousinen, die Silber- oder Schwarzpappeln, sind weniger leichtsinnig, als ahnten auch sie, dass der Drang in die Höhe sich mit horizontalem Wachstum verbinden muss – die Flamme einer Kerze brennt nur kurz.

Eine leichte Übertreibung – wenn man in diese Richtung weiterdenkt, kann man sagen, dass es sehr schwer ist, den Mittelweg zwischen einer durch und durch metapherngesättigten und einer gänzlich unmetaphorischen Sprache (die deswegen nicht spröde sein muss) zu finden. Eine allzu asketische Sprache weckt früher oder später die Sehnsucht nach rhetorischer Fülle, nach Bildern, Vergleichen, Metonymien, kurz: nach leichter Übertreibung. Übertreibt man indes zu sehr, wird die Sprache allzu barock, und wir vermissen bald die Zurückhaltung und Klarheit eines ganz prosaischen Sprechens, wie es die Ingenieure lieben, die ja immerhin einen nicht unbedeutenden Teil der Menschheit ausmachen. Robert Musil macht in seinem schönen Rilke-Essay – entstanden als Vortrag zum ersten Todestag des Dichters – in einem Abschnitt über die Merkmale der Imagination eine allgemeine Bemerkung: »Nun, es liegt – eine gewisse Tragikomik in dieser menschlichen Neigung für Gleichnisse. (…) Man gewinnt aus den menschlichen Gleichnissen eigentlich den Eindruck, daß der Mensch niemals dort recht aushalten kann, wo er sich gerade befindet.« Welch ausgezeichnete Beobachtung: Der Mensch kann es nicht an dem Ort aushalten, an dem er sich befindet! Wir brauchen Vergleiche, weil uns allzu exakte, eindeutige Definitionen nicht zufriedenstellen. Wie bei einem Arztbesuch (Ärzte sind ja nicht selten Ingenieure in weißen Kitteln), wenn wir nach unserem Alter gefragt, gewogen und gemessen werden – es missfällt uns, dass wir in Minutenschnelle auf drei Zahlen reduziert werden. Wir vermissen Attribute und Adjektive. Wir wollen uns von der öden Definition befreien (und das Untersuchungszimmer verlassen). Im Leben, dem großen und wahren Leben, das sich außerhalb von Behandlungsräumen und Wartezimmern abspielt, halten elegante Damen unentwegt Ausschau nach neuen Kleidern, Schals und Mantillen, lassen sich Männer und Frauen, den Geboten der Mode folgend oder auch nicht, unentwegt neue Vergleiche einfallen – als ahnten sie, dass es »etwas Anderes« gibt, dass uns eine dichte Wolke von Unsichtbarem umgibt, die sich nicht mit abgegriffenen Epitheta begnügen will, sondern nach immer neuen, geistreichen Benennungen verlangt.

Malraux sagt: Die Menschen sterben nur für das, was nicht existiert.

Ich habe es wohl schon einmal notiert: In der chinesischen Sprache ist das Zeichen für »Musik« auch das Zeichen für

»Freude«. Man müsste Franz Schubert fragen, was er davon hält.

Aber wirklich v e r t r i e b e n waren nur die Juden, diejenigen, die nie zurückkehrten. Sie wurden von unserem Planeten vertrieben, sie wurden verbrannt, sie wurden am Rande von Massengräbern in Massen erschossen. Sie wurden in den Rauch vertrieben, ins Vergessen. Ebenso wurden die polnischen Offiziere vertrieben, Berufsoffiziere, aber auch Reserveoffiziere, die Ärzte und Mathematiker, Künstler und Rechtsanwälte waren, die in Katyn, Charkov und anderen Orten umgebracht wurden, wo man Exekutionen mit einem Schuss in den Hinterkopf ausführte, mit einem Schuss ins Zentrum der menschlichen Intelligenz. Alle anderen, meine Tanten und Onkel, meine Eltern, die Polen, die Deutschen, diejenigen, die zwar mehr oder weniger gut, aber immerhin an ihrem Bestimmungsort ankamen – meine Familie brauchte eine Woche, um in einem Güterzug die vierhundert Kilometer zwischen Lemberg und Schlesien zurückzulegen – sie alle, die ihr ungelobtes Land erreichten, waren Umgesiedelte. Nur Umgesiedelte. Und manche starben daran, an der Umsiedlung.

Meine *Verteidigung der Leidenschaft* ist in Frankreich unter dem Titel *Éloge de la ferveur* erschienen, in der Übersetzung von Laurence Dyèvre. Ich erwähne das deshalb, weil ein sympathischer junger Franzose, den ich im Dezember 2008 in Toulouse traf, mir ein kleines Buch des Autors François Jullien geschenkt hat. Sein Titel: *Éloge de la fadeur.* Das Wort *fadeur* ist schwer ins Polnische zu übersetzen. *Fade* bedeutet fade, unbestimmt, ohne Geschmack. Das heißt, es geht um die Verteidigung oder auch das Lob der »Unscheinbarkeit«. Jullien ist ein hervorragender Sinologe, sein Buch ist eine Beschreibung der chinesischen Kultur, deren charakteristischste Eigenschaft – wie er schreibt – die Neigung zur Unscheinbarkeit sei, die Vermeidung eines stärkeren Akzents, eines schärferen Tons, die Ablehnung der Leidenschaft, der Inbrunst – kurzum das Gemäßigte.

Ich erinnere mich, dass ich einmal, als ich in Holland war, wahrscheinlich auf dem Lyrikfestival in Rotterdam, mit dem Zug nach Delft gefahren bin und dort den Ort gefunden habe, von dem aus Vermeer auf seine Stadt blickte, als er die berühmte *Ansicht von Delft* malte. Jetzt befinden sich an dieser Stelle drei Betonbänke. Auf einer davon saßen zwei Rentner, die anderen beiden waren leer.

Paweł Floreński sagte einmal: Die Schönheit liegt im Zentrum des Glaubens.

Plötzliche Wetteränderung. Gestern noch heiß, über dreißig Grad, die Luft unbewegt, abends Wolken und Regen, die Temperatur ist um fünfzehn Grad gefallen. Gestern: schwimmen in einem kleinen Teich außerhalb von Krakau. Der Teich muss an einer Stelle entstanden sein, wo man früher Sand entnommen hat; das Wasser ist sauber, grün, durchsichtig. Auf der einen Seite des Teichs erhebt sich ein hoher Felsen, auf der anderen ist das Ufer flach, mit Gras bewachsen. Auf dem Gras Leute aus der Umgebung von Krakau. Die neue Leidenschaft des Wochenendmenschen ist jetzt das Grillen; der Rauch vermischt sich mit der billigen Musik, die aus einem der direkt am Wasser geparkten Autos kommt. Musik kann man das übrigens kaum nennen – aus dem roten Auto tönt hauptsächlich ein eindringlicher, primitiver Rhythmus, so stark, dass man denken könnte, das Auto werde gleich zerfallen …

Ich höre die Alt-Rhapsodie, für Männerchor und Orchester, Opus 53, von Johannes Brahms, in einer Archivaufnahme von Kathleen Ferrier, der legendären englischen Sängerin (hier wird die Solistin von Orchester und Chor begleitet), und schon während des Hörens erinnere ich mich, dass William Styron, der an schweren Depressionen litt, in seinem der Melancholie gewidmeten Buch *Darkness Visible* (der Titel ist ein Zitat aus Milton – nach Milton ist die Hölle eine »sichtbare Dunkelheit«) einen Moment beschreibt, als er in einer der schlimmsten Episoden der Krankheit, nach einer schrecklichen schlaflosen Nacht, dem Entschluss zum Selbstmord nahe, das Radio anschaltet und plötzlich die Rhapsodie von Brahms hört. Und es geschieht etwas Unerhörtes – es erfolgt eine Wende, die Musik, eben die Rhapsodie Opus 53, hilft ihm, heilt ihn, bringt ihn vom Selbstmord ab, lässt ihn das Schlimmste überstehen. Gleich wird ein neuer Tag beginnen, das Licht wird zurückkehren, die ersten Bäckereien werden öffnen, und der Geruch von frischem Brot wird die engen Straßen der alten Städte erfüllen.

Eine größere Ehre für die Musik kann man sich kaum vorstellen. Die Rhapsodie von Brahms ist ein intimes, gedämpftes und dennoch sehr dramatisches Werk. Ich habe gelesen, dass sie als Hochzeitsgeschenk für die Tochter von Robert und Clara Schumann, Julia, komponiert wurde (welch ein schönes Geschenk!), zu den Worten von Goethe. Die Melodie erhebt sich über die zarte Begleitung des Orchesters, schwebt über ihr wie eine Libelle in leichtem Flug über einer Maiwiese, und doch ist sie sehr dramatisch. Die Frauenstimme gibt demjenigen, der sie hört, Kraft, vielleicht weil die mächtige, aber ruhige Dramatik der Brahms'schen Rhapsodie – im Unterschied zu den heftigen, bisweilen sogar hysterischen Ausbrüchen der Musik Wagners – ausgebreitet, in der Zeit und in der Melodie verteilt ist. In Brahms' Musik erhält das Drama eine gewisse Dauer, es erfährt Modulationen, verändert sich – es wird ausgehalten, auf viele Momente verteilt, Wiederholungen ausgesetzt, daher ist es didaktisch, im noblen Sinn dieses im Allgemeinen zu schulmeisterlichen Wortes. Es kann uns Mut machen, es kann sogar, wie man sieht, jemandem das Leben retten. Brahms muss viel darüber gewusst haben, in welchem Verhältnis die

Tragödie eines einzelnen Augenblicks, eines einzelnen Tages oder gar einer Woche zur epischen Dauer des Lebens steht; er muss gewusst haben, dass wir länger leben als die hübsche und fröhliche, aber nicht kluge Libelle, die über dem dunklen Wasser des Teichs schwebt, dass wir lange, sehr lange und fleißig leben in den Pausen zwischen den intensiven Augenblicken der größten Trauer und auch der größten Freude. Wir leben in ekstatischen Augenblicken, doch dazwischen gibt es epische Pausen. Es sind diese Pausen, die im Leben überwiegen, die sich, vielleicht nach der nächsten Epiphanie dürstend oder das nächste Scheitern fürchtend, zwischen den großen und seltenen Momenten ausbreiten wie eine sanfte Ebene im Hochgebirge. Solange wir uns auf der Ebene befinden, können wir nie wissen, was noch geschehen, was der nächste heftige Schlag des Lebens bringen wird. Manchmal denken wir, dass nichts mehr geschehen, dass die Trauer nie enden wird. Aber in der Regel irren wir uns – es kommt immer eine neue Erschütterung, bisweilen auch eine neue Freude. Immer wieder kommt ein neues Kapitel (es sei denn, wir hätten das Buch schon zu Ende gelesen), und in ihm verbergen sich Schätze. Diese Weisheit, die aus der Musik von Brahms spricht, ist es wohl, die William Styron geheilt hat, die ihn für die Zukunft geöffnet, ihn gerettet hat. Sie hat ihm den Sinn für das Epische wiedergegeben. Sie hat ihn daran erinnert, dass wir unweigerlich in zwei Registern leben, nicht nur in einem, wir leben im Augenblick und in der Dauer. Sie hat unverhofft die Dimension der Dauer geöffnet – der Dauer, die mit heiterer Ironie ihre unausgesprochene Parole vertritt: »Ich habe schon so viel gesehen, ich werde noch so viel sehen.« Die Dauer kann nämlich gutmütig ironisch sein, und das ist sie oft auch, wie eine liebe alte Tante, die imstande ist zu lächeln, wenn wir ihr unsere Liebestragödie anvertrauen – und plötzlich erscheint uns diese Tragödie gar nicht mehr so furchtbar. Die Dauer lächelt auf heitere Art, sie hat viel gesehen, viele verschiedene Menschen kennengelernt. Die Dauer hat Erfahrung, hat Humor. Die Depression dagegen liquidiert die Fähigkeit, die Zukunft vorwegzunehmen, die Depression ist ein Augenblick, der nicht weiß, dass er zahlreiche Geschwister hat, andere Augenblicke und lange Abschnitte des Stillstands, des Aufschubs, des Wartens, der Vorbereitung. Die Rhapsodie Opus 53 ist ein wunderbares Geschenk für diejenigen, die dem Augenblick zu sehr trauen, aber auch für die, die nur die Dauer lieben.

In den späten neunziger Jahren kam es vor, dass ich in Houston war, damals immer im Frühjahr, und Czesław Miłosz, der in jener Zeit sein Leben zwischen Krakau und Kalifornien teilte, sich in Berkeley aufhielt, in dem nicht allzu großen, hellen Haus hoch auf den Hügeln, am Grizzly Peak Boulevard (wie viele Menschen pilgerten in dieses Haus, machten Fotos, rühmten sich, den Dichter besucht zu haben). Wir telefonierten von Zeit zu Zeit. Eines Tages rief Miłosz mich an. Ich spürte eine tiefe Trauer in seiner Stimme, eine starke Melancholie. Wir begannen zu reden, und schon nach kurzer Zeit begriff ich, dass er am Ende seiner Kräfte war und bei mir Hilfe suchte. Schließlich fragte er mich: »Adam, bitte sagen Sie mir ehrlich, habe ich irgendwann im Leben ein gutes Gedicht geschrieben?«

Als ich die Rhapsodie von Brahms Opus 53 wieder hörte, dieses Mal mit Freunden, begriff ich noch etwas: Das Werk ist so aufgebaut, dass wir zu Anfang nur die Frauenstimme hören, die Altstimme und das Orchester, und dann wachsen allmählich die Stimmen des Chors, und der Gesang der Solistin verbindet sich mit ihnen. Zuerst leisten sie einander ein bisschen Gesellschaft, mit einer gewissen Vorsicht, wie Unbekannte, die nebeneinander gehen und sich noch nicht so ganz vertrauen, aber langsam verbinden sie sich immer mehr miteinander, und die Altstimme geht fast in dem Chorgesang auf, obwohl sie bis zum Schluss etwas von ihrer Eigenständigkeit bewahrt. Auch diese Tatsache, dass es zu einer

Vereinigung der Solostimme mit dem Chor kommt, ist ein Geschenk für den Zuhörer; wir müssen nicht in theoretischem Sinn darüber nachdenken, aber wir empfinden vielleicht unbewusst Erleichterung oder Trost, die daraus resultieren, dass die Einsamkeit der tragischen Altstimme nicht bis zum Schluss des Werkes andauert, dass die sanften Stimmen des Chors sich mit ihr solidarisieren und dank dessen eine zerbrechliche, aber reale Solidarität schaffen – eine Solidarität mit dem Leiden, mit der Einsamkeit. Diese Progression – von der Eigenständigkeit der Altstimme zur Vereinigung mit dem Chor – entspricht auch der Dramatik des Gedichts von Goethe, nach der Brahms sein Werk aufgebaut hat.

Ich denke immer noch an die »Polemik« mit meinem Vater – obwohl das Wort Polemik vielleicht nicht angebracht ist, wenn eine der beiden Seiten gar nicht anwesend ist. Mein Vater ist schon jenseits der Welt, in einem anderen Raum, im Vergessen und in der Unbewusstheit, auf die Hilfe anderer angewiesen. Sein Scherz zum Thema »Leicht übertrieben«, geäußert in besseren Zeiten, als er seine Souveränität noch nicht verloren hatte (alte Menschen sind wie Staaten, die sich nicht mehr selbst verteidigen können, wie Polen im 18. Jahrhundert, schwach, krank, ohne Gedächtnis), lässt mir jedoch keine Ruhe, und trotz meiner Liebe zu Vater verspüre ich das Bedürfnis nach einer Auseinandersetzung mit der Weltanschauung der »Ingenieure«. Wieder kommt mir Robert Musil zu Hilfe; in den vergangenen Tagen habe ich seine Essays noch einmal gelesen. In einem davon sagt er über die Kunst: »Von ihr geht nichts aus, was ohne Enthusiasmus bestehen bleiben könnte.« Das ist das Wort, das ich gesucht habe: »Enthusiasmus«. Dieser Begriff, selten ausgesprochen, bisweilen skeptisch behandelt von den Denkern der Aufklärung, die, wie beispielsweise Lord Shaftesbury, den religiösen Fanatismus fürchteten, ist der Schlüssel zum Verständnis der Kunst. Dank dieses Begriffs können wir den subtilen, aber deutlichen Unterschied zwischen einem rein berichtenden Ton und einer Sprache begreifen, in die ein Augenblick der Erhebung eingegangen ist. Die Geschichte des Wortes »Enthusiasmus« ist sehr spezifisch: Ursprünglich bezeichnete es, wie man weiß, einen Zustand, in dem der Mensch eine Art göttliche Invasion erfuhr. Apollo oder Dionysos drangen in die menschliche Seele ein. Wir bedienen uns auch heute noch oft dieses Wortes, aber wir vergessen gern das göttliche Element, das in seiner Etymologie steckt – die mühsame Arbeit der Aufklärer hat ihre Spuren hinterlassen, es ist ihnen gelungen, diesem Begriff den Stachel des Übermuts zu ziehen. Heute kann sich Enthusiasmus sowohl auf ein Fußballspiel, als auch auf ein neues Laptopmodell oder auf die Sphäre der Politik beziehen. Im kommunistischen Regime wurde das Wort Enthusiasmus von der Partei beansprucht; da konnte man hören: »Die Jugend marschierte enthusiastisch im Ersten-Mai-Umzug.« Das versicherten uns zumindest die Radiosprecher. Aber in Wirklichkeit brauchen wir den Enthusiasmus in der Kunst, und zwar auf beiden Seiten: Diejenigen, die Kunst schaffen, aber auch ihre Empfänger wären ratlos, wenn es ihn nicht gäbe.

In meinen alten Aufzeichnungen habe ich folgende Notiz gefunden: »Die großen, geheimnisvollen Personen, die wir sind, auf Miniaturformat reduziert.« Ist es wirklich so? Ja. Die Menschen sind, wenn sie sich treffen, wenn sie sich im gesellschaftlichen Leben – wie wir es unschuldig nennen – bewegen, im Allgemeinen kaum in der Lage, sich auch nur minimal auszudrücken, sie schrumpfen, krümmen sich. Ich erinnere mich an ein – groteskes – Fragment aus Gombrowicz' Tagebuch, die Beschreibung seines Besuchs bei Witkacy. Witkacy, der natürlich nichts so machen konnte wie andere, öffnete ihm, auf die Maße eines Zwergs zusammengekrümmt, die Tür und richtete sich dann ganz langsam auf, bis er seine natürliche Größe erreicht hatte. Wir treffen uns mit anderen und werden (wenn auch anders als Witkacy) kleiner in ihrer Anwesenheit. Das sind die Qualen introvertierter Menschen, selbst derjenigen, die ein reiches Innenleben haben, im Kontakt mit anderen. Die Introvertierten schweigen – nicht, dass sie ihre Schätze vor fremden Blicken bewahren wollten, sondern die Schüchternheit lähmt sie. Manchmal erwecken sie den Eindruck, sie seien arrogant, aber das ist eine Täuschung, ein Irrtum, sie sind schüchtern. Wovor haben sie Angst? Man weiß es nicht. Irgendeine Kraft hindert sie daran zu sprechen. In gewissem Sinn sind sie Perfektionisten; sie fürchten, dass das, was sie sagen, vielleicht nur eine Karikatur ihrer Gedanken sein könnte. Sie haben in dieser Hinsicht unzählige Erfahrungen gemacht; wie oft haben sie sich schon geschämt – sie haben eine Taktlosigkeit begangen, sich falsch ausgedrückt und danach gelitten. Deshalb ziehen sie es vor zu schweigen – eigentlich aus Achtung vor den anderen, vor der Person, mit der sie sich treffen. Aber im Allgemeinen sieht diese Person das völlig anders …

Ich höre Mahler. In den vergangenen Monaten habe ich die Musik Gustav Mahlers seltener gehört, obwohl sein *Lied von der Erde* für mich ein ganz außergewöhnliches Werk bleibt – auch seine Neunte Symphonie. Aber auch die anderen Symphonien und die großen Liederzyklen. (Die Anekdote von Krzysztof Meyer über Schostakowitsch: Der Komponist, von Meyer gefragt, welche Symphonie von Mahler er am meisten liebe, zögerte einen Moment und zählte dann alle auf, eine nach der anderen.) Ich glaube, meine Diskussion mit dem deutschen Prosaisten Hartmut Lange habe ich schon erwähnt. Beide lieben wir *Das Lied von der Erde*, aber er findet, dieses Werk sei identisch mit Gott. Buchstäblich. Die Theologen wären verblüfft. Ich kann Hartmut nicht zustimmen. Ich höre *Das Lied von der Erde* selten, aber nicht aus mangelndem Interesse, im Gegenteil, aus Angst, mein musikalisches Gedächtnis könnte es zu genau registrieren, und ich könnte vielleicht keine Freude mehr dabei empfinden, könnte mich langweilen, es auswendig lernen …

Eine meiner Kindheitserinnerungen ist die Verzweiflung, die ich empfand, wenn Vater zu Militärübungen fuhr. Er nahm vermutlich einen frühen Zug, jedenfalls war er nicht mehr da, wenn ich aufwachte. Ich wusste, dass er für lange wegfuhr, für viele Wochen. Und er verabschiedete sich nicht von mir … Ich weiß noch, dass ich dann schluchzte. Die Militärübungen waren etwas Düsteres, fast wie der Krieg, der im übrigen immer noch über unseren Köpfen hing. (Die ältere Generation der Vertriebenen, in deren Lebensmittelpunkt die Tragödie stand, ihre Stadt verloren zu haben, wartete mit obsessiver Sehnsucht auf den nächsten Krieg …) Es war Morgen, und ich weinte, weil Vater weggefahren war, ohne sich zu verabschieden.

Schopenhauer liebte Musik über alles – die Autoren von Büchern über diesen Philosophen sagen etwas beschämt, sein Lieblingskomponist sei Gioachino Rossini gewesen, der heute eher zur Kategorie der Unterhaltungsmusik gerechnet wird. Diese Arien also pfiff der Einzelgänger in Frankfurt …

Zwischen alten Papieren habe ich ein Dokument vom 26. Oktober 1988 gefunden. Das Dokument, in der Sprache Racines verfasst, trägt den Titel: ATTESTATION A REMETTRE A LA PREFECTURE DE POLICE und stellt – nach Nennung meines Namens und meiner Adresse – fest, »qu'il est possible, en raison des antécédents que l'interessé nous a fait connaître, que soit mentionné, sur les documents officiels le concernant, l'activité de l'écrivain.« Das bedeutet, »es ist möglich, angesichts der Beweise, die der Adressat uns unterbreitet hat, dass auf ihn betreffenden offiziellen Dokumenten seine Tätigkeit als Schriftsteller genannt wird.« Es folgten ein Stempel und die Unterschrift des Vorsitzenden der Kommission, die den Namen »Commission de la Professionnalité« trug. Diese Bescheinigung war notwendig, um die Verlängerung der Aufenthaltsgenehmigung zu erhalten, die von der Polizeipräfektur ausgestellt wurde, in meinem

Fall von der Präfektur in Nanterre, der Hauptstadt des Département Hauts-de-Seine. Die »Professionalitätskommission« befand sich im Zentrum von Paris, in der rue Saint-Dominique, und war in der Parterrewohnung eines gewöhnlichen Haussmann-Gebäudes untergebracht. In dem kleinen Warteraum konnte man Japaner mit großen Mappen treffen, die wahrscheinlich Entwürfe für Kleidung (haute couture) enthielten oder auch Skizzen von Theaterkostümen, Amerikaner, die Kästen für Violoncelli oder Kontrabässe schleppten, Tschechen und Ungarn mit Mappen, die wohl Reproduktionen von Bildern oder Fotografien von Skulpturen bargen – war die Kommission doch dazu bestimmt, dem freiberuflichen Ausländer eine Bescheinigung auszustellen, dass er kein Schmarotzer oder Luftikus sei, sondern dass er auf seine Weise arbeite, so gut er könne, wenn er auch nicht bei einer französischen Institution oder Firma angestellt ist. Dank dieser Bestätigung konnten die Ausländer mit der Verlängerung ihrer Aufenthaltsgenehmigung rechnen. Diese Kommission war für mich immer ein merkwürdiges Gebilde der Zivilisation, das imstande war, einen hohen Grad an Bürokratisierung, ähnlich wie im Reich der Mitte zur Zeit der Ming-Dynastie, mit der Achtung vor Kunst und Individualismus zu verbinden. Und so brachte ich jedes Jahr – denn die Aufenthaltsgenehmigung musste einmal im Jahr verlängert werden – einige meiner Bücher in die rue Saint-Dominique, nur ein paar Schritte von dem großartigen Boulevard Saint-Germain entfernt (der eine der herausragendsten Straßen war und ist, die die westliche Kultur hervorgebracht hat), um das Zertifikat zu bekommen, dass ich tatsächlich Schriftsteller bin. Ein Jahr später brachte ich dieselben Bücher vorbei, bisweilen bereichert um eine neue Gedicht- oder Essaysammlung, in Übersetzung oder in meiner Muttersprache, und einige Tage darauf, wenn ich kam, um das Dokument abzuholen, gab man mir auch die Bücher mit meinen Arbeiten zurück. Ich war also ein Schriftsteller mit einjährigem Haltbarkeitsdatum, wie gewisse Medikamente oder auch Konserven mit einem Stempel auf dem Blechdeckel. Etwa Ende September, spätestens im Oktober, stellte sich bei mir die Ungewissheit ein – ob ich immer noch Schriftsteller war? Mit Erleichterung nahm ich das Urteil der Kommission entgegen, für die nächsten zwölf Monate konnte ich beruhigt sein. Ob der Vorsitzende der Kommission meine Bücher zu Hause studiert hat? Ob ihm meine Gedichte und Skizzen wohl gefallen haben? Darüber weiß ich nichts, die Bescheinigung war in trockener, maximal ergiebiger Sprache geschrieben, es gab keine Werturteile darin, die Rede war nur von »literarischer Tätigkeit«. Eine minimalistische Rezension, sozusagen. Ehrlich gesagt unterschied sie sich kaum von den normalen Rezensionen, jedenfalls von den lakonischen Berichten über neue Publikationen, die in der Tagespresse erscheinen. Ich trage meine Bücher schon lange nicht mehr in die rue Saint-Dominique, aber bis heute ertappe ich mich dabei, dass mich im Herbst eine gewisse Unruhe befällt, ob ich noch Schriftsteller sei … Und wer das bestätigen könnte …

Vor einem Jahr, als ich an einer Skizze über Rilke arbeitete, verzichtete ich im letzten Augenblick auf einen Abschnitt, in dem ich den berühmten, starken Anfang der ersten Duineser Elegie (»Wer, wenn ich schriee, hörte mich denn aus der Engel Ordnungen? Und gesetzt selbst, es nähme einer mich plötzlich ans Herz: ich verginge von seinem stärkeren Dasein. Denn das Schöne ist nichts als des Schrecklichen Anfang, den wir noch grade ertragen, und wir bewundern es so, weil es gelassen verschmäht, uns zu zerstören …«) den ebenso starken und berühmten ersten Takten des ersten Klavierkonzerts von Johannes Brahms gegenüberstellte. Man kann beide Werke schlecht vergleichen; sie entstanden in einem Abstand von über fünfzig Jahren, gehören verschiedenen Kunstgattungen an, sind in zwei verschiedenen Sprachen geschrieben, und doch erscheinen sie irgendwie verwandt durch die Gewalt des Schreis, der jedes von ihnen einleitet.

Vor einigen Tagen habe ich wieder meinen Vater besucht. Von Besuch kann man schlecht sprechen, da er psychisch schon vollkommend abwesend ist. Er erkennt nicht nur mich nicht, sondern ich habe den Eindruck, dass sein Blick keine konkreten Bilder mehr festhalten, sich auf kein Objekt mehr konzentrieren kann. Vater liegt da und schläft tagelang. Er ist immer noch in seiner Wohnung, in seinem Zimmer, in guter Pflege. Diese Besuche sind so traurig. Und einst war ich verzweifelt, wenn er wegfuhr, ohne sich von mir zu verabschieden.

Cioran behauptet, Dylan Thomas habe, wenn jemand in seiner Gegenwart versuchte, eines seiner Gedichte zu interpretieren, Zuckungen bekommen und sich auf den Boden geworfen.

Papa Bruckner, der Komponist, der empfänglich war für die Suggestionen anderer, nahm an seinen Symphonien Änderungen vor, stimmte Kürzungen zu ... Papa Bruckner, fromm und bescheiden; im Programmheft zu einem Konzert las ich, dass er einmal während einer Veranstaltung mit Musikstudenten niedergekniet sein soll, weil die Klänge eines in der Nähe singenden Kirchenchors an sein Ohr drangen. Seine Biographen behaupten, er sei zu nachgiebig gewesen. In seiner Jugend zum Beispiel akzeptierte er Beschäftigungen bzw. Stellen, die ihm keine schöpferische Tätigkeit erlaubten; er war vierzig Jahre alt, als er sich endlich der Komposition widmen konnte. Erst viele Jahre nach seinem Tod wurden die Partituren seiner Werke geordnet. Angeblich wurde eine seiner größten Kompositionen, die Symphonie Nr. 9, so bearbeitet und gekürzt, dass sie auf das Maß einer unschädlichen Serenade schrumpfte, die man zwischen zwei Opernarien aufführen konnte. Zum Glück kehrte man später zur ursprünglichen Absicht des Künstlers zurück, und die Neunte ist wieder, was sie sein sollte, ein monumentales Werk, ein wahrer Rock and Roll der sinfonischen Musik.

Gestern saß ich im Saal des CSO, des Chicago Symphony Orchestra, in einem Sektor, der sich *terrace* nennt. Das sind Plätze hinter dem Orchester – dahinter und darüber. Von dort sieht man das Gesicht des Dirigenten und die Rücken der Musiker – die gesamte Abteilung der Blasinstrumente und Schlagzeuge sieht man nicht –, sowie ein Meer von Zuhörern auf dem riesigen Balkon und unten, im Parterre. Die Gesichter sind etwas unscharf, man kann nicht erkennen, ob sich Langeweile oder Begeisterung auf ihnen abzeichnet. Dagegen kann man hervorragend die Mimik des Dirigenten beobachten. Gestern hat dieses wunderbare, große Orchester – um Bruckner zu spielen, braucht man die maximale Besetzung, man muss riesige Mengen heiserer Trompeten und entsetzlich tiefer Posaunen versammeln, man braucht Oboen, um die jähen Übergänge von den Streichinstrumenten zu den Blechbläsern abzumildern, man braucht bescheidene Fagotte, weinerliche Klarinetten, Englischhörner (wie Jagdhunde), unabkömmlich sind auch die nachdenklichen, immer melancholischen Violoncelli und die traurigen Geigen und ebenso die Trommel, die keine Feinheiten kennt – der achtzigjährige Bernard Haitink dirigiert, sparsam in den Bewegungen, verschmolzen mit dem musikalischen Organismus des Orchesters, keine Distanz zu den Instrumentalisten schaffend; seine Gesten waren minimal, aber jede von ihnen setzte – wie durch die Vermittlung einer unsichtbaren Apparatur – in dem ausgedehnten Körper des Orchesters gigantische Energien frei. Ich erinnere mich, dass ein britischer Schriftsteller einmal sagte, zwei Dinge auf der Welt bewundere er am meisten, die parlamentarische Demokratie und das Symphonieorchester. In der Tat, es gibt wohl keine ungewöhnlichere Agglomeration von Menschen und Gegenständen als ein großes Orchester; all diese ganz normalen Menschen sind vollkommen verschieden voneinander, manche vielleicht unausgeschlafen, manche sicher verbittert (dass sie keine größere Karriere gemacht haben, dass sie keine berühmten Solisten geworden sind), und dennoch –

in diesem einen Moment, der sie vereint, in dem Moment, da sie zusammen auf der Bühne sitzen, einheitlich gekleidet, die Männer in Smokings, die Frauen in schwarzen Kleidern, vergessen sie sich selbst, werden zu idealen Bestandteilen eines größeren Ganzen und folgen den Gesten des Dirigenten. Die Streicher, die Blechbläser, die Schlagzeuger; die einen tragen ihre wertvollen Instrumente behutsam auf die Bühne, die anderen sind beruhigt, dass ihr Instrumentarium im Licht der Scheinwerfer schon auf sie wartet. Über parlamentarische Demokratie werde ich hier nicht sprechen, aber das Bild allgemeiner Wahlen – wo, im Gegenteil, niemand sich darum kümmert, eine Uniform anzulegen, sondern seine Individualität frei entfaltet – ist ebenfalls sehr bewegend.

Man kann sich die Neunte von Bruckner – die unvollendete Symphonie – nur schwer als kurze Serenade vorstellen. Gestern hörten wir zum Glück das ganze Werk und zwar – ebenfalls zum Glück – ohne den nicht besonders gelungenen vierten Satz, der aus den nach Bruckners Tod gefundenen Papieren rekonstruiert wurde. Ich war glücklich, vor allem der zweite Satz mit seinem wunderbaren Rhythmus, mit seinem fantastischen Galopp (zum Glück nicht betitelt, man musste sich keine dicken Walküren vorstellen), berührte mich zutiefst und schenkte mir einen Augenblick echter Freude. Neben mir, zu meiner Linken, saß ein Paar: er groß, gut angezogen, offensichtlich aus der Geschäfts- oder Bankenwelt, gutaussehend, um die fünfzig, und sie, eine blonde Frau, jung, aber nicht blutjung, mit schon etwas welkenden Zügen, jedoch immer noch angezogen wie ein junges Mädchen, in einem kurzen rosafarbenen (glaube ich) Kleid. Vielleicht auch gelb. Sie war wohl das erste Mal in der Philharmonie, er dagegen schien ein Musikliebhaber zu sein, erzählte ihr flüsternd von der Neunten Symphonie Bruckners, davon, wie sehr er den dritten, letzten, den langsamen Satz liebe, erklärte ihr in Kürze, eilig, in den kleinen Pausen zwischen den einzelnen Sätzen, wer Bruckner war. Sie nahm diese Informationen mit einem leichten Lächeln entgegen, passiv, gleichsam etwas von oben herab, als wollte sie sagen: »Aber meine Welt verdient auch Aufmerksamkeit.« Doch während die Musik erklang und sie keine Bemerkungen austauschen konnten, legte er ein paar Mal seine Hand auf ihr Knie, auf ihr entblößtes (aber mit einem Strumpf bedecktes) Knie.

Eines Tages, im Auto, auf dem Rückweg von Jerzys und Grażynas Sommerhaus, hörte ich Radio, einen Sender mit klassischer Musik. Es war Sonntagabend, es kamen Neuigkeiten aus der Musikszene. Im Mittelpunkt stand der aus Argentinien stammende Komponist Osvaldo Golijov (ausgesprochen Golichow, Betonung auf der mittleren Silbe).

In Pompeji sind an den Wänden einiger Häuser verblasste Wahlslogans erhalten. Zum Beispiel folgender: »Wählt den Ädilen Gaius Julius Polibius. Er sorgt für gutes Brot« (Panem bonum fert).

Bei der Lektüre Ciorans: Cioran fand, das wirkliche Glück bestehe darin, vollkommen unhistorisch zu leben. In diesem Falle hätten die Völker, die sich einige Jahrhunderte unter türkischer Herrschaft befanden, was sie von Westeuropa abschnitt, das im Zusammenhang mit der energischen, vorandrängenden Geschichte ständig neuen Enthusiasmus und neue Krisen erlebte, großes Glück empfinden müssen. Doch darauf gibt es keinerlei Hinweise.

Wenn man Freundschaften schließen sollte, dann mit Malern. Warum? Die Maler scheinen mir unter allen Künstlern die offensten zu sein. Die Dichter – natürlich habe ich auch unter ihnen Freunde, sogar sehr gute, und ich muss seit vielen Jahren mich selbst tolerieren –, die Dichter versinken im Allgemeinen in unendlicher Introvertiertheit, die manchmal an Autismus grenzt. Ich erinnere mich, als ich in den frühen siebziger Jahren die Maler der Gruppe »Wprost«,

Zbylut Grzywacz, Leszek Sobocki und Jacek Waltoś näher kennenlernte (denn Maciej Bieniasz, das vierte Mitglied der Gruppe, verließ Kattowitz nur selten), war ich sehr beeindruckt: Das Leben dieser jungen Künstler schien mir damals wesentlich interessanter als die einförmige Existenz der Dichter – beinahe königlich. Die jungen Dichter hatten Tausende von Büchern zur Verfügung, in denen sie das Feuer der alten und neueren Dichtung und Philosophie suchen konnten, aber diese Bücher sagten ihnen nichts darüber, wie man unter anderen Menschen lebt, in der sichtbaren, praktischen Welt, wie man sich zwischen Personen und Gegenständen bewegt. Die jungen Dichter verhielten sich recht bescheiden, hatten einen Radius von nur wenigen Straßen, strebten einerseits nach Gesprächen mit ihren Altersgenossen und zogen sich kurz darauf wieder in ihre Einsamkeit zurück, in ihre Lektüren und Meditationen. In der Regel waren sie in ihren Untermieterzimmern versteckt, auf Dachböden, in Souterrains; in Frühlingsnächten führten sie lange Diskussionen, manchmal trafen sie sich in Cafés, manchmal im Saal des ZLP-Schriftstellerverbands in der Krupnicza, wonach sie für viele Tage wieder verschwanden. (*Signum temporis*: in demselben Saal, der einst Zeuge dramatischer Debatten zwischen Czesław Miłosz, Kazimierz Wyka, Stefan Kisielewski oder Andrzej Kijowski war, ist heute ein kleines, ruhiges vegetarisches Restaurant untergebracht!)

Die jungen Dichter schienen nicht zu wissen, wie sie leben sollten. Als würde die Dichtung, sei es die Berufung zu einem echten Talent oder auch die mühselige Arbeit eines mittelmäßigen Journalisten, diejenigen, die sich zu ihr bekannten, vor eine äußerst schwierige Aufgabe stellen, als sagte sie mit zusammengebissenen Zähnen: »Vielleicht werde ich dir nach Jahren, nach Jahrzehnten einmal sagen, wie du leben sollst, aber vorläufig musst du im Dunkeln tappen, zwischen Freude und Verzweiflung, zwischen extremem Zweifel und feierlicher, glückseliger Ekstase, die sich jedoch ihrer Existenzberechtigung, ihres dauerhaften Platzes in der Ökonomie der menschlichen Dinge nicht sicher sein kann. Ich gebe dir nichts als strenge, aber allgemeine Gebote. Ich verspreche dir nichts.«

Und gleich daneben schritten die Maler, die vom Schicksal Auserwählten (so dachte ich damals), lachend, frei, die Maler, die es verstanden, Freundschaften zu schließen, die sich gegenseitig hart kritisieren konnten, ohne einander zu verletzen, die füreinander Festmähler veranstalteten wie in der Renaissance – im Grunde gab es einfaches Essen, nur dass es sich an der italienischen Küche orientierte, was damals, als in den Restaurants und Kantinen geschmacklose, steinharte Rouladen und vorgefertigte Dorschfilets grassierten, sehr ungewöhnlich war … Die Maler reisten, die Maler hatten Modelle zur Verfügung, die Maler wussten, wie sie sich anziehen sollten; sie kleideten sich so, dass jeder sehen konnte, dass er es mit einem Künstler zu tun hatte, aber ohne die ostentative Haltung des Jungen Polens. Umhänge waren aus der Mode. Die Maler sahen nach etwas aus, sie existierten in der äußeren Welt. Die Maler, sogar die ganz jungen, wussten genau, wer sie waren, welche Rechte sie hatten, sie wussten, dass sie vorläufig zu üben, handwerkliche Probleme zu lösen hatten, aber sie waren sich klar darüber, dass die Menschheit sie brauchte, dass Tausende von Wänden in Tausenden von Wohnungen auf ihre Werke warteten, dass letztendlich, wenn ihr Talent sich etabliert hätte, wenn sie anerkannt wären, niemand ihre Tätigkeit in Frage stellen würde. Ganz anders die jungen Dichter – im Vergleich zu den gleichaltrigen Malern waren sie wie Schatten. Ihre Domäne ist die Sprache, und die Sprache war damals wie Luft, wie Wasser, sie gehörte allen und niemandem; der zur Partei gehörende Dozent führte sie im Mund, der Fernsehsprecher bediente sich ihrer und auch der während der konventionellen Sonntagspredigt ungeschickt gestikulierende Pfarrer. Man hätte denken können, die jungen Maler strebten zum Licht, ja, sie waren schon in Licht getaucht, während die Dichter aus den finsteren Winkeln der Erde hervorlugten, aus der Provinz, aus dunklen Hinterhöfen, wo eine einzelne kümmerliche Pappel wuchs. Einer der jungen Maler war Zbylut Grzywacz, mit dem ich mich später anfreundete.

Nehmen wir an, eines Tages kommt von der Universität in Padua eine Einladung zu einer Konferenz, deren Thema die italienische Region Venetien sein soll. Dein Wissen über Venetien ist bescheiden: Du müsstest die Landkarte studieren, Bücher wälzen, nachdenken ... Deine innere Stimme versucht dich zu überzeugen, du solltest absagen, du seist nicht kompetent, du würdest dich lächerlich machen. Doch du liebst Südeuropa, und dein persönliches Prinzip lautet: Einladungen nach Italien, Spanien, Griechenland lehnt man nicht ab.

Hier also der für die Konferenz in Padua vorbereitete Text:

Vor mir liegt die Karte von Venetien: Die Region erstreckt sich von Verona bis Cortina d'Ampezzo, von Vicenza bis Venedig. Unter den Touristen, die mit Autos, Zügen, Yachten oder Düsenflugzeugen nach Italien kommen, gibt es wahrscheinlich nicht viele, die die Namen der italienischen Regionen kennen. Für den heutigen Durchschnittseuropäer besteht Italien aus einer Handvoll Städte mit legendär klingenden Namen: Rom, Florenz, Genua, Neapel, Bologna, Mailand und natürlich Venedig. Und dann noch aus kleineren Städten mit nicht weniger malerischen Namen: Siena, Mantua, Ferrara, Ravenna, Lucca, Parma, Arezzo, Orvieto, Pavia und auch Padua. Es ist dasselbe Padua, in dem in der Vergangenheit viele polnische Schriftsteller studierten – zum Beispiel im 16. Jahrhundert Jan Kochanowski, der an der dortigen Universität unter anderem den Humanisten Francesco Robortello getroffen hat (mit Spitznamen *Canis grammaticus,* der Grammatikhund – welch ein Glück, dass er nicht mein Professor war); seine Kollegen waren Łukasz Górnicki, Andrzej Trzecieski und Andrzej Patrycy Nidecki.

Auf meiner Karte von Venetien sehe ich nicht nur Verona, Bassano, Treviso, Vittorio Veneto, sondern auch die Stadt oder vielleicht eher das Städtchen Rovigo. Vor etwa fünfzehn Jahren hätte ich weder gewusst, wo Rovigo liegt, noch dass es den Ort überhaupt gibt. Nicht einmal der berühmte grüne Reiseführer von Michelin, den wir bei unseren Reisen benutzen, hätte hier geholfen: im alphabetischen Verzeichnis zwischen Rotonda und Ruvo di Puglia – keine Spur von Rovigo. Aber im Jahr 1992 ist ein Gedichtband mit genau diesem Titel erschienen: *Rovigo.* Der Autor war Zbigniew Herbert, der große Dichter und erfahrene Reisende, Verehrer italienischer Städte, der in seinem Buch *Ein Barbar in einem Garten* Siena und andere Wunder der Toskana beschrieben hat. Aber warum gerade Rovigo? Hören wir das Titelgedicht:

Rovigo

STATION ROVIGO. Unklare Zusammenhänge. Ein
Drama von Goethe
oder etwas aus Byron. Ich bin durch Rovigo gefahren
x-mal und beim x-ten mal hab ich verstanden
dass dies in meiner inneren Geographie ein besonderer
Ort ist wenn auch weniger wichtig als
Florenz. Nie hat mein Fuß diesen Ort berührt
stets nahte Rovigo oder es blieb zurück

Damals lebte ich in der Liebe zu Altichiero
aus dem Oratorium San Giorgio in Padua und zu Ferrara
das ich schätzte denn es erinnerte mich
an die geraubte Stadt meiner Väter. Ich lebte gestreckt
zwischen Vergangenheit und Gegenwart
vielfach gekreuzigt von Ort und Zeit

Und dennoch glücklich im festen Vertrauen
dass mein Opfer nicht vergeblich sein wird

Rovigo zeichnet sich durch nichts Besonderes aus es ist
ein Meisterwerk der Durchschnittlichkeit gerade Straßen
unschöne Häuser
nur vor oder hinter der Stadt (je nach der Fahrtrichtung
des Zugs)
erhob sich plötzlich aus der Ebene ein Berg von rotem
Steinbruch zerschnitten
er glich dem Festtagsschinken umlegt mit Winterkohl
sonst nichts was das Auge erfreut betrübt nachdenklich
gestimmt hätte
Und doch war es eine Stadt aus Blut und Stein – ganz wie
die andern
eine Stadt in der gestern jemand gestorben jemand
verrückt geworden
jemand die ganze Nacht über hoffnungslos gehustet hat

VON WELCHEN GLOCKEN BEGLEITET ERSCHEINST
DU ROVIGO

Reduziert auf den Bahnhof das Komma den gestriche-
nen Buchstaben
nichts nur der Bahnhof – *arrivi* – *partenze*
und warum denke ich an dich Rovigo Rovigo

Obwohl ich seit so vielen Jahren Herberts Lyrik lese und bewundere, habe ich dieses Gedicht anfangs gar nicht beachtet, es kam mir sogar schwächer vor als andere. Erst allmählich hat sich mir sein verborgener Sinn offenbart, und obwohl es nach wie vor nicht zu meinen zehn oder zwanzig Lieblingsgedichten dieses Dichters gehört, ist seine Botschaft mir klarer geworden und hat viel mehr Gewicht bekommen.

Es ist ein spätes Gedicht Herberts. Der Band, in dem es steht, ist der vorletzte in seiner Bibliographie; danach kommt nur noch *Gewitter Epilog*.

Warum also Rovigo? Das Gedicht erklärt es. Rovigo ist ein

Ort, den der Dichter vom Zug aus gesehen hat (Herbert ist nie Auto gefahren; vor allem durch Italien reiste er ausschließlich mit dem Zug). Und jedes Mal, wenn er nach Süden fuhr, kam er an einer Bahnstation namens Rovigo vorbei. Ähnlich, wenn er nach Norden, nach Venedig unterwegs war, oder auf dem Rückweg, wenn er Richtung Wien oder Warschau fuhr.

Das Gedicht beginnt mit einem Scherz. »Ein Drama von Goethe« – sicher dachte Herbert hier an *Clavigo*, ein Theaterstück, das nichts mit Rovigo verbindet, abgesehen von dem ähnlichen Klang der beiden Namen. *Clavigo*, ein frühes Drama Goethes, greift eine bestimmte Episode im Leben von Beaumarchais auf: Clavigo, ein Literat, hat auf niederträchtige Weise seine Verlobte verlassen, die Schwester des berühmten Dramaturgen; dieser ist nach Spanien gekommen, um die Ehre seiner Schwester zu retten. Warum Byron auftaucht, weiß ich nicht.

Das Gedicht beginnt mit einem Scherz, aber es endet sehr ernsthaft. Ich lese es als eine innere Debatte. Wir fahren schließlich nicht nach Italien, um uns hässliche Häuser anzuschauen, um über einen Menschen nachzudenken, der »gestern gestorben ist« oder auch »hoffnungslos die ganze Nacht gehustet hat« – uns interessieren nur die, die vor fünfhundert Jahren starben. Wir kommen nicht nach Italien, um an die triviale Seite des Lebens erinnert zu werden, nicht, um über Berlusconi nachzudenken, über die endlosen Sorgen der italienischen Regierung oder die Reform des Gesundheitssystems; ähnliche Sorgen haben wir zu Hause. Nach Italien kommen wir ausschließlich der Schönheit wegen. Seiner Helden wegen, die gebildete Menschen schon seit Jahrhunderten bewundern.

Doch in dem Gedicht *Rovigo* erlebt Herbert, der Ästhet, derselbe Herbert, der »damals in der Liebe zu Altichiero lebte« und zu Ferrara, das er liebte, weil es an die »geraubte Stadt« seiner Väter erinnerte (das heißt, er sah in Ferrara eine Ähnlichkeit zu seiner Heimatstadt Lemberg), also jemand, der normalerweise das banale Rovigo, dieses »Meisterwerk der Durchschnittlichkeit«, gar nicht bemerkt hätte, plötzlich eine Verwandlung. Im zweiten Teil des Gedichts ändert dieser kaum Aufmerksamkeit verdienende Ort plötzlich seine Farbe. Ganz wörtlich: Das Gedicht wird rot. Der rote, vom Zug aus gesehene Berg, halbiert wie ein Festtagsschinken, zeigt etwas, das sehr weit entfernt ist von den typischen ästhetischen Genüssen eines Teilnehmers der traditionellen Grand Tour. In dem Gedicht taucht plötzlich ein apokalyptischer Ton auf. Das Rot des Berges ist das Rot der Apokalypse. Der Berg ist zerschnitten; er zeigt eine große, klaffende Wunde – den Steinbruch (ein Steinbruch wie die Marmortheke eines Schlachters). Aber Herbert ist ein diskreter Dichter, ein Dichter des Unausgesprochenen, und so ändert er seine künstlerische Sprache, sein Register nicht, beginnt nicht, in die apokalyptische Trompete zu blasen. Er erwähnt nur am Ende des Gedichts, auf italienisch: *arrivi – partenze.* Und es gibt einen Vers in Versalien – ein seltener Fall in Herberts Lyrik. Die Glocken in Versalien.

Rovigo, die Station, an der es sich nicht auszusteigen lohnt, erinnert uns an das Ende der menschlichen Reise. Rovigo, der Ort, den niemand besichtigen möchte, die Stadt, der wir nicht einmal ein paar Stunden unserer kostbaren Zeit opfern wollen, ein hässlicher Ort (höchstwahrscheinlich – auch ich habe ihn nie besucht), der »den Umweg nicht lohnt«, um es mit der Sprache unseres grünen Michelin zu sagen, ist der Pol der Farblosigkeit, der Ausdruckslosigkeit, und als solcher ist er das Gegenteil des Schönen, das Gegenteil der *bellezza italiana*; aber ganz unverhofft bekommt seine Trivialität für den Reisenden eine metaphysische Dimension. Diese Stadt hätte für den Dichter als existentielles Zeichen jedoch nie zum Tragen kommen können, wäre da nicht die Nähe zu Venedig gewesen, dem allgemein anerkannten Pol des Schönen. Denn man kann sich schlecht ein Gedicht Herberts vorstellen, das – sagen wir – Beuthen (Bytom, eine der hässlichsten Städte des oberschlesischen

Industriegebiets) zum Thema machen würde, da die anderen Städte dieser Region kein ausreichendes Gegengewicht darstellen. Nicht einmal Gleiwitz, in Schlesien wegen der mittelalterlichen Bebauung seiner Innenstadt gerühmt, könnte diese Funktion erfüllen.

Was aber geschieht in diesem Gedicht? Wir haben es hier mit einer Niederlage des Ästheten zu tun. Der Autor von *Rovigo* stellt sich vor, dass die Rufe der Begeisterung und des Enthusiasmus, die ihm Museen und Kirchen bis vor kurzem entlockten, ausbleiben könnten. Nicht nur das Ende der ästhetischen Haltung scheint möglich, sondern auch das Ende jeglicher Haltung, das Ende von allem. *Rovigo* ist ein Gedicht über den Tod.

Ist das die wirkliche Botschaft Venetiens? Ernüchterung als Teil des zwiespältigen Zaubers dieser Region? Erinnern wir uns an den *Tod in Venedig* von Thomas Mann, an das *Ufer der Verlorenen* von Joseph Brodsky (eine Variation auf den Tod in Venedig, doch in diesem Fall stellt sich der Kraft der Zerstörung der Scharfsinn des Dichters entgegen – ein ungleiches Duell). Erinnern wir uns an Hunderte von Romanen und Gedichten mit Venedig in der Hauptrolle. Rovigo ist unter diesem Aspekt wesentlich ärmer. Sehr arm. Arm wie die Enttäuschung. Kläglich wie eine Todesanzeige. »Eine Stadt, in der gestern jemand gestorben, jemand verrückt geworden, jemand die ganze Nacht (...) gehustet hat.«

Und jetzt kommt mir – mit einer persönlicheren Note – eine Erinnerung an das Begräbnis Brodskys auf der Insel San Michele in den Sinn. Es war sein zweites Begräbnis; der Leichnam wurde ein Jahr und fünf Monate nach dem Tod des Dichters von New York nach Venedig überführt.

Am Tag nach dem Begräbnis fuhren wir (meine Frau und ich) nach Vicenza, wo wir in einem kleinen Hotel im Zentrum übernachteten. Wir standen früh auf und gingen in die Stadt, überrascht von der Schönheit dieser Stunde. Es war ein außergewöhnlicher Tag. Ein früher Morgen Ende Juni; der Himmel wolkenlos, dunkelblau, wie in einem utopischen Roman. Schwalben durchschnitten nach allen Richtungen die Luft und stießen die schrillen Schreie aus, die ich so liebe. Vielleicht wissen Sie, dass die Schwalben einer alten Tradition nach das Versprechen der Ewigkeit symbolisieren: Man glaubte nämlich, dass sie in der Erde vergraben überwinterten und im Frühjahr verjüngt wieder herauskämen, in ihren glänzenden, eleganten Gewändern; flink, freudig, intelligent, tanzend, vollkommen.

Und plötzlich wurde Venetien (genauer gesagt, Vicenza) zu einer Linse, aber diesmal nicht zu einer traurigen, nüchternen Linse, durch die der Vorgeschmack der Apokalypse sickert – wie Rovigo in Herberts Gedicht –, nein, diesmal war es eine Linse der Ekstase. Vielleicht war es so, weil ich in Melancholie versunken in Vicenza ankam, in einer Stimmung frischer Trauer (in Gedanken an Joseph Brodsky, seinen brillanten Geist und seinen so frühen Tod, aber auch an Krzysztof Kieślowski, der wie Brodsky im Winter 1996 gestorben war), und dieser Morgen, der wie der erste Morgen seit Beginn der Welt war, vereinigte auf seltsame Weise tiefe Trauer und unbändige Freude in sich. Für die Japaner ist die Trauerfarbe weiß; die blendende Helligkeit dieses Junitages beinhaltete für mich Verzweiflung und Begeisterung zugleich. Nach der Trauer kam ein Gefühl des Glücks, dessen Wurzeln verborgen sind (denn der blaue Himmel und die Schreie der Schwalben erklären nicht alles).

Meine erste Begegnung mit Venetien hatte wesentlich früher stattgefunden. Im Jahre 1975 erhielt ich den Kościelski-Preis, einen literarischen Preis der Emigration für junge Schriftsteller, der immer noch vergeben wird. Es existierte damals ein ungeschriebenes Gesetz, dass die Preisträger das gewonnene Geld für eine Reise nach Italien ausgeben sollten, was für einen jungen *scrittore* aus einem kommunistischen Land, einem Land, das im Prinzip kein Geld besaß, sondern nur etwas, was an die Banknoten aus dem Monopolyspiel erinnerte, eine leicht extravagante Geste war. Das Geld des Preises – man darf sich keine Millionen vorstellen, es war wahrscheinlich so viel wie das Monatsgehalt eines Schweizer Taxifahrers, und zwar eines Anfängers – hätte man vernünftigerweise in Polen ausgeben sollen, zum Beispiel als Teilzahlung beim Kauf einer Wohnung. Doch ich entschied mich leichtsinnig für die Tradition und fuhr nach Italien. Venedig stand auf meiner Liste an erster Stelle, also machte ich dort Station (womit ich viele Schriftsteller aus dem Norden nachahmte).

Es war Ende August; Venedig war von Touristen belagert – Mädchen in Miniröcken (es war die Zeit, in der man Frauenbeine taxierte wie die Objekte einer Auktion), junge und nicht mehr junge Männer in Jeans – überall ballte sich die typische, chaotische Touristenmenge, Menschen, die ihre Büros, ihre Geschichte, ihren Ernst und ihre Sorgen hinter sich gelassen hatten – aber nicht ihr Geschlecht. Venedig war emblematisch und enigmatisch: Im trüben Wasser der Kanäle spiegelten sich Paläste; es schien, als spiegelten sich in ihm alle Gedichte, die über diese Stadt geschrieben worden waren. Im dunklen Wasser schwebten Rilke und Alexander Blok. Chateaubriand ging in der Nähe vorbei. Hofmannsthal betrachtete begeistert die Kirchen, Museen und menschlichen Wesen. Goethe schrieb einen Brief an Frau von Stein (aber nicht an Gertrude Stein). Baron Corvo hatte Hunger und suchte einen Engländer, um mit ihm essen zu gehen. Henry James saß kerzengerade auf einer Bank. Ich begriff damals (oder vielleicht scheint es mir nur jetzt so, viele Jahre später), dass Venedig eine der mythischen Städte ist, die man nicht ergründen, nicht durchdringen kann. Eine dieser in den Dunst des Ruhms gehüllten Städte, in denen Symbole sich über die Wirklichkeit legen, einer der Orte, wo das Wasser der Erinnerung größere Bedeutung hat als ein Tropfen der Gegenwart, als eine heutige Träne. Eine Stadt, in der aktuelle Dramen keine Rolle spielen, nicht zählen, weil die mächtige Bürde der Vergangenheit sie verkleinert und lächerlich macht.

Im Gegensatz zu Rovigo, wo »gestern jemand gestorben,

jemand verrückt geworden« ist, hat hier, in dieser zerfallenden, wunderbaren Stadt, in der Stadt des Todes der Tod sein Gewicht verloren – jedenfalls vorübergehend.

Ich könnte nicht sagen, dass mich Venedig kalt ließe, es interessiert mich sehr, aber ich verstehe nicht so ganz, was mich zu ihm hinzieht. Seine Schönheit – das ist offensichtlich; eine unglaubliche Konzentration von Schönheit, überall Schönheit, ausgefallene Paläste, theatralische *piazze*, freundliche Katzen. Damals lernte ich Venedig lieben, aber das ist nicht alles. Das Fieber dieser Stadt teilte sich mir mit; ich war ungeduldig, versuchte, seine Geheimnisse zu durchdringen. Ich steckte mich mit dem Stendhal-Syndrom an (Stendhal erkrankte daran in Florenz, nicht in Venedig). Unsere Vorfahren dachten, die Erde ruhe auf dem Panzer einer Schildkröte. Venedig wird vom Wasser getragen. Unsere Vorfahren dachten, die Erde sei flach; Venedig ist flach (aber unzählige Türme ragen heraus). Der Backstein in Venedig hat eine warme, angenehme Farbe, aber man kann kaum behaupten, seine Bewohner seien angenehm. Sie sind entweder unsichtbar oder auf pragmatische Funktionen der Tourismusindustrie reduziert, auf das Lächeln für ein Trinkgeld. Venedig (darüber begann ich erst wesentlich später nachzudenken), besitzt keine Basis, keine Grundlage, es hat nicht die griechische *arché;* Wasser kann das wohl nicht leisten. Wasser, launisch wie ein Kind; der Wind, sein allgegenwärtiger Trainer und Lehrer, ist machtlos; er vermag es weder zum Aufruhr zu bewegen noch einzuschläfern. Noch später wurde mir bewusst, dass, könnte ich einen Ort, ein Zuhause in Italien wählen, dieser Ort Rom wäre (verzeih mir, Venetien), Rom, mit dem Reichtum seiner Vergangenheit, aber auch mit einer soliden Grundlage, einer unbeweglichen *arché*, mit der Aurelianischen Mauer.

Als ich die berühmte Villa Rotonda in der Nähe von Vicenza bewunderte, begriff ich, dass Venetien ein Vergrößerungsglas ist: Es erlaubt uns, die verborgenen Verbindungen zwischen Schönheit und Zerstörung wahrzunehmen. In

Venedig schaust du durch das eine Ende dieses seltsamen Fernrohrs, in Rovigo durch das andere. Eine absurde Hypothese?

Wir kennen nicht die Einzelheiten der geheimen Ökonomie, die auf unserem Planeten herrscht. Natürlich wissen wir, warum die Arktis ein kaltes Klima hat und Afrika ein warmes, wir verstehen, mehr oder weniger genau, wie ein Vulkan funktioniert. Aber wissen wir, warum in einigen reichen, ruhigen Ländern die Selbstmordrate so hoch ist? Wissen wir, warum – jedenfalls in einer von uns nicht allzu entfernten Epoche – das heitere Licht von Paris für die Maler so günstig war? Und warum die Lemminge sich in den Ozean stürzen?

Vielleicht hat diese für uns undurchschaubare Ökonomie der Welt dem Veneto eine spezielle Aufgabe zugewiesen: die Rolle eines Vergrößerungsglases für unser Leben. In Vicenza stören die flinken Schwalben die klassische Geometrie des Andrea Palladio. Ich bin sicher, dass auch Rovigo seine – ebenso verrückten – Schwalben besitzt. Wir besuchen Venedig, um aus der Perspektive der Schönheit über das Ende zu meditieren; wir fahren durch Rovigo, und was können wir dort betrachten? Auch ein Ende, eine Grenze, aber diesmal durch das Prisma der Gewöhnlichkeit gesehen – des Alltags einer normalen, banalen Stadt, wo den Menschen genauso viel widerfährt wie in den großartigen Metropolen, das heißt, wo ihnen die zwei wichtigsten und vielleicht einzigen Dinge widerfahren: Sie kommen auf die Welt und sterben. *Arrivi e partenze, partenze e arrivi.*

Wer schreibt, ist vielfältigen Gefahren ausgesetzt. Ihre Liste ist lang, es ist nicht schwer zu erraten, um welche Fallen es hier geht. Ganz besonders unangenehm jedoch sind Bedrohungen intellektueller Natur. Um es sehr verkürzt auszudrücken: Der Schriftsteller kann nicht nicht denken, er kann nicht nicht – in gewissem Maß zumindest – am geistigen Leben seiner Epoche teilnehmen. Er kann, er sollte sich nicht hinter einer kindlichen, absoluten Unschuld verstecken, denn die verwandelt sich in einem bestimmten Moment in

Dummheit. Aber was soll man machen, da es ringsum eine Unmenge Theorien, Glaubensrichtungen und sogar – auch bei uns noch vor relativ kurzer Zeit – Ideologien gibt. Schließlich kann man keine davon vollkommen übernehmen – würde man doch die Freiheit des Denkens verlieren. Das größte Unglück ist – oder war –, eine gerade moderne beziehungsweise herrschende Ideologie zu akzeptieren. Aber wir können einer zumindest teilweisen Kontaminierung nicht entgehen, die Epoche vergiftet uns immer. Sie vergiftet und rettet uns, denn wir können nicht außerhalb der Zeit leben.

Lyrikfestival in Krakau, vor etwa zehn Jahren, Abschlussabend im Teatr Stary. Auf der Bühne etwa sechs, sieben Dichter. Der Theatersaal erfüllt von einer wohlwollenden Menschenmenge. Zum Schluss stehen alle Dichter auf und verbeugen sich vor dem Publikum – nicht so geschickt wie die Schauspieler, sie haben keine Übung und können es nicht so gut. Doch auch die Zuschauer erheben sich von den Plätzen: stehende Ovationen. Die Dichter, glücklich, verbeugen und verbeugen sich. Der Beifall zieht sich hin, er dauert lange, sehr lange, unendlich … Die Dichter sind im siebten Himmel, so ein Glück widerfährt ihnen nicht oft, vielleicht sonst nie. Später erfuhr ich, der Inspizient habe sich über die in Theaterangelegenheiten unerfahrenen Dichter beklagt: Sie standen an der falschen Stelle, zu weit außen, dort, wo der Vorhang hätte fallen sollen, den man deshalb lange Zeit nicht herunterlassen konnte …

Zwei, vielleicht sogar drei Sprachen. Es scheint, wir sprechen und schreiben nicht nur in einer Sprache, es gibt davon mehrere – und ich meine hier nicht ethnisch bedingte Sprachen. Es gibt eine Sprache, die ihren Ursprung im Glanz, im großen Traum hat. Diese Sprache wird heute wenig gebraucht, aber sie existiert weiterhin. Eine zweite Sprache nimmt ihren Anfang in der Verzweiflung. Das ist die naturalistische Sprache der Feststellung, der treffenden

Bemerkung, der scharfsinnigen, kritischen Wahrnehmung, eine Sprache, die kein gutes Haar an der Beschaffenheit unserer Welt lässt und jede Illusion zerstört. Diese zweite Sprache hört man sehr oft. Und schließlich gibt es noch eine dritte Variante: die der Ironie. Diese Sprache benutzen die Schriftsteller und Sprecher, die sich nicht entscheiden können, welche der beiden ersten sie wählen sollen, also greifen sie vorläufig, provisorisch, zur Ironie. Und manchmal bleiben sie bis zum Schluss in ihr verhaftet.

In Chicago. Gestern war ich Gastgeber eines Filmabends; man hatte mich gebeten, einen Film auszusuchen, den ich den Studenten und Professoren unseres *Committees* vorstellen sollte. Zunächst wollte ich den Vorschlag ablehnen, ich gehe selten ins Kino und theoretisiere nicht gerne, nachdem ich einen guten Film gesehen habe (und in diesem Fall ist es üblich, dass nach der Filmaufführung eine Diskussion stattfindet). Doch dann fiel mir ein sehr guter Film ein, den ich mit M. in Paris mehrere Male gesehen hatte – als ich das Datum der Produktion nachschlug, stellte sich heraus, es war vor fünfundzwanzig Jahren. Der Film heißt *Kaos* (ja, nicht *Chaos*, sondern eben *Kaos*) und wurde 1984 von den Brüdern Taviani auf der Grundlage einiger Erzählungen Pirandellos gedreht. Ich war mir nicht sicher, ob mir der Film nach so vielen Jahren noch etwas sagen würde. Aber er übertraf meine Erwartungen. Er ist großartig. In der sizilianischen Landschaft, vor dem Hintergrund der alten Mauern und Barockkirchen, geschehen ernste Dinge. Die Helden dieses zweieinhalb Stunden dauernden Films sind Leute vom Dorf, arme sizilianische Bauern, aber der wirkliche Protagonist ist der unglaublich sensibel gezeichnete Streit zwischen Grausamkeit und Zärtlichkeit. Die erste Szene, der Prolog, ist ein Moment, in dem eine Gruppe von Bauern einen Raben fängt, aber sie lassen ihn wieder frei, nachdem sie ihm ein kleines Glöckchen um den Hals gebunden haben, und dann steigt der Rabe über Sizilien auf, fliegt über die Hügel, über die Ruine eines ionischen Tempels, über die Küste, und wir hören den Klang dieses Glöckchens, und eben in der eigenartigen Zusammenstellung des schwarzen Vogels und der leisen Musik liegt eine der Bedeutungen dieses Films. Es gibt auch einen Epilog, ganz anders im Ton. Hier sind nicht mehr die Bauern die Helden, sondern es ist Pirandello selbst, ein alternder Schriftsteller, müde vom Leben und von der Arbeit, der in die Gegend zurückkehrt, wo er seine Kindheit verbracht hat (Pirandello wurde in Agrigento auf Sizilien geboren) – auf der Suche nach einer Wiedergeburt. Als wollte er den verborgenen Ort finden, der den Schlussstein seines Lebens bildet. Der Film endet mit einer außergewöhnlich schönen Szene: In diesem retrospektiven Bild rutschen Kinder – unter ihnen der junge Pirandello – von einem sandigen Steilhang zum blauen Meer hinunter, scheinen für den Moment, da sie durch den hellen Sand gleiten, von der Schwerkraft befreit und fallen im Glanz des sonnigen Tages ins Meer wie Vögel.

Wir leben in einer Zeit großer Gleichgültigkeit; nur die Terroristen, so will es scheinen, nehmen Ideen noch ernst.

Wieder in Krakau. Ich lese – zum ersten Mal – die Briefe von D. H. Lawrence und bin begeistert. Bisher mochte ich am liebsten seine Lyrik. Aus der Lektüre seiner Romane geht, soweit ich mich erinnere, klar hervor, dass er seine eigene »Ideologie« hatte. Anders in den Briefen: Man spürt, dass er ein Mensch mit einer ganz außergewöhnlichen Ausstrahlung war, das unterstreichen auch die Zeugnisse fast aller Personen, die ihm begegnet sind. Die Briefe bestätigen das und lassen zugleich ahnen, wie schwierig es für Lawrence war, sein Credo zu formulieren. Die Korrespondenz zeigt einen Menschen, der schwach, andererseits aber auch sehr stark ist, extrem sensibel, absolut – manchmal geradezu rücksichtslos – wahrheitsliebend, besessen von der Leidenschaft des Reisens; er konnte in keiner Stadt, in keinem

Land mehr als ein halbes Jahr verbringen, dann wurde er ungeduldig; sogar im Süden Italiens, in Taormina, das er so sehr liebte, hält er es nach einiger Zeit nicht mehr aus und muss wieder weg. Er reist nach Ceylon, und nach ein paar Wochen, nach der ersten Euphorie, kann er auch Ceylon nicht mehr ertragen. Also reist er weiter – immer mit Frieda, der berühmten Frieda an seiner Seite – nach Australien. Hier gefällt es ihm sehr, aber nach kurzer Zeit muss er wieder aufbrechen. Schließlich gelangt er in die Vereinigten Staaten, nach San Francisco, und von dort nach Neu Mexiko, an einen Ort, den er sehr berühmt gemacht hat, nach Taos. Wieder große Begeisterung, aber bald hält er es in Taos nicht mehr aus und fährt weiter nach Mexiko, nach Alt Mexiko, wie er sagt. Diese Ungeduld des Reisenden – und auch des Siedlers, denn Lawrence siedelt sich überall an, wo er hinreist, probiert überall, wie die Existenz des permanent (wenn auch nur kurz) Wohnhaften schmeckt, um nichts in der Welt möchte er Tourist sein – ist auch ein Zeichen und eine treffende Metapher für etwas Tieferes, etwas, das mein Interesse geweckt hat, denn die Ungeduld des Reisenden entspricht der Unruhe des Denkers: Lawrence weiß, dass er grundlegend anders ist, er ahnt, dass er intensiver lebt als andere, dass er nie einfach nur ein Literat sein wird, ein Schriftsteller wie andere, wie all die Autoren, die mit ihrer emsigen Arbeit zufrieden sind, die ihre ein für alle Mal festgelegten Arbeitsstunden an einem massiven Eichenschreibtisch absolvieren und aufmerksam die Notierungen an der unsichtbaren Börse der Literatur verfolgen, über Preise und Rezensionen reden, ihren Neid nicht verbergen, kleine und große Triumphe feiern. Da er vom Schreiben lebt, muss Lawrence zwar oft ans Geld denken, muss ihm in seiner Korrespondenz viel Platz einräumen, aber er ist dennoch anders. Lawrence ist ein Prophet, ein Zeuge, jemand, der eine geistige Erneuerung bewirken kann – oder zumindest ein Träumer, der sich um eine solche Erneuerung bemüht. Lawrence kann sich nicht damit begnügen, Papier zu beschreiben, obwohl er das beschriebene Papier unbedingt braucht, er schickt seine Apostel in die ganze Welt, das heißt, die Bände seiner Arbeit, seine Lyrik, seine Romane, die Reiseprosa und die Essays. Ich kenne Lawrence nicht gut (habe zu wenig von ihm gelesen), aber mir scheint, gerade in den Briefen sieht man, dass dieser Schriftsteller nicht weiß und bis zum Schluss nicht wissen wird, wie seine Prophezeiung aussieht. Er weiß nicht, wie seine Botschaft lauten soll. Er ist ein Prophet, der ständig zögert. In einzelnen Briefen häufen sich die Ratschläge für Freunde, aber aus diesen Ratschlägen geht keine fundierte Botschaft hervor, kein schlüssiges Ganzes. Lawrence weiß nur, dass man nicht leben darf wie seine Zeitgenossen, eingesperrt in den engen Käfig des Erfolgs (oder des Scheiterns), in der Tretmühle der Großstädte des Westens oder der Kleinstädte Mexikos, verurteilt zur unvermeidlichen Heuchelei der gesellschaftlichen Rituale. Hin und wieder betont er die Bedeutung von Erotik und Sex, aber an anderer Stelle bestreitet er vehement, dass sie so wichtig seien. Alle nerven ihn: die Bekannten, die literarische Zeitschriften herausgeben, die ehemaligen Schulkameraden, alte Lieben, andere Schriftsteller, Künstler, aber auch gewöhnliche Bürger, die Politiker findet er lächerlich, das Militär hasst er (die Zeit des Ersten Weltkriegs war die schlimmste für ihn – auch weil er einige Jahre lang nicht reisen konnte und auf sein geliebtes und verhasstes England angewiesen war). Es nervt ihn – so könnte man meinen – alles, was abgeschlossen, definiert, kleingeistig, eigennützig, nützlich, anständig ist. Er sucht das Großzügige, das Edle. Auf seiner Seite hat er oder möchte er haben, was unvollendet ist, aber nicht im religiösen Sinn. Das Leben abzulehnen, das er kennt, fällt ihm nicht schwer. Nichts leichter als das. Eine Geste genügt, das wegzuwischen, was ist, was so mühsam existiert. Aber wie soll man das nennen, was sich ihm in visionären Momenten offenbart, wie soll man das bessere Leben definieren, das ihm manchmal während einsamer Spaziergänge erscheint und später behutsam in seine

Gedichte eingeht, wie soll man diesen anderen Ton nennen, der in Erlebnissen und Träumereien auftaucht, in Augenblicken der Ekstase, und auch das, was wohl in seinen Augen glänzte, was Freunde, Männer und Frauen anzog? Er weiß es selbst nicht. Und auch wir wissen es nicht. Doch wenn wir die – abwechselnd sanften und heftigen – Briefe von Lawrence lesen, verstehen wir seine Sehnsucht nach einem anderen Leben, nach einem reinen und intensiven Leben, obwohl wir vorsichtiger sind als er, weil wir schon so viel falschen Glauben, so viele falsche Prophezeiungen gesehen und erfahren haben. Wir sagen uns: Wir fallen auf niemanden mehr herein. Aber die Sehnsucht nach etwas Besserem hat überlebt, hat alle Enttäuschungen und Niederlagen überdauert. Wenn man nur einen Namen für diese Sehnsucht finden könnte … Man muss es weiter versuchen …

Das Paradox des Surrealismus: In dem interessanten Band der Gespräche mit Jerzy Nowosielski, dem Maler und weisen Menschen, lesen wir das Bekenntnis eines Künstlers, der sagt, wie viel er dem Surrealismus verdanke – er, aber auch das ganze 20. Jahrhundert (diese Gespräche, geführt von dem Kenner der russischen Kultur, Zbigniew Podgórzec, fanden in den achtziger Jahren des vergangenen Jahrhunderts statt). Der Surrealismus war – laut Nowosielski – eine große religiöse Bewegung, die unsere Sensibilität radikal erneuert, uns die Augen geöffnet hat, die uns gelehrt hat, das *sacrum* anderer Glaubensrichtungen zu verstehen, die uns erlaubt hat, orthodoxe Ikonen wahrzunehmen und afrikanische Fetische zu schätzen, die Götter vollkommen anderer Zivilisationen zu verstehen. Wenn das so ist, warum sind dann die Standardprodukte des Surrealismus, in der Lyrik, aber vor allem wohl in der Malerei, so uninteressant und in gewisser Weise pedantisch – immer nur Krawatten, Äpfel, Bügeleisen, Züge, die aus der Wand über dem Kamin gefahren kommen, Schirme … Nachmittagsphantasien eines Notars auf dem Sofa …

Wir reden jetzt gern vom »vergangenen Jahrhundert«, obwohl erst wenige Jahre vergangen sind, seit das letzte Jahrhundert zu Ende ging und das neue begann. Aber das ist ein schlauer Trick – dadurch schiebt sich das entsetzliche 20. Jahrhundert, eines der schlimmsten in der Geschichte des Sonnensystems, von uns weg wie eine Eisscholle, die auf dem Fluss treibt, verwandelt sich in Geschichte, in Bücher, in Filme. Und wir stehen in sicherer Entfernung auf einem neuen Stück Zeit.

Vielleicht hat uns D. H. Lawrence etwas Neues eröffnet, etwas, das wir vorher nicht kannten, oder zwar kannten, aber nicht restlos formulieren konnten – ich habe immer noch mehr seine Korrespondenz und seine Lyrik im Sinn, weniger seine programmatischen Romane. Dieser Prophet, der nicht wusste, mit welchem Inhalt er seine Prophezeiung füllen sollte, aber sein ganzes Leben leidenschaftlich suchte, fand und verwarf, hat uns vielleicht etwas ungemein Wichtiges gezeigt, uns, die wir die Ideologie verworfen haben, die wir keine Utopie mehr wollen, keinen gesellschaftlich verbindlichen Glauben – aber die wir auch den Nihilismus ablehnen, die wir uns vor dem Nichts fürchten, die wir anscheinend auch eine rein skeptische, rein praktische Haltung ablehnen, die sich auf die Planung der kommenden Woche beschränkt, weil schon die Voraussage dessen, was die vor uns liegenden Monate bringen könnten, als Symptom von Pathos gilt. Lawrence hat nie – jedenfalls nicht in seinen Briefen (die ein ungemein wichtiger Teil seines Werkes sind) – einen Namen für seinen Glauben gefunden, hat sich nicht dazu herabgelassen, seinen Wünschen Etiketten aufzukleben, er zeigt vielleicht eine Alternative zu dem scheinbar aussichtslosen Dilemma auf, zu der Wahl zwischen dem Fieber der Ideologie und der wehmütigen Stille der Resignation. Einer Resignation, die wir auch Verzweiflung nennen könnten, wenn es auch eine stille, ruhige, fast idyllische Verzweiflung wäre, wie ein sorgfältig bestellter Garten, bei Sonnenuntergang betrachtet. Lawrence hat seine Leidenschaft nie verloren, er ließ nicht zu, dass der Eifer seiner Suche erkaltete, aber er akzeptierte auch nie einen konkreten »Glauben« oder eine konkrete »Idee«.

Ich meine damit nicht, dass wir das Leben dieses Autors nachahmen könnten oder sollten; es wäre unklug oder sogar grotesk, würden wir uns plötzlich in einen Strudel des Reisens stürzen, wollten wir – wie er – ungeduldig den Globus durchmessen. Nicht darum geht es. Aber wir können etwas von ihm lernen – dass das Verwerfen der Ideologie und der Utopie, dass der Zweifel am Sinn der Erwartungen, die man gemeinsam mit anderen erlebt, keinesfalls zur Apathie führen muss, zur traurigen Weltanschauung von Technikern, die Brücken und Häuser bauen, aber nicht wissen, wozu. Wir können von D. H. Lawrence die Geduld lernen, in uns ständig, permanent die Bereitschaft oder Fähigkeit aufrechtzuerhalten, uns zu einem starken Glauben zu bekennen; ich denke hier nicht an die Religion, die immer privater, immer verborgener wird, ich denke eher an etwas, das oft Menschen verschiedener Temperamente vereint, an eine Kraft, die einst bewirkte, dass eine Menschenmenge zu einer Menschenmenge wurde, dass sie Zusammenhalt und Kohärenz erhielt, wie die Muskeln eines Athleten. Wir können von ihm die Ausdauer lernen, die große Hartnäckigkeit, im Zustand ständiger Bereitschaft zum Enthusiasmus zu verharren wie auch zur Ablehnung dessen, was lediglich Routine ist, triviale Alltäglichkeit, Pragmatismus, die Langeweile einer korrekten Existenz.

Kennen wir doch auch Denker, die in ihrer Jugend in großer politischer Leidenschaft entbrannt waren und sich später, als ihnen die Schuppen von den Augen fielen, in Spötter oder extreme Skeptiker verwandelten.

D. H. Lawrence hat uns in seiner Korrespondenz – manchmal geht es darin nur um Geld, um komplizierte, aber letzten Endes triviale Verlagsangelegenheiten, aber es gibt auch ungewöhnlich schöne Briefe, Meisterwerke der Poesie –

eine Möglichkeit aufgezeigt; wir müssen nicht auf die Utopie verzichten, wenn wir uns eine entsprechende Zurückhaltung bewahren und nicht scharf darauf sind, sie zu benennen …

Über Prousts großen Roman, der damals, in den zwanziger Jahren, die Leser in Europa und der ganzen Welt für sich gewann (er überflügelte zum Beispiel Rilke), äußerte D. H. Lawrence sich in einem Brief abfällig und bezeichnete ihn als schmalzig. Ich habe jetzt noch einmal im letzten Band gelesen, in »Die wiedergefundene Zeit«, die außergewöhnliche Szene, als der Erzähler, der in der Bibliothek bei den Guermantes auf eine Pause des Konzerts wartet, eine Bilanz seines geistigen Lebens zieht – und das geschieht gleich nach einer Serie kleiner, aber wunderbarer Entdeckungen, angefangen bei den berühmten »ungleichen Platten« auf dem Anwesen des Schlosses, die in Marcel unverhofft eine enorme Energie der Vorstellungskraft freisetzen. Die Entdeckungen des Proust'schen Erzählers sind inzwischen leider in die Lehrbücher und literarischen Nachschlagewerke eingegangen; überall wird auf den Mechanismus der Assoziation hingewiesen – am Beispiel des berühmten Gebäcks, der *madeleine*. Man reduziert diese wundersamen Dinge auf den wenig interessanten psychologischen Aspekt: auf Reiz und Reaktion, wie in der langweiligsten Assoziationspsychologie eines Wilhelm Wundt oder eines anderen vergessenen bärtigen Professors. Dabei ist das bei Proust so viel mehr. Es ist vor allem die Freude, etwas Magisches, etwas Wunderbares zu berühren, eine Freude, die wesentlich weiter führt als alle Bemühungen der Assoziationspsychologie.

Einmal waren wir mit dem Nachtzug auf der Rückreise von Florenz, nach einer ganzen Woche von Besichtigungen, Begeisterung und Momenten der Müdigkeit. Wir fuhren mit dem Schlafwagen, und morgens, als es schon hell war, aber Paris noch fern – vor dem Fenster zogen schnell die flachen grünen Felder der französischen Provinz vorbei –, begannen wir uns mit unseren Mitreisenden zu unterhalten, die wie wir aus einem unvollkommenen Schlaf aufgewacht waren. Es waren zwei Freunde, Franzosen; wie sich herausstellte, beide junge Sänger, Countertenöre. Daran war nichts Sensationelles, aber es kommt auch nicht jeden Tag vor, dass man sich zusammen mit zwei Countertenören in einem Schlafwagenabteil befindet. An die Einzelheiten des Gesprächs kann ich mich nicht erinnern, aber ich weiß noch, wir waren neugierig auf diese kleine Welt, die Welt der Countertenöre, die nach langer Zeit des Vergessens anscheinend wieder in Mode gekommen sind – plötzlich waren sie wieder begehrt beim Publikum, und die Zahl der jungen Sänger, die sich dazu berufen fühlten, nahm wieder zu. Wir erfuhren damals also nichts Außergewöhnliches, aber wir entdeckten ein weiteres Feld des menschlichen Ehrgeizes. Die beiden jungen Männer erzählten uns von Wettbewerben, von der Konkurrenz, von Konzerten, die auf sie warteten. Sie sprachen darüber, als wären das alles ganz selbstverständliche Dinge und nicht ein sehr kleiner Ausschnitt der Wirklichkeit. Ich weiß noch, wir wollten sogar zu einem der von ihnen erwähnten Konzerte gehen, wie das so ist im Eifer einer frischen Bekanntschaft; doch wie immer ließ der Eifer nach einigen Tagen nach. Schließlich gingen wir nicht zu dem Konzert und verloren vollkommen den Kontakt zu den beiden Sängern. In Erinnerung geblieben ist mir nur der Morgen in dem dahinjagenden Zug, als wir noch zahlreiche Bilder aus Florenz im Kopf hatten, Bilder, die wir in Museen gesehen hatten (Statuen, vor allem in Bargello, den *David* von Donatello), aber auch einfach von Straßen, Brücken, Restaurants. Und die beiden sympathischen Countertenöre, die von ihren Problemen erzählten, von anderen Countertenören, von denen sie manche mochten und andere hassten.

27. Januar. Starker Frost. Schnee. Der Winter zeigt jetzt alle seine vulgären, leicht vorherzusehenden Tricks; das Leben

der Stadt ist verlangsamt, die Fußgänger waten in überflüssigen Schneewehen. Auch das geistige Leben ist verlangsamt. Der Winter ist ein provinzieller Zauberkünstler, der im Grunde nur ein Stück beherrscht: die Verwandlung von Wasser in Eis und Schnee – und umgekehrt, aus dem Schnee wird dann schmutziges Wasser. Seit einiger Zeit – seit mir bewusst geworden ist, wie mächtig die Symbole sind, die diesem Datum innewohnen – weckt dieser Tag, in dem sich zwei Dimensionen unserer historischen Zeit konzentrieren, mein Interesse. Der 27. Januar ist der Jahrestag der Befreiung von Auschwitz, also ein Tag des Gedenkens an den Holocaust, aber es ist auch Mozarts Geburtstag. Von einem Versehen kann keine Rede sein. Auch von Zufall nicht. Wolfgang Amadeus Mozart wurde am 27. Januar 1756 in Salzburg geboren, so hat es sich gefügt, und am 27. Januar 1945 erreichten die Russen das Konzentrationslager Auschwitz. Soldaten der 60. Armee der Ersten Ukrainischen Front »öffneten«, wie es in der Pressemitteilung hieß, »die Tore des KZ Auschwitz«, in dem sich nur noch 7000 Gefangene befanden. Die Formel »öffneten die Tore« gefällt mir besser als das Wort Befreiung: Befreiung suggeriert einen energischen Akt, die Begegnung zweier Energien, doch hier, hinter dem Stacheldraht, fand man nur noch extrem erschöpfte, kranke, sterbende Menschen. Vorher hatten, wie man weiß, SS-Leute über 50000 Gefangene aus dem Lager geführt und damit den Großteil von ihnen zum Tode durch Erschöpfung verurteilt. Man spricht deshalb von einem Todesmarsch. Unter diesen Gefangenen, die sich über die verschneiten Wege Schlesiens schleppten (von einem Marsch kann eigentlich kaum die Rede sein, es war eher ein Sich-zu-Tode-Schleppen), befand sich auch der schüchterne italienische Chemiker Primo Levi, der diesen Marsch beziehungsweise diese Schlepperei überlebte, obwohl er ein sensibler Mensch und kein Athlet war; er überlebte und schrieb später seine hervorragenden Bücher. Es gibt wohl kaum ein vieldeutigeres, zwiespältigeres Datum, das den Charakter der Wirklichkeit, in der uns zu leben bestimmt ist, besser ausdrücken könnte.

Jedes Jahr am 27. Januar treffen sich auf dem Gelände des ehemaligen Lagers Auschwitz warm angezogene Politiker, in dicke Pelze gehüllte Fernsehjournalisten und ein stetig kleiner werdendes Grüppchen alter Menschen – Überlebende des Holocaust. Wenn es ein runder Jahrestag ist, kommen die politischen Führer verschiedener Länder, und es gibt wesentlich mehr Fernsehkameras. An einem bescheideneren Jahrestag schrumpft die Liste der großen politischen Namen, die Journalisten haben andere Themen, die berühmten Reporter fahren anderswohin. Mit Mozart ist es ganz ähnlich. An normalen Jahrestagen sinkt die Anzahl der Artikel über den großen Komponisten gewaltig, und das Fernsehen vergisst ihn oder widmet ihm nur einen kurzen Beitrag. Wenn dagegen ein bedeutender Jahrestag naht, ist Mozart wieder das Genie, das wir lieben. Aber ich sollte darüber nicht scherzen, der 27. Januar ist ein überaus ernster Tag, der uns jedes Jahr die wesentliche Frage stellt: Wie ist es möglich, dass wir uns so gut an das Grauen von Auschwitz erinnern, ja, nicht nur erinnern, sondern es zu einem Teil unserer Weltanschauung machen, zu einer Art, über die Wirklichkeit zu reflektieren, in dem Maße, dass wir – wie die Philosophen oder Theologen sagen – bereit sind, die Geschichte der Menschheit in zwei Abschnitte zu teilen, vor und nach Auschwitz, und dass wir am selben Tag die Zeit und die mentale Ruhe finden, um Mozarts wunderbare Musik zu genießen.

In dieser Musik verflechten sich fast unterhaltsame, humoristische, heitere Rokoko-Elemente voller Elan und Phantasie bisweilen mit zutiefst tragischen Elementen, wie zum Beispiel, um nur einige Werke zu nennen, in dem düster-dramatischen Finale des *Don Giovanni* oder in dem unglaublichen schönen *Requiem*. Ich kann hier keine Liste – nicht einmal eine ganz subjektive – der Werke Mozarts präsentieren, dazu ist hier nicht der Ort, darum geht es im übrigen auch nicht. Vor relativ kurzer Zeit entdeckte ich das Andantino aus dem recht frühen Klavierkonzert Nr. 9 (K. 271), gespielt von Murray Perahia. Seit langem fasziniert mich die Klaviersonate Nr. 8 (K. 310), im Frühjahr 1778 in Paris geschrieben, als Mozarts Mutter erkrankte und starb, eine Sonate, die im *Andante cantabile con espressione* melancholisch ist, sich aber unerhört keck und fröhlich zu einer Art Marsch der Inspirierten hin öffnet (wollte man sich einen Marsch der Inspirierten vorstellen – was im übrigen psychologisch unmöglich ist, da Inspirierte nicht marschieren, sondern allenfalls laufen, aber bestimmt nicht in geordneten militärischen Kolonnen gehen –, dann wäre das eben das *Allegro maestoso* aus der Sonate Nr. 8). Ich höre sie in der Interpretation des rumänischen Pianisten Dinu Lipatti, es ist die berühmte Aufnahme seines letzten Konzerts in Besançon, Lipatti war damals schon sehr krank und dem Tode nah. Aber im *Requiem*, und vor allem in dem Teil, der den Namen *Lacrimosa* trägt, sind Schönheit und Trauer dieser Musik kaum zu ertragen. Im *Lacrimosa* scheint die ganze Welt zu weinen (in rührseligen Augenblicken denken wir: So wird die Welt um uns weinen, aber wir irren uns natürlich gewaltig). Im *Lacrimosa* schluchzt die ganze Welt, aber es ist kein sentimentales Schluchzen. Mozart ist ein tragischer, ein großer Komponist, einer der im Grunde nicht sehr zahlreichen Künstler, bei denen wir uns nicht scheuen, das heute so schlecht angesehene Wort Schönheit zu gebrauchen.

Wenn wir dagegen über Auschwitz reden oder auch nur daran denken, vergessen wir die Musik vollkommen, wir sind plötzlich in einem anderen Register, in einem Schwarzweißfilm. Unter uns befinden sich zahlreiche Spezialisten des Holocaust, Historiker, Schriftsteller, *survivors* und Nicht-*survivors*, Filmemacher, Journalisten, Aktivisten und Archivare. Vielleicht täusche ich mich, aber ich habe den Eindruck, dass Mozart für viele von ihnen ein leeres Wort ist, ähnlich wie das Wort Schönheit. Im Prinzip ist es so: »Auschwitz« und »Schönheit« sind Termine, die nicht zusammenfallen sollten. Es gibt auch Gelehrte unter uns, die sich auf das Studium Mozarts spezialisiert haben, Professoren, die alles über die Musik des 18. Jahrhunderts wissen, die jene Sprache der Formen verstehen, wie sie die Musik des 18. Jahrhunderts geschaffen hat. Und sicherlich wollen manche von ihnen nicht allzu viel über Auschwitz nachdenken; schließlich ist ihr Gebiet – würden sie vermutlich sagen – wesentlich interessanter. Sie lassen Menschen mit gepuderten Perücken auferstehen, Höflinge in reich verbrämten Seidenkleidern, sie lassen Mozarts unerhörte Geschichte wieder aufleben, seine letzten Jahre zum Beispiel, als das Wiener Publikum sich von seiner Musik abwandte, als er erkrankte und das *Requiem* komponierte, das er, wie wir wissen, nicht vollenden konnte (wie soll man auch ein für sich selbst geschriebenes Requiem vollenden). Wie ist das also, da Auschwitz einen Schlusspunkt in der Menschheitsgeschichte darstellt, da es ein bestimmtes Kapitel abgeschlossen, uns von den Schichten der Sensibilität abgeschnitten hat – vielleicht sollten wir an diesem Tag überhaupt nicht den Geburtstag eines Komponisten begehen, und schon gar nicht den Geburtstag Mozarts, mit seinem Rokoko, mit seiner unglaublichen Grazie. Doch andererseits wollen sich diese Schichten nicht ergeben, sie haben nicht die Absicht zu verschwinden, sie wollen sich nicht zusammenrollen wie ein ins Feuer geworfenes Blatt Papier. Am 27. Januar wurde Mozart geboren. Am 27. Januar erreichten die Russen das KZ Auschwitz. Und jetzt leben wir, im Januar, aber auch im Mai und Juni, im September und im November; wir leben, wir sind mit Gedächtnis und Sensibilität begabt, mit Vorstellungskraft; wir erinnern uns sowohl an Mozart als auch an Auschwitz.

Wir leben, wir hören Musik, und manchmal (denn nicht immer) sind wir imstande, uns wirklich zu konzentrieren, uns hinreichend zu öffnen, dann erfahren wir sie tief und schmerzhaft, erfahren ihre Schönheit, in der sich Freude und Verzweiflung verbinden und auch eine sehr selten erscheinende, aber dennoch reale Ahnung, die Ahnung von etwas, das uns vollkommen übersteigt, das einer höheren Ordnung angehört, das wir göttlich nennen würden, wenn wir uns dieses Wortes nicht schämten. Und wir vergessen Auschwitz nicht, das Erlebnis der Musik entfernt uns nicht von dem Grauen, bisweilen können wir sogar in derselben Sekunde Begeisterung empfinden und uns an das Grauen erinnern; aber danach, wenn die Wirkung des Erlebnisses abkühlt und wir versuchen, es in die Gesamtheit unseres Weltverständnisses zu integrieren, kommen wir zu dem Schluss, dass diejenigen, die behaupten, Auschwitz habe ein für alle Mal etwas beendet, habe das Tor zu bestimmten Regionen zugeschlagen, sich täuschen, nicht wissen, was sie sagen oder vielleicht – von edlen Motiven geleitet – in rhetorische Übertreibung verfallen, da sie zurecht das gigantische Ausmaß und die Drastik dieses Verbrechens betonen wollen. Die Welt nach Auschwitz wird für immer eine andere sein, nach Auschwitz und nach all den Verbrechen, die damit einhergehen. Die Welt ist zerbrochen und wieder zusammengeklebt wie eine Vase aus chinesischem Porzellan. Und dennoch wurde an einem 27. Januar in Salzburg Mozart geboren, und seine Musik lebt, sie singt in den großen Pianisten, Dirigenten, Cellisten oder Geigern, die sie betreten, wie man im Juli oder August einen Fluss betritt, und vollkommen in sie eintauchen, aber sie lebt auch in uns Dilettanten, die wir keine einzige Note spielen können, die wir aber – zumindest bisweilen – bewirken können, dass diese Musik eine Zeitlang in uns lebt, wir gewähren ihr Zuflucht, halten sie für eine Weile auf, schenken ihr unsere Gastfreundschaft – wobei sich bald herausstellt, dass es umgekehrt ist, dass sie uns aufgenommen hat, und plötzlich ist alles anders, die Musik ist unser Gastgeber, und wir sind nur die Gäste. Diese Schichten, Zweige, Bereiche abzuschneiden, zu erklären, es gebe, es könne keine Schönheit mehr geben, ist so, als würde man verkünden, nicht direkt, sondern durch Induktion, durch einen wenig aristotelischen Syllogismus, dass die anderen gewonnen hätten, die anderen, das heißt die finsteren Organisatoren der Todeslager, der KZ, Hitler; es würde bedeuten, dass die Nazis gewonnen hätten, dass es ihnen gelungen wäre, unsere Menschlichkeit zu verkleinern, dass sie bewirkt hätten, dass wir nur an sie denken können, dass wir es mit der Pflicht zur Erinnerung übertreiben. Deshalb glaube ich, dass der 27. Januar, der zwei Daten enthält, ein Tag ist, der uns viel zu denken gibt, dass er die Bestandteile dessen enthält, was uns ausmacht, das Niedrigste und das Höchste, und deshalb ist unser Winterkalender durchaus nicht so zufällig, so aleatorisch, wie er einem Beobachter von einem anderen Planeten – oder einem anderen Kontinent – erscheinen mag. Der Winterkalender ist streng, anspruchsvoll, aber er weiß, was er tut, wenn er uns zwingt, uns zu überlegen, wer wir sind und warum wir in der Zwiespältigkeit leben müssen, in der schwierigen, unmöglichen Zwiespältigkeit.

Denn alles teilt sich auf in kurze Momente der Gewissheit und nicht enden wollende Ebenen der Dauer, in Gedichte und Romane, in Préludes und Symphonien, in Lachen und Weinen, seit langem suchen wir einen Theoretiker, der uns mit dem Lächeln eines vollendeten Zauberkünstlers erklären könnte, wie wir zwischen diesen Mächten leben sollten, wie und wo wir uns verstecken könnten, oder umgekehrt – wo und wie wir aus der Reihe heraustreten und mutig das Wort ergreifen könnten.

Ein Augenblick voller Glück, der Augenblick eines großen Versprechens, der Moment der Erleuchtung, des Gedichts, des Glaubens, und dazwischen der langsame Strom der Erzählung, die Abfolge von Tagen und Nächten, von arbeitsamen und trägen Tagen, von Tagen, die dunkel sind oder erhellt von der Erwartung des nächsten Wortes, das die Welt spricht, und Nächten, in denen sonderbare, leidenschaftliche Träume blühen, die wir nicht begreifen. So leben wir, zerrissen zwischen kurzen Sinnexplosionen und der geduldigen Wanderung durch die Ebenen gewöhnlicher

Tage. Werden diese zwei Teile des Lebens einmal zusammenwachsen? Darüber habe ich immer gern nachgedacht. Ich dachte gern an die Menschen, die in der Pariser Metro Bücher lesen, schließlich befinden sie sich unter der Erde, im tiefen Schatten, im künstlichen Licht der Neonlampen, wenn vor dem Fenster die mit Schildern bedeckten stummen Wände der Gänge und Tunnels vorbeiziehen. Ich fuhr gern mit der Pariser Metro in den Stunden, da der leidenschaftliche Lärm des Morgenverkehrs nachließ und die ebenso leidenschaftliche Rückkehr der Menschen von der Arbeit noch nicht eingesetzt hatte, Flut und Ebbe dieses statistischen Ozeans, deren Umfang und Zeitpunkt genau vorauszusehen war, ähnlich wie man die Bewegung des Meeres voraussieht.

Auch hoch über uns, in den Flugzeugen, liest man Bücher – meistens solche mit glänzenden Umschlägen, die kein Geheimnis haben und auf einfachen Prämissen sowie dem ehrlichen Wunsch nach einem ordentlichen Honorar beruhen, aber es kann ja auch vorkommen, dass jemand dort oben in den Lüften ein sufistisches Poem oder Dante studiert und eine Erleuchtung erfährt. Und wenn er durch das kleine Fenster schaut, sieht er keine schwarzen Wände wie im Labyrinth der Metro, sondern das blendende Weiß der Wolken, eine herrliche, immer von der Sonne erhellte Landschaft, und unten die Fäden der Flüsse, zitternd wie die Thermometer der Kindheit, die Autobahnstreifen, über die wie nervöse Insekten Autos eilen, die gelben Strandstreifen am Meer, die dunklen Bänder der Wälder, manchmal hohe, schneebedeckte Berge, zutiefst unbewegt, in sich selbst versunken, autistisch, und auch Städte, die verschiedene Sprachen sprechen, nur ungern einschlafen und selbst um Mitternacht in unruhigem Neonlicht leuchten. Unter der Erde und über der Erde, in U-Bahn-Waggons und in Flugzeugen, immer liest jemand ein Buch.

Die Konservativen verdammen unsere Zeit, nennen sie seelenlos, tot, aber sie vergessen die Menschen, die in Flugzeugen oder in der Pariser Metro Dante oder Miłosz lesen. Die Konservativen loben die vergangenen Jahrhunderte, lieben das ritterliche Europa, die gotischen Kathedralen und die stillen, langen Schiffe der romanischen Kirchen, in denen das Flüstern der Mönche erhalten ist. Die Konservativen irren sich nicht in ihrer Liebe zu den alten Kirchen, aber sie irren sich, wenn sie unsere Zeit verdammen; sie wollen nicht sehen, dass alles weiterhin existiert, das Niederträchtige und das Herrliche. Die Proportionen und die Namen ändern sich, die Schatten vergrößern oder verkleinern sich, aber beide bestehen fort, und sie fordern außergewöhnliche Wachsamkeit von uns: Jede Generation muss sie von neuem erkennen, trennen, erleben und schließlich an ihnen zugrunde gehen, denn zuerst erwecken sie uns zum Leben, und dann töten sie uns – weil unter ihnen, unter den großen und herrlichen, den erbärmlichen und düsteren Dingen, sich auch ihr unzertrennlicher Gefährte, die Zeit, befindet. Die Zeit geht dicht neben ihnen; so wie früher, in kommunistischen Zeiten, den Delegationen von Künstlern oder Wissenschaftlern eine schweigende Person zugewiesen war, die eine Behörde repräsentierte, über die nur geflüstert wurde. Es geht hier nicht um eine Theorie, um einen Streit zwischen Professoren, sondern um die Quellen unseres Lebens und um unsere Mörder. Das ist ein schwieriges Gespräch, niemand behauptet, dass man hier mit einfachen Wahrnehmungen und Feststellungen weiterkommt. Die Konservativen legen das alte, silberne Maß an die neue Zeit. Sie gehen mit einem vornehmen Stock durch die Stadt, der einen silbernen Knauf in Form eines Delfinkopfs trägt. Ich verstehe sie gut, denn auch bei mir gibt es konservative Tage und Wochen, man kann sich angesichts der permanenten, unverschämten Invasion der Zeit, die sich bisweilen benimmt wie Dschingis Khan, kaum dagegen wehren; aber in der Regel erwache ich aus diesem konservativen Schlummer, um wieder den nicht enden wollenden, leidenschaftlichen Kampf zwischen dem Niederträchtigen und dem Erhabenen, zwischen Langeweile und Inspiration zu betrachten. Einen Kampf, an dem ich auch selbst beteiligt bin, auch wenn ich mir dessen nicht immer bewusst bin. Einen geduldigen Kampf, einen Krieg, den kein Waffenstillstand beendet.

In Berlin, wo die Metro den germanischen, ein wenig dunklen Namen U-Bahn trägt, verwandt mit dem Wort U-Boot und Assoziationen mit dem Wörtchen »ur«, also archaisch, alt, weckend, ist mir etwas anderes aufgefallen. (Ich lebte zwei Jahre in Berlin und konnte gewissermaßen die Anthropologie dieser Stadt erforschen; gewissermaßen nur – denn man sollte, was Feldforschungen betrifft, introvertierten Menschen nicht zu sehr trauen.) Der schönste Augenblick in Berlin war immer der Augenblick absoluter Stille und Aufmerksamkeit, wenn aus den Lautsprechern der U-Bahn die Stimme des Stationsvorstehers ertönte: »*Zurückbleiben*«, und zwar ohne das abmildernde Wörtchen »bitte«, nein, es klang fast wie ein Militärkommando. »*Zurückbleiben!*« Dieser Moment erfüllte mich immer mit Begeisterung: Stille trat ein (die Berliner sind diszipliniert und versuchen danach nicht mehr, die Türen der Waggons zu stürmen, anders als die Pariser), und erst nach zwei, drei Sekunden knallten die Türen zu, und die Bahn fuhr los. Sie fuhr los, und das Leben ging normal weiter, die Passagiere setzten sich, griffen nach einer Zeitung oder einem Buch, das regelmäßige Rattern der Räder ertönte, die in gleichmäßigen Abständen an den Tunnelwänden angebrachten Lampen huschten vorbei, jemand telefonierte, jemand weinte vielleicht ein bisschen, ein Liebespaar stritt sich, ein Kind schrie, jemand wickelte ein dickes Brötchen mit Thunfisch aus. Aber zu Anfang diese zwei, drei Sekunden Stille! Zwei, drei Sekunden, in denen nichts geschah, ein Augenblick des Ruhens. Die Schönheit dieses Schweigens! Dieser Pause, in der nichts geschah. Absolut nichts. Das »*Zurückbleiben*«, an jeder Station durch eine andere Kehle gesprochen, hier von einer Frau, da von einem Mann, mit kleinen Unterschieden im

Akzent, war eine Zauberdroge. Nach dem »*Zurückbleiben*« erstarrte alles, die Weltgeschichte hielt für einen Augenblick an.

Wir wissen, dass Deutschland früher hervorragende Mystiker hatte, im Rheinland, in Schlesien, wir wissen auch, dass es jetzt keine mehr hat, aber etwas muss ja von ihnen geblieben sein, sie können nicht spurlos verschwunden sein; natürlich – sie konnten oder mussten sogar von der Erdoberfläche verschwinden, aber auf ihre träge, sanfte, passive Art existierten sie weiter innen immer noch, unter der Erde, in den Gängen der U-Bahn. Diese zwei, drei oder auch vier Sekunden nach dem »*Zurückbleiben*« waren wertvolle Zeit, eine Unterbrechung, ein Moment der *Gelassenheit*, das Erbe von Meister Eckhart oder Jakob Böhme. Ein Moment der Leere, ein regloser Augenblick. Die Welt erstarrte für ein paar Sekunden. Das wäre in Paris nicht möglich gewesen, in der Stadt der Aufklärung. In Paris gibt es so etwas nicht, kann es gar nicht geben; in Paris ertönt nur ein lakonisches Signal, eine Art Pfeifen, eine kurze Sirene, die Türen schlagen zu, und die blau-weiße Metro verschwindet im Dunkel; auf einigen Linien gleitet sie dahin wie eine Vorkriegslimousine mit Luxusreifen, auf anderen wie ein gewöhnliches Motorrad. In Paris gab es kein »*Zurückbleiben*«. »*Zurückbleiben*« bedeutet »bitte nicht mehr einsteigen«, »bitte zurücktreten« (wenn auch, wie schon gesagt, ohne »bitte«), so jedenfalls die Intention, und sicher waren sich die gutmütigen Angestellten der Berliner U-Bahn, diese gewissenhaften, pünktlichen unterirdischen Bahnbeamten, nicht im Klaren darüber, dass sie an einem Ritual teilnahmen, das sie überstieg, dass man ihnen eine magische Formel von kolossaler Bedeutung in den Mund gelegt hatte. Manchmal war es überhaupt nicht nötig, dieses Wort auszusprechen, es hatte keinerlei pragmatischen Sinn: abends oder in der Nacht, wenn die Bahnsteige so gut wie leer waren, wenn man also niemanden dazu auffordern musste, von den Waggons zurückzutreten; aber auch dann ertönte das Wort. Selbst wenn buchstäblich keine

Menschenseele auf dem Bahnsteig war. Und so wird es immer sein, so wird es bleiben. Das »*Zurückbleiben*« wird immer ertönen; selbst wenn es keine Fahrgäste, keinen Fahrer und keinen Stationsvorsteher mehr gibt, wird dieses magische Wort erklingen und Stille eintreten.

In der Berliner U-Bahn gefiel mir auch der Geruch, der sich übrigens immer noch dort hält, bis heute. Später lernte ich andere U-Bahnen kennen, in London, Barcelona, Rom und anderen Metropolen, aber nirgends fand ich diesen nüchternen Berliner Geruch wieder – ein Geruch wie nach Braunkohle. Es liegt etwas Mineralogisches in dem Geruch der Berliner U-Bahn, etwas aus den Schriften von Novalis. Die Pariser Metro ist in gewisser Weise sicher schöner, eleganter, und nur in einigen Stationen – zum Beispiel in St. Michel, das tief unter der Erde liegt – riecht es nach verbranntem Papier, und gerade hier erscheint hin und wieder auf den Gleisen eine Ratte mit kurzem Soldatenfell, die wie ein römischer Legionär nach leichter Beute giert; aber nur in der Berliner U-Bahn empfängt uns etwas Strenges, Rauhes: Als könnte man hier die geologischen Schichten aus germanischer Zeit riechen, die während des U-Bahn-Baus freigelegt wurden. Kaum jemand schien diese unterirdische Welt zu genießen – für die meisten war sie einfach ein wichtiger Teil der städtischen Verkehrsmittel, kein Gebiet rätselhafter Investigation; die Leute fielen hier ein, als würde es brennen, wurden ungeduldig, wenn die gelben Waggons nicht kamen, sie bemerkten nicht, dass sie an einem ehrwürdigen, ungewöhnlichen Ort waren, der einen Augenblick Konzentration und Reflexion verlangte.

Die U-Bahn mit ihrem »*Zurückbleiben*« und ihrer Mineralogie zog mich an, aber auch die zahlreichen Kanäle, die durch die Stadt liefen, faszinierten mich. Im Frühling und im Sommer waren dies feierliche Orte; riesige Bäume genossen die samtene Luft, ihre Blätter atmeten ruhig, und die zwischen den dicken Ästen verborgenen Vögel führten ein gemächliches, ganz und gar bürgerliches Familienleben.

Wer weiß, ob Berlin nicht Europas Hauptstadt der Amseln ist. Sie singen auch in anderen Großstädten, aber in Berlin haben sie die besten Bedingungen. Die Amseln sind unpolitisch, aber sie profitierten von der langjährigen Teilung der Stadt, einer Teilung, die zur Entstehung vieler herrenloser Zonen führte, die rasch von Sträuchern, Gestrüpp und Schlingpflanzen erobert wurden. Die Berliner Kanäle sind wie die Berliner Metro; es ist die gleiche Geschichte, sie haben nicht die Eleganz der französischen Kanäle, die – wenngleich schon vor einigen hundert Jahren erbaut –, wie geschaffen schienen für die Impressionisten mit ihren leichten, heiteren Pinseln, mit ihrer farbigen Phantasie. Der Kanal Saint-Martin zum Beispiel, mitten in Paris, lyrisch, zart, könnte aus einem Gedicht von Jacques Prévert stammen: grün wie ein junger Chardonnais mit vollem, aber nicht allzu ausgeprägtem Bukett, mit Himbeerpalette und leicht säuerlicher Fuge. Oh nein, die Kanäle in Berlin waren anders – gotisch, schwarz, unbewegt. Es schien sogar, als wären sie leicht verärgert, als erinnerten sie sich an etwas.

Zofia Nałkowska schreibt in den *Medaillons*, die Wirklichkeit sei uns nie als Ganzes gegeben, sie dringe nur in »Bruchteilen von Ereignissen« zu uns, nur deshalb seien wir imstande, historische Katastrophen zu ertragen. Aber ich glaube nicht, dass sie recht hat; mir scheint, es ist umgekehrt: Wir können großes Unglück, Zeiten des Terrors nur ertragen, weil die Wirklichkeit uns im Übermaß gegeben ist. Gewiss, der Tyrann schläft nicht, aber gleichzeitig singt irgendwo ein Vogel, man hört eine Straßenbahn klingeln, es beginnt zu regnen, der Nachbar fragt, ob ich ihm ein bisschen Zucker borgen kann, ich höre mein Herz schlagen, und die Sterne leuchten in der Nacht wie sie immer geleuchtet haben. In einem Vorort spielt jemand Karten, im Gras steht eine Flasche Selbstgebrannter (Samogon), grüne Tomaten wärmen sich in der Sonne (das ist die Landschaft der Kriegsgedichte von Miłosz). Das wussten die alten Meister genau (und auch ihr gelehriger Schüler, W.H.Auden, in dem berühmten Gedicht *Musée des Beaux Arts*): Brueghels Ikarus fällt ins Meer, gleich wird er im Wasser verschwinden, und zugleich schreitet der tüchtige Pflüger, wohlbekleidet, das schöne Wetter nutzend vorwärts, und sein Pflug schneidet überaus präzise geometrische Rillen in die schwarze Erde. Der Schafhirte blickt nach oben, aber in die andere Richtung, nicht dorthin, woher der arme Ikarus kommt. Ein anderes Bild von Brueghel (offensichtlich dachte dieser philosophisch veranlagte Künstler gern darüber nach, wie sich das verhält: Wie grauenvolle Ereignisse mit vollkommen unschuldigen, alltäglichen einhergehen), *Der Weg zum Kalvarienberg*, ist ebenso didaktisch und will uns sagen: Kaum jemand bemerkt, wie Christus zu seiner Hinrichtung getrieben wird. Die fröhliche Menge ist mit tausend anderen Dingen beschäftigt; die Atmosphäre erinnert eher an ein gelungenes Picknick im Mai, wer würde da auf die unter der Last des Kreuzes gebeugte Gestalt des jungen bärtigen Juden achten, der sich bestimmt mit der Polizei angelegt hat. Eine hervorragende Darstellung der Gleichgültigkeit der Welt ist auch die *Geißelung* von Piero della Francesca aus dem kleinen Museum in Urbino, wo im Hintergrund Christus gequält wird, im Vordergrund jedoch drei tadellos gekleidete Philosophen (es sind zweifellos akademische Philosophen, keine vom Schlag eines Kierkegaard oder Schestow, sondern habilitierte Männer) eine theoretische Debatte abhalten, deren Gegenstand wir nie erfahren werden. Die Bilder schweigen, würden wir ihnen jedoch eine akustische Aufzeichnung hinzufügen, so hörten wir – bei Brueghel – den unbekümmerten Lärm einer großen Menschenansammlung, der das Stöhnen des Opfers übertönt. Oder – bei Piero – die theoretische Diskussion dreier selbstgefälliger Denker, die vielleicht über das Leiden debattieren, wie das an Dutzenden von Universitäten der Fall ist, nach einem guten Mittagsmahl und vor einem noch besseren Abendessen. Was ein wenig an jene entspannten Konferenzen erinnert, auf denen die Gelehrten über Fragen des Holocaust reden. Ähnlich ist es, wenn wir ungläubig in die Vergangenheit zu schauen versuchen und uns fragen, wir, Bürger der demokratischen, halbwegs ruhigen und trägen Welt, wie man während des Weltkriegs leben konnte, in der Zeit der Judenvernichtung oder der stalinistischen Säuberungen, in den Jahren des schlimmsten Terrors, und es erscheint uns unmöglich, unvorstellbar, dass man auch nur eine Stunde in diesem Albtraum leben konnte – aber für diejenigen, die an jenem Tag keine unmittelbaren Opfer der Verfolgungen wurden, gab es immer noch eine andere Wirklichkeit, es gab das Wetter, sie waren hungrig oder satt, irgendwo bellte ein Hund, flog ein Flugzeug, Mutter klebte in der Küche Piroggen zusammen, sie mussten daran denken, Winterschuhe zu kaufen, sie mussten Suppe kochen. Sie gingen im Park spazieren und gaben sich für eine Weile dem Vergessen hin. Sie waren verliebt, glücklich oder unglücklich, sie lasen *Madame Bovary* oder einen anderen Roman des 19. Jahrhunderts, das Radio spielte eine Sonate von Schubert. Wer seine Kindheit im stalinistischen Polen verbracht hat, wird sich besser an den Duft der ersten Weidenkätzchen im Frühling und an den stotternden Pfarrer erinnern, der in dem engen, nach Bohnerwachs riechenden Gemeinderaum Religionsunterricht gab, als an die plump emporgestreckten gigantischen Porträts der Führer, die über dem Umzug zum 1. Mai schwebten. Sogar die Angst, die seinerzeit so viele lähmte, verflüchtigt sich mit den Jahren, und man kann sie sich kaum mehr vorstellen. Vor allem die Angst – die Angst, die wie Migräne ist: Sie hinterlässt keinerlei Spuren, wenn sie verschwindet. Obwohl vielleicht Narben auf der Seele zurückbleiben. Im Übrigen war schon damals die Angst nicht allgegenwärtig: Die Jungen, die auf dem Schulhof Fußball spielten, hatten andere Sorgen. Als ich zehn Jahre alt war, lag ich ein paar Tage im Krankenhaus in Zabrze; man nahm mir die Mandeln heraus, unter Narkose. Bis heute erinnere ich mich an den Augenblick, als ich das Bewusstsein verlor. Ich hatte das Gefühl, ich ginge über die Erdkugel, die klein wie ein Tennisball schien. Aber ich kann mich auch an die Unterhaltungen mit den – im selben Krankenhaus liegenden – wesentlich älteren politischen Gefangenen, wahrscheinlich Mitglieder der AK, erinnern, als ich mich schon auf dem Weg der Genesung befand. Es war zu Beginn des Tauwetters, sie wurden nicht besonders scharf bewacht. Nach Jahren im Gefängnis waren sie begierig auf Gespräche, und es machte ihnen Spaß, mir zu imponieren, mir, dem Zehnjährigen, der noch nichts wusste – mit Erzählungen von der Okkupation, von ihren Liebesgeschichten, von ihren Glanzleistungen, von unverhofften Besuchen auf Gutshöfen, von jungen Damen, die ihnen, in Schals und Decken gewickelt, Essen gekocht hatten. Es war Frühling, durch die offenen Fenster drangen die Gerüche und Geräusche der Wirklichkeit. Wie immer gab es zu viel Wirklichkeit; im Tauwetter gibt es mehr davon als unter der Herrschaft eines harten Winters. Aber wir wissen auch, dass sich während der Französischen Revolution vor der Guillotine ein recht großes Publikum versammelte, das nach Eindrücken gierte, und in der Menge fielen vor allem die so genannten *Tricoteuses* auf, Frauen, die, um keine Zeit zu verlieren, gleichzeitig strickten; hin und wieder mussten sie den Blick von dem sensationellen Geschehen abwenden, um zu schauen, ob sie nicht eine Masche verloren hatten …

In der Zeitschrift »Akzente« fand ich eine Reihe von Notizen des mir bisher unbekannten, in Salzburg lebenden Autors Walter Kappacher. Ich spürte in ihm sofort eine verwandte Seele, jemanden, mit dem ich mich gut verstehen könnte. Zum Beispiel, wenn er sagt: »Alle Rockkonzerte, Formel-1-Rennen, Fußballspiele und so weiter würde ich geben für das erste Singen einer Amsel im Frühling.« Ich las diese Worte Ende Februar, als nach strengem Frost einige sonnige, warme Tage kamen und tatsächlich zum ersten Mal in diesem Jahr die Amseln zu hören waren.

Walter Kappacher zitiert eine witzige Bemerkung von Ernst Jünger: »Warum klagen so viele, daß sie unterschätzt werden? Schlimmer ist doch das Gegenteil.«

Außerdem zitiert er Javier Marías, der James Joyce so beschrieb: »In Gesellschaft war er so einsilbig, daß manche Menschen es vermieden, sich bei einem Abendessen neben ihn zu setzten, weil sie wußten, daß möglicherweise nicht mehr als ein ›Ja‹ oder ein ›Nein‹ über seine Lippen kam.«

Wenn wir es abwechselnd immer mit Roman und Poesie, mit langer Dauer, mühseliger Kontinuität und andererseits einem Geistesblitz, einem Gedicht zu tun haben, dann scheint es so zu sein – doch wir können es vorher nicht mit Sicherheit wissen –, dass der Tod, vor dem wir uns so fürchten, zur zweiten Kategorie gehört, dass er eintreten wird wie das Gedicht, nicht wie der Roman. Unsere Angst dagegen bezieht sich auf die Dauer, auf den »Roman«.

Lew Tolstoi erwähnt irgendwo eine Anekdote von einem Prediger, der sich, als während seiner Predigt Applaus ertönt, an die Kongregation wendet mit der Frage: »Habe ich vielleicht etwas Dummes gesagt?«

Noch ein Glücksmoment (den ich gebrauchen konnte in einem Monat, der ansonsten ein einziger düsterer, schwerer Tag war): Ich war auf dem Rückweg von Athen nach Krakau, in Wien stieg ich in das Flugzeug nach Krakau um und hatte drei leere Stunden. Ich war traurig und hatte Grund dazu. Nicht zum ersten Mal las ich das hervorragende Buch von Nicola Chiaromonte *The Paradox of History*, das Kapitel über Tolstoi, dessen *Krieg und Frieden* ich kurz davor zum wiederholten Mal gelesen hatte. Und plötzlich, in dem Moment, da ich das Buch für einen Augenblick weglegte, um über etwas nachzudenken, spürte ich (dachte es nicht, sondern spürte es eben), dass ich eine unsterbliche Seele habe. Ich kann es nicht anders nennen oder erklären, obwohl mir bewusst ist, dass das prätentiös klingt. Aber ich spürte: Ich habe eine unsterbliche Seele. Und meine Melancholie verflog. Ich empfand Freude, große Freude, einen Ausbruch von Freude. Es war, als würde ich mich nach vielen Wochen des Schweigens und der Leere wieder an etwas sehr Wichtiges erinnern.

1991 erkrankte Zbigniew Herbert, der seit Januar 1986 mit seiner Frau Katarzyna in Paris wohnte, wo wir uns oft trafen, sehr ernsthaft. Einmal besuchte ich ihn im Krankenhaus in einem entfernten Vorort von Paris (auf der Ostseite der Stadt, Richtung Val-de-Marne). Das Krankenhaus hieß Maison Blanche und war im Prinzip eine psychiatrische Klinik. Herbert war jedoch in einem Pavillon der Allgemeinmedizin untergebracht (und wurde im übrigen bald in ein ganz anderes Krankenhaus verlegt, da seine Krankheit eine intensive Therapie erforderte, die nicht ins Gebiet der Psychiatrie fiel). Es war im Sommer, im Juni oder Juli, ein sehr heißer Tag. Das Krankenhaus Maison Blanche bestand aus in einem ausgedehnten Park verstreuten leichten Pavillons aus Holz, die grün gestrichen waren, und hatte etwas vom vorrevolutionären Russland eines Tschechow oder frühen Gorki. Zbigniew Herbert teilte sein Zimmer mit einem Boxer, der mit Vornamen Albert hieß und schwer an Parkinson erkrankt war. In meinen Notizen, die ich jetzt wiedergefunden habe, steht, Albert sei ein schöner großer, durch die langjährige Krankheit völlig zerstörter Mann gewesen. Er machte den Eindruck, als verstehe er die Welt nicht mehr (das klingt, als würden alle anderen sie verstehen). Beide Patienten waren leicht angezogen, nur in Unterhemden. Beide blass, wie schwerkranke Menschen im Sommer blass sind, weil ihre Haut keine Sonnenstrahlen mehr aufnimmt. Zbyszek sagte mir zufrieden, vielleicht sogar stolz, er könne sich aus den frühen fünfziger Jahren gut an den Ruhm Alberts erinnern, der damals Europameister war. Er sagte: Weißt du, ich habe seine Karriere verfolgt, habe über ihn gelesen, über seine Erfolge, und schau, jetzt haben wir uns getroffen. Aber die Tatsache, dass der große Dichter, schwerkrank, in einem fremden Land lebend, wo ihn übrigens kaum jemand kannte, sein Krankenhauszimmer mit einem recht begriffsstutzigen Boxer teilte, einem ehemaligen Europameister, dessen Gehirn durch die Schläge seiner Gegner zerstört worden war, wirkte erschütternd – auf mich, denn Herbert betrachtete das als etwas ganz Normales, wohl sogar als eine Art Auszeichnung. Wenn ich jetzt in Gedanken zu diesem Moment zurückkehre, ergreift mich nicht mehr – wie früher – das Grauen; die Atmosphäre in dem Krankenhauszimmer, das sich der Dichter und der Boxer teilten, war freundschaftlich; es war Sommer … Schlimmer war es im nächsten Krankenhaus, im Hôpital-Saint-Louis, das sich im zehnten Arrondissement befindet, in der Nähe der Passage Hébrard (dort wohnten damals die Herberts) und des malerischen Kanals Saint-Martin (so viele Heilige in dieser agnostizistischen Stadt). Es war immer noch heiß; hier war Herbert in einem Gemeinschaftssaal untergebracht, sein Zustand schien sich zu verschlechtern.

Athen, Akropolis-Museum – eine Mutter mit Sohn, etwa zehnjährig. Der Junge gähnt, als seine Mutter ihm eine Statue zeigt und sagt: Schau, das ist der Gott Eros. In ein paar Jahren wirst du nicht mehr gähnen, dachte ich.

Jorgos Seferis, der neugriechische Dichter, stammte aus einer Vertriebenenfamilie. Die Familie hatte seit Generationen in Smyrna gelebt und musste ihre Stadt 1923 verlassen, gemäß dem Vertrag, der nach dem verlorenen Krieg mit den Türken geschlossen worden war. Seferis hat viele hervorragende Gedichte geschrieben, unter anderem dieses:

Der König von Asine

... und Asine ...
Ilias

Den ganzen Morgen besahen wir ringsum die Burg
erst auf der Schattenseite, dort wo das Meer
grün und glanzlos, Brust eines toten Pfauen
uns empfing wie die Zeit, lückenlos.
Felsadern liefen von oben herab
verschlungene Reben, nackt, verästelt, zum Leben
erweckt von des Wassers Berührung, derweil das Auge an
ihnen entlang, dem ständigen Schlingern zu entgehen
bemüht,
allmählich ermattete.

Auf der Sonnenseite ein langer, gerader Strand
und Licht reibt diamanten sich an mächtigen Mauern.
Kein lebendes Geschöpf, die Wildtauben auf und davon
und der König von Asine, den wir schon zwei Jahre
suchen,
unbekannt, vergessen von allen und bei Homer
nur ein Wort in der Ilias und sogar das ungewiß
hingeworfen hier wie die goldene Totenmaske.
Du berührtest sie, weißt du noch, wie sie klang? Dumpf
im Licht
wie das leere, ins Erdreich eingelassene Tonfaß;
im Meer der gleiche Klang von unsern Rudern.
Der König von Asine ein Nichts unter der Maske
Überall bei uns überall bei uns, unter einem Namen:
»und Asine ... und Asine ...«
und seine Kinder Statuen
und sein Verlangen Vogelgeflatter und Wind
in den Pausen seiner Gedanken und seine Schiffe
vor Anker in einem verschwundenen Hafen
unter der Maske ein Nichts.

Hinter großen Augen, gewölbten Lippen und Locken-
haar
Reliefs an der güldenen Hülle unseres Daseins
ein dunkler Punkt, unterwegs wie ein Fisch
in der friedlichen Morgenstille des Meeres und du siehst
ihn:
ein Nichts überall bei uns.
Und der Vogel, der wegflog im letzten Winter
mit gebrochenem Flügel
hinterlassenes Lebensgehäuse
und die junge Frau die fortging
um mit den scharfen Strahlen des Sommers zu spielen
und die Seele die sirrend zur Unterwelt strebte
und die Gegend wie ein großes Platanenblatt, weg-
geschwemmt
von der Sturzflut der Sonne
mit den Denkmälern von damals und der Schwermut
von heute.

Und lange schaut der Dichter auf die Steine und fragt
sich
gibt es etwa
zwischen jenen verwitterten Linien, den Ecken und
Kanten
den Bögen und Höhlen
gibt es etwa
hier wo die Fährten von Regen, Wind und Zerfall sich
treffen
gibt es das Zucken im Antlitz die Geste der Innigkeit
jener, die sich so seltsam lichteten in unserem Leben
derer, die nun Schatten von Wellen sind oder Gedanken
zur Unendlichkeit des offenen Meeres
oder doch nicht, und bloß die Bürde bleibt
die Sehnsucht nach dem Gewicht eines Lebens
dort wo wir jetzt ohne Grund und Boden uns krümmen

wie die Zweige der schrecklichen Weide, danieder in dauernder Verzweiflung
während der lehmige Lauf träg entwurzelte Binsen in den Morast treibt
Gestaltbild, zu Marmor erstarrt, entschlossen zu bleibender Bitterkeit.
Der Dichter ein Nichts

Gewappnet kämpfte die Sonne sich hoch
und aus dem Höhleninnern schlug eine Fledermaus erschreckt aufs Licht
wie der Pfeil auf den Schutzschild:
»und Asine … und Asine …«. War sie etwa
der König von Asine, den wir mit soviel Bedacht auf dieser Akropolis suchen
dessen Spur an den Steinen wir manchmal gar mit den Fingern ertasten.

Asine, Sommer 1938 – Athen, Januar 1940

An Seferis' Gedicht berührt mich die plötzliche Verwandlung gegen Schluss, das plötzliche Erscheinen – vielleicht – des Königs. Wer war dieser König? Der König von Asine ist nur bekannt, weil Homer ihn erwähnt, in einer einzigen Zeile der *Ilias*, im zweiten Gesang, im Katalog der Schiffe, mit denen die Achäer nach Troja fuhren.

Wie plump, Lyrik zu kommentieren! Etwas anderes ist es im Vorlesungssaal einer Universität, wo die Studenten von den Wänden herab spöttisch von verstorbenen Gelehrten beobachtet werden, die nie etwas anderes getan haben. Aber hier, wo es keine Studenten gibt, wo die Schatten von Menschen, die Schatten von Helden wohnen, stumm, wo der Autor Diktator ist – hier gelten andere Prinzipien, hauptsächlich das Schweigen. Ich hoffe, der Leser spürt in diesem Gedicht trotzdem die Spannung zwischen der physischen Gegenwart, zwischen dem grünen Meer und dem leichten Boot, der etwas geheimnisvollen Begleiterin dieser Unternehmung, über die wir nichts erfahren, und auf der anderen Seite der Abwesenheit des Königs von Asine. Und dennoch hat diese Abwesenheit etwas Reales; man könnte sogar den Eindruck gewinnen, in der Abwesenheit des Königs von Asine sei mehr Substanz als in der Alltäglichkeit, als in der Gegenwart, in der sich der Dichter bewegt. Seferis' Gedicht vollbringt eine gewisse – gedankliche und physische – Leistung; diese Arbeit könnte ein kurzes Gedicht oder ein Aphorismus nicht leisten. Seferis braucht viele Zeilen, damit aus den Gestikulationen des Dichters und seiner schweigenden Begleiterin, aus dem Kreisen und Suchen, aus dem Zweifel und der Sehnsucht, aus verschiedenen Hypothesen, aus einer quasi-archäologischen Handlung des Geistes beziehungsweise der Vorstellungskraft, zum Schluss der König von Asine hervortritt, die Fledermaus, die auf ihren nervösen Flügeln den antiken Herrscher trägt. Seferis' Gedicht beruft sich auf die – bisweilen sehr starke – Emotion, die sicher viele Menschen empfinden, wenn sie sich auf einem historisch reichhaltigen Gebiet befinden, in Pompei, in Jerusalem oder in manchen Teilen Roms. Dort suchen wir mehr als nur Fotos. Wir wollen etwas Wirkliches berühren. Wir sind so nahe an dem, was wirklich war, an den Menschen, die wirklich einmal gelebt haben, es scheint, wir müssten nur stark genug wollen, dass sie uns erscheinen. Wir finden es ungerecht, dass die alte Substanz unsichtbar ist. Mit Verachtung und Überheblichkeit betrachten wir die Express-Touristen, die sich gedankenlos mit einem Schnappschuss zufriedengeben und weitergehen. Wir, so denken wir, sind vollkommen anders. Wir haben eine Epiphanie verdient. Uns sollten sie erscheinen. Für Seferis war der Einsatz noch größer: Er schrieb dieses Werk in den letzten Jahren vor dem großen Krieg, wissend, dass sein Land schwach und im Innern zerstritten war und sich der Invasion der Barbaren nicht würde entgegenstellen können. Seines Erachtens musste Griechenland, durch Jahrhunderte türkischer Besatzung bis zur Unkenntlichkeit verändert, seiner einstigen hervorragenden Eigenschaften beraubt, versuchen, mit dem antiken Griechenland ein Gespräch anzuknüpfen, eine Brücke zu schlagen zur Zeit des früheren Ruhms, zu Homer. Doch das Gedicht ist keineswegs nationalistisch. Jeder von uns kann sich mit der Stimme in diesem Gedicht identifizieren. Schließlich suchen wir alle nach Substanz, egal, ob in der Archäologie oder in der Gegenwart.

Das Ungewöhnliche bei Seferis ist, dass zum Schluss doch der König von Asine erscheint – so wie wir bisweilen, wenn wir aufmerksam Homer oder Shakespeare lesen, etwas aus der alten Welt finden, die uns, vor allem im Fall von Shakespeare oder Mickiewicz, auf merkwürdige Weise an unsere Welt erinnert.

Ich bin nicht sicher, ob die Engel, wenn sie im Lobe Gottes begriffen sind, gerade Bach spielen ... Ich bin aber sicher, dass sie, wenn sie unter sich sind, Mozart spielen ... (Karl Barth)

Jeder neue Band von Skizzen eines Autors, der kein Debütant mehr ist, sollte mit dem Bekenntnis beginnen, er habe sich im vorhergehenden Band getäuscht, seine Schlussfolgerungen seien voreilig und falsch gewesen, erst jetzt sei er – so glaube er – auf der richtigen Spur. Solange er sich nicht ans nächste Buch macht ...

Noch eines über das Gedicht von Seferis: Wenn man überlegt, was der Dichter hier sucht und was ihm bei dieser Suche hilft, zum Beispiel die goldene Maske, fällt eine gewisse Grobkörnigkeit beziehungsweise Materialität seiner Phantasie ins Auge. Seferis widersetzt sich der gängigen Anthropologie unserer Zeit. Selbst ein so scharfsinniger Geist wie Robert Musil, der gern als Diagnostiker unserer gebrechlichen Zivilisation auftritt, definierte in seinem Tagebuch den Menschen als »kolloidale Masse«, die – je nach politischem System, intellektueller Mode oder Ideologie – eine beliebige Form annehmen kann. In dem Gedicht von Seferis, in seiner ganzen Lyrik, ist es jedoch anders. Es gibt keine »kolloidale Masse«, es gibt die Suche nach einer starken, harten Form wie der goldenen Maske, wie den Segelschiffen der Griechen, eines Marmorsplitters, die Suche nach einem Bezugspunkt, der stärker ist als die trägen Launen der puddingartigen Menschheit. Seferis will es nicht bei der Diagnose belassen, er will kein Ethnograph sein. Die Dichtung diagnostiziert nicht, sie benennt. Sie versucht es – aber sie kann nur benennen, was ist.

In den »Zeszyty Literackie«, neue Tagebuchfragmente von Józef Czapski. Wie immer bin ich sehr beeindruckt von der Aufrichtigkeit und Leidenschaft; Czapski, der dem Enthusiasmus und, in seinen letzten Lebensjahren, auch den Tränen nahe war, ist vielleicht eben deshalb so streng mit sich selbst gewesen; ständig prüfte er, ob er nicht naiv sei, ob er sich nicht zu schnell begeistere, ob seine Reaktionen echt seien, ob sie sich würden behaupten können. Ich erinnere mich, was Karol Irzykowski einmal sagte: »Was sollen wir mit der Aufrichtigkeit von Dummköpfen.« In Czapskis Fall enthüllt die Aufrichtigkeit jedoch einen klugen, innerlich komplizierten Menschen, der immerzu für die Wiedergewinnung seiner vollen geistigen Kondition kämpft, für ein starkes Sehen, für die »Gnade«, für die – von Natur aus kurzlebige – Erleuchtung. Czapski, ein Leser klassischer Tagebücher großer introvertierter Autoren wie Amiel oder Maine de Biran, notiert in seinen Heften seine ständig wiederholten Versuche, innere Vollkommenheit zu erlangen. Jemand, der sich nur für sichtbare und offenkundige Dinge interessiert, die auch in der politischen oder gesellschaftlichen Wirklichkeit Ausdruck finden, wird sagen, diese Prosa der inneren Zustände sei nur unnötiger Narzismus. Klassisch war der Konflikt zwischen Czapski und Giedroyc. Den Redakteur Giedroyc begeisterte ausschließlich, was sich in die behavioristische Sprache politischer Aktivitäten übersetzen ließ, selbst die Gedichte von Miłosz behandelte er als wertvollen Bestandteil eines strategischen Instrumentariums. Giedroyc, der ungewöhnliche Machiavelli ohnmächtiger Emigranten, war der vollkommen machtlose Redakteur einer Zeitschrift, die von über den ganzen Globus verstreuten Verbannten gelesen wurde, aber in seiner eigenen Vorstellung war er ein großer Staatsmann. Und das war er tatsächlich, jedenfalls wurde er a posteriori dazu, in der Erinnerung der nachfolgenden Generationen – dank seiner treffenden Einschätzung der politischen Situation und dank seiner kritischen Einstellung gegenüber seinen Landsleuten. Die inneren Welten Czapskis nahm er nicht ernst (über Simone Weil bemerkte er einmal: Klar, er habe ihre Schriften publiziert – »für katholische Snobs«). Wozu Introspektion in einer brutalen Welt? Die Welt ist in Behavioristen und Träumer geteilt. Wer Hans Castorp mag, die Figur aus dem *Zauberberg*, Hans Castorp, der die Stunden intensiver Lektüre und Reflexion oder auch die Momente des über den realen Problemen stehenden Phantasierens als »Regieren« bezeichnete (Juliusz Słowacki benutzte das Wort »Byronisieren«), eine der besten Definitionen einer grundlegenden Linie des Geisteslebens, der versteht gut, was Czapski meinte und warum seine Aufzeichnungen so wichtig sind. Zwar hat einer meiner Studenten in Chicago, als wir Thomas Manns Roman lasen, über Castorp bissig bemerkt: Und was hat er davon gehabt, dass er sich geistig so entwickelt hat, was hat er daraus gemacht? Die Krönung seiner Karriere ist schließlich, dass er die Auswahl der Platten für die Patienten des Sanatoriums zusammenstellt (oder dass er an der Front fällt, als einer der anonymen jungen Männer, die in die Erde von Verdun eingehen). Aber das war ein klassisches Beispiel für den amerikanischen Pragmatismus.

Czapski redet bisweilen über sich selbst – aber immer im Zusammenhang mit dem Kampf, den er führt, mit dem unablässigen Kampf um die Klarheit des Sehens, darum, das eigene Talent auszuschöpfen, dem Leben seinen vollen Sinn zu geben. Oft, sehr oft unterhielt er sich in seinem Tagebuch mit Simone Weil, die er unendlich bewunderte und die ihn mit der extremen Vollkommenheit ihrer religiösen Kontemplation quälte und auch mit ihrem meisterhaften Stil als Schriftstellerin. Hier ein Fragment des Tagebuchs aus dem Jahr 1970, das ein Zitat aus einem Brief der großen Mystikerin an Maurice Schumann enthält:

»13.1. – Dienstag. Und wieder das gleiche, zum soundsovielten Mal: trübes Erwachen, und ich öffne S. W. ›Ich verspüre eine innere Zerrissenheit, die unaufhörlich schlimmer wird, im Verstand und zugleich mitten im Herzen, durch meine Unfähigkeit, das Unglück der Menschen, die Vollkommenheit Gottes und die Verbindung zwischen beidem gleichzeitig zu denken. Ich habe die innere Gewissheit, dass diese Wahrheit, wenn sie mir je zuteil werden wird, es erst in dem Moment wird, wenn ich selbst körperlich im Unglück sein werde, und zwar in einer der äußersten Formen des gegenwärtigen Unglücks. Ich habe Angst, dass mir das nicht geschieht. Noch als ich Kind war und glaubte, ich sei Atheistin und Materialistin, hatte ich in mir immer die Furcht etwas zu verfehlen – nicht mein Leben, sondern meinen Tod. Diese Furcht hat niemals aufgehört zu wachsen. Ein Ungläubiger könnte sagen, mein Verlangen sei egoistisch, denn die in einem solchen Augenblick empfangene Wahrheit kann nichts und niemandem mehr nutzen. Doch ein Christ kann so nicht denken. Ein Christ weiß, ein einziger Gedanke der Liebe, in der Wahrheit nach oben getragen zu Gott, obwohl stumm und ohne Echo, *ist sogar für diese Welt nützlicher als die glanzvollste Tat.*‹«

Angesichts einer solchen Gier nach Gott und nach Leiden – wie soll man da Maler, Schriftsteller sein, wie kann man sich da einer Meditation hingeben, die nicht sofort auf das höchste Ziel hinausläuft, sondern die sich – aus Faulheit, aus Gewöhnlichkeit, aus Mangel an Mut oder aus anderen Gründen – mit indirekten Objekten zufriedengibt, an den Rändern entlanggeht? Das ist, als begnüge sich der Wanderer tagelang mit Spaziergängen in den Voralpen und über ihm glänzten verführerisch der weiße Schnee der höchsten Gipfel, die geringschätzig, womöglich verurteilend aus ihrer Höhe auf ihn herabschauen. Simone Weil quälte Czapski, und sie quält uns immer noch. Czapski arbeitete lange an seinen Bildern, er »feilte«, wollte seiner ersten Vision treu bleiben, die sich mit der Zeit entfernte, verblasste. Das Malen war mühevoll für ihn, selten war er zufrieden mit dem, was er machte. Simone Weil war für ihn wie der Pilot eines Düsenfliegers gegenüber einem Radfahrer. Und nicht nur für Czapski. Was macht man damit? Da ist nichts zu machen. Man kann es versuchen, aber im Prinzip ist nichts zu machen. Folgende Überlegung vielleicht: In Büchern für Schulanfänger gibt es manchmal Bilder, die Menschen unterwegs darstellen, Fußgänger und Radfahrer; neben ihnen fährt ein Leiterwagen mit duftendem Heu, ein schnelles Auto jagt vorbei, ein Stück weiter ein Zug, in den Fenstern der blauen Waggons die lachenden, sorglosen Gesichter der Reisenden, und am Himmel fliegt ein kleines Flugzeug. Sie alle sind in Bewegung, alle sind unterwegs. Sie sind unterwegs, aber sie sind auch unbewegt. Und wenn man das Bild aufmerksam betrachtet, Tag für Tag, Woche für Woche, vielleicht auch Jahr für Jahr, dann überholt keiner den anderen ... Das Flugzeug ist immer noch an derselben Stelle, die Reisenden schauen immer noch neugierig in die Frühlingslandschaft, der Fußgänger geht ohne Eile, wir wissen nicht wohin, die hohen Bäume ragen ungerührt empor, auf der Wiese steht ein Storch.

Die Suche nach dem König von Asine hat in Seferis' Gedicht einen tieferen Sinn als nur die Jagd nach der Vergangenheit. Die goldene Maske ist eine Spur, die den griechischen Dichter zu der mythischen Königsgestalt führt, ja, aber zugleich geht es um noch Wichtigeres, um das Bewusstsein, dass wir das finden müssen (oder zumindest finden wollen müssen), was unzerstörbar in uns ist. Das ist die – aktive – Sehnsucht nach Ewigkeit. Die Tür in uns, die weiterführt.

Einmal, vor zwei Jahren, schwamm ich am Südufer von Kreta in einer kleinen Bucht, die an einem steilen Bergabhang lag. Es war schon Spätnachmittag, noch sehr warm, aber der Schatten vergrößerte sich allmählich; es war, als käme der Schatten aus dem Wasser. Plötzlich flog dicht über dem Wasser ein Eisvogel. Er flog schnell, blau-rot leuchtend, ganz gerade, wie an einer Schnur. Irgendwo am Ufer verschwand er, und nach einer Weile kehrte er in ebenso geradem Flug zu seinem Nest zurück, das sich auf einem einzelnen Felsen befand. Er war der wirkliche Herr dieser Bucht, nicht die ein wenig komischen Schwimmer, deren Köpfe sich auf dem dunkelblauen Wasser wiegten.

Ich habe wieder einmal die Rhapsodie von Brahms gehört. Und in der Zeitung las ich neulich die Rezension eines Buches über Musik, deren Autor behauptet, das wunderbarste Werk seien die *Vier letzten Lieder* von Richard Strauss. Es ist ein bisschen lächerlich, so willkürlich und wie im Sport eine Tafel mit Siegernamen zu präsentieren. Aber dieses Werk von Richard Strauss, das die Anhänger der Schönberg'schen Revolution vermutlich für hoffnungslos reaktionär und dekadent halten, ist wirklich sehr schön.

In Lausanne ist Madeleine Santschi gestorben, eine Schriftstellerin, die ihren Platz in der von Nathalie Sarraute und Michel Butor geprägten Richtung der französischen Literatur sah. Wir lernten sie 2002 im »Haus für schöpferische Arbeit« in Bogliasco bei Genua kennen; sie war damals 86 Jahre alt und die Seniorin in der kleinen Gruppe von Schriftstellern und Künstlern. Schon damals brauchte sie Begleitung bei größeren Spaziergängen, zum Beispiel, wenn sie sich auf die *passegiata a mare* machte, den Weg, der sich kilometerweit die Felsküste entlangzog – dort sah man oft Surfer in schwarzen Anzügen, die in Erwartung einer größeren Welle auf ihren Brettern lagen und aussahen wie eine Herde trauriger Seehunde. Madeleine besuchte uns vor ein paar Jahren in Krakau. Als Einwohnerin des hellen Lausanne, dessen Abbild im Genfer See badet, konnte sie nicht begreifen, warum hier noch so viele Häuser schwarze, unverputzte Fassaden hatten, als hätte sich auf ihnen der Schmutz und der Albtraum der Geschichte des 20. Jahrhunderts abgesetzt. Aber in unserer Wohnung zum Beispiel, im Zentrum der Stadt, waren während der Besatzung Gestapo-Leute einquartiert … In dem Zimmer, in dem ich jetzt schreibe, wohnte wahrscheinlich ein Gestapo-Mann. Ich mag das Buch von Madeleine, *Portrait d'Antonio Pizzuto;* Antonio Pizzuto war, wie die vierte Umschlagseite informiert, »der italienische Joyce«. Er arbeitete sein ganzes Leben als Polizeibeamter, stieg in aller Ruhe auf, ungeachtet des politischen Systems, des Faschismus oder des liberalen Italiens nach dem Krieg. Er war ein ruhiger römischer Bourgeois, ein Gelehrter, aber offensichtlich träumte er auf diesen hohen Posten, in der Präfektur und später bei Interpol, nur von einem: seine Freiheit wiederzuerlangen, Zeit für sich zu haben (jetzt verstehen wir, warum so viele Verbrechen unaufgeklärt bleiben). Nachdem er in den Vorruhestand gegangen war, widmete er sich sogleich dem, was ihn wirklich interessierte: dem Schreiben hermetischer Prosa. Madeleine hat ihn ins Französische übersetzt. Ich denke nicht, dass mir Pizzutos Prosa gefallen hätte, aber Madeleines Buch über diesen interessanten Sonderling ist hervorragend. Madeleine war sehr mutig im Sterben. Wir redeten oft mit ihr in ihren letzten Monaten. Eines Tages sagte sie, man hätte einen Tumor bei ihr gefunden, an zwei Stellen. Bald stellte sich heraus, dass die Prognosen hoffnungslos waren. Es würde nicht mehr lange dauern. Madeleine sprach fast heiter darüber, klagte nicht, kam ausgezeichnet mit ihrer Situation zurecht. Dafür bewunderte ich sie. Sie war nicht religiös, aber sie glaubte an die Existenz des Geheimnisses in unserer Welt. Jemand, der seine Sensibilität am *nouveau roman* entwickelt hat, ist im Prinzip nicht gut darauf vorbereitet, in den dunklen Korridor der letzten Dinge einzutreten. Doch auf diesem Gebiet gibt es keine Regeln; es scheint keine Vorbereitung darauf zu geben, und Madeleines Tod war voll ruhiger Würde.

Emerson: »Wenn ein Gedanke Platons mein Gedanke wird, wenn die Wahrheit, die die Seele Johannes des Täufers entfachte, auch meine Seele entfacht, hält die Zeit an.«

Das »Ich weiß nicht« des Künstlers resultiert aus dem Keats'schen Prinzip der *negative capability* und ist in der Kunst unentbehrlich. Aber es ist wohl so, dass Kunst oder Poesie immer von dem Künstler im Menschen geschaffen werden, und wenn der Künstler immer zum »Ich weiß nicht« neigen wird, wird der Mensch im Künstler eher das »Ich weiß« suchen.

Joseph Brodsky, den ich so bewunderte und mochte, sogar liebte (wie man manche Freunde liebt), äußerte hin und wieder sehr riskante Meinungen. In einem seiner Essays schrieb er zum Beispiel, es sei sehr schade, dass Christus die römischen Dichter nicht gekannt habe; er meinte die Autoren der Elegien, Catull, Properz, Ovid. Hätte er sie gekannt, wäre das Christentum subtiler geworden … Doch man kann sich schlecht vorstellen, dass Christus Catull studiert, sich Notizen zu Properz macht oder gar an einer Doktorarbeit über die Versstruktur der lateinischen Dichter schreibt. Bei allem Respekt für die Wissenschaftler, die in den Universitätsbibliotheken der ganzen Welt arbeiten … Mir scheint, Gott liest keine Dichtung.

Gestern der 200. Geburtstag von Chopin. Konzerte, Konzerte, zum Glück wenig Ansprachen. Und ich habe meine Lieblings-CD gehört, auf der Kristian Zimerman alle vier Balladen spielt.

Ich weiß nicht, wie es meinen Dichterkollegen und -kolleginnen geht, aber ich weiß genau, dass ich selbst sehr oft nicht an meine Gedichte glaube.

Mir ist ein Band der Korrespondenz von Helmuth James von Moltke in die Hände gefallen, der wichtigsten Person des Kreisauer Kreises. Ich weiß seit langem von ihm, aber Briefe von ihm habe ich noch nie gelesen (im Gegensatz zu den Briefen und Essays von Dietrich Bonhoeffer, die ich kenne). Der Ton dieser Korrespondenz, ihre edle moralische Reinheit gefallen mir sehr. Vielleicht beeindruckt übrigens mehr noch als die Briefe selbst die Biographie Moltkes; er nimmt uns mehr durch sein Leben ein als durch sein schriftstellerisches Talent. In der entsetzlichen Welt des Dritten Reichs ist Moltke eine Gestalt von ungewöhnlicher Menschlichkeit. Er ist ein rechtschaffener Mensch, den das Schicksal in ein System von Hyänen und Banditen verschlagen hat. Doch Moltke war nicht allein, bis zu seiner Verhaftung und seinem Tod (im Januar 1945 wurde das Urteil vollstreckt, das der schreckliche Volksgerichtshof verhängt hatte) war er von Freunden umgeben, die ähnlich dachten wie er. Auch seine Frau Freya teilte seine Überzeugungen, sie stand ihm bis zum letzten Augenblick bei. Aber ich schreibe nicht darüber, um mich in die Geschichte der deutschen Opposition gegen Hitler zu vertiefen – es fehlt ja nicht an Historikern und Kommentatoren –, sondern um meine Verlegenheit zum Ausdruck zu bringen. Denn wenn ich die Briefe eines meiner Lieblingsdichter, Gottfried Benn, mit Moltkes – oder Bonhoeffers – Korrespondenz vergleiche, schneidet der Schriftsteller in dieser Hinsicht nicht besonders gut ab. Er ist ein hervorragender Dichter und, zum Beispiel in den Briefen an Herrn Oelze, einen Kaufmann aus Bremen, oder in den Essays, auch ein unglaublich interessanter Prosaautor, man kann sich kaum von der Lektüre seiner bisweilen sehr inspirierten Skizzen oder seiner witzigen Briefe losreißen. Moltke hatte diese Begabung nicht. Aber auch Benn hatte etwas nicht, was wir bei diesem Nachfahren des preußischen Adelsgeschlechts finden. Angesichts der absoluten Integrität Moltkes macht Benn manchmal den Eindruck eines Schlitzohrs, dessen einziges Ziel es ist zu überleben. Den Krieg zu überleben, sich seines Konformismus nicht zu schämen, die Vorgesetzten auszutricksen, zu schweigen, wenn andere reden, nach Hause zu gehen und erst dort zu sich zu finden, dieses ekelhafte System zu überstehen (das ihm zu Anfang, wie wir wissen, sehr gefallen hat). Helmuth James von Moltke war nicht darauf eingestellt zu überleben, sondern darauf, gegen ein unmenschliches System zu kämpfen, die Schwachen zu verteidigen. Ich weiß, dass ich Dinge – und Menschen – vergleiche, die man nicht vergleichen kann. Gottfried Benn zog, wie eine Schnecke, das große und schwierige Haus seiner ungewöhnlichen Begabung mit sich, er hatte das Recht, vielleicht sogar die Pflicht, seine Berufung, seine Daseinsberechtigung zu verteidigen; Moltkes besondere Begabung dagegen war die Schärfe seiner Moral, seine Unbestechlichkeit, sein Edelmut. Dieser Edelmut war nichts Erarbeitetes, auf theoretischem Weg Angeeignetes – es sei denn, man erinnert sich, und das sollte man unbedingt tun, an den starken Glauben Moltkes, an sein äußerst tief und konsequent verstandenes Christentum. Die beiden konnten sich nicht begegnen, aber wenn sie sich begegnet wären, hätten sie sich absolut nicht verstanden, obwohl sie beide die deutsche Sprache beherrschten. Und doch waren es ganz verschiedene Sprachen. Benn werde ich (ohnehin) immer verzeihen, ich muss nur seine Gedichte wieder lesen. Aber das ist keine Lösung, das hilft nicht, irgend etwas zu verstehen. Denn warum sollten die großen Meister der Lyrik oder Prosa im Namen der Verteidigung ihrer Begabung eine bevorzugte Behandlung genießen dürfen? Warum sollten wir damit einverstanden sein, dass sie lavieren, dass sie mit den Schritten eines betrunkenen Kutschers durchs Leben gehen? Wirft dies doch einen Schatten nicht nur auf sie, sondern auf die gesamte Literatur. Große Dichter auf den Seiten ihrer Bücher, aber im Leben oft genug Schlauberger, die mit Gałczyński sagen: »Zu starker Wind für meine Wolle«, Opportunisten, die gegenüber jemandem wie Moltke, einem herausragenden Menschen und echten Christen, beschämt und klein dastehen. Sollte doch gerade die Literatur Redlichkeit sein, leibhaftige, niedergeschriebene, strahlende Redlichkeit. Die Welt ist nicht richtig konstruiert, dachte ich, als ich Moltkes Briefe las, ihn bewunderte und wusste, dass ich trotzdem früher oder später zu meinen Dichtern zurückkehren würde, zu meinen unvollkommenen Dichtern, dass ich nicht ewig in der kristallklaren Atmosphäre dieser Prosa bleiben könne. Daher meine Verlegenheit, die Fragen, auf die ich keine Antwort weiß. Es gibt natürlich auch andere Dichter als Gottfried Benn, wie zum Beispiel Ossip Mandelstam, wie Zbigniew Herbert – die hätten sich mit dem deutschen Grafen verstanden, obwohl sie in einer anderen Sprache schrieben. Sie versuchten, Talent und Ehrlichkeit, Metapher und Redlichkeit zu verbinden. Eine schwierige Aufgabe. »Das Turnier der Buckligen, die Literatur«, sagt Czesław Miłosz in einem Gedicht. Diese Zeile hat mir nie gefallen, aber offensichtlich trifft sie auf viele Dichter und Romanautoren zu …

Im Streit zwischen Giedroyc und Czapski, zwischen den Behavioristen und den Träumern, sind erstere im Recht – sie sind es, die dafür sorgen, dass die Welt sich verändert. Giedroyc hat mit Sicherheit mehr zur demokratischen Entwicklung der polnischen Mentalität, zur Erlangung der Unabhängigkeit meines Landes beigetragen als Józef Czapski. Nichtsdestoweniger sind mir die Träumer lieber. Vielleicht ist es ein Zeichen von Unreife, von unheilbarer Unreife, aber die Träumer sind mir lieber.

Um noch einmal auf die Lektüre von Moltkes Korrespondenz mit seiner Frau zurückzukommen – als ich unter einem der Briefe eine Anmerkung las, aus der hervorging, dass Moltke Carl Schmitt nicht schätzte, den nicht sehr mutigen, aber geistreichen Philosophen, der heute viele Anhänger hat, begriff ich etwas. Man muss dazu sagen, dass Menschen, die aktiv in ihrer historischen Zeit wirken, Menschen, die sich auf die eine oder andere Weise in die Geschichte einschreiben, sich in zwei Kategorien einteilen lassen: solche, die mit voller Entschlossenheit bereit sind, für die Verteidigung ihrer Ideale, ihrer Sache, ihr Leben zu opfern (und sie müssen durchaus keine Fundamentalisten oder Fanatiker sein), und solche, die diese Möglichkeit nicht in Betracht ziehen – zum Beispiel Künstler oder Denker, die mit der Verteidigung ihrer Begabung beschäftigt sind, damit, sich Bedingungen für die eigene Entwicklung zu schaffen, selbst in den schlimmsten Zeiten. In gewisser Weise könnte man meinen, nur erstere hätten einen bedeutenden Anteil an den Errungenschaften ihrer Epoche. Sie sind von einer besonderen Erotik umgeben; Opferbereitschaft ist ein Beweis dafür, dass sie in die Welt verliebt sind. Sie gehen nicht davon aus, können nicht davon ausgehen, dass die Welt auch in sie verliebt ist. Sie können jung oder im Alter sterben, das hat keine weitere Bedeutung. Die große Erinnerung nimmt sich ihrer an und kümmert sich um sie.

Zugunsten all der Künstler, der vorsichtigen und gerissenen Intellektuellen, die mit riskanten Kompromissen »ihre Begabung schützen« und daher keine Bewunderung bei ihren Zeitgenossen wecken, lässt sich eines sagen: Ein Teil ihres Werkes ist an nachfolgende Generationen gerichtet oder könnte es sein. Einige Künstler – nicht alle – stecken nur mit einem Fuß in der Zeit, in der ihnen zu leben bestimmt ist, ihr Traum aber greift weiter als der Kalender. Sie haben also wichtige Gründe, sich nicht als hundertprozentige Angehörige ihrer Zeit zu fühlen. Und sie wissen oder ahnen: Wenn sie zu früh sterben, werden sie vollkommen von der Erdoberfläche verschwinden. Die große Erinnerung wird nichts von ihnen erfahren.

Ich weiß nicht, ob das genügt, um Lavieren, Opportunismus und manchmal sogar Feigheit zu rechtfertigen. Zum Glück gibt es hier keine allgemeingültigen Regeln. (Hoffen wir, dass diejenigen, die »ihre Begabung schützen«, sie wenigstens wirklich haben.) Und die geltenden Regeln können sich mit fortschreitender Zeit verwischen. Es fällt uns meist wesentlich leichter, für die Konformisten des Altertums oder frühen Mittelalters Nachsicht aufzubringen als für diejenigen, die wir gekannt haben oder hätten kennen können …

Ein Glücksmoment, unerklärlich, während eines Spaziergangs an der Weichsel. Es war Spätnachmittag, plötzlich begann es zu regnen. Ich hatte einen Schirm dabei, aber ich stellte mich trotzdem am Eingang eines Hauses an der ulica Smocza unter, unweit des Wawels, in der Nähe des Klosters auf dem Skałkahügel, in dessen Krypta Czesław Miłosz ruht; dort stand ich eine Weile, schaute die Pappeln an und spürte den bitteren Geruch ihrer Zweige, den ich so liebe und der mir aus meiner Kindheit in Gleiwitz so gut in Erinnerung ist. Ich hatte es nicht eilig, ich wartete, dass der Regen aufhört, und empfand eine Freude, deren einzige Quelle anscheinend die Tatsache war, dass die Welt existierte, dass es Mai war und eine neue Generation von Mauerseglern, täuschend ähnlich der vorhergehenden, laut und durchdringend pfiff.

In Gleiwitz studierte ich als Siebzehnjähriger *Die schöpferische Entwicklung* von Bergson, vermutlich in einer Vorkriegsausgabe – natürlich in Übersetzung, Französisch konnte ich noch nicht. Ich entdeckte diesen Band in einer der Bibliotheken und verschlang mit rotem Kopf seinen inspirierenden Inhalt, an Ort und Stelle, im Lesesaal, man durfte das Buch nicht ausleihen. Ich konnte damals nicht wissen, dass ich mit großer Verspätung eine Geste vieler meiner älteren

Brüder und Schwestern wiederholte, die einige Jahrzehnte zuvor in Bergson einen Verbündeten in ihrem Widerstand gegen die Vorherrschaft des trockenen positivistischen Geistes entdeckt hatten. Noch nichts wusste ich damals, kannte die intellektuelle Geschichte des 20. Jahrhunderts kaum, ich lebte in einem halbsowjetisierten Land, und doch führten mich geheimnisvolle Kräfte zu dieser Lektüre. Eigenartig, wie so etwas vor sich geht, dass so ein Grünschnabel wie ich, Schüler eines durchschnittlichen schlesischen Gymnasiums, auf Bergson stoßen konnte; als hätte mein Organismus instinktiv (intuitiv) die in diesem Buch enthaltenen Vitamine gewittert. Erst viel später erfuhr ich, wie wichtig Bergson für die Künstler und Intellektuellen der vorangegangenen Generation war, für Menschen, die verzweifelt einen Ausweg aus der unfruchtbaren Landschaft der sogenannten wissenschaftlichen Weltanschauung suchten, einer Weltanschauung, die nach billigem Klebstoff und ausgeleierten Schulscheren roch. In den Tagebüchern von Raissa Maritain habe ich einmal gelesen, wie sie und ihr zukünftiger Mann Jacques, die sich, beide noch sehr jung, als Studenten an der Sorbonne kennengelernt hatten, unter dem engen Geist des Empirismus litten, der dort herrschte, wie sie sich in den Vorlesungen der nur an die Wissenschaft glaubenden Professoren, Anhänger von Auguste Comte, quälten, wie sie endlich, nach langer Überlegung, den riskanten Entschluss fassten, auf die andere Seite der rue Saint-Jacques ins Collège de France zu gehen, und ihren Durst nach etwas anderem in den Vorlesungen von Bergson zu stillen. Diese Vorlesungen waren damals ein gesellschaftliches Ereignis, zu ihnen kam *le tout Paris.* Aber das ist ganz entschieden eine andere Geschichte. Und wieder eine andere ist Bergsons Tod im Januar 1941 im schon von den Deutschen besetzten Frankreich. Er war Jude, und plötzlich verwandelte er sich von einem hervorragenden Schriftsteller und Denker in einen Menschen, der im Prinzip jeden Moment nach Auschwitz deportiert werden konnte. Man glaubt, die unmittelbare Ursache seines Todes sei eine Lungenentzündung gewesen, die der alte Philosoph sich zugezogen habe, als er in einer langen Schlange wartete, um sich als Jude registrieren zu lassen. Und dann die mutige Rede von Paul Valéry, der Bergson in der Académie française verabschiedete, in der es nicht an begeisterten Kollaborateuren mit den Eroberern mangelte. Auch noch nach dem Krieg, der so vieles veränderte, kam es vor, dass man in seinen Schriften Halt suchte, obwohl Bergson als Denker allmählich aus der Mode kam und die Historiker der Philosophie immer kritischer über ihn schrieben.

Brodsky, diesmal nicht in einem Essay, sondern in einem lebendigen Gespräch mit Creative-Writing-Studenten in Houston im Jahre 1988, attackierte die Wiederholung der Motive in der Kunst und im Leben, sprach sich für die Suche nach Originalität, nach etwas Neuem aus (das betraf jedoch nicht die poetischen Formen, denn gerade die Wiederholung der Form sollte die Einheit der Lyrik über die Zeit hinweg unterstreichen). Jemand fragte ihn, ob ihn daher in der Sowjetunion, wo man bekanntlich auf Schritt und Tritt Lenin begegnete, als Bild oder als Statue, mehr die Tatsache gestört habe, dass es sich um Lenin handelte, oder eher die Tatsache der »Wiederholung«, die gedankenlose Vervielfältigung desselben Motivs. Joseph überlegte eine Weile und antwortete: letzteres.

Vor einigen Tagen verbrachte ich eine gewisse Zeit in der Marienkirche. Es war ein Wochentag, in den Bänken knieten einige Personen, die beteten. Hin und wieder ertönte bei einer von ihnen das Klingelzeichen des Mobiltelefons. Die horizontale Kommunikation gab sich nicht geschlagen, sie kämpfte gegen die vertikale an.

Warum kann man kühn behaupten, dass Biographien unter formalem Aspekt Traktaten oder Dissertationen überlegen sind? Weil Traktate und Dissertationen eine endgültige Schlussfolgerung anstreben, Biographien dagegen still und ruhig enden, unverhofft, sie enden im Dezember oder im April, ohne zu einer These oder einem Ergebnis zu gelangen – sie enden nur, weil ihr Held stirbt. Und das entspricht unserer Ratlosigkeit gegenüber grundlegenden Fragen der Existenz wesentlich mehr als die ehrgeizigen Absichten der Gelehrten, für die es nicht in Frage kommt, nicht das letzte Wort zu haben.

Das kleine Büchlein von Seferis – ich kenne es in englischer Übersetzung – gehört zu meinen Lieblingsprosaschriften von Dichtern. Der Titel: *A Poet's Journal. Days of 1945–1951.* Seferis beginnt das Tagebuch zu einem Zeitpunkt, da der Krieg noch andauert, sein Land aber schon frei von deutschen Truppen ist. In Griechenland herrschte im Januar 1945 ein Bürgerkrieg, die Kommunisten lieferten sich Kämpfe mit antikommunistischen Kräften, was enorme Zerstörungen mit sich brachte. Seferis war erschöpft von Krieg und Emigration – als Diplomat und Beamter des Zivildienstes hatte er das Schicksal der griechischen Exilregierung in Kreta, Ägypten und Südafrika geteilt. Die Jahre der Emigration waren ein Albtraum für ihn. Zwar drohte ihm keine unmittelbare Gefahr wie denjenigen, die im Land blieben, aber die unablässige Sorge um das Vaterland (das klingt etwas rhetorisch, aber er litt tatsächlich angesichts der grausamen Okkupation) und die kleinen, erbärmlichen, für die Emigration typischen Intrigen vergifteten ihm das Leben. In einem anderen kleinen, bei Ibis Editions erschienenen Buch gibt es auch Tagebuchfragmente seiner Wanderungen während des Kriegs – traurig, leer, der Luft beraubt, von Hitze gelähmt. Er konnte nicht arbeiten in der Emigration. Nachdem diese Zeit zu Ende gegangen war, betrachtete er die Jahre als verloren. Doch jetzt war er endlich wieder in Athen, und er sah hier zwar frische Ruinen als Folge der Bruderkämpfe, aber die Wunden verheilten allmählich, es begann ein halbwegs normales Leben, Seferis traf sich mit Freunden oder auch Halbfreunden wie Sikelianos, einem anderen griechischen Dichter, den er – wie mir scheint – gleichzeitig bewunderte und n i c h t v e r s t a n d (in der tieferen Bedeutung dieses Wortes). Die Kategorie der H a l b f r e u n d e ist eine nützliche Kategorie; haben wir doch so wenige wirkliche Freunde ... Man kann auch von H a l b f e i n d e n sprechen ... Außerdem wird in den Aufzeichnungen das typische, durch den Krieg vollkommen unterbrochene, literarische Leben thematisiert, zum Beispiel der Besuch des damals sehr berühmten Paul Éluard, der durch ganz Europa fuhr und in Athen außergewöhnlich prunkvoll empfangen wurde (fünf Bankette an einem Tag), Éluard, gegenüber dessen Lyrik Seferis eher skeptisch war, aber auch ein Treffen mit dem ihm wesentlich sympathischeren Henri Michaux, ebenfalls in Athen. Es folgt die Rückkehr zur Arbeit im Ministerium, was übrigens wenig Begeisterung auslöst bei unserem Dichter, der nicht das Zeug zum Bürokraten hatte. Aber das Interessanteste sind die Notizen, die Seferis' langsames Gesunden signalisieren, das allmähliche Herausfinden aus der Katastrophe des Kriegs, aus dem Schweigen, aus der Wüste. Und hier spielt die Wiederentdeckung der Landschaft der griechischen Inseln eine große Rolle – der Sonne, der Maitage und -abende, und auch das physische Erlebnis des Badens im Mittelmeer, im funkelnden Meer, das die Schwimmer freundlich empfängt. Im Herbst 1946 verbringt Seferis mehrere Wochen auf der Insel Poros; er schwimmt viel, notiert Beobachtungen, hält den Geschmack der Tage fest, die Farbe des Wassers, das Licht. Und wird gesund.

Die ersten warmen Tage nach einem strengen Winter. Noch schmelzen an den Straßenecken die letzten Schneehaufen, schwarz von Ruß, aber auf den Planty spürt und hört man schon neues Leben; für einen großen Schwarm Vögel, die diesen harten Winter irgendwie überstanden haben – ich kann mir nicht vorstellen, wo und wie sie während des schlimmsten Frostes Schutz finden konnten –, beginnen jetzt die intensivsten Monate, die Monate der Liebe und des Gesangs.

Der Frühling ist wieder da, die Krakauer Planty sind erneut ein fantastischer tropischer Park, und die Amseln und Drosseln, die sich im Spätherbst und Winter irgendwo versteckt hielten, haben die Stadt triumphal in Besitz genommen.

Ein Frühling großer Ereignisse. Am 10. April die Katastrophe des Präsidentenflugzeugs bei Smolensk. Ich erfuhr es von der Verkäuferin in dem Laden, wo ich am Samstagmorgen Tee und Nudeln kaufte. Sie hatte das Radio an und sagte, irgend etwas sei nicht in Ordnung mit diesem Flugzeug. Plötzlich legte sich Trauer auf die Stadt. Die Straßen wurden ernst. Am Nachmittag desselben Tages gingen wir auf den Wawel, wo eine Messe für die Verunglückten gehalten wurde – eine riesige Menschenmenge war versammelt, tief betroffene, ruhige, traurige, nachdenkliche Menschen, Gesichter, die Vertrauen weckten. Die Menge war so groß, dass nur ein verschwindend kleiner Teil davon in der Kathedrale Platz fand, die Menschen standen unter freiem Himmel, auf dem Hof, wo gerade zwei riesige Magnolienbäume zu blühen begonnen hatten. Es war ein schöner Moment, schön in seinem tragischen Grauen. Wie bei Yeats: »*A terrible beauty is born.*« Aber kurz darauf, wenige Tage später: der Beginn der Hysterie, die Rückkehr zur Politik, das Ende der Trauer im Sinne eines reinen, uneigennützigen Bedauerns und der Übergang zu egoistischen, parteigebundenen Gefühlen. Die ersten Augenblicke haben die Menschen nicht getrennt, im Gegenteil, sie haben sie in der gemeinsam erlebten Trauer vereint. Das hält leider nicht an.

Und dann das drohende Hochwasser in Krakau. Nach einigen Tagen intensiven Regens schwollen die Bergflüsse, die

Nebenflüsse der Weichsel, bedrohlich an, bis schließlich die Weichsel selbst, der Mutterfluss, die Vorgesetzte aller Ströme und Bäche, ebenfalls anstieg. Die zwischen Wälle gezwängte, gigantische Weichsel glitt schnell wie ein gefährlicher Verbrecher durch das Zentrum von Krakau, ein gelber Fluss, der Äste und Balken mit sich führte. Die Dębnicki-Brücke wurde gesperrt, das Wasser gelangte fast bis auf Fahrbahnhöhe, es schien sich jeden Moment über die Brücke ergießen zu können. An beiden Ufern beobachteten Hunderte von Stadtbewohnern gottesfürchtig den Fluss, der sich von der trägen Cousine aus der Provinz in ein Ungeheuer verwandelt hatte. Schließlich brachen an zwei Stellen die Dämme. Der örtliche Rundfunk wurde an diesen Tagen seiner Aufgabe gerecht und informierte pausenlos über die Gefahren, er wurde zur zentralen Kontaktbörse und schickte Freiwillige an die Orte, wo Hilfe benötigt wurde. Gestern galt eine der wichtigsten Rundfunkmitteilungen einem Tierheim, das in Gefahr war; das Radio rief wiederholt zur Hilfe für die Tiere auf, bat, man möge die Hunde und Katzen aus dem Heim bei sich aufnehmen. Wir fuhren am Mittag hin. Katzen gab es keine mehr, wir kehrten mit leeren Händen zurück. Aber der Anblick war unvergesslich: Dutzende von Menschen, alle in warmen Jacken, manche in Gummistiefeln, mit von zu Hause mitgebrachten Reisekäfigen für Katzen, andere mit Maulkörben, die in einer langen, wenn auch schnell vorrückenden Schlange warteten, und jeden Moment kam wieder jemand aus dem kleinen Gebäude mit einem nervösen Hund an einer improvisierten Plastikleine, mit einer Promenadenmischung oder einem fast reinrassigen Tier. Es lief nahezu unbürokratisch ab: Die Mitarbeiterin des Tierheims notierte sich in einem karierten Heft lediglich die Namen und Telefonnummern der Leute, die ein Tier mitnahmen. Manche Hunde schienen sehr glücklich zu sein, als freuten sie sich, dass man sie aus dem Lager oder der Erziehungsanstalt befreite, andere hatten offensichtlich Angst, leisteten

Widerstand und drängten in Richtung ihrer Boxen, in denen sie sich sicher fühlten, wollten in ihr Gefängnis zurück.

Vor ein paar Tagen war ich nach einer längeren Pause wieder im Kino »Kijów« (Kiev), und ich erinnerte mich an eine Episode vor einigen Jahren – es muss 2002 gewesen sein. Es war die Premiere des Films »Rache« von Andrzej Wajda. Auf der Bühne befanden sich einige Personen, unter ihnen Wajda und seine Frau, Krystyna Zachwatowicz. Der Zuschauerraum war dicht gefüllt. Plötzlich flüsterte Krystyna Zachwatowicz ihrem Mann etwas zu, und dieser ging zum Mikrofon und sagte: »Es scheint, Czesław Miłosz ist unter uns.« Der betagte Dichter erhob sich von seinem Sitz. Daraufhin stand der ganze riesige Saal auf und klatschte Beifall.

Sonntag; vom Balkon aus sehe ich, wie Frau Małgosia, die im Parterre des Nachbarhauses wohnt und Katzen und Pflanzen liebt, im Hof ihre rotbraune Katze bürstet. Die Sonne scheint. Ein idyllisches kleines Bild. Die rotbraune Katze ist sichtlich begeistert von dieser Tätigkeit, sie streicht kokett um die Knie ihres Frauchens, ihr Schwanz ist riesig und buschig.

Vater war seit vielen Monaten, ja Jahren, geistig weggetreten, in einem rein vegetativen Zustand, von anderen Menschen abgeschnitten. Er schlief viel, schien in die Welt des Schlafs und der Träume umgezogen. Ende September ist er gestorben – die unmittelbare Todesursache war vermutlich eine Hirnhautentzündung, er hatte hohes Fieber. In wenigen Stunden war alles vorbei. Ich kam aus Chicago zur Beerdigung. Sie fand an einem kühlen, aber sonnigen Tag statt, auf einem Friedhof, der mit der Zeit zum größten Sammelplatz der Vertriebenen in der Stadt geworden ist. Es war eine kleine Gruppe von Menschen, die Vater verabschiedete, Vertriebene mischten sich mit Hiesigen und mit jungen Leuten, die keinen Wert mehr auf die alten Einteilungen legen. Zwei

Monate danach starb auch Tante Ania. Wahrscheinlich hatte der Tod des Bruders ihren Geist verwirrt. Sie begriff nicht sofort, dass ihr Bruder gestorben war, sondern erst nach einiger Zeit, nach der Beerdigung; sie war beunruhigt, ob sie es zur Beerdigung schaffen würde, und quälte sich ewig damit herum. Zu den merkwürdigsten Tages- und Nachtzeiten ging sie aus dem Haus, wie es Menschen im fortgeschrittenen Stadium der Demenz tun. Sie verlief sich in der Stadt, die sie nie hatte akzeptieren können, und fand nicht mehr zurück, fand ihr Haus, ihre Wohnung nicht mehr. Immer wieder wollte sie zur Beerdigung ihres Bruders. Schließlich brachte man sie mit einer Lungenentzündung ins Krankenhaus, wo sie verschied. »Verscheiden« – der Ausdruck ist heute nicht mehr gebräuchlich, aber man darf ja bisweilen alte Wörter zitieren.

Ein halber Tag in Dresden – eine Lesung natürlich. Die Einladung kam vom Dresdner Literaturforum, aber die Lesung fand – Achtung – im Hygiene-Museum statt (das im Grunde, wie man mir erklärte, ein anthropologisches Museum ist). Vorher schaffte ich es jedoch, in den Zwinger zu gehen, in die Sammlung der Alten Meister, und zwei Stunden dort zu verbringen. Ich war eine Weile völlig ratlos den Bildern gegenüber, nichts kam bei mir an, ich überlegte, ob ich nicht ins Hotel zurückkehren sollte (ich war direkt nach der Ankunft, nach fünf Stunden Autofahrt von Krakau aus, ins Museum gekommen). Nicht einmal Vermeer sagte mir diesmal etwas. Der Zwinger besitzt zwei Bilder von Vermeer, eines davon, das eine lustige Szene im Freudenhaus zeigt (und einen wunderschönen Teppich) war für eine Ausstellung nach Holland ausgeliehen. Blieb das zweite, *Die Briefleserin* – eine zum Fenster gewandte hässliche Frau, die einen Brief studiert, dessen Inhalt wir nie kennenlernen werden; aber auch dieses Bild wollte sich diesmal nicht vor mir öffnen. Die Dresdner Sammlung, wenn auch während der großen Bombardierungen im Februar 1945 teilweise zerstört, später sorgfältig wiederaufgebaut und 2002 vom Hochwasser erneut in Mitleidenschaft gezogen, hat die frühere Anordnung der Bilder beibehalten, die Anordnung, die in alten Museen üblich ist – an den Wänden drängen sich enorme Mengen von Bildern, die um den aufmerksamen Blick des Zuschauers werben. Das ist nicht einfach bei einer solchen Anhäufung von Werken, dazwischen manche aufgeblasenen zweitrangigen Barockgemälde, die von weitem aussehen wie Phantasien eines betrunkenen Schlachters. Die Zuschauer schauen nicht immer freundlich darauf, manchmal nehmen sie nicht einmal für einen Moment das Auge vom Fotoapparat, als wollten sie einen gigantischen Katalog von Kunstwerken erstellen, als würden sie darauf zählen, dass sie nach der Rückkehr Zeit finden, um sich ihre elektronische Beute in aller Ruhe anzusehen. Diese Zeit findet sich natürlich nie.

Es war mein zweiter Besuch im Zwinger; schon einmal, etwa vor zehn Jahren, bin ich aus Leipzig für ein paar Stunden nach Dresden gekommen. Damals habe ich mir lange ein sehr berühmtes Bild angesehen, die *Schlafende Venus*. Das ist eines der wenigen Meisterwerke der Malerei, das von zwei großen Künstlern signiert ist: von Giorgione und von Tizian. Giorgione starb jung, wahrscheinlich an der Pest, das Bild vollendete nach seinem Tod sein Freund Tizian, der noch ein sehr langes Leben und sehr viele Bilder vor sich hatte. Wir stehen vor einem Gemälde, das Giorgiones und Tizians Finger einst berührt haben. Ich weiß, dass später die Finger der Restauratoren die Spuren der beiden Meister vielleicht verwischt haben, aber ich kann mich trotzdem nicht gegen eine gewisse Rührung wehren.

Am meisten jedoch zog mich dieses Mal ein Porträt von Rembrandt an. Das Bild ist dunkel, wie immer bei Rembrandt, aber auch, weil die Zeit es mit einer dicken Patina bedeckt hat und es wohl lange nicht gereinigt wurde. Es stellt einen Mann mit einem perlenbestickten Hut dar. Der Mann ist alt und müde. Er blickt uns nicht an, er schaut zur Seite. Wahrscheinlich sitzt er, aber wir sehen keine Lehne eines Stuhls oder Sessels. Sein Gesichtsausdruck ist recht gleichgültig, als wäre er alles andere als begeistert, so posieren zu müssen. Gleichgültig, aber auch vorsichtig. Sein Gesicht scheint zu sagen: Ich gehe gleich fort von hier. Das Bild stammt vermutlich aus dem Jahr 1667, es wurde also kaum zwei Jahre vor dem Tod des Künstlers gemalt. Es ist kein Selbstporträt, aber es k ö n n t e eines sein. Die Ermüdung des Modells scheint die Ermüdung des Malers zu spiegeln. Doch so einfach kann man das nicht sagen: Rembrandt konnte, obwohl er – wie wir wissen – damals eine schwere Zeit hatte, nicht ermüdet oder gelangweilt sein, als er dieses wunderbare Bild malte. Er mag traurig gewesen sein, aber sicher hat seine Trauer sich mit Freude erfüllt in dem Maße, wie das Gemälde sich seiner Vollendung näherte. Der Mann, der Modell sitzt, ist leicht gebeugt. Ehrlich gesagt erinnert er mich ein wenig an meinen müden Philosophieprofessor Leszczyński, einen Freund von Witkacy, der, wie ich annahm, die Welt verachtete, die aus dem Zweiten Weltkrieg hervorgegangen war. Und es wäre ein Bild voller Verzweiflung, ein Zeugnis der Resignation, der Gleichgültigkeit und des Alters, wären da nicht die Perlen auf dem breiten, weichen, samtenen Hut, der fast wie eine Baskenmütze aussieht. In einem bestimmten Moment habe ich entdeckt, dass die Perlen hier kein gewöhnliches Element der Dekoration sind (es gibt auch noch eine Brosche auf der Brust des Porträtierten). Die Perlen schimmern in einem zarten Glanz. Natürlich können die Perlen auf dem Bild nicht die Hauptquelle des Lichts sein; das Licht kommt wohl irgendwo von der linken Seite. Aber die Perlen leuchten ebenfalls. Nach einer Weile – wenn man länger vor dem Bild verweilt – gewinnen die Perlen immer größere Bedeutung. In dieser Landschaft der Trauer und Ermüdung wirken die Perlen anders. Die Perlen leuchten. Das Gesicht ist matt. Alles, was an diesem alten Mann Seele, Licht war, ist in die Perlen eingegangen, hat sich in den Perlen versteckt. Als ich das entdeckte, lebte das Bild auf und bewahrte diese Lebendigkeit eine Zeitlang.

Und was macht es, dass sich die Seele für eine Weile in den Perlen versteckt hat, dass sie aus dem Gesicht dieses Mannes, aus seinem Herzen verschwunden ist? Die Hauptsache ist, dass sie ihn nicht ganz verlassen hat. Vielleicht wird sie noch einmal in ihre Wohnung zurückkehren.

Literaturhinweise

Andrić, Ivo, *Die Brücke über die Drina. Eine Chronik aus Višegrad*, aus dem Serbokroatischen von Ernst E. Jonas, überarbeitet von Katharina Wolf-Grießhaber, mit einem Nachwort von Karl-Markus Gauß, Wien 2011.

Apollinaire, Guillaume, *Poetische Werke. Œuvres Poétiques*, aus dem Französischen, ausgewählt und herausgegeben von Gerd Henninger, Neuwied/Berlin 1969.

Auden, W. H., *Musée des Beaux Arts*, in: *W. H. Auden: Selected Poems*, herausgegeben von Edward Mendelson, New York 2007.

Benn, Gottfried, *Jena*, in: *Sämtliche Werke*, Bd. I: *Gedichte 1*, Stuttgarter Ausgabe in Verbindung mit Ilse Benn, herausgegeben von Gerhard Schuster, Stuttgart 1986.

Benn, Gottfried, *Chopin*, in: *Statische Gedichte. Ausgewählte Gedichte (1937–1947)*, mit einem Vorwort von Durs Grünbein, Stuttgart 2011.

Cioran, E. M., *Notizen. 1957–1972*, herausgegeben von Simone Boué, aus dem Französischen von Peter Weiß, Verena von der Heyden-Rynsch und Konrad Weiß, Wien 2011.

Eliot, T. S., *The Perfect Critic*, in: *The Sacred Wood. Essays on Poetry and Criticism*, New York 1921.

Elzenberg, Henryk, *Kummer mit dem Sein. Tagebuch eines Philosophen*, aus dem Polnischen von Sven Sellmer, Frankfurt a. Main 2004.

Gombrowicz, Witold, *Offener Brief an Bruno Schulz*, in: Schulz Bruno, *Gesammelte Werke in zwei Bänden*, Bd. 2: *Die Wirklichkeit ist Schatten des Wortes. Aufsätze und Briefe*. Anhang IV. Schulz und Gombrowicz, herausgegeben von Jerzy Ficowski, aus dem Polnischen von Mikolaj Dutsch und Josef Hahn, München 1992.

Green, Julien, *Tagebücher 1926–1942*, aus dem Französischen von Brigitta Restorff, Alain Claude Sulzer und Christine Viragh Mäder, München/Leipzig 1990.

Hebbel, Friedrich, *Tagebucheintrag zum 13.5.1839*, in: *Friedrich Hebbel. Werke*, Bd. 5: *Tagebücher*, München 1967.

Herbert, Zbigniew, *Rovigo*, aus dem Polnischen von Klaus Staemmler, Frankfurt a. Main 1995.

Kafka, Franz, *Er. Betrachtungen über Sünde, Leid, Hoffnung und den wahren Weg*, Frankfurt a. Main 1970.

Kappacher, Walter, *Notizen und Fundstücke*, in: *Akzente. Zeitschrift für Literatur*, H. 1/2010, herausgegeben von Michael Krüger, München 2010.

Kierkegaard, Søren, *Entweder – Oder. Teil I und II*, herausgegeben von Hermann Diem und Walter Rest unter Mitwirkung von Niels Thulstrup und der Kopenhagener Kierkegaard-Gesellschaft, aus dem Dänischen von Heinrich Fauteck, München 2005.

Lely, Gilbert, *Das Wort und die Kälte* (*La parole et le froid*). Die Übersetzung für den vorliegenden Band stammt von Bernhard Hartmann.

Mallarmé, Stéphane, *Brise marine,* in: *Sämtliche Dichtungen,* französisch und deutsch, mit einer Auswahl poetologischer Schriften, aus dem Französischen von Carl Fischer (Dichtungen) und Rolf Stabel (Schriften), Nachwort von Johannes Hauk, München/Wien 1992.

Malraux, André, *Hauptmann Hernandez,* in: *Merkur,* H. 2/1948, herausgegeben von Joachim Moras und Hans Paeschke, Baden-Baden 1948.

Mandelstam, Ossip, *Mitternacht in Moskau. Die Moskauer Hefte. Gedichte 1930–1934,* aus dem Russischen von Ralph Dutli, Frankfurt a. Main 1990.

Miłosz, Czesław, *Geständnis,* in: DAS *und andere Gedichte,* aus dem Polnischen von Doreen Daume, München 2004.

Miłosz, Czesław, *Orpheus und Eurydike,* in: *Gedichte,* Edition Akzente, herausgegeben von Michael Krüger, aus dem Polnischen von Doreen Daume, Karl Dedecius, Gerhard Gnauck und Christian Heidrich, ausgewählt und mit einem Nachwort von Adam Zagajewski, München 2013.

Montale, Eugenio, *Brief an Malvolio,* in: *Wer Licht abgibt, setzt sich dem Dunkel aus,* italienisch und deutsch, Lyrikreihe »Das Neueste Gedicht«, NEUE FOLGE 4, ausgewählt und übersetzt von Hans Hinterhäuser, herausgegeben von Roswitha Th. Hlawatsch und Horst G. Heiderhoff, Waldbrunn 1982.

Musil, Robert, *Nachlass bei Lebzeiten,* Reinbeck 1962.

Musil, Robert, *Essays und Reden, Kritik,* herausgegeben von Adolf Frisé, Reinbeck 1983.

Nałkowska, Zofia, *Medaillons,* aus dem Polnischen von Henryk Bereska, Frankfurt a. Main 1968.

Rilke, Rainer Maria, *Duineser Elegien. Die Erste Elegie,* in: *Sämtliche Werke,* Bd. 1: *Gedichte. Erster Teil,* herausgegeben vom Rilke-Archiv in Verbindung mit Ruth Sieber-Rilke, besorgt durch Ernst Zinn, Frankfurt a. Main 1955.

Seferis, Jorgos, *Der König von Asine,* in: *Sinn und Form,* H. 4/2006, aus dem Griechischen von Andrea Schellinger, Berlin 2006.

Stendhal, *Bekenntnisse eines Ichmenschen: Selbstbiographien, Tagebücher, Nekrologe,* aus dem Französischen von Friedrich von Oppeln-Bronikowski, Hamburg 2012.

Valéry, Paul, *Über die Krise der Intelligenz* und *Die Krise des Geistes,* in: *Werke,* Bd. 7: *Zur Zeitgeschichte und Politik,* aus dem Französischen von Karl August Horst, Frankfurt a. Main/Leipzig 1995.

Weil, Simone, undatierter Brief an Maurice Schumann. Die Übersetzung für den vorliegenden Band stammt von Wolfgang Matz.

Yeats, William Butler, *Easter, 1916,* in: *The Collected Poems of W. B. Yeats,* herausgegeben von Richard J. Finneran, New York 1989.

Zagajewski, Adam, *Zwei Städte,* in: *Ich schwebe über Krakau. Erinnerungsbilder,* aus dem Polnischen von Henryk Bereska, München 2000.

Zagajewski, Adam, *Nach Lemberg fahren,* in: *Die Wiesen von Burgund. Ausgewählte Gedichte,* herausgegeben und aus dem Polnischen von Karl Dedecius, München 2003.

Zagajewski, Adam, *Er dachte nicht an Ästhetik,* in: *Unsichtbare Hand. Gedichte,* aus dem Polnischen von Renate Schmidgall, München 2012.

Adam Zagajewski, 1945 in Lemberg geboren, studierte Psychologie und Philosophie in Krakau, wo er auch heute lebt. Seit 2007 lehrt er regelmäßig an der University of Chicago. Er ist Autor zahlreicher Lyrik- und Essaybände sowie mehrerer Romane und wurde für sein Werk vielfach ausgezeichnet, zuletzt mit dem Eichendorff-Literaturpreis (2014), dem Heinrich-Mann-Preis der Berliner Akademie der Künste (2015), dem Leopold-Lucas-Preis (2016), dem Jean-Améry-Preis für Essayistik (2016) und dem Prinzessin-von-Asturien-Preis in der Sparte Literatur (2017). Seit 2015 ist Adam Zagajewski Mitglied der Deutschen Akademie für Sprache und Dichtung. Bei Hanser erschienen zuletzt *Die kleine Ewigkeit der Kunst* (Tagebuch ohne Datum, 2014) und *Asymmetrie* (Gedichte, 2017).

Renate Schmidgall, 1955 geboren, studierte Slawistik und Germanistik an der Universität Heidelberg. Sie übersetzte u. a. Jacek Dehnel, Andrzej Stasiuk, Wisława Szymborska und Ryszard Krynicki. Für ihre Übersetzungen zeitgenössischer polnischer Prosa und Lyrik erhielt sie u. a. 2009 den Karl-Dedecius-Preis und 2017 den Johann-Heinrich-Voß-Preis der Deutschen Akademie für Sprache und Dichtung.

Bernhard Hartmann, 1972 geboren, ist studierter Polonist und Germanist. Er übersetzte u. a. Tadeusz Różewicz, Tomasz Różycki, Artur Szlosarek, Hanna Krall und Lidia Amejko. 2013 erhielt er den Karl-Dedecius-Preis.